活 的 法 律

广东非凡精诚律师事务所主编

商 务 印 书 馆

2002年·北京

图书在版编目(CIP)数据

活的法律/广东非凡精诚律师事务所主编. -北京:商务印书馆,2001

ISBN 7-100-03334-9

Ⅰ. 活… Ⅱ. 广… Ⅲ. ①行政诉讼-案例-中国②刑事诉讼-案例-中国③民商事诉讼-案例-中国 Ⅳ. D925.05

中国版本图书馆CIP数据核字(2001)第036114号

HUÓ DE FǍ LǛ

活 的 法 律

广东非凡精诚律师事务所主编

商 务 印 书 馆 出 版

(北京王府井大街36号 邮政编码 100710)

商 务 印 书 馆 发 行

北 京 民 族 印 刷 厂 印 刷

ISBN 7-100-03334-9/D·285

2001年12月第1版　　开本 850×1168 1/32

2002年9月北京第2次印刷　　印张 19⅞

定价: 29.00元

时代呼唤活的法律

法律作为人类社会的独特现象，正日益受到人们的关注。然而在学者看来，法律的概念、特征、本质等最为一般的问题，常常是众口多辞、莫衷一是的。这种百家争鸣的氛围无疑有益于法学研究的深化。当我们审思法律之际，不应忘记，我们是在具有数千年历史的传统法律文化的根基之上，是在近现代先是承继欧洲大陆法系，后是借鉴英美判例法系的过程之中，是在既有的经久不衰的和现有的日益强化的文化影响之下，进行表面独立，实际难以独立的思考。这种强大的文化影响，在不知不觉之中既给我们以启迪，又限制了我们的思考。而人们对法律的认识和理解，直接关系着法律的发展方向和完善程度。

在这里，我们不想生造出什么新的术语和理论，只是面对法律实践活动的真实场景，向世人提出一个建议，向学者提供一种资料，向法律专门工作者（法官、检察官、律师）提出一种新方法，以期对我国法制建设事业有所帮助。这就是我们要言及的“活的法律”。

为了论述的方便，我们以社会功能为标准，把法律分成两类：静的法律和活的法律。静的法律和活的法律是两种不同的法律规范的表现形式和立法司法活动的宏观样式。

静的法律指成文法。作为一种法律规范，成文法是由国家立法机关经一定程序制定的，一般来说，它具有一定的篇章结构，并大量使用法律的专门术语。这种法律规范一般是向民众公布的，让人们预先知道何种行为是合法的、违法的，又应承担何种责任。这种法律规范具有极高权威，非经立法机关不得更改和废除。它一经公布便要求人们普遍服从。法官在审判中必须严格依照成文法律裁判，既不允许运用自己的主观判断，又不得援引已往的案例。在法无明文规定的情况下，或者实行“法无明文规定不为罪”的原则不予追究责任，或者作为疑难个案层层上报审批，并且一案一报一批，只对此案，不及其余。成文法崇尚“立法至上”的原则。法官只是实施法律的工匠。由于成文法律是由一系列高度概括的抽象的语言和法律术语写成的，因此，要明白法律的真实含义必须有赖于法学家的学理注释和最高审判机关的司法解释。对法官来说，如果没有上述两种解释，他们便很难了解法律究竟说了些什么。社会生活总是不断发展变化的，成文法律的缺点是：第一，它不可能对社会生活的方方面面包揽无余；第二，它也不可能自动地适应变化了的新情况。而立法活动常常是一个颇费时日的复杂过程，这就使成文法律常常与社会生活相脱节，从而多少影响人们对法律的信仰。

活的法律是判例法。作为一种法律规范，判例来源于审判机关针对具体案件做出的判决。这些数量繁多的判例被依照一定顺序或类别编纂起来，以便人们查找。这些判例不仅包含对案件的裁判决定，还包含对案件事实的评价，对责任的认定，以及判决的理由。这些理由常常从已往的判例中被抽象引申出来并适用于正在审理的案件。这些判例是经一定程序被确认为正确有效的，法官在今后审理同类案件时必须遵循已往判例所体现的法律原则。这就是“遵循先例”。当社会生活发生变化，已往的判例不再适用之际，审判机关可以依一定程序废止这些判例,并创制新的判例。在这个过程中,法官居于主导地位。因此判例法崇尚“司法至上”的口号。法官是创制和适用判例的核心人物。而法官的审判活动则将立法过程和司法过程悄然合而为一。判例法的缺点是卷帙浩繁难以把握,使寻常百姓望而却步。

按学者们通常的分类方法,欧洲大陆国家的法律属于成文法法律,英美等国家的法律属于判例法法律。而中国的传统法律,依笔者的看法,既有类似判例法的时期,如西周春秋时代,又有类似成文法的时期,如战国秦朝,还有成文法与判例相结合的混合法时代,如西汉至清末。一个多世纪以来,西方两大法系不论从理论、观念还是法律形式上,都出现了相互靠拢的发展趋势。这种趋势也许正是中国古已有之的静动结合的混合法。

今天,当古老的中华民族步入21世纪的时候,我们刚刚确定了“依法治国”的总方针。实施改革开放以来的20年,国家立法机关成绩卓著,社会生活的主要方面都有了相应的法律法规。可谓“诸产得宜,皆有法式”。但是,一方面,由于社会生活发展的速度越来越快,在审判活动中经常遇到法无明文规定,或法律条文过于抽象的情况,使法官无所措手足,同时也无法有效保护当事人的正当权利。另一方面,由于成文法律的“网眼”太大,造成法官的自由裁量权也过大,加上法官的素质不一,最终造成“司法不一”。在这种情况下,一些学者提出了借鉴判例制度的意见,他们开始呼唤“活的法律”。

活的法律与静的法律相比,有一系列明显的特点。首先,活的法律更为久远。世界上的古老民族,大都是先有诉讼活动,先有对具体案件的审理和判决,然后才有了成文法条的。其次,活的法律更为精确。成文法的文字常常是抽象的，比如“情节严重”、“数额巨大”等，使人无法把握。而活的法律则对具体的情节做出定量的判断，并做出具体的处分，这种实在的评价是十分精确的。这种精确的评价一旦被赋予法律、半法律或内部规则的效力，便会有效地指导或制约法官的裁量活动，实现“裁判自律”。第三，活的法律更为灵活。在法无明文规定或旧的法律规定违背新的社会公共准则的特殊情况下，法官可以通过创制和适用新的判例的方式，机敏地解决法律滞后的弊端。第四，活的法律更为可读。人民大众常常是通过具体的案例而非法学原理来了解法律是什么，以及什么是违法行为。近些年来，新闻媒体正是通过以案说法的方式进行着卓有成效的普法活动。第五，活的法律更为新颖进步。法官通过对新类型案件的审判，以案例的形式为同类案件的审判提供先例，完成了法律的局部更新。正因如此，近年来，活的法律日渐受到社会的重视。以案例为主要材料的司法注释和教科书大批问世，并且在法官培训和院校教学中运用，就是证明。

在司法改革日趋深入的今天，案例的作用逐渐被人们所认识。人们常说“司法不公”，其实“公”或“不公”本身就是个模糊的语言。我们应当追求可以定量分析的目标，那就是“司法统一”，即同类案件得到大体相同的处分。举例说，对某一具体犯罪行为，在刑法规定的法定刑范围内，既可以判一年，也可以判七年，这就是“司法不一”。如果在成文法条下面，列出一系列具体案例，分别判处一至七年徒刑，并以此来规范同类案件的审判，就有可能实现“司法统一”。这种在成文法条下面罗列具体案例的作法是古已有之、行之有效的。

司法改革的关键是提高法官的综合素质。近年来，人民法院系统非常重视法官的培训工作，但真正有效的培训也许不是学者来培训法官，而是法官自己培训自己。在这种过程中，案例有着不可或缺的作用。如果一名法官，能够把某一审判领域的成文法条的规定和法言法语用大量的案例来加以诠释的话，他大体上就成了一名“专家型的法官”了。这种法官不仅面对寻常案件可以得心应手、信手拈来，面对新型案件可以自信满满、“温故而知新”，而且可以登上法学教学和研究的大雅之堂。这样一来，再加上科班出身的学子不断注入人民法院，法学界和法律实践界的传统鸿沟最终将被填平。

应当指出，今天，我们对判例的认识和重视仅仅是一个小小的开端，大量的工作还没真正展开。不可否认，我国的成文法传统是个主流，在历史上判例只是个不自觉的配角。近代以降，我国法律的现代化与中国法律的大陆法系化如出一辙。英美法系对我国法律的影响只是后来的事情。因此，“判例不是法律的渊源”的见解仍然凝重并制约着人们的思考。同样不可否认的是，在我国现行法律架构之下，还不具备严格意义的判例法机制和科学意义的可操作性。其中最重要的是，法官未被赋予创制和适用判例的权力，法院也没有被授予编制整理颁布判例，并赋予这些判例以法律渊源的职权。尽管如此，我们仍然坚信，引入判例法机制是符合中国法制国情的明智之举，它的引进必然大大推动我国司法实践乃至“依法治国”建设法治国家的进程。这是近年来为此而呼唤的学者们和法律工作者们共同的神圣的期待。

在一边期待一边勤奋工作的人群当中，就包括主办《判例与研究》的法界同仁们。今天，这部专门研究判例的杂志不仅为全国的法官和律师所熟知，还被北京大学法学院列为为数不多的“内定法学核心刊物"之一。他们的工作，正是寻找法的活力，呼唤活的法律。当《活的法律》被商务印书馆出版之际，我应邀写了上面的话，是为序。

武树臣

2001年2月14日于北京大学燕北园寓所

目　录

行政诉讼判例

刑事诉讼判例

民商事诉讼判例

行 政 诉 讼 判 例

刘宇宸诉济南市历下区教委不作为行政诉讼案

王延卫

[基本案情]

刘宇宸，男，1991年4月出生，住山东师范大学宿舍，其父系该师范大学教师。1997年刘宇宸要求进入该师范大学的附属小学(以下简称小学)接受义务教育，附属小学拒绝接收。理由是，济南市历下区教育委员会(以下简称区教委)制定的区中、小学1997年度招生方案规定，该附属小学的新生入学年龄为六周岁十个月，而此儿童至1997年8月30日新生入学前只有六周岁四个月零十天。刘宇宸父亲认为其子已达到了《义务教育法》第5条规定的应当入学的年龄(六周岁)，附属小学拒收该儿童入学，系违反义务教育法的行为，经多次与附属小学交涉，小学坚决拒收其子入学。刘宇宸的父亲无奈遂多次找区教委处理此事，教委一直对此事不作处理，于是以刘宇宸为原告，以区教委为被告，向法院提起行政诉讼，要求区教委对附属小学拒收刘宇宸入学一事作出处理，保护刘宇宸的受教育权。

[裁判要旨]

案经济南市天桥区人民法院受理并组成合议庭审理认为：依照义务教育法的规定，原告已达到法定入学年龄。在学校拒绝接收原告入学，原告监护人向被告提出申诉时，被告作为管理教育工作的行政机关，理应依照法律规定及时作出适当的处理。而被告仅由其个别工作人员口头向原告监护人所作的答复，因无书面材料可查，难以确认其内容是否符合有关法律规定，因而应认定被告对原告的申诉未作处理。现原告继续要求被告对学校不接收其入学问题作出处理的请求应予支持。遂作出(1997)天行初字第26号《行政判决书》，判决如下：自本判决生效之日起七日内，被告对原告的入学问题依据《中华人民共和国义务教育法》的规定作出书面处理决定。案件受理费50元由被告承担。判决后被告不服，上诉至济南市中级人民法院，济南市中级人民法院经二审审理认为，受教育权是公民的社会文化权利，且单项法规没有规定当事人可以提起行政诉讼，故依法作出(1997)济行中字第58号《民事裁定书》，裁定如下：(一)撤销天桥区人民法院(1997)天行初字第26号《行政判决书》；(二)驳回刘宇宸的起诉。

[法理评析]

实践中，对于本案是否属于人民法院行政诉讼受案范围，存在以下几种观点：一种观点认为，行政诉讼法规定的受案范围的8项内容中都是规定行政管理相对人认为行政机关及其工作人员的具体行政行为侵犯其财产权、人身权，才可以提起行政诉讼，而财产权、人身权之外的受教育权受到侵犯，不属于行政诉讼的受案范围。本案原告要求被告履行保护其受教育权的法定职责，显然不属行政诉讼法第 11 条第 1 款第 4 项规定的情形，因此应当裁定不予受理。第二种观点认为，儿童的受教育权是一项重要的宪法权利，与其人身权密切相关，可视为是人身权。再说小学拒收儿童入学对其身心造成痛苦与不安，就是侵害了其人格权，因此被告不作为就是侵犯了行政相对人的人身权。本案应当属行政诉讼的受案范围，法院应该受理。第三种观点认为，《义务教育法》规定，“国家、社会、学校和家庭依法保障适龄儿童、少年接受义务教育的权利。”《未成年人保护法》也规定“国家保障未成年人的人身、财产和其他合法权益不受侵犯。”小学拒收刘宇宸入学的行为侵害了其合法权益，刘宇宸应以小学为被告打民事官司来保护自己的受教育权，法院应当以民事案件来受理刘宇宸的起诉。第四种观点认为，小学拒收刘宇宸入学，导致其家长为此事到处申诉造成误工等财产损失，是侵犯了其家长的财产权，应以其家长为原告对教委提起要求履行保护财产权法定职责的行政诉讼。

笔者认为上述四种观点，都有错误之处。

一、附属小学拒收刘宇宸入学，侵犯了刘宇宸的受义务教育权利，而非财产权、人身权。

义务教育是法律规定一定年龄范围的儿童免费接受一定年限的普通教育。我国《义务教育法》第 9 条规定：“中华人民共和国公民有受教育的权利和义务”；第 2 条规定：“国家实行九年制义务教育”；第 4 条规定：“国家、社会、学校和家庭依法保障适龄儿童、少年接受义务教育的权利”；第10条规定：“国家对接受义务教育的学生免收学费”。《未成年人保护法》第5条规定：“国家保障未成年人的人身、财产和其他合法权益不受侵犯”。适龄儿童少年接受义务教育既是国家、社会、学校、家长的义务，也是适龄儿童的一种权利，该权利的实质即免费接受九年教育。我国立法（例如妇女权益保障法）把权利分为政治权利、文化教育权益、劳动权益、财产权益、人身权利等，民法理论界也是把受教育权排斥在人身权之外。因此，小学拒收刘宇宸入学侵犯的不是刘宇宸的人身权，而是受教育权。至于拒收刘宇宸入学给其父母造成误工等财产损失只是这个侵权行为的一个后果，而非被侵害权利本身。因此第二种观点认为教委不作为侵犯了刘某的人身权，第四种观点认为是侵犯了其父亲的财产权，因而可以对区教委提起行政诉讼的理由是错误的。

二、刘宇宸的受教育权利被侵犯后，不能以小学为被告提起民事诉讼。

我国《民法通则》第2条明确界定了我国民法的调整对象是“平等主体的公民之间、法人之间、公民和法人之间的财产关系和人身关系”。关于人身权，理论界和法律实务界均认为是指公民的人格权和身份权，即：生命健康权、姓名权、名称权、肖像权、名誉权、荣誉权、婚姻自主权、基于婚姻、家庭关系的身份权等，①受教育权是人身权之外的权利。我们知道，人民法院受理民事诉讼的范围与民法调整的对象是一致的（法律、法规另有规定的除外）。就本

① 马原主编：《中国民法教程》，人民法院出版社1997年7月版。

案而言，儿童刘宇宸与学校之间尽管是平等的民事主体，但他们之间没有发生财产关系和人身关系，而是财产权、人身权之外的受教育权关系，因此刘宇宸不能以附属小学为被告提起民事诉讼，可见第三种观点也是缺乏法律依据的。

三、儿童刘宇宸接受义务教育的权利被侵犯后，只能提起行政诉讼。

大家都知道，儿童受教育权是一项非常重要的权利，特别是科教兴国方针的确立，使人们更加看重儿童的这项权利。按照有侵权就要有救济的原则，儿童的受教育权被侵犯后，显然不是刑事诉讼范围，又不能适用民事侵权行为法的规定对侵权人提起民事诉讼（如前所述），那么应当通过什么途径救济呢?

首先，让我们全面分析一下行政诉讼的受案范围。我国行政诉讼受案范围是采用概括、例举、但书及排除相结合的立法方式，即先概括规定受案范围（第 2 条："公民、法人或者其他组织认为行政机关和行政机关工作人员的具体行政行为侵犯其合法权益，有权依照本法向人民法院提起诉讼"），继之以"例举"（第 11 条第 1 款和第 2 款"但书"条款）确定具体的受案范围，最后又以例举方式确定了不予受理的范围（第 12 条）。"但书"条款规定："除前款规定外，人民法院受理法律、法规规定可以提起诉讼的其他行政案件。"从这一规定我们可以看出，除该条的第 1 款规定的对侵犯相对人人身权、财产权的 8 种具体行政行为可提起诉讼外，并非对侵犯相对人人身权、财产权以外的其他行政行为一概不能提起行政诉讼，而是只要法律、法规规定可以起诉的，即使不是具体行政行为（如 1995 年实施的国家赔偿法规定对行政主体违法行使职权过程中侵害公民人身、财产权的事实行为可以提起行政侵权之诉)或者是侵犯了相对人人身权、财产权以外的其他权利(如政治权利、劳动权利、休息权、受教育权等行政行为),也纳入行政诉讼受案范围,法院也应受理。①第一种观点仅仅把行政诉讼受案范围限定在《行政诉讼法》第11条第1款规定的财产权、人身权的范围,显然是不全面的。我国是人民民主专政的国家,人民享有广泛的权利,除了人身权、财产权之外,按照宪法规定,公民还享有政治权利和其他权利,具体说,政治权有选举权和被选举权,有言论、出版、集会、结社、游行、示威的自由等;其他权利有劳动权、休息权、物资帮助权、受教育权等。公民的政治权利和其他权利,是公民享有的基本权利,也有可能受到行政机关的侵犯,也有一个需要保护其合法权益,需要得到救济的问题。只要法律法规规定,相对人享有起诉的权利,符合受理条件的行政案件,人民法院就应该受理。因此对涉及人身权、财产权以外的其他权利的行政行为,是否可以提起行政诉讼,关键要看法律、法规(包括行政法规和地方法规)的具体规定。

那么,让我们来看看法律、法规就行政机关侵犯儿童受义务教育权后,是否可以提起诉讼,到底是怎样规定的。1992年1月1日起施行的《未成年人保护法》第5条规定"国家保障未成年人的人身、财产和其他合法权益不受侵犯",第13条规定"学校应当全面贯彻国家的教育方针……",第14条规定"国家应当尊重未成年学生的受教育权……",第46条规定"未成年人的合法权益受到侵害

① 黄杰主编:《行政诉讼实用大全》,河北人民出版社1993年8月版,第270—271页。

的，被侵害人或者其监护人有权要求有关主管部门处理，或者依法向人民法院提起诉讼”。这个“提起诉讼”既然不是提起民事诉讼(如前所述)，也非提起刑事诉讼，那只能是提起行政诉讼。

四、此案原告提起的是要求区教委履行法定职责的行政诉讼。

我们再来分析一下，要求对小学拒收刘宇宸入学一事进行处理是不是要求区教委履行法定职责。法定职责，是指法律、法规明确规定的行政主体及其工作人员依法应当履行的，或者在行使行政职权时必须承担的责任和义务。不履行或者拖延履行法定职责，相对人有权依法对其不作为进行诉讼。不履行或者拖延履行法定职责是指行政主体及其工作人员对法律、法规明确规定的应当履行的责任和义务不作为的具体行政行为。①不履行法定职责一般应具备以下要件：一是履行保护相对人权益的职责必须是法律、法规规定的，即是法定职责而非道义责任；二是不履行法定职责必须是行政机关经申请或已知道应当履行职责而不履行；三是行政机关必须有不履行保护相对人合法权益的事实，可能是断然拒绝，可能是驳回申请，也可能是漠不关心、无动于衷，又可能是模棱两可，无故推托，还可能是粗心大意、疏忽遗忘等；四是行政机关不是不能为，②而是能够履行法定职责而不履行。

那么，刘宇宸要求教委履行的是否是该区教委的法定职责？我国《义务教育法》第 8 条规定：“义务教育事业，在国务院领导下，实

---

① 黄杰主编：《行政诉讼实用大全》，河北人民出版社 1993 年 8 月版，第 366—367 页。

② 周涛：《对行政不能为行为的几点思考》，载于《人民司法》1998 年第 1 期。

行地方负责，分级管理”，第9条规定：“地方各级人民政府应当合理设置小学、初级中学等学校，使儿童、少年就近入学”，第15条规定：“地方各级人民政府必须创造条件，使适龄儿童、少年入学接受义务教育”，《义务教育法实施细则》第3条也规定：“实施义务教育，在国务院领导下，由地方各级人民政府负责，按省、县、乡分级管理。各级教育主管部门在本级人民政府领导下，具体负责组织、管理本行政区域内实施义务教育的工作”，第5条规定：“实施义务教育，城市以市或者市辖区为单位组织进行，农村以县为单位组织进行，并落实到乡、镇”，第35条规定：“县级以上各级人民政府应当建立对实施义务教育的工作进行监督、指导、检查的制度”，第36条规定：“实施义务教育的学校及其他机构，在实施义务教育工作上，接受当地人民政府及其教育主管部门的管理、指导和监督”，第38条第(4)项规定：“无正当理由拒绝接收应当在该地区或者该学校接受义务教育的适龄儿童、少年就学的，由地方人民政府或者有关部门依照管理权限对有关责任人员给予行政处分。”综观这些具体规定，我们不难看出本案被告区教委正是法律、法规规定的本辖区的教育行政主管部门，其具有对本辖区内的义务教育工作，包括侵犯儿童、少年受义务教育权问题进行监督和管理的法定职责。因此，刘宇宸有权要求被告区教委履行法定的教育行政监督职责，保护自己的受教育权，他认为区教委不履行法定职责的具体行政行为侵害了其合法权益(义务教育权)就有权依照《行政诉讼法》第2条、第11条第2款及《未成年人保护法》第46条之规定提起行政诉讼。

综上所述，笔者认为，此案属于我国行政诉讼法规定的行政诉讼的受案范围，法院应当受理。儿童是国家的明天，民族的未来，因此，对这类牵涉儿童、少年的入学教育问题的案件，法院必须讲求时间观念，要快审、快结，并要多做耐心细致的协调工作，使儿童的合法入学要求尽快得到解决，久拖不决对下一代的侵害是无法用一般标准估量的。我们法院审理此类案件要尽最大限度地在讲求法律效果的前提下讲求社会效果，实现法律效益、社会效益双统一。

作者单位：济南市中级人民法院

重庆渝康建筑工程公司诉九龙坡区房管分局行政侵权纠纷案

金代权

[基本案情]

1994 年 4 月 23 日，重庆渝康建筑工程公司（以下简称渝康建筑公司）与海口鑫达贸易公司重庆分公司(以下简称鑫达重庆分公司)签订了建筑工程施工合同，并且约定，由渝康建筑公司先垫资修建，竣工后，所垫资金和建筑工程价款由鑫达重庆分公司一并结算给付。为此，渝康建筑公司在重庆市九龙坡区石桥镇兰花村大菜园社区为鑫达重庆分公司修建了八楼一底的综合楼一栋。不久，渝康建筑公司与鑫达重庆分公司为建筑工程价款发生纠纷而诉至法院。1995 年 5 月 23 日，鑫达重庆分公司向重庆市九龙坡区房管分局(以下简称房管分局)提出书面申请称：该综合楼已竣工，要求办理房屋产权证。同时提交了《建筑工程规划许可证》、《国有土地使用证》、《施工平面图》、《工程决算办法》等资料。1995 年 6 月 1 日，房管分局根据鑫达重庆分公司的申请，按照重庆市政府第 22 号令《重庆市城镇房屋所有权登记办法》第 21 条第 1 款规定，为鑫达重庆分公司办理了《房屋所有权证》。渝康建筑公司对此不服，向人民法院提起诉讼。

［裁判要旨］

重庆市九龙坡区人民法院立案受理后，根据《行政诉讼法》第27条的规定，通知鑫达重庆分公司作为第三人参加诉讼。

原告渝康建筑公司诉称：1. 房管分局为鑫达重庆分公司办理《房屋所有权证》的行为，违反了《重庆市城镇房屋所有权登记办法》第21条第1款规定和国家建设部第29号令《建设工程质量管理办法》第14条的规定，在没有竣工平面图和工程质量检验合格证的情况下，为鑫达重庆分公司办理了《房屋所有权证》的行为，是一种违法行为。2. 渝康建筑公司与鑫达重庆分公司签订的建筑工程施工合同明确约定，由渝康建筑公司先垫资修建，竣工后，所垫资金和工程价款一并结算给付。由此可见，该综合楼未验收交付之前，不属鑫达重庆分公司所有，应视为渝康建筑公司的财产。房管分局不按法律规定条件，将该综合楼的所有权证办给鑫达重庆分公司的行为，侵犯了原告的合法权益。为此，请求法院判决撤销这一具体行政行为，宣告房屋所有权证无效，保护原告的合法权益。

被告房管分局辩称：1. 渝康建筑公司不是本案合格原告。渝康建筑公司是综合楼的建设施工单位，有原告与鑫达重庆分公司签订的建筑施工合同为凭。2. 为鑫达重庆分公司办理《房屋所有权证》，符合《重庆市城镇房屋所有权登记办法》的规定。该《办法》授权重庆市房管局解释，市房管局作出解释为：“在新建的楼房的登记办法中，对申请人提不出竣工平面图的，可以办理房屋产权登记，发给《房屋所有权证》。”3. 国家建设部的《建设工程质量管理办法》规定的竣工平面图，是对建设工程质量管理提出的要求和规定，不能作为是否办理房屋产权登记的条件。4. 重庆市的房管部门办理房屋产权登记的习惯，均未强求要竣工平面图。因此，被告的办证行政行为并无不当。

九龙坡区人民法院审理认为，房管分局为鑫达重庆分公司办理的综合楼房屋产权证的行为，没有按照国家建设部和重庆市政府令关于办理房屋产权登记的规定执行，在无竣工平面图和未经质检部门验收合格的情况下，为鑫达重庆分公司办理房屋产权证，其行为违法，侵犯了垫资修建人即渝康建筑公司的合法权益。根据《中华人民共和国行政诉讼法》第 54 条第 1 款第(二)项之规定，九龙坡区人民法院遂作出 (1997) 九行初字第 8 号《行政判决书》，判决撤销房管分局为鑫达重庆分公司办理的九区字第 4542 号《房屋所有权证》；案件受理费 100 元，其它诉讼费 100 元，共计 200 元，由房管分局承担。

[法理评析]

本案是一宗经济纠纷与行政纠纷紧密相关的案件。对这类案件如何处理，意见分歧较大，主要涉及以下几个法律问题：

一、关于原告资格是否合格问题

本案一审的九龙坡区人民法院认为，渝康建筑公司是本案的合格原告。理由是：1. 渝康建筑公司与鑫达重庆分公司签订了建筑工程施工合同，并且约定由渝康建筑公司垫资修建。竣工后，所垫资金和工程价款一并结算给付。由此可见,该综合楼是渝康建筑公司垫资修建的,在这一合同未完全履行前,即鑫达重庆分公司未将其所垫资金和建筑工程价款给付之前,该标的物即综合楼应属渝康建筑公司所有,其所有权不能发生转移。因此,当渝康建筑公司与鑫达重庆分公司为建筑工程价款发生纠纷后,房管分局为鑫达重庆分公司办理房屋产权登记的行为,侵犯了渝康建筑公司的合法权益。2. 在现实的行政管理活动中,与具体行政行为在法律上有直接利害关系的公民、法人或者其他组织,并不仅仅限于与行政机关就特定的具体事项而作出具体行政行为的直接对象。因为具体行政行为的实施,将影响、限制、剥夺或损害其他公民、组织的合法权益,或者使其丧失取得其利益的可能性,那么,合法权益遭受损害的其他公民、组织就与直接管理对象一样,与该具体行政行为存在着行政法律上的利害关系,成为该具体行政行为的特定的一方主体,并且对行政机关作出的这一侵犯其合法权益的具体行政行为不能否认或抵制,而只能在事后用申诉或起诉的方式才能获得补救。可见,本案渝康建筑公司从表面上看,不是房管局办理产权登记行为所直接针对的对象,但这一行为的施行,必然影响、限制、损害渝康建筑公司的财产权,因该综合楼是其垫资修建的。因此,渝康建筑公司与房管分局为鑫达重庆分公司办理产权登记的行为具有行政法上的利害关系,是该具体行政行为的特定的一方主体。3. 根据我国《行政诉讼法》第 2 条规定:"公民、法人或其他组织认为行政机关和行政机关工作人员的具体行政行为侵犯了其合法权益,有权依照本法向人民法院提起诉讼。"该法第 41 条第 1 项规定,提起行政诉讼的"原告是认为具体行政行为侵犯其合法权益的公民、法人或其他组织。"从这一规定看出,我国《行政诉讼法》的原告资格强调的是合法权益的侵犯，而不是强调具体行政行为的直接对象，只要公民、法人或者其他组织认为具体行政行为与其合法权益的侵害有因果关系，就处于行政诉讼原告的地位，就可以行使起诉权，请求法院予以保护。那么，本案被告房管分局将渝康建筑公司垫资修建的综合楼的产权办给鑫达重庆分公司的行为，显然侵犯了渝康建筑公司的合法权益，渝康建筑公司对这一办证行为不服，享有起诉权，是本案的合格原告。

笔者认为，渝康建筑公司不是本案的合格原告。这是因为：1. 渝康建筑公司与鑫达重庆分公司之间的关系是施工方与投资开发商的关系，他们之间并无产权争议。渝康建筑公司与鑫达重庆分公司签订的是建筑施工合同，不是其他合同。合同约定由渝康建筑公司垫资修建，仍未改变两者之间的施工与投资开发商的关系，即仍未改变合同的性质和内容。合同约定由渝康建筑公司垫资修建综合楼，并不发生综合楼的所有权转移问题，只是形成了另一债权债务的法律关系，这两种法律关系不能等同。因此房管分局为鑫达重庆分公司所建的综合楼办理产权登记的行政行为，未侵犯渝康建筑公司的合法权益。2. 渝康建筑公司与鑫达重庆分公司是因建筑工程价款发生纠纷，并且已诉之法院。渝康建筑公司与鑫达重庆分公司的这一纠纷是民事纠纷，完全可以通过民事诉讼满足渝康建筑公司的诉讼请求。房管分局为鑫达重庆分公司的综合楼办理产权登记的行为，如果从鑫达重庆分公司偿还渝康建筑公司的工程价款的角度来说，可能影响渝康建筑公司的权益，但这只是一个间接关系。也就是说，房管分局的这一办证行为，与渝康建筑公司能否收回施工工程价款无必然的直接的因果关系。因此，渝康建筑公司对此行为不享有起诉权。赋予渝康建筑公司以行政诉讼原告资格，不但于理于法不符，而且毫无意义。3. 从国外的行政诉讼受案范围看，如德国等国均将能通过民事诉讼解决的案件排斥在行政诉讼受案范围之外。那么，我国更应从实际出发，不能将这种对当事人的合法权益有间接影响的行政行为纳入行政诉讼范围，否则，不利于监督和维护行政机关的行政权力的行使。因为保护公民、法人和其他组织的合法权益，维护和监督行政机关依法行使行政职权，是我国行政诉讼和行政审判的基本任务，也是我国《行政诉讼法》的基本精神之所在。这两个方面既是统一的，又是相互制约的，将这种只有间接影响当事人权益的行政行为纳入行政诉讼范围，与我国《行政诉讼法》的立法精神相悖。

二、如何认定新建房屋产权登记行为的合法性

随着社会主义市场经济的逐步确立，城市建设速度突飞猛进，高楼大厦处处可见。而对房屋产权进行登记管理，是当今世界各国普遍采用的对不动产进行的行之有效的法律保护制度。但是，因新建房屋产权登记行为引起的行政诉讼案件也逐年增加。如何确认房屋产权登记行为的合法性，在审判实践中看法不一。就本案被告的这一产权登记行为是否合法问题，有意见认为，本案被告为鑫达重庆分公司的综合楼办理产权登记的行为合法。理由是：重庆市人民政府第 22 号令《重庆市城镇房屋所有权登记办法》第 21 条第 1 款规定："单位申请新建登记的，申请人应提交《建设工程规划许可证》、《国有土地使用证》、《拆迁许可证》、工程竣工平面图和工程决算书及原房注销登记手续等证件。鑫达重庆分公司申请办理房产证时，向房管分局提供了《建设工程规划许可证》、《国有土地使用证》、施工平面图和工程决算书等资料。因不是拆迁建房，无需提供

《拆迁许可证》和原房注销登记手续。虽无“工程竣工平面图”，但是，重庆市房管局对该《登记办法》第21条第1款作出了有权解释：“在新建登记办证中，对申请人提供竣工平面图有困难的，也可以办理产权登记，发给《房屋所有权证》。”因此，房管局为鑫达重庆分公司的综合楼办理产权登记的行为合法，一审法院认定其是违法行为错误。笔者认为，本案被告为鑫达重庆分公司的综合楼办理产权登记的行为违法。中华人民共和国建设部第29号令《建设工程质量管理办法》第14条规定：“建设工程质量应按现行的国家标准、行业标准规定的质量要求进行验评，验评不合格的工程不得交付使用。”重庆市人大决定仍适用的《四川省建筑管理条例》第44条第2款规定：“建设工程经建设工程质量监督机构质量核定合格并经竣工验收合格后，方可使用。未经质量核定和竣工验收或质量核定和竣工验收不合格的建设工程，不准使用、出售，不予办理产权证。”《重庆市开发建设工程综合验收管理暂行办法》第9条规定：“开发建设单位在申办房屋产权证、移交开发建设工程时，须提供《重庆市开发建设工程综合验收合格证》，否则，有关部门不予办理产权证书，不得接受管理。”从上述法规、规章的规定可以看出，建设工程需验收合格后，方可交付使用和办理房屋产权证。那么，是否经过竣工验收，是能否给予办理房屋产权证的必备条件。在鑫达重庆分公司提不出竣工平面图，未经质量核定和竣工验收的情况下，本案被告以重庆目前尚未开展这项工作和以习惯作法是以“施工图代替竣工平面图”为由，以重庆市房管局在发生行政诉讼之中作出的有权解释为据，为鑫达重庆分公司的综合楼办理房屋产权登记的行为是违法行为，一审法院对此行为的认定并无不当。

三、行政解释能否适用

当对某一法律、法规、规章的某一条款规定的原则理解各异时，行政机关往往站在不同角度作出有利于自己的行政解释，而有的行政解释又属有权解释，人民法院对这类行政解释能否适用，是现实的行政审判工作中人民法院对一个具体行政案件进行裁判时必须首先解决的一个问题。行政解释的合法有效性，由谁来审查、裁判，人民法院对此是否具有审查、裁判权，法律均无明确规定。为此，在本案中，重庆市房管局依据重庆市人民政府第22号令的授权，对《重庆市城镇房屋所有权登记办法》第21条作出的行政解释能否适用，产生了两种截然不同的看法。有人认为，该行政解释属有权解释，是行政管理的需要，是执行法规、规章的具体化、规范化，人民法院无权宣布该行政解释无效，理应适用。理由是：1. 我国《行政诉讼法》第12条明文规定，抽象行政行为不能纳入行政诉讼的受案范围。这一规定，从根本上排除了人民法院可宣布行政解释无效的权力。2. 我国《行政诉讼法》第53条规定，人民法院审理行政案件，参照规章。这条规定的基本含义就是将规章作为人民法院审理行政案件的依据，予以适用。而《重庆市城镇房屋所有权登记办法》是省级政府的规章，重庆市房管局对该规章的条文作出的有权解释，属该规章的一部分，是对该规章执行中的解释。该规章能够作为人民法院审理行政案件的依据予以适用，该行政解释就理应适用。

笔者不同意上述观点，认为该行政解释不能适用。1. 一个法制健全的国家，立法的节奏应与社会生活各领域的发展相吻合，这样才能作到有法可依，行政管理才能保持有序进行状态，人民法院在审理行政机关的行政行为是否合法时才有据可凭。但这只是法治社会的理想状态。现实中,即使法制发达国家,其立法也不可能完全触及社会生活的每一个角落,有些领域难免存在立法空白。我国目前立法的现状,决定了有些具体行政行为仍不能完全作到有法可依。在此种情况下,就无法对这些具体行政行为是否合法进行准确判断。这时,就需要行政解释来释明法律、法规、规章的立法本意或精神,依此来进行行政管理。那么,是否每个行政解释都完全符合法律、法规、规章的立法本意呢?显然不能一概而论。因此,行政解释首先应对其合法性、有效性进行审查。合法、有效的就能适用,否则,就不能适用。如果人民法院对行政解释无权审查,能否适用就无法确定,案件就只能久拖不决。其次,如果人民法院对行政解释的合法、有效性不经审查、确认,均作为判案依据适用,必然会出现以解释代替法律、法规和规章的现象,国家法制的统一就难以得到保障,行政争议就难以得到满意解决,行政管理相对人的合法权益就很难得到保护,行政权力就得不到司法监督。2. 根据我国《行政诉讼法》第5条规定:“人民法院审理行政案件,对具体行政行为是否合法进行审查。”这一审查,不仅包括对事实的审查,也包括对具体行政行为所依据的法律规范的审查。只有判明所适用的法律规范合法、有效后,才能确认其具体行政行为合法,否则,具体行政行为就应被撤销。3. 对行政解释的审查与宣告无效是两个不同的概念,两者不能混淆。审查就是对行政解释进行参酌、鉴别,确认其是否合法有效。通过这种评价、鉴别,才能确定行政解释能否适用。这是《行政诉讼法》赋予人民法院的一种权力和职责。而“宣告无效”,是法院受案后,对行政解释作出的裁判。我国人民法院无这一职权。由此看出,两者的概念是完全不相同的。4. 本案行政机关的行政解释，虽然属有权解释，但这一解释，显然与更高层级的法律规范相悖，即与我国建设部第29号令和重庆市人大决定现仍适用重庆地区的《四川省建筑管理条例》的规定相矛盾，属扩大解释，不具有适用性。5. 该行政解释是在当事人已提起行政诉讼之后，重庆市房管局应其下级行政机关的要求，从本部门的角度出发，为维护其习惯行政的作法而作出的解释，显属一种部门保护主义。因此，该行政解释不能成为人民法院判案依据，不能参照适用。

作者单位：重庆市第一中级人民法院

陈锥、陈彦诉福州市公安局马尾分局滥用职权侵权案

陈　江

[基本案情][①]

1997 年 9 月，福州市马尾区的陈锥、陈彦兄弟发现很多顾客对网络电话(术语“IP 电话”，以下简称 IP 电话)很有兴趣后，便申请了一部公用电话，通过 163 的因特网合法账号为顾客提供此项服务。他们的收费标准是：与香港、日本通话每分钟人民币 7 元，与美国通话每分钟人民币 9 元。同年 12 月，福州电信局在检查时发现陈氏兄弟的上述活动，认为其违反了长途通信业务和国际通信业务由邮电部门统一经营的规定，于是向福州市公安局马尾分局(下称马尾公安分局)举报，要求依法追究刑事责任。马尾公安分局于 1998 年 1 月 3 日对该案刑事立案。

1998 年 1 月 7 日起马尾公安分局开始采取一系列的强制措施：1 月 7 日对陈彦的住宅进行了搜查，扣押了陈彦用于网络通话

① 详见《判例与研究》，1999 年第 2 期，第 45—50 页。

的电脑及配件，并限制了陈彦的人身自由。1月9日，陈彦在其家属缴纳了暂扣款人民币20,000元后被解除对人身自由的限制。1月10日，马尾公安分局传唤陈锥。1月22日，马尾公安分局再次传唤陈锥。1月24日，陈锥在家属缴纳了人民币30,000元的暂扣款后被释放。此后马尾区公安分局并未对陈氏兄弟采取取保候审、监视居住等其他强制措施，并且在长达一年的时间里既未进行任何处理，也未依刑事诉讼程序向检察机关提出起诉意见。

陈锥、陈彦于1998年1月以马尾公安分局滥用职权侵犯人身权、财产权为由，在福州市马尾区人民法院提起行政诉讼。一审法院作出行政裁定，认为：被告依法行使刑事侦查职能所进行的搜查、提取证据、扣押款项等行为，不是具体行政行为，不属行政诉讼审查范围，驳回两原告的起诉。两原告不服，遂向福州市中级人民法院提起上诉。

[裁判要旨]

福州市中级人民法院经两次开庭审理，于1999年1月19日作出榕行终字第76号行政裁定书，认为：IP电话是基于网络技术而产生的在因特网上提供的新类型的通信业务，属于《国务院关于批转邮电部关于进一步加强电信业务市场管理意见的通知》和《中国公众多媒体通信管理办法》所称的向社会放开经营的“计算机信息服务业务”和“公众多媒体通信业务”。被上诉人马尾公安分局不能证明IP电话属法律、行政法规规定由电信部门统一经营的长途通信和国际通信业务，《刑法》第225条规定的非法经营罪不能成立。

被上诉人马尾公安分局传唤上诉人陈锥、陈彦后“暂扣”了两上诉人50,000元人民币后，即解除了对陈锥、陈彦人身自由的限制，此后并未依照《中华人民共和国刑事诉讼法》的规定对于其所认定的“犯罪嫌疑人”采取取保候审、监视居住等其他强制措施，也未向检察机关提出起诉意见；另外“暂扣”属于典型的行政强制措施。因此，被上诉人马尾公安分局在对上诉人的处理中采取了并非属刑事侦查措施的限制人身自由的方法，针对公民的财产实施了“暂扣”的具体行政行为。

综上，被上诉人马尾公安分局将依法应由行政程序处理的事项和相对人作为“犯罪嫌疑人”，却无法提供证据证明其被诉行为符合刑事诉讼法的规定，在其“刑事侦查”过程中，实施了不能被证明是刑事强制措施而明显属于行政强制措施的扣押行为，人民法院应对上诉人提起的被诉具体行政行为的合法性进行司法审查。一审法院裁定驳回原告的起诉属适用法律不当，依照《中华人民共和国行政诉讼法》第61条第(三)项的规定裁定：撤销福州市马尾区人民法院(1998)马行初字第03号行政裁定；本案发回福州市马尾区人民法院重审。

[法理评析]

公安机关在刑事侦查过程中的行为是根据宪法和法律规定的权限、代表国家运用“公权”行使国家侦查权的行为，与一般的行政管理行为不同，其属于国家行为。根据我国的《行政诉讼法》第12条第1款，人民法院不受理公民、法人或者其他组织对国防、外交等国家行为提起的诉讼，此类案件的受害方只能通过非诉形式请求有权机关确认违法事实后依《国家赔偿法》进行国家赔偿。所以，本案的焦点就变成马尾区公安分局的行为到底是行政行为还是刑事侦查行为，这一行为性质的确立，直接关系到法院是否有权受理这一案件。一审法院就是依此行为属刑事侦查行为，不属行政诉讼审查的范围而驳回原告的起诉的。二审法院通过两方面来论证公安机关行为的性质：

一、上诉人经营 IP 电话的行为不构成"非法经营罪"

根据《中华人民共和国刑法》严格的"罪刑法定"原则和第 225 条，只有未经许可经营了"法律、行政法规"规定的专营业务时才可能构成"非法经营罪"，并不包括行政规章所作的专营规定。对于《国务院批转邮电部关于加强通信行业管理和认真整顿通信秩序请示的通知》(以下简称国发(1990)54 号《通知》)，在其颁布之时，中国根本就没有 IP 电话，由于立法者无从规范其尚不知道的技术行为，因此不能成为规范经营 IP 电话的法律依据。信息产业部的 1998 年的《关于计算机信息网络国际联网业务实行经营许可证制度有关问题的通知》规定了 IP 电话属专营，但对于发生于 1997 年的本案，其并不具溯及力；最后，法院的裁定是依据 IP 电话的技术特征作出的①：IP 电话是基于网络技术而产生的在因特网上提供的新类型的通信业务，其传输方式主要是借助网络服务器或电脑软件将语音信号转换为数字信号在因特网上传输，与普通电话的传输方式不同，属于 1993 年《国务院关于批转邮电部关于进一步加强电信业务市场管理意见的通知》和 1997 年的《中国公众多媒

① 曹夫："别想得太好，也别心慌——主审法官就'IP 电话是否属电信专营'答记者问"，《南方周末》1999 年 1 月 29 日，第 8 版。

体通信管理办法》中所称的“计算机信息服务业务”和“公众多媒体通信业务”，是向社会放开经营的电信业务，而不是属于被上诉人马尾公安分局所称的国务院国发（1990）54号《通知》规定的由邮电部门统一经营的长途通信和国际通信业务。上诉人的行为不构成“非法经营罪”。在确定本案IP电话应适用的法律时，法院大胆抛弃了可能束缚新技术发展的传统法律规范，虚心倾听专家证人对新技术的看法，其准确适用法律的造诣及勇气是今日审判工作的典范。不过还有一点不足，即法院在审理中援用有关的规范性文件时，并未严格按《中华人民共和国宪法》第90条、《国务院组织法》第10条及《行政法规制定程序暂行条例》、《法规规章备案规定》等，对纷繁芜杂的行政规范性文件是否符合行政法规、行政规章的立法要求，是否属于《行政诉讼法》规定的法院在审理行政案件时必须依据的法规和参照的规章进行审查、区分。依法治国的前提之一就是要明确依哪些“法”来治国，所以法院在审判中分清无法律效力的其他行政性规范文件和有法律效力的行政法规、规章，对于实现依法治国有重大意义。

当法院证明了上诉人的行为不构成“非法经营罪”后，得出被上诉人马尾公安分局将依法应由行政程序处理的事项和相对人作为“犯罪嫌疑”处理是错误的，其“本案属刑事侦查案件”的主张不予支持，法院对于本案有司法审查权。这个推理过程值得质疑。《刑事诉讼法》第86条规定公安机关立案必须具备两个条件：有犯罪事实、需追究刑事责任，但是在立案之初毕竟还未对所涉案件展开全面的调查，其有关存在犯罪事实的认定尚未有充分的证据，要求其百分之百地准确立案是不可能的，而等到掌握了足够的证据再立案则可能会延误侦查时机，因此《刑事诉讼法》容忍立案出现偏差。立案之后刑事诉讼程序已经启动，即使最终发现不应对犯罪嫌疑人追究刑事责任，即当初的立案是错误的，也不能否认或改变此前侦查机关已经进行的侦查行为的刑事诉讼性质，对此行为依《行政诉讼法》法院仍无司法审查权；这种“最终发现”虽然对于其前的法律行为无效力，但依《刑事诉讼法》对于随后的程序将产生效力，即第130条规定：“在侦查过程中，发现不应对犯罪嫌疑人追究刑事责任的，应当撤销案件”，第15条也规定：“有下列情形之一的，不追究刑事责任，已经追究的，应当撤销案件，或者不起诉，或者终止审理，或者宣告无罪：(一)情节显著轻微、危害不大，不认为是犯罪的。”所以，法院不能以“最终发现”犯罪嫌疑人的行为不构成“非法经营罪”，不应被追究刑事责任，来否定立案之后马尾区公安分局依《刑事诉讼法》所采取的行为的刑事诉讼性质。行政诉讼的对象应是具体的行政管理行为引起的争议，其前提是要有行政管理行为，而不是以是否属“应由行政程序处理事项”为标准。实际上立案已是刑事诉讼程序的一部分，是刑事诉讼的开始，①法院对于立案是否正确的审查已是对刑事诉讼这种国家行为的审查，这不符合《行政诉讼法》第12条的规定；而且如果允许这种审查，则必然会导致犯罪嫌疑人的“滥诉”，影响司法机关正常工作的效率。

还有一个值得注意的问题：法院的“IP电话不属邮电专营”裁定作出后社会上一些人士对此做了片面的理解，一些媒体错误地报导了“IP电话可以放开经营”，一些企业马上刊登广告推介IP电

---

① 胡锡庆主编：《新编中国刑事诉讼法学》，华东理工大学出版社1996年版，第186页。

话,①这些现象很有必要加以澄清。法院得出的结论只是上诉人的行为并不触犯刑法,不需追究刑事责任,但这并不意味着其行为就是合法的,裁定书在“另查明”中专门指出:原邮电部邮部(1995)773号《关于发布〈放开经营的电信业务市场管理暂行规定〉的通知》第4条规定未经审核批准,未领取营业执照的,不得从事放开经营的电信业务,违者处以相应的行政处罚;1998年信息产业部《关于计算机信息网络国际联网业务实行经营许可证制度有关问题的通知》也有类似的承担行政责任的规定。

二、被上诉人采用了非法的强制措施

本案中,致使被上诉人败诉最致命的事由笔者认为并非上述的“IP电话不属邮电专营”,而是被上诉人实施了非法的强制措施。

马尾公安分局扣押了陈彦用于网络通话的电脑及配件,这是公安机关在立案后所采用的扣押物证的刑事侦查行为;其先后拘留了陈彦、陈锥并分别在两人家属缴纳了暂扣款人民币20,000元、30,000元后,解除了对两人的人身自由的限制,但没有依照《中华人民共和国刑事诉讼法》的规定对其所认定的“犯罪嫌疑人”采取取保候审、监视居住等其他强制措施,也未对此50,000元暂扣款的性质作明确的说明,因此认定此“暂扣”款项的性质成了本案的关键。根据《刑事诉讼法》第50条及59条的规定,人民法院、人民检察院和公安机关根据案件情况,对犯罪嫌疑人、被告人可以采取拘传、取保候审、监视居住或者逮捕等强制措施,而本案当中

① 陈强:“上周法院裁定不属邮电专营,本周企业登广告推介IP电话,”《中国青年报》1999年1月29日,第1版。

的“暂扣”款项与解除人身自由限制行为虽然有某种事实上的因果关系，但并不符合取保候审的构成要件；该法第114条规定，在勘验、搜查中发现的可用以证明犯罪嫌疑人有罪或者无罪的各种物品和文件应当扣押，但扣押的对象仅限于诉讼过程中的证据，与案件无关的物品、文件不得扣押，所以，被上诉人的“暂扣”款项的行为并不属于《刑事诉讼法》规定的刑事侦查行为。又因其由公安机关作出，故属一种一般的具体行政行为。

作为一种具体行政行为，暂扣一般适用于相对人负有法定义务，却拒不履行的情形。行政机关的暂扣措施不同于没收或罚款，其目的在于促使相对人履行法定义务，而不是制裁违法行为，暂扣的对象一般是违法经营的物品、使用的工具及所得等等。因此，“暂扣”属于典型的行政强制措施，而对于具体的行政行为依《行政诉讼法》法院是有审查权的。①

作为一篇行政裁定书，二审法院写到此已足够了。事实上本案中被上诉人马尾公安分局暂扣了50,000元，但不能提供事实依据证明上诉人陈彦、陈锥有非法所得50,000元；而且根据原邮电部《关于发布〈放开经营的电信业务市场管理暂行规定〉的通知》第25条第(一)项规定，对于未经审核批准、未领取营业执照从事放开经营的电信业务的，可由通信主管部门责成邮电通信企业停通其中继线、没收非法经营所得，并可处2,000元以上20,000元以下的罚款，而被上诉人马尾公安分局并非“通信主管部门”，因此其行为是一种无权行政的行为。所以发回重审后一审法院进行实体审理，审理的结果应该说也是明显的——作为原审被告的马尾公安分局

---

① 王连昌主编：《行政法学》，中国政法大学出版社1994年版，第225页。

在“暂扣”上要承担败诉后果。

正是基于这一原因，二审裁定：被上诉人在其“刑事侦查”过程中，实施了不能被证明是刑事强制措施而明显属于行政强制措施的扣押行为。上诉人认为该行为侵犯其合法权益，有权依照《中华人民共和国行政诉讼法》的规定提起行政诉讼，人民法院应对被诉具体行政行为的合法性进行司法审查，一审法院裁定驳回原告的起诉属适用法律不当，本案发回重审。需要说明的是，前述“值得质疑的推理”虽然并不会影响本案结论的正确性，但作为一篇代表法律权威的司法文书，其逻辑推理能令人信服是最基本的要求。

作者单位：华东政法学院

福建省仙游经济发展总公司诉福州市公安局马尾分局侵犯财产权行政诉讼案

许永东

[基本案情]

原告福建省仙游经济发展总公司（下称仙游公司）于1995年2月1日向天津机电设备公司购买由天津新港海关罚没的韩国产二手旧小轿车16辆（其中大宇牌车9辆、现代牌车7辆），总价值人民币128万元。1995年2月24日运抵福州马尾港时被被告福州市公安局马尾分局（下称马尾公安分局）以走私嫌疑为由暂扣，并于同年3月15日以涉嫌走私予以刑事立案。暂扣时原告仙游公司称因全部手续均在发货人天津保税区鼎鹏国际贸易发展公司手中而无法立即提供，刑事立案后原告仙游公司将天津新港海关处罚通知书、天津机电公司走私车专用发票、1994年版的海关罚没证明等文件提交被告马尾公安分局。但被告马尾公安分局称，根据国务院文件规定必须提供由公安部、海关总署、国家工商行政管理局共同制定的1995年新版《没收走私摩托车、汽车证明书》。因为海关总署当时尚未发放新版证明书，原告仙游公司于同年 4 月才向被告提供了由海关总署调查局核发的 1995 年新版《没收走私摩托车、汽车证明书》一车一证共 16 张。但被告马尾公安分局仍要求原告仙游公司交纳 800，000 元罚款后方能放行。1995 年 7 月 14 日，被告将该案移送福州市工商行政管理局鼓楼分局处理，该局于 1995 年 7 月 20 日作出《处罚决定书》认定原告仙游公司违法，罚款 300,000 元并发还车辆。原告不服向福州市工商行政管理局申请行政复议，福州市工商行政管理局于 1995 年 8 月 2 日作出复议决定撤销福州市工商行政管理局鼓楼分局的处罚决定。但被告马尾公安分局在未作出任何书面决定的情况下仍要求原告仙游公司两次交纳"办案费"200,000 元。原告按被告的要求分两次将"办案费"200,000 元交至被告处后，马尾公安分局未出具任何正式收据而仅交给原告一份《暂扣款单据》。1995 年 8 月 8 日被告将其中 15 辆车发还原告仙游公司，并以被告下属刑警大队名义出具一份"证明书"给沿途公安部门，称该案已结，车辆予以放行。同年 10 月 4 日被告工作人员再次要求原告报销"办案费"8,500 元。得款后才将剩余的 1 辆轿车及发票、海关证明等车辆合法文件交还原告。

原告仙游公司不服，向福州市中级人民法院提起行政诉讼称：原告购买上述 16 辆汽车的手续完备合法，不存在违法行为。被告马尾公安分局以走私嫌疑为由，实施查扣车辆、罚款及强制报销所谓办案费用的行为，均属滥用职权的行为，严重侵犯了原告的合法权益。请求法院撤销被告对原告所作的罚款行为，并返还原告人民币 208,500 元及赔偿全部经济损失计 378,740 元。原告仙游公司向法院提交的损失报告含车辆被扣 6 个月零 10 天的利息损失，车辆被扣后因存放露天而损坏的维修费用。

被告辩称：其未作出任何具体行政行为，对原告所采取的是刑事侦查行为，暂扣车辆是刑事强制措施。收取的200,000元是原告自愿作为赞助费交纳的，并非罚款。8,500元是办案费。因此不存在利息和损失的问题。

[裁判要旨]

福州市中级人民法院一审审理后认为：[1993]国办55号《国务院办公厅关于加强进口汽车牌证管理的通知》规定罚没进口汽车摩托车必须是一车一证(《没收走私汽车、摩托车证明书》)。1995年2月24日被告在查扣该批车辆时，原告仙游公司未能出示海关罚没证明、没收走私汽车专用发票等[1993]年55号文件所规定的随车必备文件，被告当时予以查扣符合《刑事诉讼法》的规定。原告仙游公司随后将海关处罚通知书、1994年版罚没证明(4月份又提供换发的1995年新版罚没证明)、天津机电公司专用发票等有关文件提供被告后，被告对此进行了核实。上述材料已能证明该批车辆并非走私车辆。至此被告应按《刑事诉讼法》第94条的规定予以撤销案件并放行车辆。其后被告以刑事侦查为名，继续扣押原告仙游公司的合法财产，无论从事实上还是从法律上，该行为均不属于《刑事诉讼法》所规定的扣押行为。1995年7月被告将该案移交福州市工商行政管理局鼓楼分局作行政处罚的行为证明被告也已放弃了刑事侦查。原告的起诉符合《中华人民共和国行政诉讼法》第11条第1款第(二)项规定。被告明知所扣车辆既非赃物，也非可以证明原告有走私嫌疑的物证，而是原告的合法财产，却拒不返还扣押的车辆。其行为违反了公安部、海关总署、国家工商行政管理局公通字(1995)第20号《关于启用新版“没收走私汽车、摩托车证明书”的通知》第6条、《福建省行政执法程序规定》第6条第(3)款、公安部1989年3月15日《关于公安机关不得非法越权干预经济纠纷案件处理的通知》第4条之规定，属滥用职权行为，侵犯了原告的财产权。被告退还车辆后又向原告索取“赞助费”208,500元的行为属《中华人民共和国国家赔偿法》第4条第(3)项所规定的“违反国家规定征收财物、摊派费用”的行为。其应对给原告造成的上述直接经济损失予以赔偿。

关于原告仙游公司要求赔偿车辆被扣利息损失119,160元的请求，原告未提供该笔购车资金系由银行贷款的有关证据，对该项请求一审法院不予支持。原告无法在两个月内交纳车辆购置费而多交纳滞纳金145,860元的赔偿请求，原告提供了交通部、财政部交财发[1993]1356号《关于贯彻国务院办公厅国办通[1993]35号文件精神有关问题的通知》。虽然该通知规定了未及时交纳购置税的应从缴纳之日起按日加收应缴费款千分之三的滞纳金，但原告未提供有关滞纳金缴纳单据。因此，一审法院对原告的该项请求不予支持。

福州市中级人民法院经一审审查认定原告仙游公司所受的直接损失为：(一)被扣208,500元的利息损失。200,000元利息从1995年8月9日起算至1996年10月20日共计438天（14.5个月），按中国人民银行规定的1995年同期对公存款定期一年利率计算赔偿数额为18,445元。8,500利息从1995年10月4日起算至1996年10月20日共计381天（12.5个月），赔偿数额为972.185元。(二)因车辆被扣造成零部件被盗损失33,170元。(三)车辆外观重新喷漆费用损失80,000元。上述赔偿数额合计为

132,587.18元。遂依照《中华人民共和国行政诉讼法》第54条第(二)项第5目,第68条第1款;《中华人民共和国国家赔偿法》第4条第(二)项、第(三)项,第9条,第25条,第28条第(一)项、第(三)项、第(七)项的规定作出(1996)榕行初字第07号《行政判决书》,判决如下:(一)被告福州市公安局马尾分局自1995年5月1日起继续扣押原告福建省仙游经济发展总公司的16辆韩国产旧"现代"、"大宇"牌轿车的具体行政行为违法;(二)被告福州市公安局马尾分局向原告福建省仙游经济发展总公司索取"赞助费"200,000元及"办案费"8,500元的行为违法;(三)被告福州市公安局马尾分局应在本判决发生法律效力之日起5日内将未归还的"办案费"人民币27元归还原告福建省仙游经济发展总公司(1996年10月已汇还208,473元);(四)被告福州市公安局马尾分局应自本判决发生法律效力之日起5日内赔偿原告福建省仙游经济发展总公司直接损失人民币132,587.18元;(五)驳回原告福建省仙游经济发展总公司的其他赔偿请求。

一审宣判后,福州市公安局马尾分局不服一审判决向福建省高级人民法院上诉称原判认定原审原告的经济损失数额不当,因车辆被盗的零部件损失和车辆外观重新喷漆的费用不应由上诉人负责赔偿。请求二审法院对此依法改判。被上诉人仙游公司辩称,一审法院认定事实清楚,适用法律正确,赔偿合理,要求依法予以维持。

福建省高级人民法院二审肯定了一审法院认定的事实和定案证据。二审法院经调解,以(1997)闽行终字第1—1号《行政赔偿调解书》确认了上诉人与被上诉人就行政赔偿问题达成的协议:(一)马尾公安分局对仙游公司的赔偿请求,赔偿241,500元,并在行政赔偿调解书送达之日交付完毕。(二)案件一、二审诉讼费由马尾公安分局负担。执行完上述调解协议后，上诉人马尾公安分局以赔偿争议已解决为由向二审法院撤回了上诉。福建省高级人法院依法作出(1997)闽行终字第1—2号《行政裁定书》，裁定准许上诉人撤回上诉。

[法理评析]

一、被告马尾公安分局的行为属于刑事侦查行为还是具体行政行为

在一审法院受案之初，被告就以《不应诉决定书》的形式向人民法院提出该案不属行政诉讼受案范围。我们认为，因公安机关兼具刑事侦查、拘留逮捕、预审等刑事司法职能和治安、户籍、出入境等行政管理职能，其行使职权中发生的行为是属于刑事司法行为，还是属于具体行政行为，人民法院在立案阶段仅凭原告提供的立案材料是无法判明的，须进入审理阶段后由被告举证向人民法院说明，但不得以《不应诉决定书》这种藐视人民法院审判权威的非法定形式向人民法院提出。而应依《中华人民共和国行政诉讼法》的规定以答辩状、举证等方式向人民法院提出。

根据一审法院认定的事实，可以看出，1995年2月24日被告查扣该批车辆时，原告仙游公司称因全部手续均在发货人手中而无法立即提供。而国务院办公厅1993年8月30日的国办发(1993)55号《关于加强进口汽车牌证管理的通知》规定，进口汽车的唯一合法凭证是海关总署的进口证明书或海关总署、公安部、国家工商行政管理局核发的罚没证明和销售发票，并且一车一证，车

证同行。因此本案原告在运输时显然违反了这个规定。作为刑事侦查主体的公安机关依照《中华人民共和国刑事诉讼法》对该涉嫌走私行为作为刑事案件立案侦查并无不妥，且该行为又是在被告的辖区范围内发生的，被告有权管辖。但原告仙游公司在立案后将海关处罚通知书、1994 年版罚没证明（4 月份又提供换发的 1995 年新版罚没证明）、天津机电公司专用发票等有关文件提供给被告后，被告经过核实，特别是原告说明公安部、国家工商行政管理局、海关总署公通字(1995)20 号《关于启用新版“没收走私汽车、摩托车证明书”的通知》是 1995 年 3 月 1 日印发的，1995 年 2 月 4 日被查扣时原告不可能持有 1995 年新版的《证明书》，并于 1995 年 4 月 14 日到海关总署换发到 1995 年新版《证明书》提供给被告时，即已完全能证明该批车辆并非走私车辆，而是原告持有的合法财产。在查实上述情况后，被告马尾公安分局仍以刑事侦查为名，继续扣押原告仙游公司的合法财产，其行为的性质就已发生了转变。因为《刑事诉讼法》所规定的扣押行为是指能证明犯罪事实存在的证据，而此时原告在证明了自己所持有的系合法财产后，被告继续扣押的行为无论从事实上还是从法律上，均不属于《刑事诉讼法》所规定的扣押行为。1995 年 7 月被告将该案移交福州市工商行政管理局鼓楼分局作行政处罚也证明了被告的刑事侦查行为业已终结。但被告却在案件移送工商行政管理部门处理后仍将上述车辆扣押于自己手中，被告此时亦无证据向法庭证明其行为仍属刑事侦查行为，原告对此不服依法提起行政诉讼，符合《中华人民共和国行政诉讼法》第 11 条第 1 款第二项规定的受案范围。这一点《最高人民法院公报》1996 年第 1 期刊登的《黄梅县振华建材物资总公司不服黄石市公安局扣押财产及侵犯企业财产权行政上诉案》的判例中也明确了公安机关以刑事侦查为名规避行政诉讼的具体行政行为,人民法院有权予以司法审查。

基于上述理由,一审法院根据原告向被告提供新版证明的时间是 1995 年 4 月中旬,而被告随后查实了这一情况的时间为 4 月下旬的事实,在判决中确认被告自 1995 年 5 月 1 日起继续扣押原告福建省仙游经济发展总公司的 16 辆韩国产旧"现代"、"大宇"牌轿车的具体行政行为违法,而对 1995 年 2 月 24 日至 4 月的刑事侦查行为不予审查是慎重的,也是稳妥的,既肯定了公安机关的刑事司法职能不属行政诉讼受案范围,避免人民法院在审理该类行政案件过程中,对公关机关的刑事侦查行为不加分析地一律冠以"以刑事侦查为名,实施具体行政行为"的矫枉过正的作法,又限制了公安机关滥用刑事司法权规避行政诉讼的行为。

二、如何计算因被告的违法行政行为造成对原告造成的损失

本案原告仙游公司向法院提交损失报告总额计378,740 元,其中车辆被扣利息损失和被扣 208,500 元的利息损失是否属《中华人民共和国国家赔偿法》所规定的直接损失,存在较大争论。

原告仙游公司提出该批车辆自 1995 年 2 月 24 日被扣,1995 年 10 月 4 日发还共计 223 天。该批车辆系原告向银行贷款 1,280,000 元购买,在被扣期间仍须向银行支付利息,要求法院判令赔偿该款额项下的损失。根据《中华人民共和国国家赔偿法》第 28 条第(七)项的规定"对财产权造成其他损害的,按照直接损失予以赔偿。"该利息是否直接损失?有的同志认为,利息是一种法定孳息,是当事人的既得利益,应认为是直接损失,并予以赔偿。另一种观点认为,即使原告将贷款用于从事正常的经营活动,也必须向银行支付利息，且存在经营亏损的可能，利息只是在其正常商业合同项下预期利益的一个组成部分，属可得利益。但“可得利益”不是国家赔偿法所称的“直接损失”，直接损失仅指现已存在的财产灭失或损坏，利息不属于直接损失之列。笔者认为，《中华人民共和国国家赔偿法》所规定的国家赔偿责任属于严格责任，就其立法本意来说，应以严格解释为准。以银行贷款利息计算赔偿损失是不妥的，因为这是基于银行与贷款人的债权债务而产生的关系，而非直接损失。但银行贷款给被贷款人后，被贷款人实际拥有了占有、使用、收益、处分该贷款的完整权利，其存款利息当属于基于所有权关系而产生的法定孳息，因此应该以企业实际占有该贷款的最低可得利益来认定直接损失，即以该笔银行贷款的存款利息(法定孳息)计算直接损失。

三、二审对被告行政侵权赔偿的调解是否合法

二审的行政赔偿调解书确认，经调解上诉人与被上诉人就行政赔偿问题达成协议：马尾公安分局对仙游公司的赔偿请求，赔偿241,500元，并在《行政赔偿调解书》送达之日交付完毕。对该项调解，存在不同的观点：一种意见是认为二审法院的调解意见是正确的，《中华人民共和国国家赔偿法》第4章赔偿方式和计算标准第28条第(一)项规定“处罚款、罚金、追缴、没收财产或者违反国家规定征收财物或摊派费用的，返还财产。”而《中华人民共和国行政诉讼法》第67条第3款规定“赔偿诉讼可以适用调解”。返还财产也是一种赔偿方式，凡涉及国家赔偿的诉讼均可以进行调解，因此二审法院的调解意见是正确的。另一种意见认为，二审调解书混淆了一个很重要的问题，这241，500元包括被一审判决确认违法

的被告马尾公安分局向原告仙游公司索取“赞助费”200,000元及“办案费”8,500元(共208,500元),这里被确认违法收取的208,500元人民币不存在调解的问题,而是应依照《中华人民共和国国家赔偿法》第28条第(一)项的规定:处罚款、罚金、追缴、没收财产或者违反国家规定征收财物、摊派费用的,返还财产。即208,500元应属必须返还的财产,余下的33,000元才是赔偿金,涉及该部分的赔偿才可以依照《中华人民共和国行政诉讼法》的规定进行调解。笔者同意第二种意见,如果认为被告马尾公安分局侵犯财产权的行为违法,只能采用返还财产的判决方式,即法院判决确认了被告收取208,500元人民币的行为违法后,应纠正这种违法行为,使行政法律关系恢复到原先的状态。从侵权理论分析,这是一种由国家承担的“返还责任”。一审法院在判决主文第三项判令被告返还尚欠原告的人民币27元,正是由于这种理由。而赔偿针对的是造成损害后果的不法行为,引起国家赔偿的行为具有不法性,基于这种不法性对被侵害人造成的人身财产损失采用返还或恢复原状的方式无法施行时,才产生“补偿”意义上的赔偿责任,在这种情况下才可能对该项损失进行调解。如果本案被扣押的客体不是金钱,而是物(特别是不可分物的情况下),能否适用调解?不言而喻,答案是否定的,这种情况只能导致返还的结果发生。从另一角度分析,如果行政机关的侵犯公民法人及其他组织的财产权被法院确认违法后仍可以调解,客观上将造成行政机关因违法行为而获利的情况,这也是和依法保护公民、法人和其他组织的合法权益,监督行政机关依法行政的立法精神相悖的。

作者单位:福州市中级人民法院

王女士诉深圳市劳动局不作为行政诉讼案

张 敏

[基本案情]

王女士[①]于 1987 年以工人身份调入深圳市工作,1994 年 8 月出任中澳冷库仓库有限公司副总经理, 1997 年 1 月调回深圳联城(文锦渡)合作发展有限公司任办公室副主任。1997 年 11 月 25 日深圳市社会保险管理局(以下简称社保局)为王女士核发了退休证,办理了退休手续。王女士生于 1945 年 5 月 21 日,时年 52 岁。王女士认为:其在实行了全员劳动合同制的单位从事干部岗位工作, 按照国发 [1978] 104 号文、劳部发 [1995] 309 号文、劳办发 [1994] 169 号文的规定, 应按照干部退休年龄 55 周岁办理退休, 其未到退休年龄即被社保局强制退休, 侵犯了其劳动权, 遂于 1997 年 12 月向深圳市福田区人民法院提起行政诉讼, 请求撤销被告社保局为其核发的退休证。福田区人民法院受理后, 经过审

① 因案涉王女士出生年月日等私人资料,笔者隐去其名。

理，认为目前尚无法律、法规规定对侵犯公民劳动权可以提起行政诉讼，因此原告的起诉不符合条件，应予驳回，遂以(1998)深福法行初字第4号《行政裁定书》裁定驳回王女士的起诉。王女士不服，上诉于深圳市中级人民法院。深圳市中级人民法院经审理认为：深圳市社保局是深圳市养老保险工作的主管部门，对王女士以自己退休时所在的工作岗位属于管理岗位，应按干部退休条件执行的主张，其职权范围不能作出确认。王女士应向劳动行政部门提请对自己所从事工作是否属于管理岗位以及是否按干部条件退休依法进行确认，王女士的上诉缺乏法律依据，遂以(1998)深中法行终字第10号《行政裁定书》裁定驳回上诉，维持原裁定。

终审裁定宣判后，王女士于1998年5月7日给深圳市劳动局去函，要求对其退休前所从事的工作岗位是否属于管理岗位以及是否应按干部条件退休作出确认。深圳市劳动局于1998年6月7日以深劳函[1998]116号复函王女士：你以工人身份于1987年调入我市，按国家现行规定，在未办理转干手续之前，应按国发[1978]104号文和深府[1994]25号文的规定办理退休。王女士认为深圳市劳动局答非所问，属行政不作为，遂于1998年6月18日再次向深圳市福田区人民法院提起行政诉讼，状告深圳市劳动局行政不作为。

[裁判要旨]

福田区人民法院经审理认为：被告是主管劳动工作的行政部门，负有履行企业劳动者离退休审批工作的职责。其深劳函[1998]116号复函是对原告以工人身份调入深圳进行确认，并未对原告退休前所从事的工作是否属于管理岗位以及是否按干部条件退休作出具体行政行为。因此,被告应依法作为。遂依据《行政诉讼法》第54条第3项的规定,以(1998)深福法行初字第17号《行政判决书》判决被告在判决生效之日起60日内就原告退休前所从事的工作是否属于管理岗位以及是否按干部条件退休依法作出具体行政行为。宣判后,被告深圳市劳动局不服,向深圳市中级人民法院提起上诉。深圳市中级人民法院以(1998)深中法行终字第42号《行政判决书》判决驳回深圳市劳动局的上诉,维持原判。

[法理评析]

该连环案涉及的问题主要有三个:一是公民认为行政机关侵犯其劳动权,能否提起行政诉讼,人民法院应否作为行政案件受理。二是当部门规章与地方规章发生效力冲突时,应当如何适用。三是对于干部岗位和工人岗位由何部门确认,以什么标准进行确认。

一、侵犯公民劳动权能否提起行政诉讼。

《行政诉讼法》第11条明确列举了公民、法人或其他组织可以对以下行为提起行政诉讼:1. 对行政处罚不服的;2. 对行政强制措施不服的;3. 认为行政机关侵犯经营自主权的;4. 认为行政机关拒绝颁发许可证或执照的;5. 认为行政机关拒绝履行保护人身权、财产权职责的;6. 认为行政机关没有依法发给抚恤金的;7. 认为行政机关违法要求履行义务的;8. 认为行政机关侵犯其他人身权、财产权的。概括来说,对公民而言,一般只能针对行政机关侵犯人身权、财产权的行为提起行政诉讼。而根据《宪法》关于公民权利的分类，一般可分为政治权利、人身权、财产权、劳动权、休息权、受教育权、创作权等。那么，如果公民认为行政机关侵犯了人身权、财产权以外的其他权利，能否提起行政诉讼呢？

笔者认为，侵犯公民劳动权能够提起行政诉讼，人民法院应当作为行政案件予以受理。理由有二：一是《行政诉讼法》第 2 条规定只要是公民认为行政机关的具体行政行为侵犯其合法权益，就有权提起行政诉讼；第 11 条第 2 款规定"人民法院受理法律、法规规定可以提起诉讼的其他案件"；第 12 条载明了人民法院不予受理的四类案件。可见，对行政机关侵犯公民劳动权的行为提起行政诉讼符合《行政诉讼法》的立法精神；二是赋予公民起诉权是保护公民劳动权和对行政机关进行司法监督的必要手段。在本案中，福田区人民法院（1998）深福法行初字第 4 号《行政裁决书》以"目前尚无法律、法规规定对侵犯公民劳动权可以提起行政诉讼"为由裁定驳回王女士的起诉是与《行政诉讼法》立法本意相悖的。笔者认为不管最后实体审理结果如何，首先至少应当赋予原告诉权，给原告一个说话的机会，而不应当简单地驳回原告的起诉。通过审理，如果原告的诉讼请求确实缺乏法律依据，那么可以再判决驳回原告的诉讼请求并为原告指明一条出路，让原告败诉败得明明白白。在本案中，深圳市中级人民法院的裁定是合法合理的。

上述案件给我们的立法者提出这样一个问题，现行的《行政诉讼法》在受案范围方面规定比较狭窄，不利于保护公民、法人和其他组织的合法权益，需要在修改时将劳动权、受教育权等公民的基本权利明确纳入行政诉讼的受案范围。

二、当部门规章与地方性规章冲突时，应当如何适用。

按照《行政诉讼法》第52条、第53条的规定，人民法院审理行政案件，以法律和行政法规为依据，参照部门规章与地方性规章。对于企业职工的退休及养老保险问题，《劳动法》只是作了原则性规定，并无具体阐述，在实际操作中大多执行的是劳动部发布的部门规章或者各地方人民政府制定的地方性规章。实际上，关于企业职工的退休及养老保险问题目前法规尚不健全，且部门规章与地方性规章规定多不一致。具体到本案中，劳部发[1995]309号文即劳动部《关于贯彻执行〈中华人民共和国劳动法〉若干问题的意见》第75条规定："用人单位全部职工实行劳动合同制后，职工在用人单位内由转制前的原工人岗位转为原干部（技术）岗位或由原干部（技术）岗位转为原工人岗位，其退休年龄和条件，按现岗位国家规定执行。"劳办发[1994]69号文《劳动部办公厅关于企业全员劳动合同制职工退休退职问题的复函》规定："原身份是工人，现到管理岗位工作的，按干部的退休、退职条件执行。"深圳市人民政府深府[1994]25号文《批转市劳动局关于企业实行全员劳动合同制若干具体问题处理意见的通知》第4条则规定："原工人身份的员工，男年满60周岁，女年满50周岁，连续工龄满10年后，应办理退休。"而国家有关退休年龄的规定至今仍然执行的是国发[1978]104号文即《国务院关于工人退休、退职的暂行办法》，该文第1条规定："全民所有制企业、事业单位和党政机关、群众团体的工人符合下列条件之一的，应该退休：（一）男年满60周岁，女年满50周岁，连续工龄满10年的。"

很显然，劳部发[1995]309号文是以"现工作岗位"来界定退休年龄，深府 [1994] 25 号文则是以“工人身份”来界定退休年龄的。而“现工作岗位”与“工人身份”明显不一致时，究竟应该适用哪个规章呢？在审理和探讨中，曾有几种不同的意见：第一种意见认为，深圳市人民政府是经全国人大常委会特别授权的有规章制定权的地方人民政府，深圳市人民政府依照授权制定发布的地方性规章在深圳经济特区内应比其他部门规章优先适用，本案应优先适用深府[1994]25 号文；第二种意见认为，劳部发[1995]309 号文是在深府[1994]25 号文之后发布的，根据法律冲突适用规则，“在适用同一效力层次的文件时，新法律优于旧法律，新法规优于旧法规，新规章优于旧规章，新规范性文件优于旧规范性文件”，本案应优先适用劳部发[1995]309 号文；第三种意见认为，深府[1994]25 号文和劳部发 [1995] 309 号文是属于同一效力层次的规章，且都是有效规章，人民法院审理中若发现两者有冲突，应报请最高人民法院送请国务院作出解释或者裁决。

笔者认为，上述第三种意见是正确的。根据《行政诉讼法》第 53 条第 2 款的规定：“人民法院认为地方人民政府制定、发布的规章与国务院部委制定发布的规章不一致的，以及国务院部委制定、发布的规章之间不一致的，由最高人民法院送请国务院作出解释或者裁决。”因此本案中，人民法院应当裁定中止审理，并将有关规章冲突报请最高人民法院送请国务院作出解释或者裁决，待规章冲突得到解决后再恢复审理。

三、对于干部岗位和工人岗位由何部门确认，以什么标准进行确认。

在人事管理制度上，我国沿用前苏联的管理模式，一直把国家机关、社会团体、国有企事业单位的工作人员分为两类，即干部和工人，干部一般由组织人事部门任命和管理，而工人则由劳动行政部门管理。虽然目前我国在人事制度上也在试行一些改革，比如用“公务员”称谓取代以往的“干部”称谓，在国有企业中则推行全员劳动合同制，但在社会实际生活中，仍没有摆脱以往干部和工人两条线的管理模式，在社会福利和社会保险方面仍然区别对待。本案中王女士的遭遇即是最好的证明：王女士虽以工人身份调入深圳，但她认为自己一直从事的是国有企业的管理岗位工作，应按干部退休的年龄和条件执行。而到底是以工人身份退休，还是以干部身份退休，其退休年限和退休后的福利待遇是有明显差别的，包含着很多利益因素。

在本案审理中，深圳市劳动局答辩称：劳部发[1995]309号文对于什么是管理岗位，什么是工人岗位没有明确规定，其无法答复；况且，没有法律规定劳动行政部门是管理岗位与工人岗位的确定部门。笔者认为深圳市劳动局的答辩并不是没有道理。因为迄今为止我国没有任何法规明确哪些岗位是管理岗位，哪些岗位是工人岗位，岗位性质由什么部门进行确定，以什么标准进行确定。这就给我们的立法者提出另一个课题——尽快制定出详细全面的职位分类办法，填补我国在职位分类方面的空白。此外，要尽快健全公务员制度，理顺人事管理体制，把国家机关、党群组织工作人员与企业、事业单位工作人员分开管理，确定不同的职位分类标准。在职位分类标准颁布之前，在对国有企业人员的管理上，不妨试行由组织人事部门任命和派遣的人员参照公务员制度进行管理，其他聘用工作人员则依照《劳动法》进行管理。

作者单位：深圳市福田区人民法院

田永诉北京科技大学拒绝颁发毕业证、学位证行政诉讼案[1]

温　辉

[基本案情]

田永，男，1976 年 12 月 23 日出生，北京科技大学应用科学学院物理化学系学生。1996 年 2 月 29 日田永参加电磁学课程的补考。考试过程中，其去厕所时将随身携带写有电磁学公式的纸条掉出，被监考老师发现。虽未发现其有偷看的行为，监考老师还是按照考场纪律，当即停止了田永的考试。北京科技大学根据校发(94)第 068 号《关于严格考试管理的紧急通知》(以下简称 068 通知)，于同年 3 月 5 日认定田永的行为属作弊行为，作出按退学处理的决定，并于 4 月 10 日填发了学籍变动通知。北京科技大学没有直接向田永宣布处分决定和送达变更学籍通知，也未给田永办理退学手续。田永继续在该校以在校大学生的身份参加正常学习及学校组织的活动。1998 年，田永完成四年学业，成绩全部合格，通过

---

① 姜明安教授对本判例评析的写作给予了有益的帮助，在此深表谢意。

毕业实习、设计及论文答辩。但学校以田永不具有学籍为由，拒绝为其颁发毕业证、学位证。田永认为根据《中华人民共和国教育法》、《中华人民共和国学位条例》及《中华人民共和国学位条例暂行实施办法》的规定，北京科技大学应当履行颁发学业证书、学位证书等法定职责，故于1998年10月19日向北京市海淀区人民法院提起行政诉讼。

[裁判要旨]

案经海淀区人民法院审理认为，根据《中华人民共和国教育法》，学校属于法律授权组织，其代表国家行使向受教育者颁发学业证书、学位证书的行政权力，由此而引发的争议，适用行政诉讼法予以解决。学校实施管理中，虽然有相应的教育自主权，但不得违背国家法律、法规和规章的规定。北京科技大学制定068号通知中有关按退学处理的内容，直接与《普通高等学校学生管理规定》第29条规定的退学条件相抵触。而且退学处理的决定涉及原告的受教育权。从充分保障当事人权益原则出发，被告应将此决定直接向本人送达、宣布，允许当事人提出申辩意见。而被告既未依此原则处理，也未实际给原告办理注销学籍、迁移户籍、档案等手续。田永在1995至1996学年第二学期虽因丢失学生证未能注册，但被告1996年9月又为其补办了学生证并注册的事实行为，应视为改变了对田永的退学处理决定，恢复了原告的学籍。据此，根据《行政诉讼法》第54条第(三)项的规定，作出(1998)海行初字第142号《行政判决书》，判决：北京科技大学在本判决生效之日起30日内给田永颁发本科毕业证书、并向当地教育行政部门上报田永毕业派遣的有关手续；60 日内召集本校的学位评定委员会对田永的学士学位资格进行审核；驳回田永的其他诉讼请求（赔偿和赔礼道歉）。

宣判后，北京科技大学以“原判认定我校改变了对田永的处理决定，恢复了其学籍，是认定事实错误”等为理由，提出上诉。北京市第一中级人民法院经审理认为：原判认定事实清楚，证据充分，适用法律正确，审判程序合法，依法判决：驳回上诉，维持原判。①

[法理评析]

这是全国首例学生诉学校拒绝颁发毕业证书、学位证书的行政诉讼案件。本案的受理和田永的胜诉，对于促进教育机构依法办事和保护受教育者的合法权益有重大意义。

首先，该判例确定了教育机构的行政主体资格。在此之前，我们往往遵循“教育机构所作出的行为不是行政行为；行政诉讼只涉及人身权、财产权争议”的思维定势，否认教育机构的行政主体资格，排斥对受教育权的司法救济。而本案则突破原有的认知，认为《中华人民共和国教育法》授予教育机构一定的行政管理权限，即代表国家对受教育者颁发相应的学业证书、学位证书的职责。教育机构是行政法上的被授权组织。因此，它在被授权范围内具有主体资格。由此与受教育者发生的争议，不是民事诉讼，而是行政诉讼。

其次，该判例确立了教育处分的告知制度和申辩原则。在对受教育者作出处分时，教育机构依仗自己管理者的地位和优势，不听

① 本案判决详见《最高人民法院公报》，1999 年第 4 期。

取受教育者的异议和申辩。这种作法如果不是过于武断，可能对受教育权造成侵犯的话，也是对受教育者缺乏起码的尊重。本案中被告对原告做出按退学处理的决定时，既没有为当事人提供提出异议、申辩的机会，也没有向当事人送达、宣布处分决定书。法院认为被告应当将处理决定直接向本人送达、宣布，允许其提出申辩意见，否则就是没有尊重当事人的权利，违背了充分保障当事人权益的原则。法院的判决蕴涵着这样一个理念：未经合理申辩，不得对当事人做出不利的决定。告知制度和申辩原则是充分保障当事人的权益的诉讼原则的必然要求，同样适用于教育机构对受教育者的处分。

最后，该判例进一步明确了教育自主权和依法治教的关系。《教育法》赋予教育机构一定的教育自主权，这是必要的。但教育机构的自主权不是无限的。它必须在法律、法规允许的范围内，以不违背法律、法规为前提。本案中，北京科技大学没有正确处理教育自主权与依法治教的关系。它所制定的068号通知中有关按退学处理的规定超出了《普通高等学校学生管理规定》中所设定的范围，法院宣布其与上位法律相抵触。法院在本案判决中写道："（教育机构）虽然有相应的教育自主权，但不得违背国家法律、法规和规章规定"，从而进一步明确了教育自主权与依法治教的关系。

本案作为开保护公民受教育权先河的判例，其意义远不止此。但笔者认为，本案审理尚有不足之处，其受案依据欠准确，没有从根本上解决受教育者的诉权问题。

本案被告没有提出受案范围异议，这丝毫不影响对该问题讨论的必要性；法院判决书中也没有阐明其受理的依据，这也丝毫不影响对该问题讨论的可能性。没有说明，并不等于没有受案依据。

法院在判决中接受了原告的观点——被告应当履行颁发毕业证书、学位证书的法定职责,并以《行政诉讼法》第 54 条第(三)项为判决依据,作出被告应履行职责的判决。《行政诉讼法》第 11 条第 1 款受案范围规定中涉及被告行政机关履行法定职责的条款共 3 项:1. 第(四)项,“认为符合法定条件申请行政机关颁发许可证和执照,行政机关拒绝颁发或者不予答复的”;2. 第(五)项,“申请行政机关履行保护人身权、财产权的法定职责,行政机关拒绝履行或者不予答复的”;3. 第(六)项,“认为行政机关没有依法发给抚恤金的”。拒绝颁发学历证书、学位证书,显然不属于抚恤金的问题,其所涉及的权利也不是人身权和财产权,第(五)项和第(六)项不能作为本案的受理依据。如果上面三项中必有一项是本案的受理依据,其中两项被合理排除之后,另一项申请行政机关颁发许可证和执照就是本案的受理依据。笔者认为,以此作为本案的受案依据有以下几点不妥:第一,过于牵强。颁发学业证书、学位证书的行为与办理许可证、执照的行为不同。前者是对相对人法律地位、法律事实、法律关系的认可,属行政确认行为,不涉及相对人权利义务的增减;后者是行政许可行为,直接为相对人创设新的权利义务。以此项规定为依据,实际上混淆了两种不同性质的行政执法行为。第二,无法解决退学处理决定。虽然本案是行政机关不作为的案件,但核心问题是田永的学籍是否存在。要解决这个难题,法院就无法绕开北京科技大学对田永所作的按退学处理决定。因为,行政诉讼不同于民事诉讼。后者可以把行政机关的决定抛到一边,重新确定双方的权利义务。而行政诉讼必须对与争议有关的行政决定给个“说法”——或维持或撤销或变更,不可不予理睬。第三,不能解决受教育者的诉权问题。依此条款为受案依据只解决了因教育机构拒绝颁发学业证书、学位证书引起的公民受教育权争议的诉讼问题,无法为公民受教育权因开除、按退学处理等而受到侵犯的受教育者提供可靠的司法救济。二审法院在判决书中明确写到:"(学校)有权对在校学生进行教学管理和违纪处理,因此而引起的争议不属于行政诉讼受理范围"。事实上,开除对受教育权的侵犯程度远较拒绝颁发学业证书更为严重,却得不到有效的司法救济,岂非有失公正?

由此可见,以《行政诉讼法》第11条第1款第(四)项为依据,对公民受教育权的保护牵强、乏力,并且不适当地限制了法院的审查范围,不利于对受教育权的保护,不利于对依法治教国策的贯彻。实践中,教育行政机关接到受教育者的申诉后,往往自己不进行审查,而是让教育机关自行复查。田永案中即是如此。事实上,《行政诉讼法》第11条的法律列举条款,即第二款,已经为针对受教育权的行政诉讼提供了可能,关键看《教育法》对此如何规定。而《教育法》第42条规定:受教育者享有对学校给予的处分不服向有关部门提出申诉,对学校、教师侵犯其人身权、财产权等合法权益,提出申诉或者依法提起诉讼的权利。这一规定的前半句虽然没有明确对学校处分是否可以提起诉讼,但也没有规定有关部门的处理决定是终局裁决;后半句中"人身权、财产权等合法权益"应该包括受教育权。按照我国的立法惯例"等"一般地具有"等外"的含义,即包括"等"字前列举事项以外的内容。因此,《教育法》此条所用"人身权、财产权等合法权益"一语意味着,只要受教育者认为其人身权、财产权以及其他合法权益(主要是公民受教育权)受到侵犯,都有权向人民法院提起诉讼,享受司法程序的保护。

同时,我们必须承认,《教育法》第42条对司法机关介入的规定暴露了立法者既要开口子又不敢开大口子的矛盾心态。这就产生了法律解释的必要。法律解释的重要性是平衡利益关系,维护社会公正。当某一法条含义不够明确,可这样那样理解时,法律的天平必须向更易受到伤害的弱势一方倾斜。“打假英雄”王海们为索赔而购买假货的行为,之所以未被认定为欺诈,道理正在于此。为了消除《教育法》对受教育者诉权授予的模糊性,必须充分考虑受教育权作为宪法权利的意义和受教育者被管理的劣势地位,作出有利于弱者的解释,赋予其抗御侵害的充足手段。

综观全案,争议的焦点、审查的核心不是北京科技大学该不该给田永颁发学位证书和学业证书,而是田永是否具有学籍。实质上,法院直接地审查了北京科技大学对田永的纪律处分。但由于受案依据、审查范围的限制,法院虽然认定被告 068 号通知与上位阶规范相抵触,却无法撤销被告依此通知对田永作出的退学处理决定。与其这般“曲线护教”,迂回保护公民受教育权,不如大胆引用《教育法》,给受教育者一个可靠而有力的司法保护。

作者单位:北京大学法学院

毕可财诉荣成市烟草专卖局违法处罚行政诉讼案

龙 飞

[基本案情]

1998年12月11日，被告荣成市烟草专卖局根据举报，到原告毕可财家进行执法检查，向毕可财的雇佣人员出示了执法证件，发现其家中有非法经销的卷烟，即扣押了部分卷烟。装车过程中，毕可财及其妻郭俊英到场，后毕可财跟车到了腾家派出所，在《扣押通知书》上签字。12月15日，荣成市烟草专卖局调查毕可财，原告承认那些卷烟是从青岛、平度、乳山等地拉酒捎回来的。

1998年12月17日，荣成市烟草专卖局以毕可财无准运证运输烟草专卖品2045条，经销假烟30条、走私烟99条为由，认定其行为违反了《烟草专卖法》第31条、第27条、第40条第1款之规定，根据《烟草专卖法实施条例》第55条第2款第2项、第62条以及国家烟草专卖局、公安部、国家工商行政管理局、海关总署发布的《关于严厉打击卷烟走私整顿卷烟市场的通告》(以下简称四部门通告)，对毕可财作出(1998)荣烟专处字第015号《处理决定书》，处理如下:(1)没收违法运输的卷烟 2045 条;(2)没收假烟 30 条并销毁,罚款 224 元;(3)没收走私烟 99 条,罚款 49,490 元。总计罚款 49,714 元。

[裁判要旨]

原告毕可财不服,向荣成市人民法院提起诉讼。毕可财诉称:(1)被告荣成市烟草专卖局执法程序违法,扣押查封卷烟时未通知原告到场,未出示执法证件,未让原告清点货物,封车运到腾家派出所后才通知原告在扣押单上签字,未告知原告听证程序;(2)被告认定事实错误,适用法律不当。被告所查获的 1916 条"富饶""仙姑"香烟系合法生产厂家的产品,并非假烟,不应没收。99 条"万宝路"系假烟,并非走私烟,不适用四部门通告;(3)原告有 28,500 元现金存放在一个半箱香烟内,被告连同香烟一起拉走,应予返还或赔偿。

被告荣成市烟草专卖局辩称:(1)被告执法程序合法,出示了执法证件,执法时发现非法鞭炮,通知腾家派出所及荣成市公安局治安大队干警协助,因毕可财拒绝清点,封车运到腾家派出所后,经毕可财清点并在扣押单上签字。此案根据《烟草专卖行政处罚程序规定》不适用听证程序;(2)被告认定查获的 1916 条"富饶""仙姑"香烟属无准运证运输,根据《烟草专卖法实施条例》第 55 条规定予以扣押、没收并无不当,99 条"万宝路"系走私烟,依法应予没收;(3)原告毕可财在腾家派出所对扣押的卷烟进行清点并在扣押单上签字,并未申明烟箱中有现金,原告举不出充分证据证明,应予驳回此请求。

荣成市人民法院审理认为，被告在对原告进行处罚前，没有告知其作出行政处罚的事实、理由及依据，以及原告有陈述申辩权利，违背了《行政处罚法》的规定，该处罚不能成立。原告诉称在被告没收的卷烟箱中存放28,500元人民币，无证据证明，其诉讼请求不予支持。根据《中华人民共和国行政诉讼法》第54条第(二)项第3目之规定，荣成市人民法院作出(1999)荣行初字第3号《行政判决书》，判决撤销荣成市烟草专卖局(1998)荣烟专处字第015号《处理决定书》。案件受理费3,800元，原告负担945元，被告负担2,855元。

原告毕可财不服提起上诉，要求二审法院全面审查被诉的具体行政行为，后又申请撤回上诉。二审法院裁定准许毕可财撤回上诉，上诉案件受理费3,800元，减半收取1,900元，由上诉人毕可财承担。

[法理评析]

本案虽因上诉人撤回上诉而终结，但案涉不少法律问题，笔者现就以下几个问题谈谈自己的粗浅认识，以期与同仁商榷。

一、本案是否涉及适用听证程序

国家烟草专卖局于1998年9月2日发布的《烟草专卖行政处罚程序规定》第40条规定："烟草专卖行政管理机关在作出责令停产、停业及8万元以上罚款的行政处罚之前，应当告知当事人有要求举行听证的权利。"本案中，荣成市烟草专卖局给予毕可财49,714元罚款，按照《烟草专卖行政处罚程序规定》不属于较大数额的罚款,不适用听证程序。山东省人民政府1997年6月24日发布的《山东省行政处罚听证程序实施办法》第3条规定“对公民处以500元以上罚款，对法人和其他组织处以20,000元以上罚款，应当告知当事人有要求举行听证的权利。法律、法规或规章对举行听证的罚款数额另有规定的,从其规定。”如果法律、法规或规章对举行听证的罚款数额没有规定，应适用山东省政府规定的罚款数额。从表象上看,荣成市烟草专卖局对毕可财作出近5万元的罚款无须适用听证程序,是符合上述规章规定的。但仔细分析一下,我们就可以看出《烟草专卖行政处罚程序规定》规定8万元罚款的听证起点是违背《行政处罚法》的立法本意的。

首先,我们看一下《行政处罚法》规定听证程序的立法本意。《行政处罚法》首次以立法的形式规定了听证程序，标志着我国民主与法制建设向公正、公平的法治目的和社会价值迈进了可喜的一步。听证程序对完善行政处罚程序的公正与公开机制具有重要作用，在世界上许多国家已被证明是在民主政治条件下行使国家行政权力的最为有效的方法之一。我国的《行政处罚法》对责令停产停业、吊销许可证或执照、较大数额罚款规定正式的听证程序，是为了对当事人的重大权益即从事特许行业劳动的利益和财产利益表示更为密切的关注,提醒行政机关谨慎地作出这些行政处罚,尽量减少不谨慎行政带给当事人无法估计的损害和其他恶劣的社会后果。当然,公民的人身自由利益价值更高,法律之所以将最严厉的人身自由罚排除在听证范围之外,自有其立法考虑,本文暂不详述。

其次是如何理解“较大数额”罚款,应适用哪一层级的规定。“较大数额罚款”是一个模糊的富有弹性的规定，行政机关就此有较大的自由裁量权，所以罚款起点应根据各地区各部门的具体情况而定。目前，有些部门规章具体规定了举行听证的罚款数额，如《工商行政管理机关行政处罚听证暂行规则》第6条规定“对公民处以5,000元，对法人或其他组织处以5万元以上的罚款”应举行听证；《出版管理行政处罚实施办法》第30条规定“对公民1万元以上，对法人或其他组织5万元以上的罚款，应举行听证”；《税务行政处罚听证程序实施办法》第2条规定“对公民作出2,000元以上，对法人或其他组织作出1万元以上罚款”、《海关行政处罚听证暂行办法》第2条规定，“对自然人处以1万元以上，法人或其他组织处以10万元以上罚款”、《司法行政机关行政处罚程序规定》第15条规定“对个人处以3,000元以上罚款，对机构处以2万元以上罚款”、《公安部关于行政处罚听证范围中“较大数额罚款”数额的通知》规定“对个人处以2,000元以上罚款，对违反边防出入境管理的个人处以6,000元以上罚款，对法人或其他组织处以1万元以上罚款的”，均应举行听证。由此可以看出，各行政机关均按照各自部门规章的规定来执行。有些部门如劳动部、文化部等虽没有规定具体数额，但是规定了按照省、自治区、直辖市人大常委会或人民政府制定的标准执行。

从上述这些规章制度的规定，我们可以看出罚款数额都是区分公民和法人、其他组织两种情况来分别规定的。因为对公民处以几千元以上罚款就足以构成对其重大财产权益的损害，而对法人或其他组织处以万元以上罚款才构成对其重大财产权益的损害。但《烟草专卖行政处罚程序规定》却未分别情况制定标准，不分公民和法人或其他组织，一律以8万元罚款的起点规定听证程序，这显然有悖行政处罚法的立法本意。对公民个人，特别是经营烟草零售的个体工商户而言,零星小额违法现象时有发生,如果只有对公民罚款8万元以上才可以要求听证,那么听证程序对公民个人就等于形同虚设。所以,笔者建议国家烟草专卖局重新修订要求听证的较大数额罚款的标准规定。当然在修订之前仍应按照现有规章规定办理。

我国《行政处罚法》就正式听证范围的规定采用的是列举式,也就是说并非所有的处罚案件都可以适用听证程序,只有行政机关作出的责令停产停业、吊销许可证或执照、较大数额罚款等行政处罚决定时才有可能适用该程序,最终是否适用听证,还要受其他条件限制。另外,行政机关在决定是否适用听证程序方面有较大的自由裁量权。虽然对于上述三类案件,法律规定只要当事人申请听证,行政机关即应举行听证。但是对于其他行政案件,法律并未规定一律不举行听证,也未规定必须举行听证,这就为行政机关行使自由裁量权,在一定程序上扩大举行听证的范围,以适应世界法制发展的趋势,创造了有利的条件。例如本案,如果毕可财要求听证,荣成市烟草专卖局就应给其举办听证会,通过听证程序查明案情作出正确的处理决定,避免引发诉讼。

二、本案是否涉及适用四部门通告

荣成市烟草专卖局对毕可财作出没收走私烟99条、罚款49,490元的处罚决定依据的是国家烟草专卖局、公安部、国家工商行政管理局、海关总署1994年联合发布的《关于严厉打击卷烟走私整顿卷烟市场的通告》(简称四部门通告),对此,双方当事人争议颇大,原告认为99条万宝路烟非走私烟,而是假冒“万宝路”商标的假烟,被告定性为走私烟没有充分的证据,且被告不应引用与《行政处罚法》规定不一致的四部门通告。被告认为99条"万宝路"烟是走私烟，依照四部门通告予以没收，并处货值5倍罚款是正确的。

笔者认为，首先要弄清楚99条"万宝路"烟到底是走私烟还是假烟。走私烟是指违反海关监管、逃避关税，从境外进口的烟草制品。假烟则是指假冒其他烟草制品的商标，非正式厂家生产的烟草制品。如何认定其到底属走私烟还是假烟，《烟草专卖法实施条例》第33条规定："假冒商标烟草制品的鉴别监测工作，由国务院产品质量监督管理部门和省、自治区、直辖市人民政府产品质量监督管理部门指定的烟草质量检测站进行"。因此，认定某烟到底是走私烟还是假烟，应经过法定检验机构鉴定方可确认，不能单凭印制的外国烟商标就断定为走私烟。假冒外国烟和走私烟是不能划等号的。

由于本案是因被告行政处罚程序违法而撤销其处罚决定，对其实体未进行审查，所以对99条万宝路烟不能确认为走私烟。为研究被告是否应适用四部门通告，先假设确认99条万宝路烟是走私烟，被告应依据何法律给以处罚？我们先看一下四部门通告是属于何种性质的文件。1994年10月16日，国家烟草专卖局、公安部、国家工商行政管理局、海关总署联合发布了《关于严厉打击卷烟走私整顿卷烟市场的通告》，是针对当时的形势，为整顿卷烟市场，打击卷烟走私而临时制定的，是属一种规范性文件。"通告"属于行政机关的公文，它适用于在一定范围内公布应当遵守或周知的事项，具有临时性的特点，是根据当时的形势而发布的。《国家行政机关公文处理办法》第9条中对此有明确规定。而1996年10月1日《行政处罚法》开始实施后，由于《行政处罚法》第14条明确规定，除法律、法规、规章以外，其他规范性文件不得设定行政处罚。因此，四部门通告作为规范性文件，在《行政处罚法》颁布实施后就不得设定行政处罚，与《行政处罚法》相抵触的行政罚款规定也就不能适用了。

那么，对原告毕可财的违法行为到底应作何行政处罚呢？

1997 年 7 月 3 日《烟草专卖法实施条例》颁布实施，其中第 58 条规定，依照《烟草专卖法》第 34 条处罚的，按照下列规定执行：(一)无特种烟草专卖经营企业许可证经营烟草专卖品进出口业务的，由烟草专卖行政主管部门责令停止经营上述业务，没收违法所得，处以违法经营的烟草专卖品价值 50% 以上一倍以下的罚款；(二)无特种烟草专卖经营企业许可证经营外国烟草制品购销业务的，由烟草专卖行政主管部门责令停止经营上述业务，没收违法所得，处以违法经营的烟草制品价值 20% 以上 50% 以下的罚款。本案中，原告毕可财无特种烟草专卖经营企业许可证，经营万宝路香烟，属于第 58 条第(二)项规定的违法情形，应适用此条款处以违法经营的 99 条万宝路价值 20% 以上 50% 以下的罚款，而不能适用四部门通告中的“5 倍罚款”。

三、原告丢失 28,500 元的举证责任

原告毕可财诉称有 28,500 元现金存放在一个半箱香烟内，荣成市烟草专卖局连同香烟一起扣押，要求返还或赔偿，一审法院以原告无证据证明为由不予支持其诉讼请求，依据的是“谁主张，谁举证”的举证原则。笔者认为这是当前审理行政赔偿诉讼案件存在的一个极为普遍的误区。

行政赔偿诉讼既不完全等同一般的民事诉讼，也不同于行政诉讼，它是以行使职权的行政机关为被告的有关金钱损害赔偿之诉，通常法院依据当事人提供的证据来判断是非，确定赔偿责任。我认为在证据制度上如果采用民事诉讼中“谁主张，谁举证”原则，则难以保护原告的合法权益。因为以行政机关为被告，举证已非常困难，加之原告对被告一方的内部组织、加害人员情况及侵害行为依据等很难完全了解，原告举证能力受到了较大限制。而如果采用行政诉讼中由被告负举证责任的方式，则难免出现原告滥提赔偿要求，法院无从判断的境地。为了避免出现以上两种情形，根据行政赔偿诉讼的特点，可以将诉讼双方的证明责任根据以下原则分担：

1. 原告的举证责任。原告首先要证明损害事实存在。例如，某人对公安机关非法拘留提起赔偿之诉，须向法院证明被拘留的事实以及拘留机关的名称、拘留时间、地点、凭证等。原告在举证时，不必一一举证加害人员的姓名、特征等。如财产受损害的，应提供财产受损具体状况的材料，包括物证、照片、证人证言以及证明财产原价值、修理费用的发货票等证明材料。具体到本案中，原告毕可财应提供将 28,500 元现金存放在烟箱内的证据，诸如此款是销售所得或从银行提取的证明材料，或有原告经常将钱存放在烟箱内的证据等。其次，原告还须证明自己所受损害与被告行为有初步联系或相当因果关系。例如，被拘留人在拘留期间身体受外伤，必须向法院证明此损害与拘留行为的因果关系，证明在拘留前身体健康无伤，拘留后有受外力致伤的结果。在本案中，原告毕可财则要证明自己丢失 28,500 元现金与被告的违法扣押香烟的行为有因果关系。即须证明被告未通知原告当面清点扣押物品，且扣押现场只有被告的工作人员的证据。最后，原告还须就被告抗辩及举证责任转换后的必要事实加以证明。例如,原告要求被告赔偿拘留期间的利益损失,被告证明该拘留是合法的,原告损失是预期利益,不应赔偿。此时原告就必须证明拘留是违法的、损失是已有损失等。如果事实真伪不明,原告还应证明伤害事实发生在被告的绝对控制和管理下,且被告又无法证明原告受到其他人伤害或自伤,那么法院就可推定该伤害系被告所为。在本案中,原告毕可财提出被告未在扣押现场与原告一起清点扣押物品,被告却证明扣押行为程序合法,被扣香烟装车后,毕可财跟车到派出所,与被告工作人员、公安机关工作人员一起清点了被扣押的香烟,并在扣押清单上签字,原告当时未提及香烟内存放现金一事。

2. 被告的举证责任。行政赔偿诉讼中,被告应就下列事项承担举证责任:首先,证明被告的行为合法,才能免除赔偿责任;其次,被告对其抗辩、提出特定事由负举证责任;第三,被告还须证明原告对损害存在过失的事实。在本案中,被告提出自己扣押行为合法,原告在扣押清单上签字,且清点扣押物品时有公安机关工作人员在场的证据,就可证明原告丢失28,500元现金与被告的扣押行为无关。

综上所述,针对原告的行政赔偿请求,法院裁判时不能仅用一句"原告无证据证明"驳回原告的诉讼请求,而应按照行政赔偿诉讼特有的举证责任原则来分析认定是否支持原告的赔偿请求。

作者单位:山东省威海市中级人民法院

包更生诉中国人民银行上海分行没收假币案

金泽刚

[基本案情]

1999年4月28日，包更生为缴移动电话费，到上海邮政局南车站路支局下属老西门邮电所(以下简称老西门邮电所)付费。该所工作人员童某收到包更生五张壹佰圆票面面额的人民币后，告知包其中有一张假币，并由该所工作人员将该币拿进室内，经储蓄专柜工作人员陈某开出一张编号为001401的中国人民银行上海分行(以下简称人行上海分行)假票变造币没收证，该没收证载明内容有“持币单位(或个人)：个人，类别：1990版壹佰圆整，张数：壹，假票冠字号码：FW12857015，填表单位：南车站路邮电支局没收假币专用章，复核：童某，经办：(空白)，填表日期：1999年4月28日。”并在该币上加盖“假币”戳印。该所工作人员将没收证第一联即没收单位留存联交给原告。包更生对此不服，于1999年

5月11日向上海市浦东新区人民法院提起行政诉讼。

[裁判要旨]

原被告双方围绕各自的观点发表的意见集中如下：

1. 根据《行政诉讼法》、《中国人民银行法》(下称《人民银行法》)和中国人民银行、最高人民法院、最高人民检察院、公安部联合于1992年9月10日发布的银发（1992）216号《关于假人民币由中国人民银行统一管理、销毁的决定》(下称联合《决定》)以及中国人民银行发布的银发（1993）384号《关于加强假币实物管理的通知》(下称《通知》)的有关规定,人行上海分行能否作为本案的被告?

2. 根据上海市1996年5月1日实施的《中国人民银行上海市分行反假人民币工作实施细则》(下称《实施细则》)等规定,邮电所的没收假币行为是否符合程序规范?

3. 被告为证明自己的主张，出示了事后对该邮电所缴费窗户及柜台现状所拍照片,该所工作人员童某的陈述,该所所属邮电支局制作的"没收假币经过"的说明,工作人员冯某和陈某的证词,以及人行上海分行出具的沪银鉴字第99357号鉴定书，其鉴定结果果为1990年版壹佰圆面额钞券壹张冠字号码FW12857015为机制假币等,这些证据是否具有证明力?

浦东新区人民法院经审理认为，老西门邮电所出具没收证的行为应作为人行上海分行的行为,人行上海分行是本案被告。老西门邮电所工作人员未当面确认假币的版本、冠字号码,因此不能证明被没收之假币系包更生所缴。向包更生出具的没收证第一联没有经办人签名，程序上违反了有关规定。依照《人民银行法》第4条第1款第2项、《行政诉讼法》第54条第2项之规定，于1999年12月27日作出(1999)浦行初字第23号行政判决，判决撤销人行上海分行1999年4月28日作出的001401号假票变造币没收证。

人行上海分行不服一审判决，向上海市第一中级人民法院提起上诉。该院于2000年3月10日立案后，依法组成合议庭，于2000年4月6日公开开庭审理了本案。

上海市第一中级人民法院审理认为，根据《行政诉讼法》第25条第4款的规定，由法律、法规授权的组织所作的具体行政行为，该组织是被告。联合《决定》的效力等级为规章，其授权“金融或者其他部门”具有没收假人民币的权力应当看作是中国人民银行的委托。因此，人行上海分行是本案适格被告。人行上海分行在一审提供的证据材料，除冠字号码为FW12857015的1990版壹佰圆假票外，其余证据材料不能作为没收假币行为的合法根据。而包更生提供的编号为001401中国人民银行上海分行假票变造币没收证(第一联“没收单位留存”)具有证明效力。综上，上海市第一中级人民法院根据《行政诉讼法》和有关司法解释的规定，对本案作出(2000)沪一中行终字第37号终审判决：(一)撤销上海市浦东新区人民法院(1999)浦行初字第23号行政判决；(二)确认中国人民银行上海分行1999年4月28日向包更生出具编号为001401中国人民银行上海市分行假票变造币没收证的具体行政行为违法。

[法理评析]

一、对最高人民法院颁布的司法解释如何适用

除了《行政诉讼法》之外，1991 年 6 月最高人民法院通过的《关于贯彻执行〈中华人民共和国行政诉讼法〉若干问题的意见(试行)》(下称《意见》) 以及 1999 年 11 月 24 日最高人民法院通过的《关于执行〈中华人民共和国行政诉讼法〉若干问题的解释》(以下简称《解释》)都成为人民法院审理行政案件的重要依据。但《解释》第 98 条规定，它自颁布之日起施行，《意见》同时废止。也就是说，如果适用《解释》，《意见》就不再适用。对本案的审理，一审法院没有适用《解释》，二审法院却适用了该《解释》。

笔者认为，本案被告的行为发生在 1999 年 4 月，从原告 1999 年 5 月 11 日起诉至一审法院于同年 12 月 27 日作出判决，《解释》还没有颁布施行，故一审法院没有适用解释是正确的。但本案二审立案之日正是《解释》开始施行之日(2000 年 3 月 10 日)，二审法院是否可以再适用《解释》审理本案并作出终审判决呢? 笔者认为仍然不可以，其理由是：

第一，制定法律解释的目的是为了更准确地理解法律本身，以确保执行法律的正确性和统一性。法律解释依附于它所要解释的法律条文，与法律条文同时适用，但这种适用只能是从其公布施行之日起。如果司法解释生效前，案件已经审理完毕，则不能在解释生效后重新来依据司法解释进行重复审理。

第二，在当事人发生法律关系以及一审法院进行审理时司法解释均未颁布施行，如果二审适用新的解释改变一审判决，就可能导致一方当事人怀疑法律的稳定性，甚至认为司法不公。而且，二审适用新的司法解释，有可能导致当事人的变更，引起发回重审程序。这样做无疑将增加诉讼成本，降低诉讼效益。在理论上也是难以成立的。

第三，由于一审时司法解释尚未生效施行，故一审法院适用法律并无不当，如果二审因新的司法解释而改变一审判决，就使一审法院在无过错的情况下承受被改判的责任，而且这样做势必影响一审法院的权威。

因此，笔者认为，法律解释的适用可以针对其实施前的行为，但只有在一审时已经生效的情况下，才能与相关法律一并适用。

二、如何确定本案的被告

《行政诉讼法》第 25 条第 3 款规定“由法律、法规授权的组织所作的具体行政行为，该组织是被告。由行政机关委托的组织所作的具体行政行为，委托的行政机关是被告。”根据这一规定，只有在法律、法规授权的情况下，有关组织才能作为被告，这里的法律是指全国人大或者人大常委会制定的规范性文件，这里的法规是指国务院制定的行政法规或者其它地方性法规。又根据联合《决定》第 1 条规定，“公安机关、人民检察院、人民法院、金融及其他部门对发现的假人民币一律没收，并加盖‘伪钞’或‘假币’字样的印章，送交当地人民银行。”该《决定》属于有关部门的联合规章，显然不具有法律或法规的效力。所以，二审法院认为，该《决定》规定金融或者其他部门具有没收假人民币的权力应当看作是人民银行的委托行为，不服此行为而起诉的，只能以委托的行政机关为被告，这是正确的。

三、邮电所没收假币的行为属于何种性质的行政行为

一审原告认为，邮电所没收假币的行为属行政处罚性质，一审法院则认为，被告对无过错使用假币的人没收其假币，是行使对人民币流通的管理职权，而非行政处罚，对此如何认识？

行政处罚是行政机关或其他行政主体依照法定程序和权限对违反行政法律规范的相对人给予制裁的具体行政行为。①由于行政处罚的目的是为了制裁违法行为，所以具有惩罚相对人的性质。而就老西门邮电所没收包更生假币的行为来说，如果被没收的的确是假币，只能说此币本身就不是货币，此时予以没收并没有给包更生造成损失；如果此币不是假币，经鉴定后没收者也应发还给包更生，这对包更生而言也不是什么惩罚。正是因为考虑到目前人民币的使用状况，国家对消费者使用少量假币的行为，一般不去追究其主观上有无过错（是假币就予以收缴，不是假币则要发还，这已经成为消费者的基本常识），也就谈不上给予一定的惩罚。因此，邮电所没收假币的行为更确切地说是一种保障人民币正常流通的特殊管理措施，而不是一种行政处罚。由于这种管理措施可能影响被管理者的财产权益，故具有可诉性。人民法院遇到这类起诉应当受理。

四、如何审查本案被告所依据的规范性文件

虽然行政案件审理的对象是具体行政行为，但由于被告作出

① 罗豪才主编：《行政法学》（新编本），北京大学出版社 1996 年版，第 201 页。

具体行政行为的依据通常是抽象行政行为，所以，法院也必须附带地审查抽象行政行为。本案涉及的抽象行政行为主要有中国人民银行等部门的联合《决定》、中国人民银行的《通知》和人行上海分行的《实施细则》。如果这些规范性文件不与法律、法规相抵触，就可以成为本案的处理依据，相反，则否定其适用效力。

(一)人行上海分行上诉称，联合《决定》第1条同现行法律、法规并未抵触，邮政储蓄机构有权没收假币。故人行上海分行不应当成为本案的被告。我们认为，《中国人民银行法》第4条规定，中国人民银行是发行人民币和管理人民币流通的机关。根据该规定，假币作为人民币流通过程中发现的问题，中国人民银行在法定职责范围内，能够通过对可疑币行使最终鉴定权进行宏观管理。《决定》第1条规定“金融及其他部门对发现假币一律没收……”是对人民银行行使人民币管理职能的具体化，这与人民银行具有宏观管理的职能并不矛盾，所以它没有违背《人民银行法》。但这一条的规定在诉讼法上是何性质却取决于《行政诉讼法》的规定。根据《行政诉讼法》第25条，它应当定性为委托，即人民银行委托邮政储蓄机构没收发现的假币。

(二)《通知》第2条规定，“凡是企、事业单位(如商店、邮局等)在办理现金收付业务时，发现假币后，首先扣留假币、向用户开具由人民银行认可或提供的假币没收收据，然后持假币前往附近银行或储蓄所鉴别，如确认为假币，由鉴定单位加盖‘假币’戳记，并交当地人民银行统一管理。”该条规定显然是对《决定》在程序上进一步补充和细化。它既不与《决定》相矛盾，也不与《人民银行法》相抵触。

(三)《实施细则》第13条规定，“各金融机构储蓄、出纳柜面发现假币，必须换人复核，经鉴定无误后，应当场加盖‘假币’字样戳记并加盖经办员和复核员名单，以防止假币重新流入市场。”这是上海市的地方规章，上海市内没收假币行为的程序规则。由于它也不与以上法律、法规相抵触，故在上海市内也是有效的。

可见，以上三个规范性文件，均不与有关法律、法规相抵触，根据《行政诉讼法》第53条的规定，可以作为审理本案没收假币的行为是否合法的依据。

五、被告实施的没收假币的行政行为是否违法

由于《通知》第2条和《实施细则》第13条规定了没收假币的程序规则，人行上海分行及其委托的其他组织应当依照该程序实施没收假币的行政行为。但人行上海分行向一审原告出具的假票变造币没收证“第一联”所载内容证明，老西门邮电所代收处发现可疑假币后，并未换人复核，仍由经办人童某自行复核。尽管没收证“第二联”、“第三联”的经办人栏有冯某签字。因后两联为一审被告持有，不能证明被告当时确是换人复核假币的事实。所以，人行上海分行没收假币的程序违反了《通知》关于“发现假币后首先扣留假币、向用户开具由人民银行认可或提供的假币没收收据，然后持假币前往附近银行或储蓄所鉴别，如确认为假币，由鉴定单位加盖‘假币’戳记，并交当地人民银行统一管理”的规定，也违背了《实施细则》关于“发现假币，必须换人复核，经鉴定无误后，应当场加盖‘假币’字样戳记并加盖经办员和复核员名单”的规定。正是因此，被告没收假币的行为违反程序，具有违法性，应承担不利的法律后果。二审法院如此认定是正确的。

六、关于举证责任的承担问题

根据《行政诉讼法》的规定，行政案件由被告承担举证责任。其根本原因是在行政诉讼程序发生以前，已经发生了行政执法或者行政司法程序，行政程序先于行政诉讼程序发生并影响着行政诉讼程序。而行政程序的基本要求就是先取证后处理。原告只须提供证实具体行政行为存在的证据以及证明自己主张的事实的证据。但对于被告事后收集的证据原告不反对的，人民法院也可承认其证明力。又根据该法第 33 条的规定，被告不得自行向原告和证人收集证据，故本案被告人行上海分行负举证责任，且在诉讼过程中不得自行向证人收集证据。

所以，二审法院认为，人行上海分行虽然在一审庭审中提供了 8 份事实证据材料，以佐证其向包更生出具假票变造币没收证行为事实清楚、程序合法。但除冠字号码 FWI2857015 的 1990 版壹佰圆假票外，其余 7 份证据材料均系在具体行政行为作出后和一审审理中收集的，且包更生均表示异议，故不能作为认定向包更生出具假票变造币没收证行为合法的证据。相反，包更生提供的编号为 001401 的中国人民银行上海分行假票变造币没收证“第一联”，具有证明效力，可作为确认本案事实的法律依据。

七、二审判决的内容是否得当

由于审理本案不能适用《解释》的有关规定，二审法院依据《解释》第 57 条第 2 款第 2 项，作出确认人行上海分行出具的 001401 号没收证的具体行政行为违法之判决不妥。应当根据《行政诉讼法》第 54 条第 2 项的规定，即违反法定程序的，判决撤销或者部分撤销具体行政行为。结合本案案情,此判决可以表述为:撤销被告中国人民银行上海分行于1999年4月28日出具001401号假票变造币没收证的具体行政行为。

对本案的判决还须注意以下几点:

(一) 一审法院作出撤销被告作出的001401号没收证的判决也是不正确的,因为行政案件审理和判决的对象是具体行政行为,而不是具体行政行为的某种表现形式。

(二) 即使审理本案可以适用《解释》,二审法院也不能适用该《解释》第57条第2款第2项,因为根据该项规定,作出确认被诉具体行政行为违法或无效的判决,必须是被诉具体行政行为违法,且不具有可撤销内容。①而本案被告的具体行政行为具有001401号没收证记载的内容,这一内容因没收行为程序违法当然是可以撤销,使该没收证无效。

(三)有一种观点认为,如果判决撤销被告的具体行政行为,就要将没收证记载的那张冠字号码为FWI2857015的1990年版壹佰圆面额钞券的机制假币发还给原告。这种理解是错误的。判决撤销被告的具体行政行为,并没有(也无必要)查实001401号没收证记载的真实假币来源何处,更没有理由认为假币要发还给原告。说到底,如何处理这张真实的假币不是本案所要解决的问题。

(四)如果本案一审原告提出退还其缴纳电话费时被当成假币没收的壹佰圆人民币的诉讼请求,法院应当就此一并予以判决。

作者单位:上海市第一中级人民法院

① 《解释》第57条第2款第2项规定,被诉具体行政行为违法,但不具有可撤销内容,人民法院应当作出确认被诉具体行政行为违法或者无效的判决。

邱彩萍诉浙江省天台县公安局限制人身自由案

张 峰

[基本案情]

1996年11月10日，天台县城关镇洋头洪村16岁的邱彩萍，与邻居因排水发生争吵，继而对当时年仅11岁的邱伟江拳打脚踢，致使邱伟江小便出血。事后，经法医鉴定属轻微伤。15日，天台县公安局以刑事案件受理，18日16时，对邱彩萍实施48小时留置盘问。后经批准延长至11月20日16时，将其关押在城关派出所临时留置室，与其他男性同室。20日对邱做出监视居住的决定，将邱与男性犯罪嫌疑人一同关押在上述留置室，直至25日。1997年1月1日，天台县公安局在做出撤销对邱的监视居住决定后，又将邱送至天台县法制教育学校进行了强制教育。期间，邱既不能出学校大门，也不准家人探望，还被迫缴纳了各种费用2,510元，直至3月14日才与家人团聚。

[裁判要旨]

1997年7月28日，邱彩萍向天台县人民法院提起行政诉讼，请求确认被告天台县公安局限制其人身自由行为违法，并给予一定的经济赔偿。8月22日，天台县人民法院受理了此案。11月14日不公开开庭审理的法庭上，被告天台县公安局承认了关押邱彩萍，并将她与男性犯罪嫌疑人一起关押的事实，同时又辩称："该羁押室内一切活动都在看守人员视线范围内，故不可能发生对原告人身实施侵犯行为。而原告在法制教育学校是受教育，没有限制人身自由。"邱不接受这一说法。1999年6月20日，天台县人民法院作出（1997）天行初字第85号行政判决，判决驳回原告的诉讼请求。9月24日，邱母代女儿向台州市中级人民法院递交了上诉状，要求撤销天台县人民法院的判决，并判令天台县公安局给予一定的经济赔偿，同时向上诉人赔礼道谦。11月7日，台州市中级人民法院以不属于行政诉讼的受案范围为由，判决维持原判，驳回了邱的诉讼请求。

[法理评析]

一、定性错误，本案属于行政诉讼法调整的范畴。

天台县公安局对邱彩萍的处理从一开始的定性上就错了。法医鉴定邱彩萍只给邱伟江造成了轻微伤，这一伤害程度就决定了邱彩萍至多只能承担治安处罚的责任，应该由公安局按照《治安管理处罚条例》第22条第1项的规定，对邱彩萍处以15日以下拘留或者200元以下罚款或者警告。而天台县公安局却以刑事案件受理立案，使本案进入刑事诉讼程序，将邱作为犯罪嫌疑人进而得到刑事追诉，这就犯了一个根本性的错误。

关于留置盘问或留置盘查的性质，法学界略存争议，我们认为宏观上它仍适用行政诉讼法的规则，由行政诉讼法来调整。根据《人民警察法》第9条的规定，人民警察在执行职务时，对违法犯罪嫌疑人可以实施最多不超过24小时的留置盘问，也称留置盘查。这种限制人身自由的措施既可能引起行政处罚程序，也可能导致刑事诉讼程序。正像1996年新的《刑事诉讼法》取消的收容审查一样，留置盘问更主要的是一种行政强制措施，属于《行政诉讼法》第11条第1款第(2)项规定的可以提起行政诉讼的具体行政行为。也正像当年把收容审查当做可诉的具体行政行为一样，留置盘问在本案中仍然是可以提起行政诉讼的，尽管它没有任何书面载体表现，在行政诉讼中人民法院可以运用确认判决对其合法性做出判定。

二、监视居住，错的更远，同室羁押，地点违法。

接下来，天台县公安局又对邱彩萍做出监视居住的决定，将她与20多名男性犯罪嫌疑人一同关押在一间不满20平方米的羁押室中。这就在错误的道路上走得更远了。根据《刑事诉讼法》第57条、第58条的规定，监视居住是指执行机关做出的使犯罪嫌疑人不得离开住处或指定居所的刑事强制措施。当事人没有正当理由不得离开其住所，因而监视居住地点有一定的特指性，而天台县公安局却把邱彩萍关押在同一羁押室，显然是地点违法。另外，天台县公安局把邱彩萍和20多名男性犯罪嫌疑人关押在一起且长达7天也属违法。根据《中华人民共和国未成年人保护法》在对未成年人司法保护一章中第41条的规定,在审前羁押的未成年人应当与成年人分别看管。本案中,邱彩萍未满18岁,当然是未成年人。而且即使是成年犯罪嫌疑人或被人民法院判决有罪的已决犯也应当男女分别关押。我国的《看守所条例》、《监狱法》等都有类似的规定。无论何种情况,男女分别关押是一个原则。

三、送至法制教育学校于法无据,公安机关难卸责任。

1997年1月1日,天台县公安局在对邱彩萍作出撤销监视居住的决定后,又将邱送至天台县法制教育学校进行了强制教育。在此期间,邱既不能出学校大门,又不准家人探望,也就是说仍然是处于被限制人身自由的状态。

天台县法制教育学校的合法性应当受到质疑。因为国家的法律法规中都没有设立这种性质学校的明确规定,它既不是工读学校,也不是少管所,这种又能相对限制人身自由的法制学校,其设制缺乏相应的法律根据。这里,关键是天台县公安局的"送至"行为。这里的"送至"应理解为是公安局的决定,而该法制教育学校是无条件执行这一送至决定行为的主体。从法理上说,虽然天台县法制教育学校具体限制了邱彩萍的人身自由,但责任却应该由县公安局承担。因为县公安局是决定的做出者。这里应当认定法制教育学校与县公安局之间是一种行政委托关系。这种法制教育学校如果是以某些地方规章或层次更低的规范性文件作为依据设立的,那么,这些地方规章和文件也是违法的,因为它破坏了全国法律的统一,同时也违反《行政处罚法》第10条、第16条对限制人身自由的处罚和强制措施设定权的规定。另外，邱彩萍在法制教育学校期间，被迫缴纳了不知名目的2,510元钱，当然这些钱中除邱在校期间的必要生活费用外，其它的也是不合理的。但既然法制教育学校的存在本身就是于法无据的，那么这笔费用当然应该返还。这类法制教育学校是应该被取缔的。

四、本案属于行政诉讼的受案范围。

邱彩萍于1997年7月28日向天台县人民法院提起行政诉讼时，仍未满18周岁，应该由作为监护人的父母作为法定代理人代理诉讼。天台县人民法院于1999年6月20日方作出一审判决，驳回了原告的诉讼请求。邱母作为法定代理人代女儿向台州市中级人民法院提出上诉，要求二审法院撤销一审法院的判决并要求判令天台县公安局给予一定的经济赔偿，同时向上诉人赔礼道歉，两个月后台州市中级人民法院以该案不属于行政诉讼的受案范围为由，驳回了邱彩萍的诉讼请求，维持原判。事实上，两级法院的判决都是错误的。该案中以下三点尤其需要引起关注：第一，天台县人民法院在立案两年后才作出一审判决，这种久拖不决的行政诉讼案件早已超过了法定的审限，这种现象并不鲜见。现在，各级人民法院正在实施审判方式的改革，实行加重承办法官和合议庭责任的主审法官制度，这对于维护公正司法，提高审判效率具有重要意义。第二，从整个事件的过程来看，天台县公安局先是对邱彩萍实施留置盘问，后又决定将她送至天台县法制教育学校进行强制教育，在结束法制教育之前均属于限制了邱的人身自由的行政处理的范围，这些都符合《行政诉讼法》规定的受案范围，故而两审法院的判决是错误的。第三，根据《行政诉讼法》的规定，法院应当在接到起诉书后7日内决定是否立案，而本案中的一审法院却在25日之后才决定予以受理，超过了法定期限。一审法院决定不公开审理此案倒是正确的，一是本案可能涉及到邱的隐私；二是邱本身还是未成年人。

本案的特殊性在于，原告既提出合法性审查的请求又提出赔偿的请求，属于行政附带国家赔偿诉讼的案件。原告要求天台县公安局给予一定经济补偿并赔礼道歉的一、二审诉讼请求，决定了本案的性质。即原告请求法院确认被告行使职权的行为（本案中表现为留置盘问、监视居住和决定送至法制教育学校）违法或撤销了相应的行使职权行为之后，再请求给予以限制人身自由的天数为单位的国家赔偿，每日赔偿金的标准以上一年度职工年平均工资除以254天计算。根据《国家赔偿法》第31条的规定，在侵犯人身自由权的同时，侵犯了名誉权、荣誉权的应承担赔礼道歉、消除影响、恢复名誉的法律责任。本案中天台县公安局将邱与20多名男性犯罪嫌疑人同室羁押即应承担上述责任。

五、本案症结，公安机关职权行为的双重性。

公安机关设置的机构序列是作为各级人民政府重要的一个职能工作部门，警察权是一种特殊的行政权，它的治安、户籍、特行、交通管理等职能都属于行政职能，受行政法规的调整和支配，行使行政职能的行为自然属于行政诉讼范围；而公安机关的预审、侦查职能又属于刑事诉讼职能，受《刑事诉讼法》和《国家赔偿法》中刑事赔偿相关制度的调整。支持本案两审法院作出驳回原告及上诉人诉讼请求的唯一依据就是监视居住属于刑事强制措施，不属于行政诉讼的受案范围。2000年3月10日最高人民法院公布施行的《关于执行〈中华人民共和国行政诉讼法〉若干问题的解释》第1条第2项把公安、国家安全等机关依照刑事诉讼法的明确授权实施的行为也排除在行政诉讼的受案范围以外，即两审法院均认为监视居往属于公安机关行使刑事诉讼职能的行为。但笔者认为这一观点在本案中是不能成立的。理由前边已作部分阐述。要全面分析并正确认识本案的性质，必须全方位把握和认识天台县公安局在各个阶段作出的职权行为的性质。前已述及，以留置盘问为起点，以决定“送至”法制教育学校为终点的职权行为均属于法院应受理的行政强制措施，中间虽有一个刑事强制措施，但也是针对一个应该采取行政处理的法律事实而作出的错误决定且也是限制人身自由性质的，夹在前后两个同为可诉的限制人身自由的强制措施中间。故而综合考察本案案情，应得出的唯一正确结论即是本案属于行政诉讼的受案范围。

作者单位：中国政法大学

辽宁省本溪市民族贸易公司清算小组诉荣成市人民政府、荣成市经济技术开发区管理委员会兑现招商引资奖励允诺行政诉讼案

龙　飞

[基本案情]

1993年，荣成市人民政府及荣成市经济技术开发区管理委员会（以下简称开发区管委会）为发展经济分别颁布实施了《投资指南》和《招商引资奖励办法》，规定了对为该市（区）引进国内外资金及项目的团体或个人进行奖励。《投资指南》第五章第4项规定，“引进的中外合资项目，按引进项目外商实际出资额的1%—3%提取奖励。”第8项规定，“引进外资及项目的提成奖金，除外商独资企业将根据情况分别由市、乡（镇）政府、有关部门负责提供外，其余均由引进外资项目的我方受益单位在投产后半年内用人民币支付。”《招商引资奖励办法》第4条规定，“引进的生产性项目，在项目投入使用后，按客商实际投资额的1%—5%奖励中介人。”第5条规定，“引进的项目属于先进技术或产品出口的，按客商实际

投资额的2%—3%奖励中介人。”第9条规定,“对牵线搭桥招商引资实行的奖励,可采取以现金支付或根据奖励数额以赠送别墅及其他形式抵付等方式,由市开发区管委会负责兑现。”

1993年3月,辽宁省本溪市民族贸易公司(下称原告公司)与荣成市荣华公司签订了招商引资、对外贸易合作协议。7月,原告公司法定代表人公世弘与韩国太一会社代表理事孙吉弘相识,孙向公提出拟在辽东半岛投资的设想,并于8月5日为公出具了选址委托书,委托公选择投资场所。公世弘经考察后倾向选址于荣成市,并于10月和12月分别邀请孙吉弘和韩国太一会社社长郑康焕到荣成市考察,受到荣成市人民政府的接待,郑对公的选址考察工作表示满意,决定在荣成市建设生产基地。

1994年2月,原告公司、韩国太一会社、大庆昊垣公司三方合作成立了大庆昊垣荣成分公司,三方未出资,靠银行贷款使荣成分公司运转,后韩方代表根据原告公司的调查分析及对荣成分公司经营状况的论证,决定大规模投资。1995年1月,郑康焕到荣成市筹办投资征地、建厂房等事宜,原告公司给予具体的协助。同年3月,甲方哈尔滨双太电子有限公司、乙方韩国株式会社纽麦斯、丙方韩国东吴电机株式会社、丁方韩国瑞洪钢材株式会社、戊方韩国株式会社第一电线五家公司代表在荣成市签订成立荣成双太电子有限公司(下称荣成双太公司)的协议。5月,荣成双太公司成立,领取了营业执照,公司住所地在荣成市经济技术开发区。1995年9月和11月,荣成市会计师事务所出具两份验资报告,查验截止1995年11月30日,荣成双太公司合营五方均按合同规定缴足认缴资本1,400万美元。1995年12月1日荣成市人民政府下发了《公世弘先生引资事迹材料简介》。

1996年荣成双太公司董事会决议增资，注册资金从1,400万美元拟增至2,216万美元。

1996年4月至1998年8月，原告公司负责人多次到荣成市人民政府及荣成市开发区管委会处要求解决兑奖事宜，未果。1998年7月，原告公司向威海市中级人民法院提起民事诉讼，后因公司被吊销执照而撤诉。同年8月，原告公司主管部门成立原告公司清算小组。9月清算小组又提起诉讼，经请示最高人民法院，威海市中级人民法院1999年6月以行政案件立案受理。

[裁判要旨]

威海市中级人民法院一审审理认为，荣成市人民政府的《投资指南》和开发区管委会的《招商引资奖励办法》，是该地政府和开发区管委会为发展本辖区经济而制定的对引进国内外资金及项目的奖励措施，符合本地区的公共利益，是政府为实现公共利益的管理目标，向相对人作出的为自己设定义务的行政允诺行为。但根据荣成市人民政府《投资指南》第五章第8项之规定，市政府只对引进的外商独资企业的团体或个人提供提成奖金，其余的由引进外资项目的受益单位支付。因本案中荣成双太公司是中外合资企业，并非外商独资企业，荣成市人民政府亦非受益单位，故不应作为兑现奖励的主体。所以，原告按《投资指南》要求被告荣成市政府兑奖的请求不予支持。而被告开发区管委会发布实施的《招商引资奖励办法》是为加快本辖区招商引资步伐所采取的经济行政措施，为自己设定了兑现引资奖励的义务，应当按照其发布的《招商引资奖励办法》的规定奖励原告。所以，原告与被告开发区管委会之间行政允诺法律关系应予确认。

至于原被告双方争议的引资数额，威海市中级人民法院在审理过程中根据原告的请求，委托威海英华联合会计师事务所对荣成双太公司的实际投资额进行鉴定。该所出具的（99）英华会师经鉴字第2号鉴定报告认为：荣成双太公司第一期投资情况：合营甲方哈尔滨双太公司投入的400万美元和1,662.9万元人民币（折合200万美元）合计600万美元在注册验资后又抽逃，甲方认缴的资本额600万美元至鉴定日止没有最终到位。其余合营四方投入的800万美元到位。第一期合营各方到位的投资额为800万美元；荣成双太公司第二期投资情况：合营乙方韩国株式会社纽麦斯于1997年2月16日投入256万美元到位；荣成双太公司借款情况：双太公司于1996年6月12日借香港纽麦斯18,739,995美元，于1996年11月6日借香港纽麦斯900万美元。威海市中级人民法院审理认为，原告引进资金的数额应以审计师事务所鉴定的荣成双太公司实际到位的800万美元计算。荣成双太公司第二期投资和借款是企业自身为扩大生产所需而增加的资金，不能认定是原告引进的资金。奖励比例为1%，即8万美元或662,384元人民币。

案经威海市中级人民法院审判委员会讨论后，作出（1999）威行初字第3号《行政判决书》，判决：（一）原告因引资行为与被告开发区管委会之间存在合法有效的行政允诺法律关系；（二）被告开发区管委会在判决生效后10日内给付原告奖励款8万美元或662,384元人民币；（三）驳回原告要求被告荣成市人民政府兑现奖励的诉讼请求。

宣判后，原告以认定引资数额和奖励比例低等理由提起上诉。

山东省高级人民法院经审理作出[2000]鲁行终字第 1 号行政判决:驳回上诉,维持原判。

[法理评析]

本案是一起法人诉政府兑现招商引资奖励的新类型案件。在受理和审判过程中涉及不少问题,现就几个主要问题分析如下:

原告认为两被告未按其承诺兑现招商引资奖励,侵犯了自己的合法权益而提起诉讼。法院受理后,应以民事案件立案还是以行政案件立案?对这个问题有两种截然不同的看法,第一种观点认为两被告制定的规范性文件不含有任何行使行政权力的因素,是向不特定的社会公众发出的要约,是一个具有法律效力的民事法律文件。原告完成了相应的引资行为后,即与被告建立了一种民事合同关系,被告不兑现奖励,则属对先前承诺的违反,原告就可要求被告履行承诺,双方当事人之间是平等的权利义务关系,应属民事争议,威海市中级人民法院原先以民事案件收案就代表着这种意见。第二种意见是本案属行政诉讼受案范围,理由是:两被告制定和出台的招商引资奖励规范性文件,是其为吸引外资,加快辖区经济发展所采取的一种经济行政措施。两被告行使的是行政职能,其主要目的是实现本辖区的经济腾飞,为辖区范围内的所有社会成员创造一个相对富裕的生活环境,其行为是符合公共利益的公法行为,而非实现其私益的私法行为,所以不属于民法调整范围。被告荣成市开发区管委会《招商引资奖励办法》中明确规定"由市开发区管委会负责兑现",实质上是被告为自己设定了公法义务,而使原告获得某种公法权利。被告不履行这种义务,原告认为影响其合法权益,依法提起诉讼,属于行政诉讼受案范围,是符合行政诉讼的立法宗旨的,后来,威海市中级人民法院以行政案件收案,就采纳了第二种意见。

那么,被诉具体行政行为究竟属何种性质呢?对于这个问题有三种意见:一种意见认为被诉具体行政行为是行政奖励行为,符合行政奖励的主体特定、目的特定的特征,是行政主体单方作出激发相对人积极性的行为;第二种意见认为是行政合同行为,是行政主体向社会公众发出的一种要约,相对人只要作出了该文件规定的行为,即表明对行政主体的要约表示了承诺,由此行政主体与相对人之间建立起一种行政合同关系;第三种观点认为是行政允诺行为,是一种新型的行政管理行为,属于改革开放形势下的新生事物,其内容是行政主体为实现公共利益的行政管理目标,行使行政职能,向相对人作出的为自己设定某种公法义务,而使相对人获得某种公法上权利的具体行政行为。其作用是在行政主体与相对人之间建立一种公法上的债权关系,行政主体是债务人,而完成规范所列举的引资行为的相对人则是债权人。该允诺行为不同于奖励行为条件法定的特点,行政主体作出奖励行为应是履行法定职责,行政主体不作为引起的是拒不履行法定职责之诉,而行政允诺行为只是行政主体履行先前单方承诺的义务,其不作为引起的是要求履行承诺义务的诉讼,二者是截然不同的。同时,该行为也不具备行政合同行为双方意思表示一致、行政主体享有优益权等特征,所以其也不属行政合同行为。因此本案案由应确定为经济行政允诺案。

因行政允诺行为是一种新型的行政管理行为,现行法律中亦无明确规定。在公共行政领域急剧扩张的现代行政背景下，要求所有的管理均具有行为法上的依据并不现实。行政机关只要在不违背宪法和政府组织法的情况下，行使行政职权，服务于公共利益，就有权在缺少行为法依据的情况下从事积极的行政管理活动。行政主体在从事行政管理活动中侵犯了相对人的合法权益，相对人就可以通过行政诉讼寻求救济，这也符合形势发展的客观要求和行政诉讼法的立法精神。

另外，笔者认为，对于行政主体拒绝履行公法义务的不作为案件，不适用行政诉讼被告负举证责任的一般原则。原、被告双方的争议属于公法债权争议，从理论角度讲，债权争议属于原始争议，需要首先恢复法律关系的原貌后才能作出最终的判断；从现实角度讲，原告最了解自身权利成就的事实，具有掌握证据的能力。因此，对原告主张的兑现引资奖励的请求，应当由原告承担举证责任，以证明自身从事了哪些引资活动。本案原告提供了投资方为其出具的选址委托书、外商和相关人员的证人证言，以及荣成市人民政府的《公世弘先生引资事迹材料简介》和荣成双太公司成立及资金到位的相关证据，这些证据相互印证，证明原告的引资事实客观存在。原告在引进荣成双太公司之前确有与外商投资合办企业的行为，但其投资行为并不排斥引资行为。也就是说，投资人和引资人不是相互排斥的，而是可以互相兼容的。两被告否认原告的引资事实，但无证据予以反驳，法院审查证据时，对无反证可推翻的证据应当予以认定。

荣成双太公司的第一期投资总额为2，950万美元，其中合营各方认缴的注册资本为1，400万美元。投资总额是合资企业的计划投资，并非实际投入资金。《招商引资奖励办法》中的“客商实际投资额”为实际到位的资金,未到位的资金不应计算在兑奖的引资数额内。荣成双太公司的第二期投资及借款是企业自身为扩大生产所需而增加的资金,并非原告引进的资金,不能计算在兑奖的基数内,一审法院在双方争议较大的情况下委托具有验资资格的会计师事务所对荣成双太公司的实际投资额进行鉴定,认定合营各方第一期共向荣成双太公司投入800万美元认缴注册资本,合营甲方认缴的600万美元验资后又抽逃,不能认定为到位的资金。由此,一审法院认定原告的引资数额是800万美元,二审法院予以维持也是正确的。《招商引资奖励办法》规定按客商实际投资额的1%—5%奖励中介人,引进项目产品出口的按2%-3%奖励中介人。原告提供的山东省外经贸委关于企业增资的批复、自理报关单位注册登记证明及外商投资企业备案登记证等证据不能证明双太公司的产品70%出口,不符合按2%的比例兑奖的条件。法院在审理过程中,依据具体案情,正确发挥审判机关的自由裁量权所确定的1%的兑奖比例完全符合《招商引资奖励办法》,并未违背法律法规规定。

需要说明的是,现行行政诉讼的裁判方式只有维持、撤销、变更、责令履行这几种,笔者认为这是针对权力行政行为而设,而对非权力行政行为则不能适用。非权力行政行为引起的争议多类似于民事争议,人民法院在审理此种性质的行政争议过程中,可采取类似处理民事争议的方法,首先要查明行政管理双方是否存在行政法上的权利义务关系,然后对争议作出裁判。在裁判方式上,应首先确认双方是否存在法律关系,一方是否具有违法和不履行义务的事实,然后判令有过错或不履行义务一方承担相应责任。

本案的受理和审判充分体现了行政诉讼法保护相对人的合法

权益，维护和监督行政机关依法行政的立法本意，对今后规范地方政府制定招商引资奖励政策的行为有着重要的意义。

作者单位：山东省威海市中级人民法院

刑事诉讼判例

杀人嫌疑犯杨沃亮引渡案

赵国强

[基本案情]

杨沃亮，男，1959年12月6日生，持香港居民身份证，住香港九龙牛头角上村四座1720房。

1989年春节后，杨与广东省鹤山县沙坪镇中国银行鹤山分行女干部张美卿建立了恋爱关系。同年年底，张发现杨有赌博恶习，且至1990年3月，已欠下他人十多万元赌债。为此，二人关系由热转冷。期间，张提出分手，中断恋爱关系，但杨不同意，时常纠缠不休，与张争吵，以致二人关系逐步恶化。1990年6月15日下午6时许，张被人扼死于其宿舍内，经侦查，发现杨有重大嫌疑。

1990年6月21日及22日，广东警方分别致函澳门警方和香港警方，要求协助查缉杀人嫌疑犯杨沃亮。1993年12月5日，广东警方接澳门警方通报，告知杨已在澳门被抓获，并从澳门警方手中取得杨的十指指纹。经技术鉴定，发现杨的指纹与遗留在作案现场的案犯指纹完全相同，故进一步确认杨系该案之杀人凶手。

1993年12月6日，为了对杀人嫌疑犯杨沃亮行使审判权，依法追究其刑事责任，广东警方要求澳门警方按照双方达成的默契及惯常做法，将杨移交内地审理。但澳门警方以杨系香港居民为由，希望通过引渡程序解决移交问题。在此情况下，考虑到澳门地区不具有主权国家之地位且为葡萄牙所管治之现状，中国政府于1994年1月通过外交途径照会葡萄牙驻华大使馆，请求葡萄牙政府将杨引渡给中方，并表示中国政府在对等互惠之基础上，对葡萄牙政府今后的类似请求给予合作。应澳门方面的请求，上述照会的复印件及有关法律文书也通过我国际刑警驻澳联络官转交新华社澳门分社，并由新华社澳门分社及时送达澳门总督。

根据在澳门生效的1975年《葡萄牙引渡法》规定，有关引渡案件由葡萄牙中级法院负责一审，葡萄牙最高法院负责上诉审，其所作判决为最终判决，政府无权干涉。但鉴于杨在澳门被抓获，且澳门地区享有相应的司法自治权，故葡萄牙方面决定将该宗引渡案交由澳门高等法院分庭审理，若当事人提起上诉，则由澳门高等法院全会负责二审。此外，根据上述《葡萄牙引渡法》第4条第1款(A)项的规定，若导致引渡所依据的罪行按照引渡请求国的法律会对被引渡人判处死刑或无期徒刑的，可以拒绝引渡，除非引渡请求国承诺对被引渡人不判处死刑及无期徒刑。基于对葡萄牙法律的尊重，我公安部经商最高人民检察院和最高人民法院后，通过新华社澳门分社向澳门总督作出承诺，即保证对被引渡人杨沃亮不判处死刑或无期徒刑，也不因其以往或目前可能犯有的其他罪行再引渡至第三国。

[裁判要旨]

1994年3月1日，澳门高等法院分庭就杨沃亮引渡案进行审理。由三名法官组成的合议庭经过两个半小时的审理，最后裁定给予引渡。嗣后，据主审法官表示，合议庭之所以作出上述裁定，主要是考虑到中方已承诺对杨沃亮不判处死刑或无期徒刑，并相信该承诺是有效的。

一审裁定后，杨沃亮的辩护律师向澳门高等法院全会提起上诉。1994年4月14日，澳门高等法院全会经审议，决定维持一审裁定，并作出《判决书摘要》。该份《判决书摘要》认为，某一国家所作出的司法承诺虽系单方面的司法行为，但实际上也是国际法的组成部分，为国际社会所认可。基于中方作出的承诺，应当视为被引渡人的基本权利已得到保障，固将其引渡给中方，符合在澳门生效的《葡萄牙引渡法》的有关规定，在国际法上也不构成任何障碍。

澳门高等法院全会的裁定为终局裁定，按理说应予以执行，当事人不能再提起上诉。但根据葡萄牙法律规定，若当事人以法院裁定所引用的法律条款违反葡萄牙宪法为由向葡萄牙宪法法院提起上诉，则可不受终局裁判的限制。因此，杨沃亮的辩护律师在澳门高等法院全会作出终局裁定后，即以澳门高等法院全会作出的裁定违宪为由，向葡萄牙宪法法院提起上诉。该辩护律师的上诉理由是：葡萄牙宪法第33条第3款规定，如按照引渡请求国的法律，对被引渡人可判死刑的，不得引渡。这一宪法原则应理解为绝对的，即不管引渡请求国是否作出不判处死刑的承诺，都不得引渡。从这一宪法原则可以看出，在澳门生效的《葡萄牙引渡法》第4条第1款(A)项关于只要引渡请求国承诺不判死刑即可予以引渡的规定是违宪的，故澳门高等法院全会引用此规定作出予以引渡的裁定也是违宪的。

对杨沃亮的辩护律师提起的上诉，葡萄牙宪法法院于1994年7月作出决定受理的批示，并中止了相应的引渡程序，直至葡萄牙宪法法院经进一步研究后，就澳门高等法院全会的裁定是否违宪作出判决。1995年7月5日，葡萄牙宪法法院经四度延期宣判后，终于作出第417/95号裁定书。该裁定书认为，尽管中华人民共和国已对被引渡人作出不判死刑或无期徒刑的承诺，其保证在国际法上也有约束力，但由于葡萄牙宪法第33条第3款规定是不附设任何条件的，只要根据引渡请求国的法律，被引渡人所犯之罪属可判死刑之罪的，就绝对不能引渡，因此，澳门高等法院全会作出予以引渡的裁定是不恰当的。该裁定书最后宣布，在澳门生效的《葡萄牙引渡法》第4条第1款(A)项规定属违宪条款，同时撤销澳门高等法院全会的裁定，指示重新进行审理。

1995年10月11日，澳门高等法院全会对杨沃亮引渡案再次进行审理，并作出了拒绝引渡的裁定，命令将杨交澳门司法机关受理。1995年10月20日，澳门刑事预审法院致函新华社澳门分社，希望通知内地司法机关予以配合，将与杨犯罪事实有关的证据材料转交给澳门司法机关。1996年1月16日，新华社澳门分社致函澳门刑事预审法院，再次重申中国内地司法机关对杨沃亮所犯之罪具有无可争议的司法管辖权，并表示保留对杀人嫌疑犯杨沃亮的追诉权。1996年1月23日，澳门刑事预审法院以中方不提供合作，令案件无法开审，且人犯羁押期满为由，宣布释放杨沃亮。这样，历时整整两年的杨沃亮引渡案最后以葡方拒绝引渡而告终。

[法理评析]

众所周知，引渡是指一个国家应另一个国家的请求，将在本国境内且被他国指控为犯了罪或已被判了刑的人，移交给他国审判或服刑。在国际法上，引渡首先是一种国家行为，它反映了国际社会主权国家之间为共同打击犯罪而形成的一种司法协助关系，这是引渡案件的本质所在。国与国之间进行引渡，即可依据引渡方面的多边或双边国际条约或其他国际条约中涉及引渡的条款，也可依据互惠原则。在杨沃亮引渡案中，中国政府通过外交途径向葡萄牙政府而不是向澳门政府提出引渡请求，并表示在互惠基础上给予对等合作，完全符合主权国家之间在刑事方面进行司法协助的关系准则及国际惯例。

葡萄牙宪法法院的裁决引起了澳门社会各界人士的不满和忧虑。诚然，从法院职能来说葡萄牙宪法法院有权对葡萄牙宪法进行解释，其解释对各级法院也有约束力，但葡萄牙宪法法院作出的解释是否有理，则是另一回事。下面，笔者就葡萄牙宪法法院关于“可判死刑之罪绝对不引渡”的观点谈几点意见。

一、“可判死刑之罪绝对不引渡”的观点不符合引渡的一般理论及国际惯例

关于死刑存废问题，历来是一个相当复杂的刑事政策问题，各国学者争论了两百多年，至今仍是众说纷纭，莫衷一是。在刑事立法实践中，各国也是各行其事，各自为政，有的国家废除死刑，有的

国家保留死刑,甚至有的国家内部都执行不同的死刑政策。总之,有无死刑,是一个国家的内政,他国无权干预。

但是，由于国与国之间进行引渡涉及主权国家之间的司法合作关系，尤其是在能否给予引渡方面，决定权掌握在被请求国手中。这样,在引渡问题上,有关死刑的分歧往往就会成为引渡的障碍,具体表现为:当引渡请求国是保留死刑的国家,而被请求国是废除死刑的国家时,被请求国就可以利用引渡的决定权,以请求国可能会对被引渡人判处死刑为由,拒绝给予引渡。这种因死刑问题而产生的引渡障碍在引渡理论中通常被称为“死刑犯不引渡”原则。可以说,目前世界上废除死刑的国家在签署引渡条约或制定本国引渡法规时,都无例外地采用了“死刑犯不引渡”原则。

“死刑犯不引渡”的原则是否意味着对可判死刑之罪者绝对不能引渡呢?答案是否定的。因为,废除死刑的国家之所以在死刑问题上设置引渡障碍,其根本目的不在于引渡与否,而在于利用引渡决定权,来迫使引渡请求国在引渡问题上接受废除死刑的观点。因此，只要引渡请求国承诺对被引渡人不判死刑，引渡仍然可以进行，这也成为废除死刑的国家在签署引渡条约或制定本国引渡法规时普遍采用的惯例。比如,在《泛美引渡公约》和《欧洲引渡公约》中,一方面既规定对可判死刑之罪者被请求国可拒绝引渡,另一方面又规定在引渡请求国保证不判死刑的情况下,则可以引渡。类似的规定在双边引渡条约和国内引渡法规中更是常见，如在加拿大和美国的双边引渡协议中,以及在德国 1982 年颁布的《国际刑事司法协助法》中,都明确规定只要引渡请求国承诺不判死刑的,就可以进行引渡。

由上可知,在引渡理论和国际惯例中,“死刑犯不引渡”原则的本意不是绝对、无条件地拒绝引渡，而是有条件地给予引渡，其条件是引渡请求国必须承诺对被引渡人不判死刑。葡萄牙宪法第33条第3款的规定实际上讲的就是“死刑犯不引渡”原则，其立法宗旨也正是从本国的死刑价值观念出发，迫使引渡请求国对被引渡人不得适用死刑，而非绝对地拒绝引渡。因此，在澳门生效的《葡萄牙引渡法》第4条第1款（A）项关于对可判死刑之罪者须有条件地予以引渡的规定，完全符合引渡的一般理论及相应的国际惯例，并不违反葡萄牙宪法第33条第3款的规定。正如澳门高等法院在决定引渡杨沃亮的裁定书中指出的那样，鉴于中国政府对杨沃亮作出了不判死刑或无期徒刑的保证，故应视为葡萄牙宪法所作的禁止引渡的限制已经消失。

二、“可判死刑之罪绝对不引渡”的观点不符合葡萄牙的引渡司法实践

葡萄牙宪法法院的裁定书为了证明在澳门生效的《葡萄牙引渡法》第4条第1款(A)项是违宪的，甚至将立法的时间也作为一种依据，说什么《葡萄牙引渡法》是制订于1975年，而葡萄牙宪法制订于1976年，故前法存在违宪情况是不难理解的。其实，这种说法极其牵强，甚至可以说是纯属自欺欺人。因为1975年的《葡萄牙引渡法》虽是在葡萄牙宪法之前一年制订，但它并没有被废除，直至1991年才被新制订的葡萄牙《国际刑事司法协助法》所取代。这就是说，在葡萄牙宪法制订生效后整整15年期间，1975年的《葡萄牙引渡法》一直都是有效的，也是葡萄牙同外国进行引渡的法律依据。由此人们不禁要问，在15年这么长的时间里，为什么葡萄牙国内就没有一个人提出1975年《葡萄牙引渡法》的违宪问题?是因

为在此期间葡萄牙没有向外引渡过可判死刑之罪的逃犯吗？不是。据澳门的葡萄牙法律专家介绍，15 年来，葡萄牙肯定向外国引渡过可判死刑之罪的逃犯。比如，1994 年 7 月 11 日，《澳门晚报》曾刊登了一篇由前澳门司法事务政务司彭理乐撰写的文章，文章透露：1985 年比利时和葡萄牙之间就发生过一起涉及可判死刑之罪者的引渡案例，当时葡萄牙法院以比利时政府已承诺对被引渡人不判死刑为依据，适用了 1975 年《葡萄牙引渡法》的有关规定，决定给予引渡；作出裁决后，国内没有一个人提出违宪问题，葡萄牙宪法法院也没有作出违宪的裁决。

分析葡萄牙 15 年来的引渡司法实践，不难得出这样一个结论，即长期以来，当葡萄牙宪法院的法官在审理可判死刑之罪者的引渡案件，或葡萄牙的律师在为可判死刑之罪者进行辩护，或葡萄牙的法学教授们在研究此类问题时，主观上根本就不认为葡萄牙宪法第 33 条第 3 款的规定是绝对的，因而也不可能提出《葡萄牙引渡法》第 4 条第 1 款(A)项规定是违宪的。现在葡萄牙宪法法院却以立法时间的早晚作为证明 1975 年《葡萄牙引渡法》违宪的依据，既显得幼稚，也完全不符合 15 年来葡萄牙的引渡司法实践。

三、"可判死刑之罪绝对不引渡"的观点不符合葡萄牙的引渡立法实践

葡萄牙宪法的引渡立法实践，大致可分为三个阶段，第一阶段是 1975 年葡萄牙以特别法的形式制订了《葡萄牙引渡法》，用来规范葡萄牙和外国之间进行引渡的条件和程序，此法律在澳门地区生效。第二阶段是 1989 年葡萄牙决定正式加入《欧洲引渡公约》，

并核准该公约及其两个附加议定书在葡萄牙生效；此后，葡萄牙和《欧洲引渡公约》缔约国之间进行引渡，原则上不再适用1975年的《葡萄牙引渡法》而是以该公约为依据；但由于该公约未在《澳门政府公报》上刊登，故《欧洲引渡公约》在澳门地区没有约束力。第三阶段是1991年葡萄牙制订了新的《国际刑事司法协助法》，该法律将引渡和其他刑事司法协助形式全部包罗在一起，并同时宣布废除1975年的《葡萄牙引渡法》；但由于该法律同样未在《澳门政府公报》上刊登，故也不在澳门地区生效，在澳门地区适用的引渡法律，仍然是1975年的《葡萄牙引渡法》。

从葡萄牙的引渡立法实践来看，如果我们假设葡萄牙的立法机关和法律界确实是把葡萄牙宪法第33条第3款的规定看成是绝对的，即对可判死刑之罪者绝对不得引渡。那么，这一立法指导思想在第二阶段加入《欧洲引渡公约》和第三阶段制订新的《国际刑事司法协助法》中就应当明确体现出来。但事实却恰恰相反。首先，如前所述，在对待可判死刑之罪者的引渡问题上，《欧洲引渡公约》所持立场和1975年的《葡萄牙引渡法》完全相同，即都是适用有条件地引渡原则，只要引渡请求国承诺不判死刑，就可以给予引渡。然而，葡萄牙国会在通过核准《欧洲引渡公约》的决议时，并没有以违反葡萄牙宪法为由，对该公约中的上述引渡原则作出保留声明。其次，在1991年的《国际刑事司法协助法》中，立法者同样对可判死刑之罪者的引渡问题采取了有条件地引渡原则，明确规定在引渡请求国对被引渡人已经免除死刑、无期徒刑或带永久性保安处分的情况下，引渡是可以允许的。由此可见，葡萄牙立法机关在审议加入《欧洲引渡公约》和制定新的《国际刑事司法协助法》时，之所以一再认可和重复1975年《葡萄牙引渡法》关于可判死刑之罪者的有条件地引渡原则，绝不是出于疏忽，而是一种有意识的立法行为，说明葡萄牙立法机关从来就没有将葡萄牙宪法第33条第3款的规定看成是绝对的。

综上所述，葡萄牙宪法法院对葡萄牙宪法第33条第3款的解释既不符合引渡的一般理论和国际惯例，也有悖于葡萄牙在引渡方面的司法和立法实践，是非曲直，一目了然。无怪乎当葡萄牙宪法法院在作出裁决时，有的法官坚决表示反对，并作出了保留声明。他们认为，葡萄牙宪法第33条第3款规定的根本目的，是为了维护葡萄牙宪法中关于"人的生命不可侵犯"的原则，而非以此来作为拒绝同其他国家进行正常、必要的刑事司法合作的依据。只要引渡请求国承诺对被引渡人不判死刑，就表明被引渡人的生命得到了保障，对其进行引渡，与葡萄牙的宪法原则不存在抵触。

其实，说穿了，葡萄牙宪法法院对杨沃亮引渡案设置障碍，根源不在于什么"违宪"，而在于其有些人对中国政治和法律制度缺乏了解，甚至抱敌视的态度。比如，据澳门传媒报道，葡萄牙国内有些人在引渡问题上，以"人权"为幌子，借题发挥，大作文章，说什么引渡杨沃亮"是在向一个不民主的国家，即中华人民共和国制订的政治战略和刑法卑躬屈膝"，并危言耸听地疾呼什么"一条生命处于危险之中，亟待拯救"。对这种无视中国政府作出的承诺，歪曲事实，恶意攻击中国政治制度，无端将引渡案件政治化的言行，澳门公众甚表反感，即使在澳门的葡萄牙法律专家，也认为葡萄牙宪法法院的裁决是一个政治性的裁决。

杨沃亮引渡案作为中国和葡萄牙之间的首宗引渡案，其结局既令人遗憾，又发人深省。1999年以后，随着澳门的回归，澳门特别行政区和内地之间虽然不会存在引渡的问题，但两地司法机关在相互移交逃犯方面究竟如何积极配合,及时、有效地使两地的犯罪分子受到应得的法律制裁,确是一个值得研究的新课题。

作者单位:新华社澳门分社法律研究部

应书德挪用公款案

肖晚祥　杨华权　张本勇

[基本案情]

被告人应书德捕前系上海市静安区工商局干部，先后任该局下设的市场综合开发办公室(国有事业单位，以下简称“综开办”)副主任、主任及上海静安市场建设公司(国有企业，以下简称“市建公司”)经理，从1996年1月18日至1997年7月29日，应书德擅自决定挪用公款共计人民币210万元分别给上海国泰机电设备成套公司(系“市建公司”子公司，由洪佩钦个人带资承包，下称“国泰公司”)、上海成功食品发展公司(系“市建公司”子公司，由王秋民个人带资承包，下称“成功公司”)、上海杰出建筑装饰有限工程公司(国有公司，由施汉生带资承包，下称“杰出公司”)，由上述三公司用于经营活动。1996年3月15日和1998年2月19日，应书德分别决定挪用公款31万元和30万元给沈伟民个人所有的上海水鑫建材码头服务部(下称“水鑫服务部”)和洪佩钦个人所有的上海盛达通实业有限公司(下称“盛达通公司”)。1997年2月26日，应书德决定挪用公款200万元给市建公司和上海梦龙实业有限公司(系姜维龙个人所有的私营企业,下称“梦龙公司”)联营所办的企业“静隆公司”,“市建公司”和“静隆公司”签有借款协议,但该款由“梦龙公司”姜维龙用于清偿“梦龙公司”的债务。1998 年 6 月 3 日,应书德又一次决定挪用公款 8 万元给施汉生承包的“杰出公司”。应书德总计挪用公款 479 万元,其中有 233.5 万元未归还。上述每笔公款都由用款单位以“市建公司”或“综开办”为出借方出具了借条,或签有借款协议,由应书德所在单位财务部门办理了有关财务手续,且应书德没有从中牟取个人私利。

[裁判要旨]

上海市静安区人民法院对此案进行了审理,于 1999 年 2 月 12 日作出了(1999)静刑初字第 13 号《刑事判决书》。判决认为,“国泰公司”、“成功公司”和“杰出公司”均由私人带资承包,在承包期内债权债务由私人承担,故其属私营性质的企业,而“盛达通公司”和“水鑫服务部”本身系私营企业,被告人应书德将公款借给上述企业使用,应视为挪用公款归个人使用。至于“市建公司”借给“静隆公司”的 200 万元,虽然双方签有借款协议,但该款实际上用于清偿“梦龙公司”的债务,而“梦龙公司”系姜维龙个人所办的私营公司,故此款亦应视为挪作个人使用。静安区人民法院认为,被告人应书德身为国家工作人员,利用职务上的便利挪用公款人民币 400 多万元给私营企业或个人投资承包经营性质的企业用于经营活动,情节严重,其行为已构成挪用公款罪,但考虑到被告人系初犯,且有自首情节,故可依法对其减轻处罚。据此,根据《中华人民共和国刑法》第 384 条第 1 款,第 67 条第 1 款,第 64 条之规定,以挪用公款罪，判处被告人应书德有期徒刑 8 年。

[法理评析]

承包是目前普遍存在的一种经营方式，承包经营者在经营过程中通过各种关系经国家工作人员之手占用公款的现象非常普遍，一些私营企业主也试图通过各种手段弄到公款用于企业经营，国家工作人员挪用公款给个人承包经营的企业或私营企业用于生产经营是否构成挪用公款罪是一个具有普遍意义的问题，也是一个有争议的问题，从这个意义上讲本案具有典型性。笔者认为，本案涉及两个关键性的问题：

一、个人承包经营是否改变企业的所有制性质

这个问题之所以成为关键，是因为在新刑法实施以后最高人民法院颁布的司法解释中，接受所挪用的公款的企业的所有制性质，成为挪用行为人是否构成挪用公款罪的一个关键因素。根据最高人民法院 1998 年 4 月 6 日发布的《关于审理挪用公款案件具体应用法律若干问题的解释》第 1 条的规定，挪用公款给私有公司、私有企业使用的，属于挪用公款归个人使用，如果数额较大，就构成挪用公款罪。而挪用公款给私有公司、私有企业以外的企业使用，该司法解释没有规定构成挪用公款罪。本案被告人应书德所挪用的公款中有 8 万元是用于个人承包的国有企业、且挪用行为发生在上述司法解释生效之后的，因此这个企业的性质就成为被告人罪与非罪的关键。

承包经营是在改革开放以来才出现的一种企业经营方式，它是为了打破以前政企不分、企业机制僵化的局面而出现的。企业承包可以是个人承包，也可以是集体承包，但不管采取何种形式，其实质都是企业资产的所有人将企业的经营管理权让与承包人行使，也即企业的资产所有权和经营权相分离。承包人在承包经营合同规定的范围内取得自主经营企业的权利，可以对企业资产行使占有、使用、收益的权利，但没有处分权。企业资产所有人在承包期内仍然对企业享有所有权，也即承包经营（不管是集体还是个人承包）企业的所有制性质并不改变。这一点已经得到了我国经济法、民法学界的广泛赞同。①

本案涉及的几个承包人都是带资承包，也即所谓的"一脚踢承包"。这是一种比较特殊的承包方式，在这种承包方式中，流动资金是由承包人自己出的。在我国司法实践中，带资承包的企业都是被当作私有企业对待的，静安区人民法院在本案判决书中也认为个人带资承包的企业，其人财物和债权、债务均由承包人个人负责，所以其企业性质是私营企业。这种观点缺乏民法理论的支持。企业的性质在承包经营以前已经过工商行政管理部门注册登记，其所有制性质通过营业执照的形式固定下来，非经法定程序不得改变。根据《中华人民共和国企业法人登记管理条例》第17条的规定，企业法人改变名称、住所、经营场所、法定代表人、经济性质、经营范围、经营方式、注册资金、经营期限，以及增设或者撤销分支机构，应当申请办理变更登记。只有申请办理变更登记并经工商行政管理部门批准，企业才能改变所有制性质。所以，带资承包尽管有一些特殊性，但企业的所有制性质并不因此而改变，承包人在经营

① 李昌麒主编：《经济法学》，中国政法大学出版社1994年版，第237—238页。

过程中,还是以企业的名义而不是以个人的名义对外经营的。尽管企业发包人和承包人可以在承包经营合同中约定企业的债权债务由承包者个人承担,但这并不能对抗善意第三人。因为在对外经营中,是该企业而非承包者个人与第三人发生债权债务关系,其在经营过程中发生的债权归企业所有,所发生的债务也必须以企业资产清偿。如果该企业严重亏损、资不抵债,则该企业的财产应作为破产财产用以清偿债务,并不因其是由个人带资承包而不需承担责任。所以造成的损失最终必然落到企业的所有者头上。故一审法院认为个人带资承包的企业,其人财物和债权债务都由承包人个人承担,因而企业性质为私有企业的观念是站不住脚的。而且,在个人带资承包中,企业资产所有人仍然有权对承包人的经营活动进行监督,对涉及企业资产变更、企业经营方向等重大事项,资产所有人有最终决定权。也就是说,在合同履行中,承包人根据市场的变化,认为应当变更企业资产(如增减注册资金,企业的分立、合并,重要固定资产的处分等)或改变企业的经营方向的,应当向资产所有人提出建议,在征得资产所有人同意后才可以实施。这也可以说明带资承包并不改变企业的所有制性质。

二、适用司法解释应否坚持从旧兼从轻原则

我国《刑法》第12条对刑法的时间效力问题确立了从旧兼从轻的原则,即中华人民共和国成立以后刑法施行以前的行为,如果行为发生时的法律不认为是犯罪的,适用当时的法律,如果行为发生时的法律认为是犯罪而现行刑法认为不是犯罪的,适用现行刑法。如果行为发生时的法律和现行刑法都认为是犯罪的,适用处刑较轻的法律。从旧兼从轻原则是罪刑法定原则派生出来的一项原

则，我国刑法第3条已将罪刑法定原则作为一项基本原则明文规定下来，该条规定：法律明文规定为犯罪行为的，依照法律定罪处刑；法律没有明文规定为犯罪行为的，不得定罪处刑。罪刑法定原则确立的目的是为了避免司法随意，罪刑擅断，防止不教而诛。也即刑法只能惩罚其明文禁止的行为。如果刑法可以惩罚其没有明文禁止的行为，则人们就没有一个行动的标准，不知哪些行为可为，哪些行为不可为，从而整日处于一种不确定的惶恐之中，这是奴隶和封建统治者所惯用的统治手段，即“刑不可知，则威不可测”，而非现代法治国家所应采取的方式。从旧兼从轻原则是罪刑法定原则的应有之义，根据这一原则，在一般情况下只能根据行为时的法律来评价该行为，因为一个人只能根据已经施行的法律规范自己的行为。依行为当时的法律不构成犯罪，其行为就是合法的。行为后的法律规定该行为构成犯罪，如果用以对行为人进行处罚，这是行为人不能预测的，也可以说是“不教而诛”，这对行为人是不公正的，也不利于社会的安定。但是如果根据行为后的法律，行为人的行为不构成犯罪或处刑较轻，则说明行为人的行为已没有社会危害性或社会危害性较小，再适用旧法对行为人定罪处罚或处以较重的刑罚已无意义，故可适用新法。这也是符合罪刑法定原则要求的，因为罪刑法定原则的根本宗旨乃是保障个人权利。

对于刑事法律而言，适用从旧兼从轻原则是毫无疑问的。但是对司法解释是否也必须适用从旧兼从轻原则呢？有人认为，司法解释本身不是法律，而是最高司法机关在刑法的实施过程中根据立法原意对刑法条文的明确化和具体化。所以司法解释不应适用从旧兼从轻原则而应适用从新原则，即有新的司法解释的，一律适用新司法解释，只有在新司法解释还没有出台时，才能参照适用旧的司法解释。这种观点是值得商榷的。我国的刑事司法解释数量庞杂，种类繁多，有些司法解释已经超出了立法的原意，在法律之外对罪与非罪作出了规定，可以说是一种“准法律”，有些行为，根据刑法条文本身无法判断其是否构成犯罪，而要根据司法解释来判断。如果新旧司法解释对罪与非罪有不同的规定，而对新司法解释实施以前的行为一律适用新司法解释，就有可能造成根据旧司法解释行为人的行为不构成犯罪的，却根据新的司法解释对行为人定了罪，这同样违背了罪刑法定原则，是一种“不教而诛”的做法，对行为人是不公正的。故对司法解释，也应当适用从旧兼从轻原则。

现在来分析关于挪用公款罪的两个司法解释。1989 年 11 月 6 日，最高人民法院、最高人民检察院发布了《关于执行〈关于惩治贪污罪贿赂罪的补充规定〉若干问题的解答》(以下简称“旧司法解释”) 的司法解释，该司法解释对关于惩治贪污罪贿赂罪的补充规定第 3 条规定的“挪用公款归个人使用”作了扩张解释，规定“挪用公款后，为私利以个人名义将挪用的公款给企业事业单位、机关、团体使用的，应视为挪用公款归个人使用。”按照该司法解释，挪用公款给企业事业单位、机关、团体使用构成挪用公款罪必须具备两个要件，即必须是“为私利”和“以个人名义”，两要件必须同时具备，缺一不可，否则就不构成挪用公款罪。这里的“企业”既然司法解释没有明确规定是哪一类企业，则应当包括所有类型的企业，私有企业也应当包括在内。也就是说国家工作人员挪用公款给私有企业的，也必须同时具备“为私利”、“以个人名义”两个要件，才构成挪用公款罪，否则就不构成犯罪，只能按违纪处理。

应当指出的是，在我国的司法实践中，在新刑法实施以前，对于国家工作人员挪用公款给私营企业的行为，司法机关一律按挪用公款罪处理，并不要求具备为“私利”和以“个人名义”两个要件，这主要是参照了最高人民法院关于其他犯罪的一些司法解释。如1989年最高人民法院、最高人民检察院《关于当前审理企业、事业单位、机关、团体投机倒把犯罪案件的规定》第3条第2款规定：“私营企业或者个人非法成立的经济组织投机倒把构成犯罪的，应按个人投机倒把认定。”一些地方司法机关也作出了相似的司法性解释。从1995年11月16日，上海市高级人民法院、上海市人民检察院、上海市公安局、上海市司法局联合作出了《关于查处经济领域中利用合同犯罪案件若干问题的意见(试行)》，其中第1条第1款第3项规定：“私营企业、外商个人投资企业以及个人租赁经营的企业，以企业名义进行诈骗的应认定为个人犯罪。”笔者认为，司法机关参照这些司法解释或司法性解释将挪用公款给私营企业的行为一律按挪用公款处理，是违反罪刑法定原则的。

新刑法实施以后，1998年4月6日最高人民法院通过了《关于审理挪用公款案件具体应用法律若干问题的解释》(以下简称“新司法解释”)，于1998年5月9日起施行。该司法解释第1条第2款规定：“挪用公款给私有公司、私有企业使用的，属于挪用公款归个人使用。”根据该司法解释，挪用公款归私有公司私有企业使用，并不要求具备“为私利”和“以个人名义”两个要件，就可以构成挪用公款罪。可见，就挪用公款给私营企业是否构成挪用公款罪而言，旧司法解释规定的条件比新司法解释要严，适用旧司法解释有利于被告人，也符合罪刑法定原则的精神。

本案涉及被告人应书德挪用公款给私营企业的有两次，即

1996 年 3 月 15 日挪用 31 万元给沈伟民个人所有的“水鑫服务部”和 1998 年 2 月 19 日挪用 30 万元给洪佩钦个人所有的“盛达通公司”。这两次挪用行为都发生在 1998 年 5 月 9 日新司法解释施行之前，根据从旧兼从轻原则，都应适用旧司法解释。因为应书德挪用公款都是以所在单位名义进行，并且没有为自己谋取私利，不具备“为私利”和“以个人名义”两个要件，故这两次挪用公款的行为不构成挪用公款罪。再看应书德挪用公款给洪佩钦承包的“国泰公司”、王秋民承包的“成功公司”、施汉生承包的“杰出公司”以及“静隆公司”的行为（不包括 1998 年 6 月 3 日挪用 8 万元给“杰出公司”的行为），根据旧司法解释的规定，应书德的行为同样不符合构成挪用公款罪必须具备的“以个人名义”和“为私利”两个要件，故也不构成挪用公款罪。至于应书德 1998 年 6 月 3 日挪用公款 8 万元给施汉生承包的“杰出公司”，因为行为发生在新司法解释实施之后，故应适用新司法解释。但新司法解释没有规定挪用公款给非私有公司、企业使用构成挪用公款罪，而“杰出公司”系由施汉生带资承包的国有企业，如前所述，承包并不改变企业所有制性质，故应书德挪用公款给“杰出公司”的行为不能视作挪用公款归个人使用，根据新司法解释，其行为亦不构成挪用公款罪。

因此，笔者认为，被告人应书德的行为不构成犯罪。

作者单位：华东政法学院

费谷崎故意杀人案

何　萍

[基本案情]

1998 年 9 月 11 日下午 3 时许，费谷崎（男，31 岁）之友洪某、张某驾车前往上海瑞金一路 121 弄 2 号暂住处。当车驶进该弄时，擦碰了停放在弄边的自行车，该弄弄口“长二家用电器 修理经营部”的个体业主王顺兴见状上前阻止该车进弄并与洪某、张某发生争执。此时，正在暂住处睡觉的费谷崎听到室外的吵闹声到弄口察看，见其友洪、张二人正与人争吵，即返回住处取一把水果刀再次来到弄内，费问张某谁与其争吵，张遂指出是王顺兴，费听后持刀朝王顺兴左胸部猛戳一刀后逃离现场，被害人王顺兴因被刺破心肺引起大失血而死亡。另外，费谷崎于 1992 年 5 月 22 日至 25 日间，伙同其他四人因倒卖股票认购证于 1992 年 5 月 27 日被收容审查，于 1993 年 5 月 21 日被依法逮捕。1993 年 9 月 8 日，黄浦区人民法院作出（1993）黄初刑字第 220 号刑事判决书，判决费谷崎犯投机倒把罪，判有期徒刑 1 年 6 个月。费于 1993 年 11 月 26 日刑满释放。

[裁判要旨]

上海市人民检察院第一分院于1998年12月24日提起公诉，控告被告人费谷崎曾因犯罪被判处有期徒刑，刑满释放后未满5年，又持械故意伤害他人身体致人死亡，构成了故意伤害罪，且系累犯，应依照刑法第234条第2款(故意伤害致人死亡)、第65条(累犯)之规定，予以惩处。

上海市第一中级人民法院依法组成合议庭，开庭审理此案，合议庭认为：被告人费谷崎曾因犯罪被判刑改造，刑满释放未满5年，又持刀不计后果故意杀死一人，其行为已构成故意杀人罪，且系累犯，依法应予严惩。公诉机关指控被告人犯故意伤害罪，定性不当，应予纠正。遂作出了(1999)沪一中刑初字第8号《刑事判决书》，判决被告人费谷崎犯故意杀人罪，处死刑，剥夺政治权利终身。

被告人费谷崎不服一审判决，以没有杀人故意为由提出上诉。上海市高级人民法院组成合议庭，书面审理本案。经合议庭评议，审判委员会讨论，认为原判定罪准确，量刑适当，审判程序合法，便作出了(1999)沪高刑终字第55号刑事裁定书，裁定驳回上诉，维持原判。

[法理评析]

费谷崎故意杀人案，有三个问题值得我们关注。

第一、费谷崎是否构成了一般累犯?

1979年《刑法》(以下简称旧《刑法》)第61条第1款规定:“被判处有期徒刑以上刑罚的犯罪分子,刑罚执行完毕或者赦免以后,在3年内再犯应当判有期徒刑以上刑罚之罪的,是累犯,应当从重处罚;但是过失犯罪除外。”即一般累犯的构成条件有三个:(一)前后两罪都是故意犯罪,这是一般累犯的主观条件;(二)前罪所判处的刑罚和后罪应当判处的刑罚都是有期徒刑以上刑罚,这是一般累犯的刑度条件;(三)后罪发生在前罪的刑罚执行完毕或者赦免以后的3年之内,这是一般累犯的时间条件。1997年修订后的新《刑法》(以下简称新《刑法》)对于一般累犯的规定除了在时间条件上将“3年”改为“5年”外,其他构成条件不变。

费谷崎曾因犯投机倒把罪被判有期徒刑1年6个月,1993年11月26日刑满释放,1998年9月11日又犯故意犯罪,其构成累犯的主观条件和刑度条件,无论是按照旧《刑法》还是新《刑法》都是符合的,但是在时间条件方面,依照新旧《刑法》的规定得出的结论是完全不同的。依照旧《刑法》,费谷崎不构成累犯,而依照新《刑法》,费谷崎却构成了累犯,司法机关审理时该何去何从?

1997年9月25日最高人民法院审判委员会第937次会议通过、自1997年10月1日起施行的《最高人民法院关于适用刑法时间效力规定若干问题的解释》(以下简称“司法解释”)第3条规定:“前罪判处的刑罚已经执行完毕或者赦免,在1997年9月30日以前又犯应当判处有期徒刑以上刑罚之罪的,是否构成累犯,适用修订前的《刑法》第61条的规定;1997年10月1日以后又犯应当判处有期徒刑以上刑罚之罪的,是否构成累犯,适用《刑法》第65条的规定。”显然，按照这一司法解释规定的内容，费谷崎的确构成了累犯。然而如此解释是否符合罪刑法定原则呢?

笔者认为，累犯的构成涉及到前后两个罪，不能只依据后罪发生的时间来确定刑法的适用。诚如司法解释中已经提到的，如果前后两罪都发生在 1997 年 9 月 30 日以前，应该适用旧刑法；当然，如果两罪均发生在 1997 年 10 月 1 日以后，毫无疑问，应该适用新《刑法》；但如果前罪发生在 1997 年 9 月 30 日以前，而后罪发生在 1997 年 10 月 1 日以后，势必会发生如何选择适用法律的问题 。

按照最高人民法院的这一司法解释，我们很容易得出这样一个不近情理的结论：1993 年 11 月刑满释放的费谷崎，如果在 1997 年 9 月又犯罪，其不可能构成累犯(当然，这是十分正确的)。但因为费谷崎在 1998 年 9 月犯罪了，他反而构成了累犯。笔者认为，在一般累犯的问题上，前后两罪间隔年限越长，就越不可能构成累犯。而在费谷崎案件中，却得出了完全相反的结论。事实上，费谷崎在 1993 年 11 月刑满释放后，只要他未在 1996 年 11 月之前犯罪的，有关其是否可能构成累犯的这一问题已经解决了，其与累犯不应该有瓜葛了。对于这一旧《刑法》已经有了定论的问题，新《刑法》毫无必要重新回过头再去评价它。

众所周知，1997 年修订的新《刑法》在显著的条文位置——第 3 条明确规定了罪刑法定原则，而罪刑法定原则的根本宗旨是为了保护被告人的合法权益，其派生原则之一是重法不溯及既往，即在新旧《刑法》的选择适用上采用从旧兼从轻原则。从旧兼从轻原则包括定罪和处刑两个方面，累犯作为法定的从重情节，其是否构成直接影响到量刑的轻重问题，因此当新旧《刑法》对累犯规定的构成要件有所区别时，当然也要按照从旧兼从轻原则来处理。在本案中，无论是按照从旧原则还是按照从轻原则，费谷崎都没有构成累犯。然而，该司法解释在关于是否构成累犯的法律适用问题上却采用了从新原则，这是违背罪刑法定这一刑法的基本原则的。最高人民法院这一任意的而且又不利于被告人的司法解释“使人民处于对少数法律解释者的依赖地位，而无从掌握自己的自由或处置自己的命运。这种语言把一部庄重的公共典籍简直变成了一本家用私书。”①

第二、本案被告所犯罪行究竟是故意杀人罪还是故意伤害罪？

故意杀人罪与故意伤害(致死)在客观上都造成了被害人死亡结果的发生，因此两者的确很容易混淆。就理论上而言，两者的关键区别在于主观故意的内容不同：前者有杀人的故意(包括直接故意和间接故意)，而后者只有伤害的直接故意，没有杀人的故意，但对被害人的死亡具有过失。理论上可以区分，但在实践中如何正确认定被告人行为的主观方面的确有一定的难度。

笔者认为，在费谷崎一案中，要证明费有杀人的故意难度很大，而且也很勉强。费谷崎没有杀人的直接故意是显而易见的。这可以从费谷崎与被害人的关系及案件的起因得到证实。费谷崎与被害人素昧平生、无冤无仇，费只是出于哥们义气，替朋友两肋插刀，因而冲动之际将水果刀刺向了被害人。对于这一点，法院也是认可的，上海市第一中级人民法院的判决书上写明费谷崎属于“不

---

① 〔意〕贝卡利亚：《论犯罪与刑罚》，中国大百科全书出版社1993年版，第15页。

计后果杀死被害人”,即法院认为费谷崎构成了间接故意杀人罪。那么费谷崎究竟有没有杀人的间接故意呢?按照刑法的规定,“明知自己的行为会发生危害社会的结果,并且放任这种结果发生的”是间接故意犯罪。要认定费谷崎构成了间接故意杀人罪,必须有证据证明费用水果刀戳向被害人时,明确知道被害人会死亡的(要注意“明知”不同于“应知”)。而本案的所有证据未能证明这一点。相反,从立案侦查、审查起诉一直到法庭审理,费谷崎一再表明他只是想给被害人“颜色”看看,因而其用水果刀捅向被害人腹部,由于被害人恰恰在水果刀接触身体时,迅速弯下腰来,才使刀的着力点发生在被害人的左肋部,以致被害人不治身亡。对于被害人的死亡,他是始料未及的。虽然被告人因为涉及到自身利益的保护有可能避重就轻地描述案件事实,但既然没有充分的证据能证明费谷崎是在明确知道被害人会死亡的情况下实施有关行为的,按照疑罪从宽原则,对费谷崎认定故意伤害罪是比较慎重和恰当的。检察机关指控费谷崎犯有故意伤害罪而非故意杀人罪,恐怕原因也正在于此。

第三、上海市第一检察分院以故意伤害罪提出控告,上海市第一中级人民法院径自定性为故意杀人罪,其审判程序究竟是否合法?

笔者认为,审判机关的这种作法是不符合现代刑事诉讼的基本原理的,也是违反现行法律的有关规定的。

在现代刑事诉讼中,控诉、辩护和审理作为三种最基本的诉讼要素和诉讼功能,是刑事诉讼的三个基本支点并形成了三角结构。在这种三角结构中,控辩对抗,但地位平等,审判居中在上。这种结构的特点之一是实行控审分离，审判官不应同时兼任控诉人，因为这种兼任所造成的心理冲突和角色冲突会妨碍公正审判，诉审分离是诉讼文化发展与诉讼制度进步的表现。①要贯彻控审分离，必须遵守两项诉讼原则。首先，要遵守不告不理的原则，起诉是审判的前提，如果没有提起公诉或者自诉，审判活动就不能启动。其次，要遵守起诉与审判对象的同一性原则。审判的对象只能是起诉的对象，不能对未起诉的事实进行审理。②裁判结果和审理过程的一致性是评判法律程序是否公正的价值标准之一。在费谷崎一案中，审判机关擅自改变对案件的定性，打乱了诉讼中控、辩、审的三角诉讼结构关系，一审法院撇开起诉书指控的罪名，擅自作出了不利于被告人的定性，形成了法院自己指控、自己审理、自己下判的不合理情况。

当然理论上也有一种观点，即在强调诉审分离是一般原则的前提下，为保障诉讼的效率、避免结构僵化，诉审分离结构也认可一定范围内的“便宜行事”或权力扩张。③但笔者认为，这种便宜行事应以不妨碍当事人合法权利的行使为前提。在费谷崎一案中，公诉机关以故意伤害罪提出控告，整个庭审调查和法庭辩论都围绕着故意伤害的事实和性质展开，既然公诉机关没有指控费谷崎犯有故意杀人罪，被告人和辩护人当然也不会就故意杀人罪的证据和性质提出质证和辩护，因为故意杀人和故意伤害是两个完全不

① 龙宗智：《返回刑事诉讼研究的起点——刑事诉讼两重结构重述》，《刑事法评论》，1998年第2卷。

② 胡锡庆主编：《新编中国刑事诉讼法学》，华东理工大学出版社1998年11月第2版，第46页。

③ 龙宗智：《返回刑事诉讼研究的起点——刑事诉讼两重结构重述》，《刑事法评论》，1998年第2卷。

同的犯罪。而法院在没有指控、审理故意杀人罪的情况下直接认定被告犯有故意杀人罪，一方面有客观归罪之嫌疑，另一方面剥夺或者限制了当事人的法定辩护权。《刑事诉讼法》第191条规定“剥夺或者限制了当事人的法定诉讼权利，可能影响公正审判的”属于违反诉讼程序的行为之一，应当由二审法院裁定撤销原判，发回原审人民法院重新审判。

最高人民法院1999年3月8日下发的《关于严格执行公开审判制度的若干规定》中明确指出“证明案件事实的证据未在法庭公开举证、质证，不能进行认证”。笔者认为案件事实既包括客观事实，也包括主观事实。法院的庭审调查没有进行故意杀人的主观事实的举证和质证，即认定费谷崎犯有故意杀人罪显然缺乏公正程序的保证。

众所周知，在封建专制下的刑事诉讼体制里，法院作为封建统治的工具集审判权和起诉权于一身，拥有不受限制的权力，被告人不是刑事诉讼的主体，而是刑事诉讼的客体，法院的审判秘密进行，对法院的错误判决没有救济程序。①而随着以人权保护为突破口的现代刑事诉讼的建立，随着刑事司法革命轰轰烈烈地进行，刑事诉讼中的司法公正更着重强调程序公正了。笔者认为在整个司法界大力强调程序合法、程序公正的背景下，像本案这样进行审判活动是一个很不协调的现象。

费谷崎已经不复存在了，笔者在讨论这个普通的案件的时候，费谷崎的个人命运是值得关注的。然而费谷崎案件并不是讨论的

---

① 汪建成：《论刑事诉讼中人权保护的几个理论问题》，《中外法学》1999年第2期，第41页。

最终目的,笔者想要强调的是司法公正(包括实体公正和程序公正)对保护被告人的合法利益、树立司法机关的良好形象、维护法律的尊严有着极其重要的作用。培根指出:"一次不公的(司法)判断比多次不平的举动为祸尤烈。因为这些不平的举动不过弄脏了水流,而不公的判断则把水源败坏了。"①从司法活动的总体上看,司法不公的案例可能只占了很小的比例,但对那个涉及案件的当事人而言,就是百分之百的不公了。

作者单位:华东政法学院刑法教研室

① 〔英〕弗·培根:《培根论说文集》,水天同译,商务印书馆 1983 年版,第 193 页。

宋福祥故意杀人案
——如何理解不作为犯罪的因果关系

肖中华

[基本案情]

1994年6月30日晚，被告人宋福祥酒后回到家中，因琐事与其妻李霞发生争吵厮打。李霞说：“三天两头吵，活着还不如死了。”被告人宋福祥说：“那你就去死。”后李霞在寻找准备自缢的凳子时，宋喊来邻居叶宛生对李霞进行规劝。叶走后，二人又发生吵骂厮打。李霞又寻找自缢用的绳子，宋福祥意识到李要自杀，但却无动于衷。直到听到李垫脚用的凳子响声后，宋才起身过去，但其仍未采取有效措施或呼叫近邻，而是离开现场到一里以外的父母家中去告诉自己父母，待其家人赶到时，李霞已无法抢救而死亡。经河南省南阳市卧龙公安分局刑事技术鉴定：李霞系机械性窒息死亡(自缢)。

[裁判要旨]

河南省南阳市人民法院审理认为，被告人宋福祥目睹其妻李霞寻找工具准备自缢，应当预见李霞会发生自缢的后果而放任这种后果的发生，在家中只有夫妻二人这样的特定环境中，被告人宋福祥负有特定义务，其放任李霞自缢身亡的行为，已构成故意杀人罪(不作为)，但情节较轻。据此，河南省南阳市人民法院以(1994)南刑初字第264号《刑事判决书》，根据1979年《刑法》第132条判决宋福祥犯故意杀人罪，处有期徒刑四年。

一审判决后，宋福祥不服，向河南省南阳市中级人民法院提出上诉称：没有放任李霞的死亡，根本想不到她这次真的会自杀，一审判决认定事实错误，处理不当，要求依法改判无罪。河南省南阳市中级人民法院认定的事实与一审法院之认定相同，并认为，被告人宋福祥与其妻李霞关系不和，在争吵厮打中用语言刺激李霞，致使其产生自缢轻生的决心。被告人宋福祥是负有特定义务之人，对李霞自缢采取放任态度，致使李在家中这种特定环境下自缢身亡，其行为已构成故意杀人罪（不作为）。原审判决定罪正确、量刑适当、审判程序合法，被告人宋福祥的上诉理由不能成立，不予采纳。故河南省南阳市中级人民法院以(1995)南刑终字第002号《刑事裁定书》作出“驳回上诉，维持原判”的裁定。

[法理评析]

本案中被告人宋福祥对其妻有无特定救助义务、其客观上的不作为行为与其妻死亡结果之间是否具有因果关系，是认定本案性质的关键。尤其是不作为理论与因果关系理论的异常艰深，使不作为犯罪因果关系问题更趋复杂。下面着重对不作为犯罪因果关系的有关问题作研讨。

一、不作为犯罪因果关系之有无

不作为犯罪是否存在因果关系，在刑法理论上素有争论，撇开具体论述上的差异，学者间的观点大致可分为两派，即积极说与消极说。积极说认为，不作为犯罪与作为犯罪一样，其不作为行为与危害结果之间具有因果关系。消极说则认为，不作为本身没有任何积极举动，对外界现象不产生影响力，因此谈不上因果关系。如有人明确指出："不作为不是客观存在的行为，在自然界的状态中是'无'是'空'……无中不能生有，无作为，自无结果，不作为不是结果的原因，只是促成结果产生的条件。"①不过，亦有人肯定部分不作为与危害结果之间具有因果关系。②笔者认为，应当承认不作为犯罪因果关系的存在，上述积极说的观点完全正确，它满足了司法实践的需要，也有助于刑法因果关系理论的科学化和完整性。

否认不作为犯罪因果关系的观点认为，不作为并非客观存在的行为，这实际上是基于因果行为论而推导出来的错误理论。行为理论中的因果行为论以自然、机械的眼光看待刑法上的危害行为，主张"刑法上之行为无非基于意思发动而影响的及于外界之人类

---

① 胡正谒：《从哲学上的因果关系看刑法上的因果关系》，载《江西大学学报》1982年第1期。

② 韩忠谟著：《刑法原理》，台湾雨美利图书印刷公司1981年版，第125页。

的行动”;或“由于意思而惹起之客观的身体活动,及基于客观活动所发生之因果过程”,①据此不作为自然欠缺有体性而被排除于“行为”的范畴之外。②但是,行为理论发展至今,几乎没有学者不再把不作为视为行为的基本表现形式之一了。这也宣告了因果行为论形式化地理解行为的具体性在方法论上的失败。因此,如果一面承认不作为是行为的基本表现形式之一,一面又认为不作为不是客观存在的行为(或其形式),就显然陷入自相矛盾的境地。如果我们要维持不作为应当包容于行为之中的这样一个理论现状,我们就不得不去回答不作为为什么是行为(是行为本身还是行为表现形式,并不重要)?问题的关键在于,用什么样的方法去理解不作为的行为性?或曰,如何在作为与不作为之间寻找到共通的危害行为之性质?这正是检验各种行为理论科学性的标志之一。对此问题,有学者指出,作为与不作为的违法性之本质,“在于法益之侵害、危险超越社会相当性。法益之侵害、危险,即一定结果的发生,有由于引起外界之变动所致者,有由于不引起外界之变动所致者”,不作为不引起外界之变动,“但从其侵害法益或发生危险的价值言,亦具有论理的存在性,刑法上以其不为法所命令之行为,为构成要件之评价对象,其不作为亦具有行为性。”③笔者认为,不作为的行为性应当也只能从社会价值的角度予以考量,不作为并非所谓“行为”之否定,而是“为”之否定;不作为之否定“为”,如同作为否定“不得为”一样,皆是侵犯刑法所保护的某种合法权益(法

① 洪福增著:《刑法理论之基础》,台湾三民书局1977年版,第40页。

② 不作为是否仅限于身体的静止,还是个值得研究的问题。笔者认为,积极的身体动作(如采取伪造账簿的方法偷税)也可能属于不作为,因而不作为欠缺生动“有体性”并非绝对。

③ 陈朴生:《不作为犯之构造》,载台湾《刑事法杂志》第25期第3卷。

益)，所不同的是，否定“为”之不作为违反命令(诫命)规范，否定“不得为”之作为违反禁止规范，但否定的价值在社会关系中的体现具有等价性。上述论者从“法益之侵害、危险”超越相当性的视角揭示了不作为与作为的共性，美中不足的是未能把“法益之侵害”与“外界变动”统一起来。实际上，即便是身体静止的不作为，其侵害法益，也没有不同时“引起外界变动”的。在作为犯规范构造中，法律是要求人们不要去破坏现状，因而作为犯的作为行为引起外界变动颇为直观。而在不作为犯的规范构造中，法律则要求人们去改变现状(当然法律只要求有作为义务且有作为可能性的人这样做)。那么，行为人不予改变现状，外界有没有变动呢?回答当然是肯定的。但是，不作为引起外界变动，乃是不防止既存风险的进一步恶化或实现，与作为引起外界变动表现为良好状态被破坏或遭受进一步损害，在表征上有异。本案中，被告人宋福祥作为特定义务人，①当其妻二次寻找自缢工具时，在有可能防止其妻自缢身亡结果发生的情况下，起先时是不予阻止其妻自缢;后当其妻上吊于门框上时当场见而不救，这一不作为行为实际上是行为人忤逆了法律对他应消除风险的期待，在理论上侵害了其妻的生命权利，事实上也引致了其妻自缢身亡的这一结果或“外界之变动”。

由上分析可见，不作为的行为性或不作为亦能侵害法益、引起外界变动的特征，决定了不作为犯罪因果关系的客观存在。

在肯定不作为犯罪存在因果关系的前提下，有必要说明，不作为犯罪因果关系存在于具体犯罪中是有限制的，亦即只有存在结

① 对本案中被告人宋福祥有无防止其妻自杀的义务，笔者持肯定观点，但笔者认为其义务来源既不在于法律明文规定，也不在于公序良俗，而在于与其妻李霞的争吵厮打行为，即先行行为。

果的不作为犯中才存在因果关系，[①]而并非任何不作为都有因果关系的问题。这恰恰是肯定部分不作为与危害结果之间具有因果关系的论者所试图说明的。但实际上“不作为犯罪存在因果关系”与其乃有限制地存在并无矛盾，因而特别地提出所谓部分不作为犯罪因果关系意义不大。不作为犯有纯正不作为与不纯正不作为犯之分，一般认为，不纯正不作为犯的成立，均以一定结果的发生为要件，[②]有学者主张“作为义务之不履行与危害结果之发生具有因果关系”也是不作为犯成立要件之一。”[③]对于纯正不作为犯是否存在结果犯，是否存在因果关系，学者间见解则有所不同。有肯定者，亦有否定者。[④]笔者认为，从刑法分则对犯罪构成要件的要求来看，纯正不作为犯一般属行为犯，无所谓结果与因果关系之余地，不纯正不作为犯则一般为结果犯。之所以说“一般”，是因为有个别特殊情况之存在。如我国《刑法》第 422 条中的拒传军令罪作为纯正不作为犯，以“对作战造成危害”为要件；又如我国《刑法》第 400 条第 1 款的私放在押人员罪可以不作为方式构成，当该罪以不作为方式实现时，就是私放在押人员罪的不纯正不作为犯，而该罪乃行为犯，不以结果为要件。因此，具体的不作为犯罪中是否存

---

① 刑法因果关系是仅限于研究危害行为与客观构成要件的危害结果之间的联系，还是也包括危害行为与非构成结果之间的联系，有进一步研究的必要。笔者认为，从实务角度来说，危害行为与非构成结果的因果联系也是十分重要的。例如故意杀人未遂，只造成被害人重伤，这一重伤结果与杀人行为之间的因果联系同样得到重视。

② 蔡墩铭主编：《刑法总则论文选辑(上)》，台湾五南图书出版公司 1984 年版，第 301 页；林山田著：《刑法通论》，台湾三民书局 1989 年版，第 294 页。

③ 陈兴良著：《刑法哲学》，中国政法大学出版社 1992 年版，第 236 页以下。

④ 肯定说者如林山田、韩忠谟、陈朴生等学者(参见林山田著：《刑法通论》，第319 页)；否定说者如高仰止(参见高仰止著：《刑法总则之理论与实用》，台湾五南图书出版公司 1986 年版，第 308 页)。

在因果关系,不宜以究系纯正不作为犯还是不纯正不作为犯为标准或分界线,只能就法律对构成要件的实际规定为依据。

二、不作为犯罪因果关系之特性

不作为犯罪因果关系亦是刑法中行为与结果之间的因果关系,因而它与作为犯罪的因果关系一样,具有客观性、顺序性、相对性、条件性等特点,这些特点可称为刑法因果关系的共性。但是,人们无法否认的是,不作为犯罪因果关系有着与作为犯罪因果关系显著不同的特性。至于其表现何在,学者们在阐述不作为犯因果关系的根据问题时主张不一,因论者观察角度不同可分为两类①:一是作为原因说。这类观点以作为行为来说明不作为犯罪的因果关系,又可细分为:(1)先行行为说;(2)他行为说;(3)准因果关系说。二是不作为原因说。这类观点以不作为本身来说明不作为犯罪的因果关系,又可细分为:(1)干涉说;(2)作为可能性说;(3)保证人说;(4)他因利用说;等等。上述准因果关系说似有成为通说之趋势。该说认为,不作为犯罪之所以有因果关系的存在,只是一种假设,而事实上不作为本身对结果并不具有原因力,从而把不作为因果关系视为一种"拟制的因果关系"。

怎样理解不作为的原因力,是能否科学解释、论证不作为犯罪因果关系、了解其特性的关键。隶属作为原因说的准因果关系说和先行行为说、他行为说等学说均试图从不作为以外的作为入手,来解释不作为的原因力,而不承认不作为本身的原因力。本案中,按照准因果关系说,被告人宋福祥不阻止其妻自缢、不防止其自缢身

---

① 转引自周忠平编著:《刑法争议问题总则编(一)》,台湾保成文化出版公司1992年版,第124—126页。

亡的行为本身不是李霞死亡的原因，只是因为宋有作为义务而不作为（不防止李死亡结果发生），所以准用以作为形式杀人的构成犯罪的因果关系；按照先行行为说，行为人不作为之前的先行行为，即被告人宋福祥与其妻李霞争吵厮打、并刺激李的言语是李死亡的原因，不作为本身也非李死亡的原因；而按照他行为说，行为人于应履行作为义务之际，因实施其他作为行为而致使应尽义务未履行的其他作为行为才是结果的原因。据此，被告人宋福祥在其妻上吊面临死亡之际竟见状离去的行为，即为李霞死亡的原因。上述种种学说肯定不作为的原因力但又探求原因于作为行为之中，根源在于忽视社会意义上的因果联系，自然得不出不作为犯结果的真正原因。

与作为原因说不同，不作为原因说认为不作为本身即具原因力，立论可取。比如按照干涉说的见解，被告人宋福祥与其妻争吵厮打之行为引起李霞自缢，是李霞死亡的起果条件，而宋福祥在其妻二次寻找自缢工具时本应劝阻，及当其妻已上吊于门框上时本应加以救助，则是妨果条件，被告人宋福祥的不作为之所以成为李霞死亡的原因，即在于不作为干涉、抑制了妨果条件，而使起果条件得以完成，最终产生了李霞死亡的结果。依作为可能性说和他因利用说的见解，作为可能性是判断不作为犯罪因果关系的标准，它支配着因果关系的原因力，而"凡人对某因果过程如能任意加以支配，则结果之发生，对其人而言，应有所归责。因此，当他一原因力进行之际，力能支配之而不防止，任意加以利用者，此不防止只所为应为有原因力。"①此外，保证人说强调，行为人立于保证人地

① 韩忠谟著：《刑法原理》，台湾雨美利图书印刷公司 1981 年版，第 127 页。

位，有防止义务能防止而不防止，因其不作为违背作为义务而具有原因力；防止可能性说则不问有无保证人义务，凡能防止而不防止者，对于结果不加防止的不作为均与结果有因果关系。①可以说，不作为原因说中的各种学说都在一定程度上触及了不作为犯罪因果关系的实质，说明了不作为犯罪因果关系与作为义务或作为可能性(作为能力)的联系。但上述各种学说基本上又是仅从某一个方面孤立地看待不作为的原因力，值得商榷。

笔者认为，理解不作为的原因力，应当坚持刑法因果关系共性特征的原理，更应注重社会生活的逻辑观念；既要避免因果关系与作为义务、作为可能性割裂，又要防止因果关系与作为义务、作为可能性相混淆。不作为原因力与作为原因力显著不同的特性有：

1. 不作为原因力的不特定性

无论是作为犯罪或不作为犯罪，对于引起危害结果的原因，我们必须从人的行为中去寻找，从这个角度说，刑法因果关系中的“因”，其范围总的来说皆具特定性。②这里所说的不作为原因力的不特定性，是与作为犯罪中引起危害结果发生的作为行为所存在的范围相比较而言的。在作为犯罪的因果进程中，作为行为非常直观地、循序渐进地推进结果的实现，表现为“A→B”(A为破坏现状的举动，即作为行为，B为危害结果)的模式，因为破坏现状的举动

---

① 有认为保证人说实质上与防止可能性说相同者(叶志刚：《作为犯与不作为之比较研究》，台湾《法令月刊》第34卷第2期)。其实不然。

② 刑法因果关系中的“因”究竟是危害行为还是犯罪行为(当然，有人将犯罪客观要件的危害行为径直称为犯罪行为，混淆了作为成立犯罪所必备的条件之一的“行为”与具备主客观要件的犯罪的“行为”之界限)，抑或还包括最广义的，即一般意义上的“人的行为”在内，值得进一步研究。笔者在后文中肯定最广义的行为亦属刑法因果关系中的“因”之见解。需要说明，这种见解只是修正了传统理论中刑法因果关系相对性的内容，并不否定刑法因果关系的相对性。

总是容易从事实上寻找的、相对确定的，所以作为原因力非常特定。但在不作为犯罪的因果关系进程中，不作为只是消极地来防止结果发生，结果的发生有其自然而然(相对于不作为而言)的条件，其进程模式表现为“A→B”(A为没有改变现状的举动，B为危害结果)。而属于没有改变现状的举动太多太广，具有不确定性，由此也决定了不作为原因力的不特定性。本案中，在被告人宋福祥之妻李霞死亡结果发生之前，其实除了宋福祥的不作为属于“没有改变现状(避免危险)的行为”外，被告人以外的人如有可能对李霞进行劝阻、有可能抢救，这些不抢救行为也未必不属于“没有改变现状的行为。”①成为原因的不作为所具有的这种扩张性，在作为犯罪中显然是不存在的。

与不作为原因力的不特定性相对应的是，防止可能性说主张，不论有无作为义务，只要有可能防止结果发生的人所不为的行为，均可成为危害结果的原因，这是防止可能性说正确的一面，也是使得该说在不作为原因说中成为最具说服力的主张之处。但是，防止可能性说未能同时阐明不作为犯罪因果关系与作为义务、作为可能性的关系，是为缺憾。

从不作为原因力的不特定性出发，引起危害结果的不作为不只是有作为义务的人所实施的不作为，这一结论恰恰与保证人说的见解相对立，那么，坚持这一论点似乎出现两个需要解决的矛盾：A. 不将无作为义务之人的“不作为”排除于“因”之外，是否有无限制地扩大刑事责任范围之嫌呢？笔者认为，查明因果关系确实

① 有能力作为的人，并非均是具有作为可能性的人，不作为犯罪成立要件中的“作为可能性”，是仅就有作为义务的人有能力作为而言，因而有能力作为但无作为义务的人，不是具有作为可能性的人。

存在,同时还要确认行为人有作为义务(当然,作为的可能性、罪过责任能力等均属应认定之因素),才能认定不作为犯罪的成立,因而将凡有能力作为而不作为之人的"不作为"纳入不作为犯罪因果关系之中,并不会入人于罪,只要作为义务等要件的认定无误。有人要问:既可认定某人无作为义务,即使其有能力为而不为,又有何必要将其之"不作为"视为结果的原因呢?从本案来看,行为人宋福祥以外的人(如其邻居)有无作为义务应作否定性的回答是无可置疑的(只有宋福祥有无作为义务才会让司法人员视作一件需斟酌的事),因此他们的"不作为"似乎十分肯定地不视为李霞死亡之因,倘牵强认其为原因便不恰当(当然,因果关系能否确认,仍需有判断标准)。但是,当我们展开视野就会发现,有时对某人有无作为义务是不好当即下结论的,对有无因果关系的判断完全不以对有无作为义务的确认为前提。因此,视不作为犯罪因果关系受作为义务之存在的限制,貌似更有利于合理限制刑罚权,实则不切实施。

B. 在解决 A 之矛盾后,有人要问:不具有作为义务的人(虽具有为一定行为之可能),其"不作为",还是不作为犯罪中的不作为呢?要回答这一问题,必须联系到笔者前文论及的:不作为同作为一样,对法益造成侵害或致一定的危险。这样一来,似乎有一个无法克服的困惑:一方面,不作为犯罪中的不作为是给法益造成侵害的行为,而另一方面,在不作为犯罪因果关系中的作为原因的不作为未必。实际上,这里并无矛盾之处。"不作为"之含义所以出现二重性,乃由两个层面、不同视角而得出的结论:在不作为犯罪因果关系的认定中,作为"因"的不作为是具有最广义的,而不仅是对法益造成侵害的"不作为"。如果说事先既已知道某一"不作为"就是犯罪的不作为,那么就没有必要去考察因果关系了;而在确定因果关系、确认作为义务等要件从而认定行为符合犯罪构成后，作为一种结局，引起危害结果发生的不作为，只能是不作为犯罪意义下的不作为。①前文论述不作为与作为具有等价性，同样侵害法益并致外界有所变动，只是就不作为犯罪意义下的不作为而言。

2. 不作为原因力的依附性

在任何一种不作为犯罪中，不作为引起危害结果的发生，都是在应当实施某种作为以防止结果发生的情况下，因不作为、不防止而致结果发生。不作为只能与行为人先行行为、他人(包括被害人)行为或自然事实等因素结合才能引起危害结果的发生，不可能单独导致结果的发生。②换言之，在行为人不作为时，客观上就已经存在或潜在着由行为人先行行为、他人行为或自然事实决定可能发生危害结果的因果锁链，行为人不作为本身不会单独引起这一危害结果，而有赖于上述业已存在的因果锁链的进程。因而可以说，不作为犯罪的因果关系，实际上是导致危害结果发生的原因结果这一"大因果关系"中的子系统。本案中，被告人宋福祥不劝阻其妻自缢、不采取积极措施防止其妻自缢身亡的不作为，不可能单独导致其妻死亡结果的发生，他只是利用了其妻自缢行为这一可能导致死亡的条件。在被告人宋福祥应当履行作为义务时，其妻自缢身亡的危险正在进行，被告人不作为行为与这一危险事实(或是危

① 有学者在论及刑法因果关系研究范围时，发表了以下见解：刑法因果关系从认定的角度考察是研究人的行为与危害结果之间的关系；从结局上考察是研究犯罪行为与犯罪结果之间的因果关系(参见张明楷著：《刑法学》(上)，第146—147页)。这种观点是正确的。

② 这里的先行行为与作为义务中的"先行行为"含义不完全相同。作为义务中的"先行行为"本身未必会引起危害结果。如成人带他人小孩去游泳可成立保护小孩生命安全的作为义务，但带去游泳的行为本身并不会引起小孩溺水死亡的危害结果。

险关系的进程)的结合,才引起李霞的死亡。

在刑法理论上,有人将不作为原因力的依附性理解为不作为犯罪因果关系具有间接性,①这是欠妥的。众所周知,间接因果关系是指因行为通过介入中间环节而间接产生危害结果,而在该行为与危害结果之间形成的因果关系。但是,在不作为犯罪中,因果关系未必都是间接的,而是明显地存在直接因果关系。这里有必要特别指出的是,不作为与其他因素结合导致结果的发生,并不当然地是以这些因素为中介环节,因为在间接因果关系中充当中间环节的只能是发生在行为之后的因素,而与不作为共同促成结果发生的因素主要存在于不作为之前或同时。如本案中,被害人李霞自缢行为存在于被告人宋福祥不作为之前;事实上,没有李的自缢行为,也就无从谈起宋的不作为。

3. 不作为原因力的隐形性

正是因为不作为本身不能单独造成危害结果,因此就不作为本身而言,它在促成某种危害结果产生过程中所起的作用在外观上不具有有形性,而表现为隐形性的特点。

值得注意的是,不作为原因力的隐形性并不否定不作为犯罪因果关系的客观性。即尽管不作为原因力相对隐蔽、不易感知,但其存在仍是客观的,这一特征与作为行为的原因力是共通的。我国刑法理论上曾有人认为不作为犯罪因果关系有主观性的特点,②实际上是把对因果关系由假设、推断到确认的认定过程同因果关系这一事实本身混为一谈。对包括作为犯罪因果关系和不作为因

---

① 李光灿、张文、龚明礼著:《刑法因果关系论》,北京大学出版社 1986 年版,第 206—207 页。

② 张晓辉:《论不作为犯罪因果关系中的主观性》,载《政法论坛》1987 年第 1 期。

果关系在内的一切刑法因果关系的认定，无疑都带有主观性。但这一主观性的特征，是认识活动的特征，非认识对象——因果关系的特征。对不作为因果关系的判断，作为认识活动，带有较之于认定作为犯罪因果关系更强的主观性，但无论如何也不影响不作为犯罪因果关系客观存在而不以人的意志为转移的特征。

三、不作为犯罪因果关系之判断

就结果犯性质的不作为犯罪而言，不作为犯罪因果关系的存在，是既遂犯罪形态客观归责的主要内容。申言之，纵然具备作为义务、作为可能性等要素，只要欠缺不作为与构成结果之间的因果关系，行为人亦构不成不作为犯的既遂犯。以本案来说，假设被告人宋福祥的不作为与其妻李霞死亡之间不具因果关系，被告人便不可能负故意杀人罪既遂的罪责（当然可以构成未遂犯）。可见，判断不作为因果关系之意义何等重要。

可以肯定的是，判断不作为犯罪因果关系的标准与判断作为犯罪因果关系的标准应当一致，因为不作为犯罪的因果关系只是具体表现形态有异于作为犯罪因果关系，其有无、存否之认定，并不因此而有特别之处。因此，研究判断不作为因果关系的标准，首要的仍是在总体上如何合理地确立刑法因果关系之判断标准，第二步才是将其运用于不作为犯罪当中。然而在我国刑法理论界，对于刑法因果关系的判断标准，实际上一直都有意回避。理论上向来热衷于“刑法因果关系究系必然因果关系还是亦包括偶然因果关系”这一问题的讨论，不过是对刑法因果关系哲学理论基础的探讨，其积极意义不容低估，但这种理论研究永远也不会提出一个对刑法因果关系进行划一判断的标准，却是值得反思的。在大陆法系刑法理论中，关于判断因果关系的标准的学说也相当有分歧，但从理论的发展来看，最基本的学说还是条件关系说和相当关系说，其他学说，都是站在这两种学说的基础上演化而成的。在德、日等国及我国台湾地区司法实务中，条件关系说已占统治地位。①这是因为条件关系理论便于司法实践操作。

笔者认为，条件关系和相当关系在判断因果关系中都是不可缺少的，都是犯罪客观归责时必备的因素；判断因果关系应兼而考察有无条件关系及相当关系。条件关系说的主张是，如果行为与结果之间存在无前者即无后者的条件关系，就存在因果关系。其公式可表达为“无 A 即无 B”。例如，甲如果不用刀捅乙，乙就不会死，所以甲的捅刀是乙死亡的原因，甲可能要负故意杀人罪既遂的责任。条件关系说的根本意旨在于：如果行为人对某一行为的放弃并无法改变某一结果的发生，那么就没有必要把它评价为不法（哪怕仅仅是客观归责）。但是，姑且不论条件说在方法上会带来一些疑难，②即使以极普通的案件为例，条件关系说推导的结论也是难为人接受的。例如甲的杀人行为直接导致乙的死亡，但如果工厂不制造用作凶器的刀，就不会有甲持这把刀杀人的行为，甲的母亲不生

---

① 林山田著：《刑法通论》，台湾三民书局 1989 年版，第 96—99 页。

② 条件关系说的疑难至少有这样两点：(1)按此说，某甲捅杀乙，我们会说，如果某甲不捅刀子，某乙就不会死亡，所以某甲捅刀子的行为和某乙死亡之间有因果关系，问题是，如果我们不是事先有某甲不捅刀子某乙就不会死亡概念，我们又怎么知道某甲不捅刀子某乙就不会死亡呢？(2)在多个同时条件且每个条件都足以造成结果发生的情况下，按此说，其结论是没有一个行为要负责任。例如，甲乙两人同时向丙开枪，均击中丙的胸部，丙当即死亡。按条件关系说，如果无甲的射击行为，乙也会击毙丙，所以甲的射击行为非丙死的原因；反过来，如果无乙的射击行为，甲也会击毙丙，所以乙的射击行为非丙死亡的原因。结果谁对丙的死亡负责呢？理论上有人对此提出“只要是条件之一即是条件”的命题，似可释疑。这实际上是将条件关系的公式由“无 A 即无 B”内涵丰富化为“无 A、B 即无 C”，其中 A、B 均是 C 的充分条件。

育甲，也谈不上甲杀人的行为，这样一来，不仅甲的杀人行为是乙死亡的原因，工人制造刀具及甲母亲的生育行为与乙死亡之间也具有因果关系。如此可以无限制地推溯上去，其结果只能一切是因、一切是果。相当关系说的主张是，和结果的发生有相当的概率关系的行为是这个结果的原因；相当关系是“若 A 即 B”的关系，如果以相当的概率呈现“A 现象存在，B 现象就存在”的关系，A 与 B 就是具有因果关系。例如，根据生活经验，用枪射击人会有被害人死亡的伴随现象发生，所以甲开枪射击乙的行为与乙的死亡之间有因果关系。相当因果关系说因为纯粹以“经验法则”为判断因果关系的依据而有操作性较差的不足，推导结论有时也是让人难以接受的。但是，无论如何，相当关系还是客观归责的一个要素。换言之，如果欠缺相当关系，即使具有条件关系，对所发生的结果还是不能归责于那个作为条件的行为。例如，某甲给某乙碗中投下剂量根本不足以致死的毒药，乙吃下后因腹痛难忍，自缢身亡，在此某甲下毒的行为与某乙死亡之间具有条件关系，但并无相当关系，即使甲具有故意杀人的目的，他也只构成故意杀人罪的未遂，对乙死亡的结果并不负责任。

从上面的简单分析可知，对于因果关系的判断，仅仅采用条件关系而否定相当关系，或仅仅采用相当关系而否定条件关系，都是不适当的。而条件关系与相当关系的并存，是客观归责“比例原则”的产物，其作用简单地说是在使刑罚理性化。①因此，认定某一行

① 黄荣坚：《不作为犯与客观归责》，载台湾《刑事法杂志》第 35 卷第 3 期。该论者就客观归责“比例原则”的功用作如是阐释：对行为人客观归责与否，几乎完全是从价值判断的层面上入手。当我们认为就整体而言，制裁的好处大于坏处，那么我们就把事实上所发生的不幸结果定位为人祸，对行为人可归责；当我们认为制裁的坏处大于

为对某一结果负责，首先在客观上都必须确认这一行为与结果之间同时具备了条件关系和相当关系。在因果关系理论中，继条件关系说和相当关系说之后发展出来的相当关系客观说，正是基于这一需要而将原来依条件关系说应负责任的范围予以恰当地缩小。该说主张，相当的条件才是原因，或曰构成原因的前提，除了相当以外，行为必须是结果的条件。这种主张值得肯定和赞同。

需要指出的是，原本具有的条件关系和相当关系，可以因行为后一因素的介入而中断。在此情形下，介入因素引起的结果，即使是行为人追求的目标，对行为人亦不可归责。例如甲对乙下毒，原本足以致死，然而另有某丙开枪射击某乙，某乙立即毙命，由于某乙的死亡是经由反常的因果历程所造成的，而不是某甲下毒行为制造的风险实现，所以对某甲而言，死亡结果不可归责，某甲仅负故意杀人罪未遂的罪责。当然，如果条件关系和相当关系未有中断事由，行为就基本上具备了客观可归责性(在不作为犯罪中则还要有作为义务、作为可能性等因素)。

如前所述，不作为犯罪因果关系的判断标准并无特别之处，因而以条件关系和相当关系为不作为犯罪因果关系的判断标准或不作为犯罪客观归责的因素，是理所当然的。条件关系的原理运用于不作为犯罪因果关系中，向人们提出的问题是：如果行为人为一定之行为，结果是否就不发生了?亦即，无行为人的“不作为”，结果是否发生?如果可以确认，行为人即使履行其作为义务，结果仍会发生，则该不作为与结果之间并无条件关系。例如一个值班医生对于

好处，例如对于容许风险的处罚，那么我们就把事实上所发生的不幸结果定位为天灾，对行为不可归责。

一个即使尽一切办法也无法起死回生的危重病人不予抢救，病人死亡了，值班医生的不作为对于病人的死亡并不负责，因为该不作为并非病人死亡的条件，即使无医生的不作为，死亡仍会发生。① 相当关系的原理运用于不作为犯罪因果关系中，向人们提出的问题是：行为人的不作为，在通常情况下是否会引起结果的发生？亦即，是否行为人有此不作为，结果在相当概率上就会发生？在具备条件关系的时候，只有同时具备相当关系，对不作为行为人才可归责。例如，某甲带邻居的小孩外出游玩，小孩掉进溪流中，某甲擅于游泳，却不予救助，其实小孩水性也很好，只是在水中嬉戏片刻后却被上游水坝违反常规的放水所冲走而溺水死亡。在此例中，如果小孩掉到溪流中时某甲即刻将小孩拉上岸或劝其上岸，不论后来溪流受什么意外影响而有变化，小孩也不会死亡，因此，某甲的不作为与小孩的死亡之间具有“无前者即无后者”的条件关系。但是，是否在小孩水性很好且水坝一般不会反常地放水的情况下，某甲的不作为会导致小孩的死亡呢？答案是否定的，因此，某甲的不作为与小孩的死亡不具备相当关系，对某甲不可归责。

回到本案中，被告人宋福祥的不作为与其妻李霞的死亡结果之间，既具有条件关系，又具有相当关系。从条件关系的角度看，被告人只要为下列作为之一，即可避免其妻李霞的死亡：其一，当李

---

① 更为复杂的情况是，行为人先行行为与结果有条件关系，但先行行为产生义务后，作为义务人的不作为与结果之间并无条件关系。例如，某甲驱车交通肇事撞某乙，使乙奄奄一息却未立即死亡，乙的伤势重到即使马上送医院抢救也无济于事的地步。在这种情况下，如果某甲事实上就是没有送去医院抢救，实施了不作为，就不作为而言，某甲并不对乙的死亡负责，因为这一不作为与乙死亡结果之间无条件关系，即无因果关系，对某甲可以不作为杀人罪未遂与先行的交通肇事罪并罚。至于此案中某甲的交通肇事的作为行为，是某乙死亡的条件无疑，但交通肇事不是以被害人死亡为要件的，认定交通肇事行为与乙死亡的条件关系，对交通肇事罪的认定没有意义。

二次寻找自缢工具时，对她进行拦阻或劝阻；其二，当李上吊于门框上时，对其进行解救。从相当关系的角度看，只要被告人不尽其作为义务，其妻李霞死亡几乎是必然发生的(具有相当的概率)。

将本案作虚拟改编，尚有以下几个要点对不作为犯罪因果关系具有说明意义：

A. 假设被告人宋福祥以外，尚有其他人在场，对被告人之妻李霞自缢行为视而不管。只要这些有可能阻止李的自缢行为或防止其自缢身亡的结果发生，这些人的不作为(广义的)与李霞的死亡之间也具有因果关系(这些人的不作为与被告人的不作为在条件关系中是李死亡的多重条件)。至于这些人的不作为不成立犯罪，只是因为不作为义务而已，其不作为仍具有原因力。

B. 假设被告人宋福祥事先并未觉察其妻自缢，当其发觉时，李已完成自缢但尚未气绝，而且事实上即使宋采取积极措施(如将绳索割断、做人工呼吸等)，也绝无使李生还的可能(至于这种事实在认定上往往很困难，另当别论)。在这种情况下，如果被告人不予救助，其不作为不足为李死亡的条件，两者之间不存在因果关系，被告人只可能负故意杀人罪未遂的责任。

C. 假设死者李霞的死亡并非由自缢窒息而致，而是当她上吊时绳索承受不了其体重，而致其坠地撞击身亡的，被告人宋福祥不予劝阻或救助的不作为与李死亡之间本已存在的条件关系和相当关系皆中断，被告人就李的死亡而言也不具可归责性，只可能成立故意杀人罪的未遂。

作者单位：上海社会科学院法学所

王卫明强奸案(一)

周　琦　胡志国

[基本案情]

被告人王卫明于1996年6月和1997年3月先后两次以夫妻感情确已破裂为由向青浦县人民法院提出离婚诉讼请求。1997年10月8日，该院作出一审准予离婚的判决并将判决书送达了双方当事人。1997年10月13日晚7时许，被告人王卫明至原住处本县青浦镇桂花园公寓3号楼206室(该住房因产权证未办理，故判决时未作处理)，见被害人钱某(此时离婚判决还尚未生效)也在，便上前从背后抱住钱某欲与之发生性关系，遭拒绝后，被告人王卫明即将被害人钱某的双手反扭住并推倒在床上，用一手扯脱被害人的衣裤，强行与钱某发生了两性关系，并抓伤、咬伤了被害人的胸部等处。当晚被害人即向公安机关报案而案发。

1998年3月20日，青浦县人民检察院以青检诉[1998]11号起诉书向青浦县人民法院提起公诉，指控被告人王卫明犯强奸罪。

[裁判要旨]

青浦县人民法院审理认为，被告人王卫明主动起诉请求法院判决解除与钱某的婚姻，法院一审判决准予离婚后，双方对此均无异议。该判决尚未发生法律效力期间，被告人与被害人已不具备正常的夫妻关系。在此情况下，被告人王卫明违背妇女意志，采用暴力手段，强行与钱某发生性关系，其行为已构成强奸罪，依法应予惩处。公诉机关指控被告人王卫明的犯罪罪名成立，应予以确认。被告人认为发生性关系是对方自愿的和其辩护人认为认定被告人采用暴力证据不足的辩解、辩护意见，因与经庭审质证的被告人在公安机关的供述及现场勘查笔录、被害人的伤痕照片等证据和事实不符，不予采信。关于辩护人提出的被告人作为丈夫不能成为强奸罪的犯罪主体及认定其有罪社会效果不好的辩护意见，因其未能提供有关丈夫不能成为强奸罪主体的法律依据，且事实上被告人与被害人的夫妻关系已处于感情确已破裂，一审已判决离婚但未生效的非正常阶段，在此期间，被告人采用暴力侵犯了被害人的人身权利，扰乱了社会治安秩序，因此其辩护意见亦不予采纳。鉴于本案的具体情况，可对被告人酌情予以从轻处罚。为维护社会治安秩序，保护妇女的身心健康不受侵犯，遂依照《中华人民共和国刑法》第236条第1款、第72条第1款之规定，作出[1998]青刑初字第36号《刑事判决书》，判决如下：被告人王卫明犯强奸罪，判处有期徒刑三年，缓刑三年。宣判后，被告人未上诉，判决书已发生法律效力。

[法理评析]

一、婚内强奸争辩意见综述及评价

迄今为止，大概还没有任何一个刑法问题能像“婚内强奸”那样，在学术、立法、司法各领域中，引起如此尖锐的意见对立和争论。

(一)法学理论界的意见

比较有影响的主要有三种观点。

1. 否定说。认为丈夫不能成为强奸罪的主体，婚内强奸不能成立。《中国刑法教程》认为:“根据我国刑法和婚姻法的规定以及我国国情，丈夫强行与妻子发生性行为，属于道德范畴的问题，不能成为强奸罪”。①我国著名刑法学者陈兴良也认为:“性行为的非法性首先将强奸与合法的性行为相区分，合法的性行为在任何情况下都不可能构成强奸罪”，所以推论出“丈夫在妻子不同意的情况下强行与妻子发生性行为，不能构成强奸罪”。②《香港法律大全》一书在“强奸罪”释条中认为:“强奸必须是非法性交，丈夫有时也会强行要求妻子发生性交，但因为合法夫妻自结婚之日起就意味着对他方的性行为的服从，所以丈夫不构成强奸妻子的犯罪主体。”③持否定说的主要理由有两点：一是认为一旦建立了婚姻关系，夫妻双方均有与对方进行性生活的权利和义务；二是认为强奸罪的本质特征之一是非法性关系，而婚姻内的性关系是合法的，在

① 林准主编:《中国刑法教程》，人民法院出版社 1989 年 12 月版，第 459 页。
② 陈兴良主编:《刑事疑案研究》，中国检察出版社 1998 年 2 月版，第 349 页。
③ 李泽沛主编:《香港法律大全》，法律出版社 1992 年版，第 769 页。

合法的性关系中不会构成强奸罪。

2. 肯定说。认为丈夫可以成为强奸妻子的犯罪主体，婚内强奸能够成立。如《刑事诉讼实用大全》一书介绍一种意见认为："强奸罪的特征，乃是违背妇女意志，强行与妇女发生性行为。在上述情况下，丈夫的行为违背了妻子的意志，符合强奸罪的特征。"①"不应强调这种性行为是发生在合法婚姻关系存续期间，还是发生在合法婚姻之外"。"我国刑法明确规定了强奸罪的犯罪主体是一般主体，并没有将丈夫排除在外。"②肯定说的主要理由是：妻子有权自主地决定是否同意作爱，丈夫应尊重妻子这一权利；我国《刑法》规定的强奸罪构成要件中，并没有明确将丈夫排除在外。

3. 区别定性说。这种观点认为婚内强奸符合强奸罪的本质特征，但由于夫妻关系的特殊性，应予区别对待定性。"一、丈夫如果在无别人帮助，只在夫妻二人在场的情况下，强行同妻子发生性关系，且次数较少，则即使手段有点过火，不宜以犯罪论处；二、丈夫教唆或者帮助别人强奸，应以犯罪论处；三、丈夫错把妻子当作其他妇女而强行奸淫的，应以强奸罪论处；四、丈夫在他人协助下，众目睽睽之下强行与妻子发生性关系的，应以强奸罪论处。"③

(二)婚内强奸立法实践

在"婚内强奸"是否构成犯罪的问题上，各国立法大致有三种情形：一种是明确规定丈夫不能成为强奸妻子犯罪主体的，"在犯罪主体上，各国刑法一般限定其为丈夫以外的男子。"④如《德国刑

---

① 甘明秀主编：《刑事诉讼实用大全》，河北人民出版社 1993 年 8 月版，第 399 页。

②③ 《法学评论》，1994 年第 3 期，第 68 页，《婚内"强奸"区别定性论》。

④ 马克昌、杨春洗、吕继贵主编：《刑法学全书》，上海科技文献出版社，第 705 页。

法典》第117条规定:“以强暴或对身体、生命之立即危险,胁迫妇女与自己或第三人为婚姻外之性交行为者,处两年以上自由刑。”第二种是立法本身不明确丈夫可以排除,但在刑法学理解释上一般排除丈夫强奸妻子罪的主体地位。如我国《刑法》没有规定丈夫不能成为强奸妻子犯罪的主体,但在众多的刑法教科书中,一般都认为丈夫不能成为强奸妻子的犯罪主体。如《中国刑法教程》对“强奸妇女罪”的解释是“本罪侵犯的客体是妇女特有的人身权利,即妇女性的不可侵犯的权利,也就是妇女具有的拒绝与其合法配偶以外的任何男子发生性行为的权利。”①再如《中华人民共和国常用法律疑难条文释义》中,对强奸罪特征之一“违背妇女意志”阐述为“一般应当排除违背妻子意志强行与妻子性交的情形,这是对违背妇女意志的必要限制。”第三种是明确规定婚内同样可以构成强奸罪的。如《印度刑法典》规定:“当妻子是15岁以下的幼女时,丈夫强迫其性交可成立本罪。”②再如美国《新泽西州刑法》规定“任何人都不得因年老或者性无能或者同被害人有婚姻关系而被推定为不能犯强奸罪。”③在立法上明确规定丈夫可以成为婚内强奸罪的主体,这在世界刑法立法史上并不多见,但是随着妇女解放运动的高涨,类似于美国新泽西州的立法有扩大的趋势。继美国新泽西州之后,美国的加利福尼亚、特拉华、内布拉斯和俄勒冈等州,在立法上都作了类似的规定。

(三)婚内强奸司法实践

世界各国司法界大多依据其刑法规定或者学理解释,不处理

① 苏惠渔主编:《中国刑法教程》,华东理工大学出版社1993年版,第347页。

② 马克昌、杨春洗、吕继贵主编:《刑法学全书》,上海科技文献出版社,第705页。

③ 储槐植主编:《美国刑法》,北京大学出版社1996年3月版,第237页。

丈夫强奸妻子案。有个别国家即使处理了,也持比较慎重的态度。据笔者搜集的资料显示,迄今为止,只有我国和美国很有限地判决过几起丈夫强奸妻子案。如1978年被美国新闻媒介广泛报道的赖道特被他妻子控告犯强奸罪;还有美国新泽西州最高法院于1981年判决的史密斯强奸妻子案;我国司法界近年来也判决了几起丈夫强奸妻子案。如我国河南省信阳县人民法院于1988年判决了靖志平强奸妻子案。①在我国发生的另几起情节比较恶劣的丈夫强奸妻子案,被法院巧妙地以"虐待罪"或者"侮辱罪"处理了,从而避开了有争议的"强奸"罪名。

通过上面的简要介绍我们可以看出这样几点:1. 世界各国刑法界的权威意见或者大多数意见均不赞成"肯定说",即使在美国,对新泽西州等州的规定,司法界和学术界也有很大争论。"许多刑法学者认为,这种观点不仅同传统观念(同居义务是婚姻关系的基础)相距太远,而且会带来新矛盾,可能得不偿失。"②在我国刑法学界,权威意见对"婚内强奸"也持否定态度,并对司法实践中的判例提出了批评。2. 肯定说和否定说的分歧意见主要集中在两点,一是同居权利、义务问题上,即婚姻关系中的夫妻双方都有与对方进行性生活的权利和义务;二是性行为的合法性与非法性。即在合法性关系中,能否构成强奸罪。3. 综观目前关于"婚内强奸罪"的学术争辩,笔者认为否定说在世界各国刑法学界虽然占有绝对优势,但因其对婚内女性性权利的保护不利,很可能最终会成为妇女走向彻底解放道路上的法律障碍;肯定说顺应妇女解放潮流,反映

① 赵秉志主编:《香港刑法》,北京大学出版社1996年版,第135页。
② 储槐植主编:《美国刑法》,北京大学出版社1996年3月版,第237页。

了妇女解放运动的最新进展,但因其立论不能有效地攻击否定说,响应者寥寥;而区别定性说虽持灵活态度,貌似辩证,但因其理论建立在自相矛盾的基础上,无法自圆其说,亦难以说服争辩各方。

二、对婚内强奸若干问题的探讨

(一)关于同居权利和义务

同居权利和义务有广义、狭义之分。本文专指狭义,即指性生活权利和义务。通常认为:同居权利和义务是婚姻之基础,故现代各国婚姻立法大多规定,婚姻关系一经确立,夫妻互负同居之义务。但在历史长河不同的社会形态中,同居对男女双方的要求是不一样的。在古代乃至西方国家近现代早期法中,同居是夫享有的权利,是妻应尽的义务。对此恩格斯曾精辟地分析过:“母权制被推翻,乃是女性的具有世界历史意义的失败。丈夫在家中也掌握了权柄,而妻子则被贬低、被奴隶,变成丈夫淫欲的奴隶,变成生孩子的简单工具了”。在中国长达两千多年的封建社会中,“三从四德”的封建礼教使广大妇女在婚姻中沦为丈夫的淫欲和生殖工具。早期罗马法中就规定“妻有和夫同居的义务”。1804年《法国民法典》规定“妻负有与夫同居的义务。”① 1898年《日本民法典》规定“妻负与夫同居义务”。②随着妇女解放运动的开展和社会的进步,现代各国为显示男女平等,对婚姻立法作了修改,改为“夫妻相互负共同生活的义务”。“否定说”正是以此为据,否定成立“婚内强奸”的。笔者从以下几个方面对“同居权利和义务”展开分析。

①② 李泽沛主编:《香港法律大全》,法律出版社1992年版,第769页。

1. 婚姻、性生活与爱情

随着人类性进化和性科学的发展，人们越来越认识到人类的性生活与动物的性生活是有本质区别的。区别之一：人类的性行为具有自然性和社会性。作为从古代类人猿进化而来的人类，具有和动物一样的繁衍后代的自然本能，但随着人类的进化、意识的产生，使人类的性行为会受到社会生产力、社会文化、人们的社会需要、人的思想意识与文明程度等诸种因素的制约和影响；区别之二：人类的性行为既是一种生理需要，又是一种心理需要。人类性行为不仅是纯生物、本能的表现，而且是生理和心理、性欲和精神渴求的一种有机结合。人类在性行为过程中，以心理感受和情绪的相互交流作为性活动的情感动力，双方共同体验性的快乐，在此基础上把男女之间性关系升华为崇高、纯洁的爱情。爱情的建立和发展正是源于性行为的强烈的心理性；区别之三：人类把自己特有的审美意识引入到性行为中，以视觉、触觉和语言发展出精神的性美感，大大丰富了人类性爱的内容，而动物是依靠单纯的、直接的性气味和性器官的刺激进行性活动的；区别之四：在人类的性生活过程中，情感与性互为基础。情感依赖性而发生，性促进情感趋于丰富和深化；情感是性活动的出发点和终点，性在情感的基础上深化到完美的自我体现。正如英国哲学家罗素所说："没有爱的性交是不能使本能得到充分满足的，……没有爱的性交没有价值，我们应当从根本上把性交变成以爱为目的的尝试"。①在性活动中起着基础作用的性心理需求、性美感意识集中体现为爱情。爱情源于性，但又不仅仅是性，正如黑格尔所说："爱情确实有一种高贵的品质，

① 〔英〕罗素：《婚姻革命》，靳建国译，东方出版社 1988 年 4 月版，第 86 页。

因为它不只停留在性欲上，而是显示一种本身丰富的高尚优美的心灵，需要以生动活泼、勇敢和自我牺牲的精神和另一个人达到统一。”①爱情既然是人类性生活的基础，那么以男女性生活作为重要内容的婚姻自然也需以爱情为基础。恩格斯说过：“如果说只有以爱情为基础的婚姻才是合乎道德的，那么也只有继续保持爱情的婚姻才合乎道德”。但是在很长一段历史时期内，婚姻与爱情是相分离的。婚姻只是一种政治、经济和繁衍后代的需要。在与爱情相分离的婚姻关系中，夫妻性生活只是服从生理的需要，表现为一种原始、本能、动物性的和不人道、不道德的性活动。

人类的性实践表明，爱情是性生活的基础，建立在爱情基础上的性生活才是最完善、最道德、最符合人性的。现代性文明正是紧紧依赖爱情这一重要因素才得以形成。现代各国离婚立法将离婚标准纷纷从“有责主义”转向“破绽主义”，正是重视爱情在婚姻中的基础作用的逻辑结果。

从上述分析中，笔者得出第一个结论：**爱情应当是婚姻和夫妻性生活的基础，具有爱情内容的性生活是区别人与动物性生活根本不同的本质内涵，同时也是同居权利和义务的基础。**

2. 同居权利义务的性质

何为“权利”“义务”？权利的最原始观念就是“应该获得”，义务相对也就是“应该提供”。权利、义务有法律权利、法律义务和道德权利、道德义务之分。法律权利和法律义务的一个重要特点是：有国家强制力作为保障。应该获得而没有获得，国家运用强制力迫使义务方提供以满足权利方。而道德权利、道德义务只能以道德力量

① 〔德〕黑格尔：《美学》第2卷，朱光潜译，商务印书馆1979年1月版，第2页。

约束双方。同居权利就是权利方应该从对方获得性交的机会，而义务方则应该提供给对方以性交的机会。如果我们把同居权利和义务看作是法律权利和法律义务的话，那么如果一方不履行的话，国家能否以强制力保证同居权利、义务的实现呢？显而易见，国家根本就无法以强制力迫使双方进行性行为，人类道德也不容许有这种强制的性结合。所以尽管在立法上规定了“同居权利和同居义务”，但违反同居义务的法律后果只能是分居或离婚，以摆脱义务为终点。由此可以看出，“同居权利和同居义务”不是法津权利和法律义务。

我们再来观察一下法律规范能为调整人类的积极性行为义务（积极的性行为义务是指要求一方必须为对方提供性交机会的强制令）作些什么。我们也承认爱情是不能由外力来强制的。爱情之花只能开放在两心相依、两厢情愿的土壤上。恩格斯曾说过：“现代的性爱，同单纯的性欲，同古代的爱是根本不同的，第一、它是以所爱者的互爱为前提的，在这方面，妇女也处于同男子平等的地位，而在古代爱的时代，决不是一向都征求妇女同意的。第二、性爱常常达到这样强烈和持久的程度，如果不能结合和彼此分离，对双方来说即使不是一个最大的不幸，也是一个大不幸；仅仅为了能彼此结合，双方冒很大的危险直至拿生命孤注一掷”。而瓦西列夫在《情爱论》中将爱形容为是“一道看不见的强劲电弧一样在男女之间产生的精神和肉体的强烈倾慕之情。”①从上述论述中可以看出，在爱的基础上的积极性行为，是爱情作用下出自两性自愿的一种渴

① 〔保〕瓦西列夫：《情爱论》，赵永穆译，生活·读书·新知三联书店 1984 年 10 月版，第 78 页。

望精神和肉体结合的行为。这种义务和自我牺牲靠什么来保证？只能靠爱情来保证，而无法靠法律规范来保证。对此，英国哲学家罗素有过精辟的分析："如果认为爱是一种责任，它就会被消灭，如果有人说，爱某某人是你的责任，这无疑会使你去恨他或她。如果把爱情和法律联系在一起，婚姻就会变成两头落空的事"。①既然法律无法调整人们积极的性行为义务，那么又怎么来认识法律中规定的"同居权利"的真实性质呢？笔者认为，根据上面的论述，我们只能推论出所谓的同居权实质上是"同居请求权"而不是"同居实施权"。同居请求权是指一方可以向另一方提出同居的请求，但这种请求决不是一种法律权利，要实施同居必须有另一方的承诺。同居实施权是指采取行动实施同居的权利。极大多数人都把"同居权"理解为"同居实施权"。正是在这种错误认识的引导下，男子们于是理直气壮地按自己的意愿行使性权利，女人们则忍气吞声地履行自己的性义务，而法律只能对"婚内强奸"中的受害者爱莫能助。

从上述的分析中笔者得出了第二个结论：**同居权利和义务不是法律权利和法律义务，积极的性行为义务无法由法律来调整，爱情才是维系正当同居的唯一有效的保证手段。法律同赋予夫妻双方"同居请求权"，而不赋予"同居实施权"。**

3. 合法性关系和非法性关系之界定

通说是以婚姻关系作为衡量合法性关系与非法性关系的标准。即婚内性关系是合法的，婚外性关系是非法的。笔者认为此说不够妥当。合法与非法不能只以是否存在婚姻关系为标准，而应以

---

① 〔英〕罗素：《婚姻革命》，靳建国译，东方出版社 1988 年 4 月版，第 94 页。

调整婚姻关系及其他人身关系的所有法律规范作为标准。现代世界各国对婚外性关系,不管其合意还是不合意,一般都视为非法不予保护,那么是否就能必然推出婚内性关系均是合法的?否!笔者认为,婚内合意的性关系是合法的,非合意的性关系是非法的,理由是:(1)合法的性关系应以双方自愿为基础。人类的性生活与动物的性生活有本质的区别。性欲上的“弱肉强食”是动物的特征,文明、人道、健康、美满的人类性生活只能产生在双方自愿的基础上。所以,法律应当保护支持符合“人性”的性关系,禁止以强暴、征服为特征的“兽性”性关系。(2)不合意的性关系侵犯了男女平等的性权利。文明的性行为应以互爱、互尊、互相体贴、互相牺牲为特征。这也是性权利平等的一个重要内容。法律不容许“一些人的幸福和发展是通过另一些人的痛苦和受压抑实现的。著名法学家密尔在《自由权利论》一书中提出了一个用来判断哪一种行为应当受到法律惩罚的原则:“仅仅因为对其有利或因为会使其更加快乐、或以其他人的眼光来看将是明智的或应当的,就强迫某人做某件事或强迫他遵守某种观念,这种做法永远是没有道理的。”(3)法律只给予一方在婚内进行性生活的自由,而没有给予一方在婚内强迫另一方进行性生活的自由。合法的性关系应具备两个特征:一是在婚姻内,二是在自愿的基础上。两者必须同时具备,缺一不可。在目前的一些论辩文章中,对性关系的合法性只注意了其一,而忽视了其二。

从上述论述中笔者得出了第三个结论:**非合意的性关系都是非法的,婚内的合意性关系才是合法的。**

(二)关于妇女性权利的思考

妇女性权利是指平等地、自由地、健康地表达自己性愿望、满足性需要的一种人身权利。在人类几千年的男权社会里,女子从属于男人。在性方面,女子是男子发泄性欲的工具、生儿育女的工具,女子毫无性权利可言。到了20世纪80年代,女子性权利在婚外普遍得以复归,但并没有完全恢复。女子性权利在婚内没有得到足够的保护就是一个证明。妻子在丈夫的性强暴面前屈辱顺从和社会性观念对女子的不公平以及法律对"婚内强奸"的无可奈何,说明要使妇女性权利全面复归还要走很长的道路。下面笔者对妇女性权利作一番探讨。

1. 性权利和其他人身权利的区别

性权利是人身权利的一种,但是性权利和其他人身权如生命、健康等权利有很大的不同,是一种特殊的人身权。区别之一,一般人身权是一种静态的权利,既其权利以不被侵犯为体现,而性权利是一种动态的权利,除表现为不容侵犯以外,还有能主动向对方行使权利的特点;区别之二,性权利具有隐私性,不能公开进行,而且恰恰还是隐私权保护内容之一。一般人身权大多具有公开性;区别之三,性权利与人身密不可分。积极性权利的行使须以双方的人身配合为前提。一般人身权有些虽然可以暂时和人身相分离,但也无需双方人身加以配合;区别之四,性权利强制的局限性。一般人身权,国家通过一定程序能合法地予以"侵犯"如国家通过法律程序,能对犯人实施死刑,剥夺其生命权;实施鞭刑,合法地侵犯其健康权。但积极的性权利不能合法地予以"侵犯",国家无法通过法律程序强制某人实施性行为。揭示性权利的上述特点,旨在说明性权利不完全是一种法律权利,在行使积极的性权利方面,法律是无能为力的。

通过比较分析,笔者得出了第四个结论:**性权利是一种特殊的**

人身权利，其特殊性决定了法律无法为积极的性行为提供直接的援助。

2. 男女性权利平等的思考

当女子获得了同男子一样的政治权利、经济权利及其他社会权利的同时，如何保障女子获得平等的性权利被提到了议事日程。我国《婚姻法》规定"夫妻在家庭中地位平等"，当然也蕴含着性权利的平等。国外婚姻立法中规定"夫妻互负同居义务"，也力图反映男女性权利的平等。但是笔者认为，由于男女生理的差异和大男子主义性习俗的积年影响，目前形式上的平等实质是以事实上的不平等为基础的，从而使女子真正意义上的性权利在平等的旗帜下悄悄地丧失了。(1)男女性生理上的差异。由于男女生理构造的差异，决定了在积极的性行为中(积极的性行为是指主动实施性交的行为)，女子始终只能担任义务主体的角色，而男子则永远担任性权利主体的角色。在双方有性摩擦时，男子不可不问女子是否同意，以其生理优势实施性强暴；但女子如果没有男子的同意和配合根本无法行使其所谓的"性权利"(这里的性权利特指积极的性行为)。可见女子在积极的性行为中其性权利不具有独立性，必须依赖男子的配合才能行使；而男子的性权利具有无需女子配合的独立性，强奸就是一种典型的表现。试问建立在两种事实上不平等的性权利上面的抽象平等原则，能真正保护女子的性权利吗？(2)男女体力上的差异。一般而言，男子的体力大于女子，男子能达到强奸目的，除了有性生理优势外，体力上的优势也是一个重要的条件。而女子的生理特点加之体力上的弱势，决定了其往往成为强暴的对象。(3)性观念的差异。几千年性文化观念熏陶，使女子安然于性权利丧失的境地，兢兢业业地忠实履行妻子的性义务，而男子理直气壮地享受丈夫的性权利。性观念的这种差异,也是导致男女性权利不能真正平等的一个重要原因。

探寻造成妇女性权利丧失的真正原因,除了政治上、经济上的因素外,还有在性生理、体力、性观念上的差异也都是重要的因素。现代女子在政治上、经济上获得了独立、平等,但在其它差异仍然存在和无法找到弥补差异的有效办法情况下,实现男女性权利平等只能是一种奢望。

从上述分析中,笔者得出第五个结论:**受各种客观因素的影响和制约,在积极的性行为过程中,女子始终是义务主体,男子则是权利主体,两者角色永不能互换。**

3. 关于性不可侵犯权利

性权利包含有两个基本内容:一是有选择性交对象的自由,这在一夫一妻制条件下,表现为择偶的自由;二是性不可侵犯的权利。有些人认为,"夫妻关系的缔结,是以双方放弃性自由权利为代价的。夫妻关系一经确定,夫妻双方都有要求或接受性行为的权利和义务。因此不存在丈夫侵害妻子贞操的问题"。笔者对此不敢苟同,认为性权利如上所述含有两方面内容。夫妻关系一经确定,妻子性权利中只有自由择偶权受到了限制,但是性不可侵犯的权利,无论在婚外还是婚内,都不会受到限制。"性侵犯"的含义就是未经同意强行进行性行为,这是一种侵犯人身权的粗暴的侵权行为。丈夫即使理由、目的正当,也无权用"侵犯"的方式去行使自己的性权利。法律不认为用非法的手段去达到正当的目的是一种应受到鼓励、保护的合法行为。合法行为除了目的的正当外,方法也应正当。

由于女性生理特点,决定了"性不可侵犯权利"是妇女特有的一项权利。侵犯这一权利,会造成以下危害性:(1)道德上。一方用征服的手段强行进行性行为,把性行为降到了动物生活的水平。这是一种违背人性的极其不道德的性行为,也是违背现代人类文明准则的。(2)心理上。被强行占有的女性非但不会享受到性生活的快乐,反而会感到一种屈辱、压抑、痛苦,甚至会引发性心理疾病。(3)心灵上。受到强暴后,女性心灵会受到非常大的伤害,严重者可致精神异常。(4)感情上。女子会非常憎恨侵犯者。如果是夫妻,会促使夫妻感情破裂。

通过上述分析,笔者得出第六个结论:**妇女性不可侵犯的权利,不因缔结婚姻关系而丧失;无论在婚外还是在婚内,该权利与妇女人身紧密相连永远存在。**

三、婚内强奸成立的理论依据和法律依据

在上述对同居权利义务和妇女权利展开的分析探讨中,笔者已经对婚内强奸成立之法理作了新的展示,并力图对论证过程予以详细描述,意欲重构“肯定说”之理论根据。因此,笔者认为,婚内强奸成立说,既有理论根据,也有法律依据。

(一)理论依据

1. 人类性行为的社会性、心理性、道德性为人类性文明奠定了基础,人类性文明的准则是平等、合法、自愿、道德。违背性文明的具有社会危害性的行为应受到法律的惩罚。

2. 人类性文明应具有的正确内涵是:(1)性生活只能在婚姻中进行;(2)爱情是婚姻的基础,理应也是婚内性生活的基础。现代人类文明性生活和动物性生活的本质区别在于人类的性生活具有爱情内容,动物的性生活不具有感情因素;(3)平等性权利的重要

特征是：双方都是自愿的，能有效地克服生理差异性，能进行和谐快乐的性生活；(4) 婚内强奸违背自愿原则，以粗暴的性占有为手段，以性欲与爱情相分离为特征，只满足单方的生理需要和心理需要，把人的性生活降到了动物的水平，是一种既违背性文明规范，也违反刑法规范的性行为。

3. 同居权利和义务不是法律权利和义务，要靠夫妻双方自觉履行。婚姻的基础是同居义务，同居义务的基础是爱情。爱情消失了，作为婚姻的基础——同居义务随之也会消失，没有婚姻实质内容仅有婚姻外壳的婚姻是死亡婚姻。

4. 妇女性不可侵犯的权利不因缔结婚姻关系而消失或限制；其侵权主体是一般男子，也包括丈夫在内。丈夫即使目的正当，但以侵犯的方式行使性权利，属权利滥用，依然构成对妇女性权利的侵犯，情节严重者，理应承担刑事责任。

5. 爱情与婚姻的分离是一种客观存在。爱情虽是婚姻的基础，但爱情并不时时相伴婚姻。由于社会和人类个体发展的不平衡，导致爱情常常和婚姻相分离，其表现大致有三种形态：(1)缔结婚姻关系初始有感情基础的，但以后由于种种因素感情破裂；(2)缔结婚姻关系以爱情之外的其它种种因素为目的，从来没有爱情的；(3)父母包办婚姻或买卖婚姻，其婚姻本身就是非法的，根本无感情可言。

在缺乏爱情内容的死亡婚姻中，妻子性权利受到丈夫侵犯的情况非常严重，美国女学者黛安娜·E. 拉塞尔在她的专著《有婚姻关系的强奸》中披露：她在调查中发现 24% 的已婚妇女反映，她们至少有一次被丈夫强奸或强奸未遂。1989 年到 1999 年，我国曾进行过一次大规模的“性文明”调查，对丈夫强迫妻子过性生活状况的调查结果是:在夫妻性生活过程中,丈夫强迫妻子过性生活的占调查总数的2.8%,从绝对数来说,有几百万人之多。社会应当为那些生活在死亡婚姻中但一时无法离婚的妇女,在其性权利受到非法侵犯时提供法律的援助,而不让婚内夫妻性生活成为法律调整的"空白点"。

(二)法律依据

1. 婚内强奸符合我国《刑法》关于强奸罪的构成要件。刑法没有明确规定丈夫不能成为婚内强奸妻子的犯罪主体。尽管学理解释持否定说,但学理解释不具有法律效力,因此判决丈夫犯强奸罪不违背刑法规范。

2. 与婚姻法不违背。否定说重要论据之一是"婚姻同居义务说"。但笔者注意到我国的婚姻法中并没有类似的规定。相反我国婚姻法却规定"夫妻在家庭生活中地位平等"。地位平等作扩大解释,理应包含性地位平等。用强迫手段进行性生活不能说是性地位平等。根据女性特有的性生理特点,要实现真正的平等性权利,对男子具有独立性的性权利应当予以法律限制,也就是对"婚内强奸"的丈夫给予法律制裁,非此无平等可言。

3. 符合民法精神。从民法学原理来讲,婚姻是一种契约、合同关系,是对男女双方互有性生活权利义务的一种法律承诺。在夫妻关系正常存续期间,这种承诺继续有效,并受法律保护。当婚姻关系走向解体,进入诉讼程序时,这种法律上的承诺不再有效,彼此的权利义务处于中止状态。《上海市实施〈中华人民共和国妇女权益保障法〉办法》明确规定:"夫妻离婚时,禁止隐匿、侵吞、变卖和转移或者损害夫妻共有财产"。"夫妻在办理离婚期间,男方不得侵害和限制女方的人身权利和活动自由"。况且,离婚判决的上诉期,是“非正常夫妻关系”的特殊阶段，虽然判决尚未生效，当事人不得另行结婚，但由于法院已判决解除婚姻关系并处理财产分割等问题，双方当事人对判决亦无无异。在此阶段，法律上当事人虽尚属夫妻关系，但离婚判决的内容对双方当事人具有一定的约束力，对当事人行使夫妻间人身和财产权利进一步有所限制，当事人不得擅自处分“共同财产”，如将“共同财产”故意毁坏欲使另一方无法获得应分割份额的，就侵犯了另一方的财产权利，情节严重的，可以侵犯财产罪论处。同理，丈夫不得违背妻子的意志，强行与之发生性关系，否则就是对妻子性权利的侵害。当丈夫的行为具备了强奸犯罪的构成要件时，也就构成了强奸罪。

四、对本案的点评及思考

首先，婚姻赖以生存的基础不复存在。王卫明以“感情破裂”为由两次提起离婚诉讼，期盼那个名存实亡、空有虚名的法律外壳早日解体。他在第二份离婚诉状中称：“再这样下去，我的精神要崩溃了，工作、生活得不到安宁，随时要与被告拼命。”这时，“离婚仅仅是对下面这一事实的确定：某一婚姻已经死亡，它的存在仅仅是一种外表和骗局。”本案当事人已分居1年6个月，夫妻感情确已破裂，双方互不履行夫妻间的权利义务，已不具备正常的婚姻关系。

其次，夫妻之间权利义务受到限制。夫妻间的权利义务由婚姻关系正常存续期间的共同生活转变为离婚诉讼阶段的重新选择婚姻，是由双方的婚姻自由权利决定的。这种转变，是当事人依法行使婚姻自由权利的必然结果，也是法院正常开展审判活动的需要，或者说是诉讼本身的需要。如果诉讼期间仍要求双方履行性生活义务，不仅要求离婚的一方感情上难以接受，难免违背女方的意志，客观上也必然给诉讼带来混乱。对于原告来说，因为履行夫妻性生活的义务而将无法证明夫妻关系已经破裂，对于法院来说，也将无以判断夫妻关系是否已经破裂，因为通常情况下，夫妻正常的性生活是夫妻关系正常存续的标志。据此，应当肯定地说，作为一种权利，一方以夫妻关系破裂为由提出离婚以后，就可以拒绝履行可能妨害离婚自由权利的行使和妨害离婚诉讼的婚姻关系正常存续期间的夫妻义务。同时，作为一种义务，对于原告的这一权利，被告应依法予以尊重。如果不同意离婚，除可以明确表示不愿意离婚的意见外，还可以请求法院驳回原告的离婚请求，但不能强行迫使对方履行婚姻关系正常存续的共同生活义务。

第三，王卫明的行为符合强奸罪的犯罪构成要件。在离婚诉讼期间，原来婚姻关系正常存续期间夫妻之间的义务处于中止履行状态，就像在合同纠纷的诉讼阶段，合同双方对合同的履行都处于中止状态一样。在这个期间，丈夫不再具有以丈夫的身份与妻子发生性关系的权利。若丈夫强行与妻子发生性关系，就属于婚内强奸。婚内强奸不仅侵害了妇女的性权利，而且还妨害了妇女的婚姻自由权利，妨害了诉讼。作为离婚诉讼期间的一方当事人，被告人王卫明没有权利以丈夫的身份强行与作为对方当事人的钱某发生性关系，尽管一审判决没有生效，被告人王卫明也不享有婚姻关系正常存续期间丈夫与妻子过性生活的权利，况且，一审准予离婚的判决送达后，双方均无异议，这说明双方对离婚的判决是认可的。所以，在双方均接受离婚判决的情况下，被告人王卫明再强行与钱某发生性关系，与丈夫与妻子发生性关系有着质的区别，可以成为强奸犯罪的主体。

被告人王卫明对钱某没有爱情，明知夫妻关系已经破裂，离婚将成事实，夫妻之间的权利义务已不复存在。王卫明也明知强行与钱某发生性关系违背钱某意志，但其出于“不让钱某太平”的报复泄愤动机，强行与钱某发生性关系。因此，其主观上有强奸的故意。王卫明用暴力手段强行与钱某发生性关系，并抓伤、咬伤钱某胸部，其行为没有任何夫妻性生活的性质。这种行为，既是对钱某人格的侮辱，又是对妇女的性权利和婚姻权利的侵害，也是对善良社会风尚的败坏，具有严重的社会危害性，与强奸行为具有质的同一性。该行为发生在一审离婚判决尚未生效的时期，该时期属于诉讼阶段，又是妨害诉讼的行为。由于被告人王卫明的行为牵连侵害了婚姻自由、司法活动和妇女的性权利三个客体，依法应以强奸罪定罪量刑。

应当指出：婚内强奸作为一种特殊情况下丈夫对妻子性权利的暴力侵害，其本质上是一种犯罪行为，对于这种行为性质的认定，应当在正确界定丈夫权利的前提下，从犯罪构成的要件上全面把握，不能只看到婚姻关系尚未终止而看不到婚内强奸的社会危害性这一犯罪的本质。当然，对婚内强奸犯罪的认定，还必须注意把握行为的情节，若情节较轻，诸如丈夫主观上没有强奸犯罪的直接故意，而是出于和好的愿望，对自己的行为性质和后果认识不很清楚，事后有悔恨表现，对妻子认错且也得到妻子谅解的，可以不作为犯罪认定。

第四，对本案被告可以酌情从轻惩处。婚内强奸侵害的对象具有特定性，即婚内强奸的受害者只能是妻子，而非不特定的女子。由于犯罪主体与受害人之间有特定的人身关系和权利义务：他们是合法的夫妻，双方本应互有与对方进行性生活的权利和义务。因此，虽然在婚姻关系非正常存续期间，丈夫违背了妻子的意愿强行实施了性交行为，侵犯了妻子的性权利；但这种违法犯罪行为与婚外强奸的犯罪行为还是有区别的。后者发生在无任何性权利义务关系的公民之间，其主观恶性、危害后果更为严重。因此，婚内强奸罪在量刑时较普通强奸案件要轻一些，可酌情从轻予以惩处。本案鉴于被告人到案后能主动交待犯罪事实，取保候审的两年期间遵纪守法，故依法判处其强奸罪的法定最低刑，并适用缓刑。

国外婚姻立法虽然把“同居义务”作为婚姻效力的一部分内容，但同时也注意到爱情在性生活中的基础作用。有的国家就明确规定在分居期间或者婚姻破裂的情况下，“同居义务”的婚姻效力中止。如《牛津法律大辞典》在“强奸罪”释条中认为：“强奸罪是一男子未经一不是其妻子(除非他们已分居)的女子同意或不管其是否同意而与之性交的犯罪”。①可见在英国普通法上是把已经分居的丈夫可以作为强奸妻子的主体的；又如《德意志联邦共和国民法典》第135条第2款规定：“夫妻的一方对他方在建立共同生活后所提出的请求，如显然为滥用其权利者或婚姻已破裂时，无承诺的义务”；再如《瑞士民法典》第170条第2款中规定：“提起离婚或分居的诉讼后，配偶双方在诉讼期间均有停止共同生活的权利”。在我国香港刑法中，与女子非法性交是强奸罪的构成要件之一，“非法”曾经在判例中被解释为婚姻之外的性交，因而丈夫对其妻子不能犯强奸罪。这一解释是基于婚姻的配偶双方须给予对方无条件及不可收回的性交同意这一推定。但是，后来有关判例废除了这一

---

① 〔英〕沃克主编：《牛津法律大辞典》，光明日报出版社1988年版，第746页。

推定，法官认为，“非法”这一用语是多余的，因为“很清楚，在未征得同意的情况下与任何女子进行性交都是非法的”，因此丈夫也可因强奸其妻子而构成犯罪。①美国部分州法律在世界刑法史上首次在刑法中明确规定不排除丈夫强奸妻子罪的主体地位。据报载：德国联邦议会各党近就“婚姻强奸”达成一致意见，并责成德国司法部尽快制订相应的法律草案交议会通过实行。②可以预见随着妇女解放运动的深入，“这类立法有扩大的趋势”。③

婚内强奸行为是一种特殊形式的强奸犯罪行为。它严重地侵害着妇女的性自主权，极大地摧残着妇女的身体、心理和精神健康，违背男女平等原则。所以，立法和司法实践应当明确规定和承认婚姻内的强奸行为违法犯罪的性质，以切实保障广大妇女的人身自由权、性自由权和在家庭中与男子的平等权利。鉴于婚内性生活的复杂性和我国的国情，笔者认为：拟规定“在离婚诉讼期间，违背妻子意志，采用暴力手段与其性交的行为以强奸罪定罪处刑”。理由如下：(1)婚内性行为是夫妻感情领域的问题。超出感情领域的性行为是不道义的，并严重侵犯了妻子性的不可侵犯性。(2)感情破裂是婚姻解除的法律依据。提起离婚诉讼，则意味着夫妻感情已破裂或夫妻感情尚未完全破裂的可能。为防止丈夫滥用性生活权利，侵犯妻子性的不可侵犯性，对其作必要的限制合情合理。(3)由于感情问题复杂而玄妙，因此在客观方面以采用暴力为要件，既体现了社会危害性程度，也为司法机关正确把握提供了界限。(4)“在离婚诉讼期间”的规定在实践中容易认定，也表示与正常婚姻

① 赵秉志主编：《香港刑法》，北京大学出版社 1996 年版，第 136 页。
② 《文汇报》，1995 年 3 月 21 日，第 5 版。
③ 储槐植主编：《美国刑法》，北京大学出版社 1996 年 3 月版，第 237 页。

关系的区别，便于行为人自我控制不致进行犯罪。

作者单位：上海市徐汇区人民法院
上海市青浦区人民法院

王卫明强奸案(二)

杨兴培

[基本案情]及[裁判要旨]①

[法理评析]

在夫妻关系成立之后和存续期间，丈夫违背妻子的性意志自由权利，强行与之发生性行为，在法律上是否可以构成强奸罪？近来一段时间，成为刑法理论和司法实践常有争议的一个热点问题，已有的司法判例对这类案件的认定和处理也是大相径庭。赞同者认为这类案件应当构成强奸罪。他们认为，强奸罪的特征是违背妇女意志，我国《刑法》既没有将丈夫排除在强奸案主体之外，也未将妻子排除在"妇女"之外。作为妻子，有权自由地决定是否同意作爱，作为丈夫应尊重妻子这一权利；合法的性关系应以双方自愿为基础，妇女性的不可侵犯的权利，不应因缔结婚姻关系而丧失。无论在婚外还是在婚内，妇女性的不可侵犯的权利与妇女的人身紧密相联，永远存在。婚内强奸违背自愿原则，以粗暴的性占有为手段，以性欲与爱欲相分离为特征，只满足单方的生

① 见周琦、胡志国一文。

理需要和心理需要，把人类的性生活降低到了动物的水平，是一种既违背文明规范，也违反刑法规范的性行为。①甚至有的赞同者还认为婚内可以成立强奸罪，是对我国传统刑法理论和司法实践的一个突破。

婚内可以构成强奸罪的司法判例的认定依据是否经得起刑法理论的反复推敲因而具有强有力的法理支撑？丈夫违背妻子的性意志自由权利，强行与之发生性行为的社会危害性到底体现在哪些方面？当婚内可以构成强奸的司法实例先河一开，它给我们的司法实践带来的将是什么样的影响？面对诸多问题，我们有必要通过多种法律的交叉研究，站在刑法理论的高度作深入的思考，才能寻找出解决问题的答案和根据。

我们认为，在婚姻关系成立之后和存续期间，丈夫强行与妻子发生性行为可以构成强奸罪，缺乏明确的法律根据，也无充足的理论根据。同时婚内可以构成强奸的司法判例也将给司法实践带来难以克服的障碍。

一、婚内可以构成强奸没有明确的法律根据

有人提出，《刑法》中的强奸罪并没有明文排除丈夫对妻子的强行性性行为。丈夫对妻子的这种强行性性行为同样明显违背了妻子的性意志自由，严重侵犯了妇女的性权利，对此以强奸罪论处完全符合《刑法》对强奸罪的规定。

我们认为这是对我国《刑法》有关强奸罪的条文内容机械、教条的浅显理解。在我国的整个法律体系中，《刑法》处于特殊的保障

---

① 参见《文汇报》1999 年 12 月 25 日第 5 版。

法地位。《刑法》的制订是以其他各个部门法为立法基础的,《刑法》所调整的内容都是为其他法律所无法调整、无法容纳而具有严重社会危害性的行为。性意志自由的权利是妇女人身权利的一项基本内容。我国《刑法》设立强奸罪的规定充分表明我国《刑法》对妇女性意志自由权利的保护。但是,我国《刑法》对强奸罪的规定在立法的逻辑结构体系中,已经排除了在婚姻成立之后和存续期间丈夫对妻子的强行性性行为。这一立法的逻辑结构精神可以从我国《婚姻法》对夫妻之间的各种权利义务关系的规定中得到明确而具体的反映。我国《婚姻法》规定:夫妻双方都有计划生育的权利和义务;父母双方都有抚养、保护、教育子女的权利和义务等等,所有这些权利和义务都建立在这样一个极为简单的客观事实基础之上,即夫妻双方都有同居的权利和义务。法律规定夫妻双方之间的所有其他权利和义务都无不以此为前提。这种权利和义务随着夫妻关系的确立,即具有受法律确认和保护的性质和意义,不受任何机关、团体和他人的干涉。就法律的性质和意义而言,夫妻双方这种同居的权利和义务一旦依法产生后,就必然存在于整个婚姻关系存续期间,非经法定程序或基于一方死亡的特定事由,是不会自行消灭的。正因为如此,有些国外的法律明文规定了夫妻双方具有同居的权利和义务。法律具有高度概括和简练的特点。我国《婚姻法》对这一人尽皆知的简单事实未赘文规定,是可以理解的。为了保证以同居为基础的夫妻之间的各项权利和义务的实现,我国《婚姻法》第 4 条明确规定:“结婚必须男女双方完全自愿,不允许任何一方对他方加以强迫或者任何第三者加以干涉。”基于此,《刑法》第 257 条还专门设立了暴力干涉他人婚姻自由罪。因此,只要男女双方完全自愿结婚,就可依法取得同居的权利并应当履行同居的义务。其实，任何一个婚姻当事人，都十分清楚自愿结婚意味着什么。从法律意义而言，自愿结婚本身就是对同居义务所作的肯定性承诺。由于婚姻关系本身的特点，这种对同居义务所作的肯定性承诺在法律面前（指进行结婚登记之时）只要作出一次性概括表示就已足够，并且将在整个婚姻关系存续期间一直有效。结婚的男女双方对同居义务的承诺只有通过合法的程序才能有效，才会受法律的保护。同样，要解除这种已经承诺的义务，也只有通过合法的程序才能有效，才会受到法律的保证。（因受本文题义所限，这里仅就婚姻关系的女方而言）在结婚之前，如何支配其性意志自由的权利是绝对自由的，不受任何人的干涉。女方在表示自愿结婚时，就是在绝对自由地行使其性意志自由的权利。但在结婚之后，女方的这种性意志自由在婚姻关系内只能是相对的，是受结婚之时肯定性承诺的限制的，只是在婚姻之外才保持其性意志自由的绝对性。当然，此时的绝对性在我国还得受一定的法律和伦理道德的制约，不然就有一个重婚或者非法性关系（如通奸、姘居）的法律和伦理问题。由于在婚姻关系之内，妻子已向丈夫作出了愿意同居的肯定性承诺，丈夫根据这种承诺与妻子同居已谈不上存在对妻子性意志自由权利的侵犯。如果妻子意欲绝对地拒绝与丈夫的同居要求，完全可以依法随时行使离婚自由的权利，以求得法律恢复对其性意志自由的绝对权利的再次保护。法律认可夫妻双方具有同居的权利和义务，是以合法的婚姻为前提的。既然是合法的婚姻，那么在婚姻关系产生之日起法律规定的绝对自由的同居权利和义务关系，却不能受法律保护，岂不要自相矛盾？如果根据夫妻双方平等的原则，泛泛而谈丈夫对妻子没有同居的特殊权利来论证丈夫对妻子实施强行性性行为也可以构成强奸罪，实际上反而认可了妻子对丈夫有可以随意违反已有承诺，不履行同居义务的某种特殊权利。这样，夫妻双方之间的权利和义务关系就只有随着女方的意志转移而转移了，这又如何谈得上夫妻之间的权利义务关系的平等性？当然，不管出于什么样的原因和理由，丈夫对妻子实施强行性性行为，是极其野蛮的，因而也是极其不道德的。但不道德的行为只能通过道德的力量加以谴责和制约，我们不能跳越道德的领域直接通过刑法加以评价。如果野蛮的行为侵犯到妇女人身权利的其他内容，触犯刑法的其他法条，则另当别论，但与强奸罪相去已远。

有人提出，在一般情况下丈夫强行与妻子发生性行为，并不能构成强奸罪。但是在某些特殊的情况下，例如男女双方虽已依法进行了结婚登记，但事实上尚未同居女方就已反悔；或者男女双方因感情破裂，事实上已开始了分居；或者一方已经提出离婚诉讼，司法机关已开始受理离婚请求等等情形，如果丈夫仍然强行对妻子实施性行为，就应当以强奸罪论处。我们认为，合法的婚姻关系基于合法的程序而成立，合法婚姻关系一经成立，就已开始受到法律的确认和保护。为了保证婚姻关系的合法性和有效性，我国《婚姻法》规定了男女双方结婚必须完全自愿。这一完全自愿是以男女双方进行结婚登记时的自愿同意的意思表示为标准和依据的。在这之前曾经不同意或者在这之后又有反悔，并不影响婚姻关系本身的合法性和有效性。在社会现实生活中，由于受传统习惯的影响或者受某些客观条件的限制，男女双方进行结婚登记和事实同居往往在时空条件上并不完全一致。这种现象对男女双方的婚姻生活有一定的影响，但在法律上却没有任何意义。我国《婚姻法》第7条明确规定：“取得结婚证，即确立夫妻关系。”因此，夫妻双方同居权利义务关系的产生有效,是以男女双方自愿同意为基础,以进行结婚登记取得结婚证为标志的。至于婚姻关系成立后,夫妻双方事实上是否同居,则纯属夫妻双方之间的内部事务,与社会不发生任何联系,社会也不得、不应予以干涉。那种认为男女双方在依法进行结婚登记之后,事实同居之前,由于女方反悔,丈夫对妻子强行实施性行为也可构成强奸罪的观点,实际上就是不承认由男女双方自愿同意结婚而确立起来的夫妻关系所产生的各种权利和义务(这里仅就同居而言)。这样无疑会助长那种认为结婚登记与由此产生夫妻之间各种权利和义务是两回事的结婚登记虚无主义思想,这对我们当前再三强调加强法制观念,增进法制意识的社会要求势必产生负面影响,也难与我们提倡依法治国的战略方针相合拍。就法律意义而言,自愿同居并不意味着自愿结婚。但自愿结婚必定意味着自愿同居。法律的逻辑精神就是如此。因此,男女双方已经依法自愿进行结婚登记,虽然尚未事实同居,但女方还是在实际上已经根据自己的意愿在法律面前向男方作出了愿意与之同居的承诺。这样,男方即使以强行的方法与女方进行同居,在法律上并不存在违背女方性意志自由权利的本质特征。同样,合法的婚姻因合法的程序而产生,合法的婚姻也必须通过合法的程序才能解除。结婚之后,由于双方的感情破裂,女方有权依法根据自己的意愿随时提出离婚。对此,男方或者其他第三者不得加以干涉,否则就要负相应的法律责任。离婚意味着男女双方同居权利的终结和同居义务的解除。但在法律意义上,离婚的成立并不是以婚姻当事人一方的意思表示或以夫妻双方的事实分居为标志的,而是以婚姻登记机关颁发的离婚证明和人民法院业已发生法律效力的离婚判决为标准的。在离婚成立之前,夫妻双方的婚姻关系依然处于存续期间，双方的同居权利和同居义务在法律上依然是合法和有效的(除非法律另有规定，视分居为同居关系的终止)。这样，在夫妻关系仍然合法、有效的情况下，丈夫对妻子即使实施强行性行为，在法律上仍然不具有违背妻子性意志自由权利的这一构成强奸罪必备的法律特征。

二、婚内可以构成强奸罪缺乏充足的理论根据

有人认为丈夫违背妻子的性意志自由的权利，强行实施性行为应以强奸罪论处，可以充分体现对妇女的性意志自由权利的充分和全面保护，同时，丈夫对妻子强行实施性行为，其危害性更为严重。因为在这种情况下，女方往往处于孤立无援的境地，且又不得不同居一室，倍受煎熬和折磨。因此，只有对此以强奸罪论处，才能伸张正义，解除女方的痛苦，当然有着充足后的理论根据。这里我们暂且不论丈夫的这种强行行为是否已经超出妻子的容忍范围，也暂且不论妻子为何不在丈夫野蛮行为初露端倪时就提出离婚，而只讨论这种强行性行为的危害性究竟体现在什么地方?对其以强奸罪论处是否具有理论上的根据。

无庸讳言，丈夫不能理解妻子、不能体贴妻子，反而强凌妻子，是作妻子的悲哀，在妻子已经拒绝的情况下，丈夫仍胡作非为，势必造成对妻子身心的伤害。这种强行性行为因为呈现出野蛮性、不道德性，因而必定具有一定的危害性。然而问题在于，这种危害性是否具有“奸”的性质而进入了“奸”的领域?这需要我们通过对“奸”的含义进行历史的考察和现实的思考，才能作答。何谓“奸”?自古以来皆有律定。《辞海》对“奸”的含义注解为男女之间不正当的非法性关系，是一种非法的两性关系。人类历史上曾存在着紊乱

的两性关系，但随着人类文明的进步和婚姻法律制度的产生，两性关系逐渐被纳入法律的轨道。在法律认可的婚姻范围内，不管是一夫多妻，还是一妻多夫，两性关系都非“奸”的范畴，而超出婚姻范围，两性关系就具有“奸”的性质。所谓和奸、通奸、诱奸、拐奸、骗奸、偷奸，甚至强奸，盖出于此。这表明男女之间的性行为，是否具有“奸”的性质而入于“奸”范围，是以是否具有合法的婚姻关系作为唯一的标准予以评断的。有婚姻关系作保障，男女之间的性行为就无论如何都不会进入“奸”的领域。即使在现实生活中，男女双方已有配偶再行结婚，法律追究的也仅仅是他们的重婚行为，而不是在这种“婚姻关系”下的性行为。从人们的伦理观念上，这种性行为往往也不是通过“奸”的含义加以评价的。在合法的婚姻关系存续期间，如果丈夫违背妻子的性意志自由、强行实施性行为也可以认定为具有“奸”的性质，进而认定为强奸的话，那么，依此逻辑，其另一个结论必然是丈夫没有违背妻子的性意愿而实施性行为，就是和奸抑或通奸。这岂不是把整个人伦观念颠倒了吗？

那么是否意味着在婚姻关系成立之后和存续期间，无论丈夫对妻子采取多么野蛮的方法、手段，强行实施性行为，无论这种野蛮的性行为给妻子造成多么严重的后果，呈现多么大的危害性，都不能构成犯罪？当然不是。问题的关键在于这种野蛮的方法、手段到底具有什么性质，到底造成了什么样的后果，到底符合什么样的犯罪构成？我们知道，强奸罪的本质特征表现为既侵犯妇女的性意志自由权利，又侵犯妇女的人身权利。由于男女双方自愿同意结婚，在婚姻关系存续期间，女方在结婚时在法律面前所作的愿意与丈夫同居的承诺一直有效。这样，就无所谓丈夫违背了妻子的性意志自由权利。我们应当看到，性意志自由仅仅是妇女人身权利的一个组成部分,而不是全部。在婚姻关系存续期间,除女方的性意志自由受法律的相对保护外,女方的其他合法权利依然受法律的绝对保护。从这一法律原则出发,丈夫和妻子都是社会的平等成员,即使丈夫也不能任意侵犯妻子其他合法权利,否则就要承担相应的法律责任。丈夫在妻子拒绝的情况下,仍采野蛮的方法、手段、强行实施性行为,其暴力的方法、手段如果达到侵犯妇女人身权利的严重程度,或者当丈夫利用这种特殊的方法作为其达到其他犯罪目的手段时,我们可以其他犯罪追究其刑事责任,例如暴力干涉他人婚姻自由罪、故意伤害罪、虐待家庭成员罪等等。可见,我国法律对妇女合法权利的保护是多方面、多层次的。那种认为对丈夫对妻子强行实施性行为只有以强奸罪论处,才能保护妇女的合法权益的观点,不过是对这种强行性行为所体现的危害性发生了认识的偏差。我们还需要指出,在婚姻关系存续期间,丈夫强行与妻子发生性行为,还有一个妻子容忍程度问题。在妻子容忍的范围之内,当然不发生任何法律问题。在妻子能够容忍的范围之外,妻子完全享有依法随时可以提出离婚的权利,以此终止男方的同居权利和解除自己的同居义务。在已经无法容忍的情况下,妻子却不去依法及时行使离婚权,以此解除自己的同居义务,不是对法律的无知就是对法律的漠视。然而,无论哪一种情形,都不应在法律上得到同情。如果这种强行性行为发生在正在离婚的过程中(正如本案那样),那么由于合法的婚姻外壳依然存在,我们仍不应挖掘内中的不道德的内容而去进行不合法的干涉。因为在本案之中,被告人王卫明在离婚判决生效之前,只有和"被害人"钱某保持着一种合法的婚姻关系,其性权利只有在仍是妻子的"被害人"身上才能得以实施。如果被告人置这一仍是合法的婚姻关系于不顾,而与其他女性再缔结婚姻关系,那在法律上却真正构成了非法的重婚犯罪。我们试想,假如被告人在对妻子强行实施性行为的同时,又有重婚行为,我们能否进行数罪并罚?显然不能。因为法律不能在肯定一个婚姻的同时又否定这个婚姻,因此,对本案被告以强奸罪论处缺乏充足的理论根据。

三、婚内可以构成强奸罪将给司法实践造成障碍

有人认为,在婚姻关系存续期间,丈夫强行对妻子实施性行为,也可以认定为强奸罪,是对以往司法实践的一个突破,撇开这一"突破"是否具有法律根据和理论根据不说,笔者认为,就这一"突破"本身而言,也会给司法实践造成难以克服的障碍。

(一)大凡强奸罪案,司法实践总是面临着两大难点:一是性质问题;二是证据问题。强奸罪的成立,除了有被害人指控外,必须还要有足够的证据。一般的强奸罪案,由于行为人与被害人之间不存在某种特殊的人际关系,一旦发生强奸,多种证据容易组成一个完整的证据链条,各证据之间可以相互印证,以此认定强奸案比较可靠。而夫妻间的"强奸",由于双方本身具有特殊的人际关系。婚姻关系的确定不但使双方具有同居的事实,而且又长期生活在同一个空间,局外人有时是无法了解双方之间恩恩怨怨的发展与变化的。一旦发生"强奸",除了女方的极力指控外,其他方面很难有更多、更有力的证据。仅凭女方的一面之词,就以"强奸罪"认定,其证据的准确性、可靠性颇值怀疑。特别是在某些关系复杂的家庭之中,如果夫妻双方本身感情不和,因某些矛盾的激化,导致双方反目成仇,或者女方已经提出离婚又因某种原因一时不能遂愿,此时如以"强奸"相告,势必使男方处于极为不利的境地。"丈夫的命运

就掌握在妻子手中”,①这将不利于夫妻关系和家庭和睦。

(二)“幸福的家庭总是相似的,不幸的家庭各有各的不幸”,“家家有本难念的经”,道出了社会生活中各种家庭生活的复杂性。而“清官难断家务事”,又表明传统的社会经验告诉我们对家庭问题,除非不得已,社会应尽量采取消极干预的策略。夫妻双方因某些矛盾的激化或因其他一些原因,导致夫妻失和或引起夫妻间性生活的不协调,是社会现实生活中常见的现象。性意志自由属于人生观的心理活动过程和心理变化现象。因为它是自由的,因而也是可以随时发生变化的。一旦“强奸”发生后,女方的主观意志日后发生变化,要求夫妻重归于好,否定先前的指控,此时势必给司法实践造成两难的操作困惑。如坚持女方先前的指控事实,认为事后主观意志的变化对先前的犯罪成立不发生影响,继续追究男方先前“强奸”的刑事责任,其社会效果如何,已自不待言;如认定女方日后所说的心理内容是真实的,从而不追究男方的刑事责任,司法机关的一番徒劳先不说,是否又会有一个女方的“诬告陷害”之罪呢?更何况这一原则如果能够成立,那么是否意味着在其他犯罪中也可因被害人事后的意志变化而放弃追究行为人的刑事责任呢?比如在侵犯财产罪之中,行为人以非法占有为目的,盗窃、诈骗、抢夺他人的合法财产,而被害人事后因某种原因,表示愿意将这些财产无偿地赠送给行为人,我们是否同样可以对这些犯罪行为不追究刑事责任?

(三)根据《刑事诉讼法》的规定,强奸罪属于公诉罪的范畴,一旦发生强奸犯罪,是否要追究刑事责任,怎样追究,是不以被害人

① 谈大正:《性文化与法》,上海人民出版社 1998 年 4 月版,第 332 页。

的意志为转移的。但夫妻间具有特殊的人际关系,双方的恩恩怨怨随时可以发生、发展和变化,丈夫强行对妻子实施性行为,一旦女方进行指控,“强奸”罪案即由此而起。然而,一旦女方日后意志发生变化,不欲追究丈夫的刑事责任,此时欲撤诉,于法无据;如继续追究,其目的性又何在?面对此情此景,让我们的司法实践如何选择为好呢?

由此我们可以得出必然结论,在婚姻关系成立之后和存续期间,即使丈夫强行对妻子实施性行为也不构成强奸罪。如果这一强行行为构成其他犯罪,则可以按他罪论处。因此,我们认为本案以强奸罪作有罪判决是不正确的。这并不仅仅涉及一个案件的判决,而且涉及一个原则能否确立的问题,不能不作以上讨论。

作者单位:华东政法学院

史荣奎受贿案

阮传胜

[基本案情]

被告人史荣奎，捕前系浙江省余姚化纤集团公司总经理。1989年至1992年间，史荣奎利用担任浙江余姚第一化纤厂厂长的职务之便，在为宁波市驻深圳办事处余姚工作组做人造棉生意提供便利的过程中，先后多次收受该工作组组长王跃旦为表示感谢而送的台式音响一套、照相机1架、金项链1条、戒指1枚及电熨斗、电饭煲各1只，价值人民币7,000元左右。1994年11月，在史荣奎利用担任浙江余姚化纤集团公司总经理期间，恰逢该公司为汕头经济特区汕浙经济发展有限公司提供大额资金，汕浙经济发展有限公司总经理王跃旦用该公司的钱款112,073.12元，购买了坐落于余姚镇南雷路商住区3幢403室的房屋一套，房屋产权证上登记的房主是女青年魏英，魏英系与史荣奎有不正当两性关系的情人。1994年上半年至1997年5月间，史荣奎利用职务之便，多次向与余姚化纤集团公司有业务往来的余姚化纤棉纺厂地毯分厂、化工分厂报销由其女儿及公司女职工王文君、陈波、王亚玲、鲍艳红等提供的发票、虚开来的发票若干份，共计报销人民币72,500余元，钱款由以上几个人分别拿走。

[判决要旨]

浙江省余姚市人民法院对此案进行了审理，于1999年7月6日作出了(1999)余刑初字第242号《刑事判决书》。判决认为：被告人史荣奎利用国家工作人员的职务之便，索取和非法收受他人财物，计人民币20余万元，为他人谋利，其行为已构成受贿罪。公诉机关指控被告人犯受贿罪的罪名成立。但公诉机关指控被告人向余姚化纤棉纺厂地毯分厂、化工分厂报销发票、收受钱财的行为犯贪污罪，与事实不符，不予采纳。被告人及其辩护人认为被告人的行为不构成犯罪的意见，与事实和法律不符，不予采纳。判决还认为：为维护正常的社会经济秩序，打击经济犯罪，严肃法制，依照《中华人民共和国刑法》第12条、第385条、第386条、第383条、第64条之规定，以受贿罪判处被告人史荣奎有期徒刑13年，并处没收财产美金7,000元；追缴其违法所得。

[法理评析]

本案的疑难与争议之处在于史荣奎的受贿犯罪行为在受贿主体、主观要件、受贿的客观表现形式等方面均异于普通形态下之索贿、受贿。在本案中，主要体现在：一是史荣奎向王跃旦索要购房款购房后赠与他人，且住房款一直均未经过史之手，房屋产权人一直是受赠人女青年魏英；二是报销一事，史利用职务之便，让与余姚化纤集团公司有业务往来的余姚化纤棉纺厂地毯分厂、化工分厂报销由其女儿及公司女职工王文君等人提供的发票若干份，共计报销款项人民币72,500余元,钱款由其女儿及几位公司女职工私人拿走并占有。

一、如何实现刑法适用中形式公正与实质公正的平衡。

所谓曲线受贿,是指通过他人,由他人收受贿赂的受贿。史荣奎受贿案所涉部分事实是一个曲线受贿、受贿利益发生流转的典型判例。就索取商品房一事而言,史只是授意王跃旦,向其索贿为女青年魏英购买商品房，其后房子是由王买下并由其交于魏英占有居住,史一直都未取得房屋产权、甚至房子根本未由史经手。就向关联企业要求代为报销一事而言,是利用本人职务之便,向关联企业报销一些款项,报销的是自己女儿及其他几位女职工的发票,报销所得的钱款也是由她们取走。以上两件事实中,史荣奎均未直接收受贿赂,其受贿所得利益也没有直接归入其名下,而是流转到其关系人手中去了。在司法实践中,犯罪分子为了逃避司法机关的惩罚,犯罪手段日益隐蔽,犯罪形式日益多样化,往往不同于立法中规定的典型犯罪形态。在这种情况下,立法和司法上如何作出相应的对策就成为一个值得探讨和解决的问题。仅就受贿罪而言,受贿形式的多样化已是一个不争的事实，受贿利益发生流转的情况在司法实践中也已屡屡出现。受贿所得(亦即贿赂)的内容和范围亦不限于一般的、普通的财物,而且还包括其他不正当的利益。

关于贿赂的内容和范围的界定,理论界一直存在着争议,主要有财物说、物质利益说、利益说等。财物说认为贿赂应限定为金钱和物品,即“财物”。物质利益说认为贿赂应指财物及财产性利益。

按照这种观点，财物以及可以用金钱计算的物质利益，如设定债权、免除债务、提供劳务或担保、降低贷款利息、提供住房权等等，均可成为贿赂。利益说认为，贿赂应指财物和其他不正当利益，这种观点和物质利益说不同的是，贿赂的内容和范围不仅包括财产性利益（物质利益），还包括非物质性利益（如性服务等）。[①]

另外，实际社会生活的受贿过程中，"贿赂"往往不一定直接为利用职务之便的行为人所有，而是流转到其妻子、子女、情人以及其他关系人手中。在史荣奎受贿案中，史并未直接获得房屋的产权，房屋的产权（亦即房屋的所有权）流转为女青年魏英所有。史利用职务之便，让关系企业代为其女儿及几位女职工报销发票，非法所得亦归其女儿以及几位女职工所有。

根据现行刑法的规定，受贿罪，是指国家工作人员利用职务上的便利，索取他人的财物，或者非法收受他人财物，为他人谋取利益的行为。不难看出，现行刑法把贿赂规定为财物，绝不是立法疏忽，用词不当或概念模糊，而是十分鲜明地表现了立法意图，即不赞成将不正当利益纳入贿赂的内容和范围。也就是说，现行刑法规定贿赂的内容和范围仅指财物，不包括不正当利益。不正当利益包括财产性和非财产性利益。我们认为，财产性利益，完全可以纳入"贿赂"范围内，但是，要在实际司法实践中具体应用，应先由最高人民法院和最高人民检察院发布相关的司法解释。我国现行刑法明确规定了罪刑法定原则，亦即"法无明文规定不为罪，法无明文规定不处罚"，在司法实践中，应严格依照刑事法律和刑法司法解释定罪量刑。这是实现刑法适用中形式公正与实质公正的有机统

① 肖扬主编：《贿赂犯罪研究》，法律出版社 1994 年版，第 172—173 页。

一,也是实现刑法适用中形式公正与实质公正平衡的有效方法。

二、房屋产权的转移、利用职权让他单位为他人报销钱款与刑法上受贿罪的认定。

房屋产权的转移从民法角度讲,是一种要式法律行为。所谓要式法律行为是以一定方式为标准对法律行为所作的分类,指意思表示须依一定方式,或在意思表示之外尚须履行一定方式的法律行为。①对于房屋的产权取得来说,不但要求房屋转移占有,而且要求转让双方须到房屋产权登记机关办理产权转让登记,至此房屋的产权方真正地实现了转移,产权证书上的署名人正式成为房屋的产权人。然而,产权的转让与否是否决定刑法中受贿罪的认定?也就是说,受贿人一方是否只有取得了一项财产(本案为商品房)的所有权,才可以认定为受贿罪已构成?在史荣奎受贿案中,从形式要件上来说,史荣奎自始至终未取得房屋的所有权。最终取得房屋产权的是其情人魏英,魏与史之间仅是一种不正当关系。从法律上讲,仅有不正当关系的男女之间的财产并不能形成共有关系。共有是指两个或两个以上的权利主体共同享有一个财产所有权的法律状态。②在这里,权利主体是合法的所有者。史荣奎并未直接取得房屋的所有权,房屋的产权并未转移给他,而是转移给其情人所有。笔者认为,在本案中,史荣奎对于其情人女青年魏英受赠(或者说受贿)所得房屋这一事实是否承担刑事责任的关键在于其是否“明知”。根据现行《刑法》第385条的规定,“国家工作人员利用职务上的便利,索取他人财物的,或者非法收受他人财物为他

---

① 梁慧星:《民法总论》,法律出版社1996年版,第158页。

② 梁慧星等:《物权法》,法律出版社1997年版,第216页。

人谋取利益的,是受贿罪。国家工作人员在经济往来中,违反国家规定,收受各种名义的回扣、手续费归个人所有的,以受贿论处。”不难看出,构成受贿罪必须明知收受的财物是他人的行贿物,否则,也违背刑法理论中主客观相统一的犯罪构成原则。犯罪构成是刑法规定的决定某一具体行为的社会危害性及其程度而为该行为构成犯罪所必需的一切客观和主观要件的总和。①因此,如果房屋的产权转移给史的情人魏英所有,是史明知的,且史利用了其职务上的便利,为行贿方汕头经济特区汕浙经济发展有限公司谋取了不正当利益,则史对其情人魏英取得的贿赂房屋,应当承担刑事责任。如果是史主动向对方索取房屋,则史也应当承担刑事责任。索贿行为构成犯罪,“为他人谋取不正当利益”不是必备要件。至于房屋产权如何转移以及是否转移,不影响受贿罪的成立,关键看其是否明知其已经取得了财物。在本案中,受贿的利益并未直接由犯罪人来收受、享用,而是行贿人买下房子以后转移给其关系人,由此,查明犯罪人是否明知(授意、默许)就尤显重要。亦即,对于与房屋有关的这部分事实,行为人主观上是否有收受贿赂的故意,是构成受贿罪的关键。如果能证明其关系人收受财物是为当事人明知(主动索取或授意、默许)的,则可以认定。只需要有证据材料表明行为人是明知的,则其后由何人收受、何人享用以及对财产的如何处理均不影响定罪。

至于报销一事,我们认为,史荣奎不应该对此承担刑事责任。根据案情,史利用其职务上的便利,多次向与余姚化纤集团公司有业务往来的余姚化纤棉纺厂地毯分厂、化工分厂报销由其女儿及

① 高铭暄主编:《刑法学原理》(第一卷),中国人民大学出版社1993年版,第444页。

公司女职工王文君等提供的发票和虚开的发票，钱款由以上几人拿走。这部分事实,也是财产利益的转移。但受贿罪成立在客观方面须具备两条件之一:(一)索取他人贿赂;(二)收受他人贿赂,为他人谋取不正当利益。在这里,钱款非被告史荣奎所得,其主观上也无收受贿赂抑或索取贿赂的故意，客观上没有实现现行《刑法》第385条规定的犯罪行为。根据现行《刑法》明确规定的罪刑法定原则,我们认为,被告人史荣奎不应对这一部分报销钱款的事实承担刑事责任。至于这样是否为犯罪分子规避法律提供了可乘之机,我们认为,应对此进一步研究并通过立法的完善予以解决。

作者单位:华东政法学院

李某敲诈勒索案
——如何区分抢劫罪与敲诈勒索罪及理解“入户抢劫”

肖中华

[基本案情]

1998年4月4日中午，被告人李某（外来打工者）窜到福建省泉州市鲤城区礼谅巷31号其同乡侯×云、侯×虹姐妹租住的房内将二侯房门反锁，以侯×虹挑拨其与女友倪××的关系致使倪出走为借口，用铁壳摩丝瓶击打侯×虹头部，并持菜刀刀背砍打侯×虹的手臂、腿部，逼迫侯×虹写下“倪××移情别恋”的纸条及找回倪××。被告人李某边砍边说：“女朋友走了，人财两空，我要回家，租房已退了，无钱回家，你看着办吧！”侯×云见状，为阻止李某继续行凶便答应给钱了事。当被告人李某提出需要人民币2,000元后，侯×云在还价1,000元未果的情况下，即拿出存折与侯×虹带着被告人李某步行到附近银行领取存款。在领款柜前，李某见侯×云的存折上有存款人民币2,700元时，即提出要2,500元，当遭拒绝后，又以要砍侯×虹相威胁，迫使侯×云按密码领出2,500元交给了李某。

[裁判要旨]

泉州市鲤城区人民检察院指控被告人李某犯有抢劫罪，并认为其属于《刑法》第263条第1项规定之“入户抢劫”。泉州市鲤城区人民法院于1998年8月1日以(1998)鲤刑初字第152号《刑事判决书》对李某作出认定抢劫罪的判决，但未采纳检察机关关于被告人李某之行为属于“入户抢劫”的意见，判处其有期徒刑五年，并处罚金4,000元。一审宣判后，泉州市鲤城区人民检察院在法定期限内向泉州市中级人民法院提出抗诉，认为一审判决不认定李某实施入户抢劫是错误的，一审判决量刑畸轻；李某亦在法定期限内提出上诉，诉称其不存在抢劫动机，也无任何抢劫的行为，请求宣告无罪。泉州市中级人民法院于1998年11月10日以(1998)泉刑终字第399号《刑事判决书》对本案作出终审判决，撤销了一审判决对上诉人李某的定罪处刑部分，改判其成立敲诈勒索罪，判处有期徒刑两年六个月。

[法理评析]

抢劫罪与敲诈勒索罪的区别，在历来的经典刑法教科书上都似乎分析得清清楚楚，如一般都主张以是否当面对财产所有人提出威胁或当场取财为标准。但是，实务中出现的许多疑难案件，使目前多数理论论著的阐述显得苍白。解决问题的答案，需要我们深入领会刑事立法精神，就个案作具体分析。“入户抢劫”是修订后的

《刑法》第263条规定的抢劫罪之严重情节之一，对其如何理解，理论和实务中分歧很大，目前也没有司法解释可遵照执行，本案事实有涉此题，故借题发挥，一并加以探讨。

一、如何把握抢劫罪与敲诈勒索罪的界限

抢劫罪与敲诈勒索罪，历来是理论和司法实践关注的问题。刑法理论一般认为，抢劫罪与敲诈勒索罪的区别在于：(1)抢劫罪必须是行为人当着被害人的面发出威胁，而敲诈勒索罪则是可以当面，也可以不当面威胁；可以由自己发出，也可以由他人转达威胁。(2)抢劫罪必须是以当场实现威胁的内容相恐吓，敲诈勒索罪则是可以当场实现或日后实现威胁的内容相威吓。(3)抢劫罪必须是当场夺取财物或使被害人交付财物，而敲诈勒索罪则可以是使被害人当场也可以是日后交付财物。①有的学者经深入研究认为，抢劫罪的暴力威胁与敲诈勒索罪的以暴力相威胁的方法有相似之处，但二者有如下六点不同之处：(1)抢劫罪与敲诈勒索罪对被害人使用以暴力相威胁的时间和要求交出财物的时间不同。以暴力相威胁的方法进行抢劫，犯罪人对被害人实施暴力的时间和要求交出财物的时间，均为当场。被害人如不交出财物，就会立即受到暴力的侵害。但敲诈勒索罪的犯罪人，声称实施以暴力相威胁的时间和要求交出财物的时间都不在当场，或者至少其中之一不在当场。(2)二者所威胁的对象不同。抢劫罪的犯罪人为了当场劫取财物，所以他所威胁的对象只能是在场的财物所有者、管理者，而敲诈勒索罪犯罪人威胁的对象，则不限于在场者。(3)二者威胁的方

---

① 高铭暄主编：《新编中国刑法学》，中国人民大学出版社1998年版，第805页。

法不同。抢劫罪的暴力威胁的对象是在场者，所以犯罪人只能是当场向被害人直接表示或表明，敲诈勒索罪的犯罪人以暴力威胁的对象不限于在场者，也可以是不在场的人，因而实施暴力威胁的方式，亦不限于当场对被害人直接实施。(4)二者所威胁的内容也不同。抢劫罪以当场实施暴力为威胁的内容，诸如杀害、伤害、殴打等，而敲诈勒索罪的犯罪人所威胁的内容，不仅是当场的直接杀害、伤害、殴打等等，而且还可以当场不实现的行为，如揭发隐私、历史问题或违法犯罪问题等等相威胁。(5)二者取得的非法利益性质不同。抢劫罪的犯罪人所取得的仅仅是财物，而敲诈勒索罪的犯罪人所获得的不仅仅是公私财物，而且还包括财产上的利益。(6)二者所取得的财物与财产性利益的时间亦有不同。①还有的学者认为，敲诈勒索罪的"威胁"，一般是扬言将要实施对被害人不利的行为；另外，抢劫罪占有的财物只能是动产，而敲诈勒索罪占有的财物可以是动产，也可以是不动产；抢劫罪除使用胁迫手段外，还可以使用暴力或者其他方法，而敲诈勒索罪不使用暴力或者其他方法。②

上述各种关于抢劫罪与敲诈勒索罪区别的论述，对于司法实践中区分二罪无疑具有一定的指导意义。但在笔者看来，当二罪区分发生在"一般"或"常规"情形之外时，依据上述各种观点，困难仍然是存在的，因为上述各种观点首先均是从一般情形出发对二罪的不同客观表现加以列举，其次在区分标准上没有综合组合、形成此罪与彼罪之间的绝然界限。例如，按照上述有的观点，既然抢劫

① 金凯主编：《侵犯财产罪新论》，知识出版社1988年版，第328—329页。

② 欧阳涛、魏克家、刘仁文主编：《易混淆罪与非罪、罪与罪的界限》，中国人民公安大学出版社1999年版，第250页。

罪和敲诈勒索罪的胁迫均可以是行为人当场向被害人实施（其中抢劫罪“必须”当场、敲诈勒索罪是“也可以”当场），亦均可以当场取得财物（其中抢劫罪是“必须”当场、按通说观点敲诈勒索罪是“一般”情况以外可以当场），还均可以以当场实施暴力为威胁的内容（其中抢劫罪是“必须”当场、敲诈勒索罪是“也可以”当场），那么，当一行为人的取财行为同时符合其中两条标准或三条标准时，对行为人如何定罪处罚实际上是无法得到明确答案的。联系到本案，行为人李某窜至被害人侯×云、侯×虹姐妹房内，对侯×虹实施暴力行为索要钱财，当被害人侯×云拿出存折与侯×虹带李某一起前往银行取款时，李为了获得更多的钱财，又以要砍击侯×虹为威胁，当场取得了2,500元人民币。按照上述各种缺乏逻辑严密性、准确性的观点，对行为人李某究竟定抢劫罪还是敲诈勒索罪，自然难以下结论。

笔者认为，抢劫罪与敲诈勒索罪二者，最易在行为人以胁迫手段取财的情形下会发生混淆，但并非所有暴力取财行为都构成抢劫罪而不构成敲诈勒索罪。上述有的学者在区分抢劫罪与敲诈勒索罪时，提出所谓“抢劫罪除使用胁迫手段外还可以使用暴力或者其他方法，而敲诈勒索罪不使用暴力或者其他方法”之标准，应该说代表了迄今为止通行的观点，而且这一点被广大刑法学者视为抢劫罪与敲诈勒索罪最为明显的区别之一，但笔者认为这一标准是值得商榷的。例如，有这样一起案件：行为人甲因不满其姐夫某乙与其姐姐离婚而另找配偶成家，某日窜至其姐夫家中，要求其姐夫在三天之内交付1万元人民币，以补偿其姐姐的“精神损失”，并提供了自己在银行的账号，乙向其诉说经济暂时不宽裕，某甲即用木棍殴击某乙致轻微伤，某乙迫于甲的淫威，于第二日将1万元人民币转入甲的银行账户中。在此,某甲虽然使用了暴力,但只构成敲诈勒索罪,而非抢劫罪。

当然,以胁迫手段构成的抢劫罪与敲诈鞍索罪的界限,是抢劫罪与敲诈勒索罪二者区别的主要问题。究竟如何把握以胁迫手段构成的抢劫罪与敲诈勒索罪之间的界限?依笔者见解,只须切实从立法精神处抓住抢劫罪中"胁迫"一词的含义。胁迫,作为抢劫罪的手段行为之一,它具有特定的含义,是指对被害人以当场实施暴力相威胁,迫使被害人当场交出财物或者任由行为人劫取财物的行为。具体而言,抢劫罪中的胁迫,与敲诈勒索罪中威胁方法相比,具有如下三个特征:(1)胁迫的作出,须是当被害人之面,如果采用书信、电话形式作出或者由第三人传达,则属于敲诈勒索罪的手段行为——"威胁"。(2)胁迫的内容,须是被害人如不就范便要当场立即使用暴力,如果是以非暴力行为进行威胁或者以今后使用暴力进行恫吓,即使胁迫行为是当场作出,亦非抢劫罪。需要指出,对于抢劫罪的"胁迫"内容,我国刑法没有明文规定,各国刑法的规定也不尽一致。如"以暴力相威胁"、"以重伤相威胁或者置他人于重伤之恐惧"、"以危害生命、健康的暴力相威胁"、"使其感到自己或者他人有立即死亡、受伤的恐惧"等等。我国刑法学界通说的观点认为,"我国刑法对胁迫自然应理解为以暴力相威胁。"①但有的学者则提出异议,指出:"这样理解胁迫不是十分精确","恐吓或胁迫,其能否成为抢劫犯罪中的胁迫,并不在于内容如何,而在于能否造成使他人明显难以抗拒这一结果。任何形式的恐吓或胁迫,不管其内容是暴力的,还是非暴力的,只要其能够令人明显难以抗拒,就

---

① 高铭暄主编:《刑法学》,法律出版社 1982 年版,第 484 页。

足以成为抢劫犯罪中的胁迫”。[①]论者并举例,即比如,甲深夜守候在路旁,乙由此经过,甲装鬼跳出来将乙吓跑,丢下的财物被甲占有,甲构成抢劫罪,这就是非暴力的胁迫。笔者赞成通说观点,即抢劫罪中的胁迫只能理解为以实施暴力相威胁。因为我国刑法中的抢劫罪之胁迫,必须是当着被害人的面发出,而且必须是当场能够实现的,而这样的胁迫,唯有暴力这一形式。装鬼吓人可以说是抢劫罪的“其他方法”,也可以说是特殊的暴力胁迫,但不能说只要能使人恐惧的方法都可以构成胁迫。[②](3) 胁迫的同时,行为人当场实施抢劫财物的行为。在认定抢劫罪时,上述三个特征缺一不可,如果行为人的行为完全符合上述三个特征,则应认定为抢劫罪;对于缺少任何一个特征的威胁取财行为,则应当认定为敲诈勒索罪。

就本案而言,笔者认为,一审法院对被告人李某抢劫罪的定性是完全正确的,二审判决即终审判决改判上诉人李某敲诈勒索罪,事实上混淆了抢劫罪与敲诈勒索罪的界限。本案的事实,可以分为两部分(当然,这两部分事实在定罪处罚时有机联系而不可分割)进行考察:第一部分是,行为人李某窜到侯×云、侯×虹姐妹租住的房内,用铁壳摩丝瓶击打侯×虹头部、持菜刀刀背砍打侯×虹的手臂、腿部,逼迫侯×虹写下“倪××移情别恋”的纸条及找回倪××,并以“无钱回家,你看着办吧!”之言辞对侯威胁的事实。第二部分事实是,行为人李某在提出索要2,000元人民币并得到被害人侯×云同意后,当随侯×云、侯×虹姐妹在银行取款得知侯×云账

---

① 甘雨沛等编:《犯罪与刑罚新论》,北京大学出版社1994年版,第640页。

② 此观点及理由参见王作富教授:《认定抢劫罪的若干问题》,载最高人民检察院审查起诉厅编:《刑事司法指南》,2000年第1期。

户上有2,700元人民币时,又提出要2,500元的要求。在遭拒绝时,当场即以"(当场)砍侯×虹"相威胁,使侯×云就范,按其要求将2,500元人民币交付给他。在第一部分事实中,行为人李某对被害人侯×虹头部、手臂及腿部实施的击打、砍打行为,虽然属于暴力行为的范畴,但由于其实施该暴力行为究竟是为了发泄对侯×虹的"挑拨"行为之不满还是其目的在于取财,难以取证或推定,李所说"无钱回家,你看着办吧!"之言辞,与当场取财行为之间的"手段与目的"的联系也难以证明,故据此部分事实尚不足以认定行为人抢劫罪之成立。第二部分事实,是在被害人侯×云主动提出并经与行为人李某"讨价还价"后商定给予2,000元人民币"了事"后发生的,行为人李某在银行领款柜得知侯×云存折中有2,700元人民币后,当场又以被害人侯×云如不按照其变本加厉的要求给予2,500元人民币即再次对侯×虹实施暴力相威胁,并在这一前提下,当场取得了被害人给予的2500元人民币。因此,综合起来看,行为人李某作出胁迫是当被害人之面;胁迫的内容是被害人如不就范便要当场立即使用暴力;胁迫的同时他当场取得了财物,其行为完全符合抢劫罪的构成。

与本案有关且值得研究的另一个问题是,抢劫罪中的胁迫,是否须达到使被害人无法抗拒的程度?在以往的刑法理论和司法实务中,有人对此就持肯定态度。笔者认为,这是值得商榷的。因为能否抗拒,本来就没有统一标准,即使客观上存在着能抗拒的条件,由于各被害人的认识能力、心理素质和性格特点等因素的不同,对于具体的人在选择反抗与否乃至认识能否反抗的作用是不同的。行为人胁迫程度相当的行为在大致相同的客观条件下,有的被害人可能认为能反抗而予以反抗,有的被害人却可能因为主观上感到无法反抗而没有反抗。而且,以胁迫手段实施的抢劫罪的构成,关键是看胁迫是否与取财密切相联,而不是看胁迫行为对被害人的感受,不能因为被害人没有反抗,就认定行为人不构成抢劫罪。本案中,行为人李某在银行领款柜以向侯×虹实施暴力对侯×云进行威胁,身处银行这一公共场所,应该说胁迫并没有使被害人达到无法抗拒的程度,但其行为完全符合抢劫罪的构成。

二、怎样理解抢劫罪中的"入户抢劫"

修订后的刑法典第263条明确将"入户抢劫"等8种严重情节作为抢劫罪处10年以上有期徒刑、无期徒刑或者死刑,并处罚金或者没收财产的法定条件。严重情节的明确化,有利于在司法实践中对抢劫罪准确量刑,但是,如何理解"入户抢劫",理论上和实务中存在认识分歧。

对"入户抢劫"的认定,关键问题是对"户"的理解。就"户"的含义,在理论上目前主要有这样几种观点:(1)认为"户"是指公民私人住宅,不包括其他场所。①有的学者指出,按词典解释,"户"指"人家",即私人住宅之意。"户"与"室"是不同的概念。立法者规定"入户抢劫"而不规定"入室抢劫",显然是取"户"字的严格意义,不能随意扩大。②(2)认为"户"是指固定场所,即以此为家的场所,如私人住宅及学生宿舍等,但不包括宾馆房间及值班宿舍等临时住宅场所。③(3)认为"户"是指人长期或固定生活、起居或者栖息

---

① 周道鸾、张军主编:《刑法罪名精解》,人民法院出版社1998年版,第547页。

② 王作富:《认定抢劫罪的若干问题》,载最高人民检察院审查起诉厅编:《刑事司法指南》,2000年第1期。

③ 熊洪文:《再谈对抢劫罪之加重情形的认定》,载《人民检察》1999年第7期。

的场所，包括私人住宅以及宾馆房间、固定值班人员的宿舍等场所。①笔者曾专门撰文探讨过抢劫罪的适用问题，其中关于“户”的含义，笔者从贯彻罪刑相适应原则、讲求刑罪公正的角度出发，提出“户”应指私人住宅，以及其他供人们生活、学习的建筑物，例如，国家机关、企事业单位、人民团体、社会团体的办公场所、公众生产、生活的封闭性场所。因为如果将进入私人住宅抢劫的行为列入刑法所规定的“入户抢劫”之列而将进入其他封闭性场所抢劫的行为排除在外，在实践中必然导致量刑有失公正。②但是，经过在理论上与同仁们所作的“创造性交流”和再三思考后，笔者认为，从尽量严格解释法律的角度来看，上述第一种观点乃是最为可取的，即“入户抢劫”宜严格限制地理解为进入私人住宅抢劫，不应包括学生宿舍、宾馆房间及值班宿舍等场所，更不应包括国家机关、企事业单位、人民团体、社会团体的办公场所、公众生产、生活的封闭性场所。至于有些进入其他封闭性场所抢劫，危害性比某些进入私人住宅抢劫行为还要大的行为，无法适用加重抢劫罪的条款而使罪刑失衡，在根本上只能属于立法的问题。当然，对“私人住宅”不能作机械的理解，供人们居住的山洞、渔船等，均应理解为私人住宅，私人住宅是本人所有还是租住或借住，在所不问。而且，私人住宅有院落的，进入院落围墙即应视为“入户”。我们可以假设：假如在本案第一部分事实中，行为人李某的取财目的很明显（比如行为人窜至被害人房内即径直说“给点钱，不然就不客气！”），那么，行为人李某在房内的暴力取财行为，即构成“入户抢劫”。

---

① 周振想、林维：《抢劫罪特别类型研究》，载《人民检察》1999 年第 1 期。

② 肖中华：《论抢劫罪适用中的几个问题》，载《法律科学》1998 年第 5 期。

"入户抢劫"是否限于行为人入户之前即有抢劫的故意？有人认为，不论入户前有无抢劫故意，只要入户抢劫的，就是入户抢劫。因为入户后临时起意抢劫，同样严重破坏了被害人对家的安全感，其危害性并不比持抢劫故意入户的小。①有人则认为：在户中抢劫是否认定为入户抢劫，关键要看行为人入户是违法入户还是合法入户以及入户动机。②笔者认为，"入户抢劫"的构成，必须受"入户"与"抢劫"之间存有牵连关系的限制，亦即行为人在"入户"之前即先有抢劫的犯意，"入户"只是抢劫的先行条件。如果进入公民私人住宅时，行为人尚无抢劫的犯意，只是进入之后临时起意并实施抢劫的，并不能视为"入户抢劫"。当然，在特殊情况下，行为人在"入户"之前先有其他犯意，"入户"之后其犯意及行为转而符合抢劫罪要件的，也可成立"入户抢劫"。例如，行为人先入户盗窃，当场被财物所有人发现而使用暴力劫取财物，即属"入户抢劫"。

关于"入户抢劫"的认定，实践中还出现这样一种情况，即对居民住户中特定的第三人实施抢劫的，能否认定为"入户抢劫"？例如，被告人吴×、曾×、甘×经合谋后窜至居民季×家，谎称与其素不相识、在季×家做油漆工的周×欠债未还，以拳打脚踢、言语威胁等方式逼迫周×交出钱款。后周×向季×借得钱款后交给被告人吴×。三被告人在劫得钱款后，在逃逸途中被抓获。在此案中，三被告人构成抢劫罪是没有问题的，但是否属于"入户抢劫"，办案过程中出现分歧意见。一种观点认为，三被告人在居民住宅内实施抢劫，不论是对该家庭人员还是对其他人员抢劫，都应认定为入户抢

① 熊洪文：《再谈对抢劫罪之加重情形的认定》，载《人民检察》1999年第7期。

② 李肯：《准确认定入户抢劫应注意的几个问题》，载《法制日报》1998年7月11日。

劫。另一种观点则认为,认定是否入户抢劫,不应简单地以行为人是否进入公民住宅抢劫或抢劫行为是否发生在居民家中的客观状态为依据。在此案中,从侵害的对象看,三被告人的行为是对特定的正在居民家中工作的被害人实施抢劫,而不是对居民一家实施抢劫。虽然三被告人闯入了被害人工作的居民住所,并对居民住所中的公民实施了抢劫,但是,由于三被告人主观上没有对住户实施抢劫的犯罪故意,客观上也没有实施任何对住户居民抢劫的行为。因此,被告人的这种"入户",实际上是进入被害人的工作场所,而非入户抢劫犯罪所指向的居民的住所。显然,三被告人的行为不具备入户抢劫犯罪中的"入户"之构成要件,根据主客观一致的原则,三被告人的行为构成抢劫罪,但不构成入户抢劫犯罪。① 笔者认为,立法将"入户抢劫"作为抢劫罪的严重情节之一加以规定,宗旨在于严惩那些同时严重威胁到公民居住安全的抢劫犯罪行为,因此,对上述案件不应认定被告人成立"入户抢劫"。上述第二种意见是正确的。

作者单位:上海社会科学院法学所

① 案例及分歧意见参见毛国芳:《是入户抢劫还是一般抢劫?》,载《人民司法》1999 年第 5 期。

民 商 事 诉 讼 判 例

中国工商银行杭州市高新技术产业开发区支行诉杭州大中南物业发展有限公司借款抵押合同纠纷案

陆永棣

[基本案情]

1996年6月11日,原告中国工商银行杭州市高新技术产业开发区支行(以下称高新支行)与被告杭州大中南物业发展有限公司(以下称大中南公司)签订借款抵押合同书一份,双方约定:大中南公司以其坐落在萧山市南阳镇坞里的标准厂房作为抵押物,对在1996年6月11日至1997年12月31日期间内高新支行发放给大中南公司在最高额度490万元额度内的贷款承担担保责任,抵押期间从贷款发放之日起至担保债务全部清偿之日止。同时合同还特别注明担保债务未受清偿的,银行有权将抵押物及其孳息折价或采用委托变卖、拍卖等方式处分,以所得价款优先清偿。1996年6月28日,双方在萧山市房地产管理部门办理了抵押物登记手续。1996年11月29日高新支行与大中南公司在上述抵押合同书范围内签订合同一份,约定:高新支行借给大中南公司人民币 290 万元,借款期限从 1996 年 11 月 29 日至 1997 年 4 月 15 日,借款利率为月息 9.24‰。合同签订后，高新支行将 290 万元分两次贷给了大中南公司(其中 150 万元从 1996 年 11 月 29 日至 1997 年 4 月 15 日止;140 万元从 1996 年 11 月 29 日至 1997 年 3 月 26 日止)。大中南公司对该笔借款均付息至 1997 年 3 月 21 日，此后高新支行又于 1997 年 5 月 15 日扣息 5,309.60 元。借款期满后，大中南公司未归还借款本金及欠息。为此,高新支行向杭州市中级人民法院起诉，请求判令大中南公司偿还借款本金 290 万元并支付利息 451,128.87 元,并以抵押物优先受偿。法院在审理中发现高新支行与大中南公司在办理抵押物登记时,登记机关颁发的《房屋他项权证》中注明：权利存续期限从 1996 年 6 月 11 日至 1997 年 12 月 31 日止。另还查明,在高新支行起诉前,大中南公司抵押的房产因该公司其它涉讼案件而被绍兴市中级人民法院查封。

[裁判要旨]

杭州市中级人民法院一审认为，高新支行与大中南公司签订的借款抵押合同,符合法律规定,应属有效。大中南公司借款后不按期归还借款本息,是本案纠纷的责任者,应承担违约责任。高新支行在抵押期满后,未重新办理抵押登记手续或延长手续,导致该抵押物被其它法院查封,现要求对该抵押物享有优先受偿权,无法律依据,不予支持,遂依照《借款合同条例》第 8 条、第 16 条之规定作出(1998)杭经初字第 17 号《民事判决书》,判决如下:(一)杭州大中南物业发展有限公司归还中国工商银行杭州市高新产业开发区支行借款本金 290 万元,支付利息及逾期罚息 569,103.6 元,

(计算至1998年5月31日止,1998年6月1日至判决生效日的逾期罚息,按中国人民银行有关规定计付。)该款于本判决生效后10日内付清。(二)驳回中国工商银行杭州市高新技术产业开发区支行的其他诉讼请求。案件受理费26,766元,财产保全申请费17,520元,均由大中南公司承担。该案一审判决因双方当事人未上诉,发生法律效力。

高新支行向浙江省高级人民法院申请再审,其申请理由称:根据《担保法》第52条规定,“抵押权与其担保的债权同时存在,债权消灭的,抵押权也消灭”,双方当事人在合同中约定的“抵押期间自贷款发放之日起,至担保债务全部清偿之日止”,正体现这一原则;抵押登记机关在《房屋他项权证》所作的权利存续期间记载违背当事人的真实意愿,不具有限制甚至取消申请人抵押权的效力;一审判决以此为依据,判决申请人丧失抵押物的优先受偿权,没有法律依据。

浙江省高级人民法院再审认为,本案双方当事人签订的借款抵押合同有效。作为抵押权人,高新支行在大中南公司未按约还款时,对该公司抵押的房屋有优先受偿权。由于抵押应与其担保债权同时存在,债权消灭,抵押权才消灭,而本案《房屋他项权证》所载权利存续期间既不符抵押权性质,又与借款合同期间相同,该期间应认定无效。原审对高新支行要求以抵押房屋优先受偿的诉讼请求不予支持,不当。遂作出(1999)浙法告申经再字第30号民事判决:(一)维持杭州市中级人民法院(1998)杭经初字第17号民事判决第一项及诉讼费承担部分,即大中南公司归还高新支行借款本金290万元,支付利息及逾期罚息569,103.60元(计算至1998年5月31日止,1998年6月1日至判决生效日的逾期罚息,按中国人民银行有关规定计付),该款于判决生效后10日内付清。案件受理费26,766元,财产保全费17,520元,由大中南公司承担。(二)撤销杭州市中级人民法院(1998)杭经初字第17号民事判决第二项。(三)高新支行对大中南公司抵押的萧山市南阳镇坞里标准厂房,在以此房产折价或者以拍卖、变卖该房产的价款中,享受优先受偿权。

[法理评析]

本案讼争的焦点,在于《房屋他项权证》中的权利存续期间,即抵押期间是否有效。

关于抵押期间,基于抵押权的物权性,我国《担保法》并未如规定保证期间一样予以明确。正因如此,由于实践中缺乏对抵押权制度的深入了解,如本案中的登记机关以双方当事人的合同履行期间为抵押权存续期间,一审法院认定该期间届满,抵押权人即丧失优先受偿权的情况时有出现。对此,再审法院根据《担保法》第52条的规定,从抵押权的物权性出发,遵从双方当事人在抵押合同中的约定,否定登记机关在《房屋他项权证》中等同于借款合同履行期间的权利存续期间,撤销一审判决,支持高新支行的优先受偿权,无疑是正确的。

首先,抵押权系物权,物权为支配权,基于此,世界各国立法一般对抵押期间不作限定。我国《担保法》对此未作规定,也与各国对这一问题的普遍作法相同。

尽管有的国家或地区法律对抵押权的存续期间有所涉猎,但其规定的对象或内容也较特殊。如在德国民法中设有消除抵押权的公示催告制度。按《德国民法典》第1171条规定，在抵押权出现抵押权人到期不明情由时，对于不知名的抵押权人在登记经10年以后未行使抵押权时，经抵押人请求，法院可作出除权判决。另外，如在我国台湾地区，设有抵押权除斥制度。依我国台湾地区《民法》第880条规定，抵押权在被担保债权因时效而消灭后，经5年而不实行的，其抵押权消灭。台湾《动产交易法》还规定了抵押登记期间，此项登记期间相当于抵押期间，可为抵押合同当事人在抵押合同中约定，进行登记。我国台湾地区"最高法院"在1972年的一项判决中认为，在登记有效期间之外，动产抵押权无对抗善意第三人的效力。但台湾著名学者王泽鉴先生则认为，此项期间即仅生对抗第三人的效力，则对抵押人而言抵押权仍存在；对第三人而言若其为恶意，则抵押权仍具有对抗效力，若为善意，则无对抗之效力。同时，王泽鉴先生还认为，鉴于《民法》880条已有抵押权除斥期间的规定，故登记期间制度在立法政策上是否妥当，不无疑问。无独有偶，我国房地产抵押登记主管机关建设部房地产司在针对《关于抵押期间届满抵押人未还清债务，抵押权人对抵押物是否丧失优先受偿权的请示》所作的（96）建房产函字第70号函中答复："《房屋他项权证》中权利存续期间栏应填契载期限；……契载期届满抵押人未还清债务的，《房屋他项权证》仍具有法律效力，他项权利人可凭《房屋他项权证》行使他项权利。"该批复的主要法律依据依其说明是《担保法》第53条："债务履行期届满抵押人未受清偿的，可以与抵押人协议以抵押物折价或者以拍卖变卖该抵押物所得的价款受偿；协议不成的，抵押权人可向人民法院提起诉讼。"当然，立法对抵押期间不作规定，对抵押人有所不利。由于抵押权存续期间抵押人对抵押物的处分受到限制，对充分发挥物的效用也有影响，故有学者主张在《担保法》未对抵押期间作出规定的情况下，现阶段可依《民法通则》第137条规定的20年时效期间为法定抵押权存续期间。不难看出，这样的期间也是相对较长的。

其次，作为抵押权存续的期间，抵押期间从严格意义上讲只能是从抵押权设立之日起至抵押权消失之日止。

抵押权从设立之日起与其担保的主债权同时存在，抵押期间的长短取决于抵押权何时消灭。抵押权不消灭，抵押期间就不终止。根据《担保法》规定，抵押权的消灭主要有四种情况：(一)主债权消灭抵押权也消灭。即《担保法》第52条规定的“抵押权与其担保的债权同时存在，债权消灭的抵押权也消灭。”(二)债权人主动放弃抵押权(比如因债务人资信很强等)，抵押权消灭。(三)抵押权因抵押物灭失而消灭。(四)抵押权因实行而消灭。在抵押权的实行中，至于抵押权人在抵押期间内从何时起有权行使抵押权的问题，根据《担保法》的规定，债务履行期届满抵押权人未受清偿的，抵押权人可以按《担保法》的规定行使抵押权。另外，如果抵押人与抵押权人在抵押合同中约定主合同提前到期的抵押权人有权行使抵押权，则抵押权可在债务履行期届满前行使。在上述四种抵押权消灭的情况下都存在着抵押期间或短于或等于或长于债务人应履行债务的期限：在债务履行期届满前债务得到提前清偿或债权人放弃抵押权或抵押物灭失或抵押权被实行的，抵押期间就会短于债务履行期限；当债务履行期满时债权人得到按期清偿或债权人放弃抵押权或抵押物灭失或抵押权被实行的，抵押期间就会等于债务履行期限；在债务履行期满后债权人因未得到清偿而实现抵押权或债权人放弃抵押权或抵押物灭失的，抵押期间就会长于债务履行期。因此，抵押期间与债务履行期限不同，债务履行期间可以通过双方当事人在合同中明确规定下来，抵押期间在一般情况下是不确定的。由于抵押期间与抵押权的是否消灭密切相关，而抵押权的是否消灭其前提又必须存在一定的法律事实，因此，从立法上以抵押期间限定抵押权的行使，超过抵押期间抵押权虽未消灭也将得不到保护，这显然与《担保法》的立法目的相背离。实际上，如在本案中，如果主张高新支行在超过《房屋他项权证》中的权利存续期间后丧失抵押权，则按上引的建设部(96)建房产函字第70号批复，超过该权利存续期间抵押权人虽依然可依《房屋他项权证》主张抵押权，这样的权利存续期间或说抵押期间实际上没有意义。显然，建设部的批复恰恰反映了抵押权并不因《房屋他项权证》中所载的期间而消灭。

再次，在法律未规定抵押期间的情况下，是否允许当事人自行约定，或者说当事人的约定是否应予认可，这是涉及抵押期间中一个不可回避的问题。

所谓抵押权存续期间的约定，是指抵押合同双方当事人通过协商，对抵押权人行使抵押权的期间进行限定。国外立法例中有将当事人约定的期限届满，规定为抵押权消灭的事由之一。如《意大利民法典》第2878条第6项规定：抵押权限定的时间届满，可导致抵押权消灭。我国有学者主张《担保法》虽然没有将当事人约定的期限届满作为抵押权消灭的事由予以规定，但这并不排斥基于民法的意思自治原则，对当事人关于抵押权存续期间约定效力予以认可。笔者也认为，对于抵押权人自愿对自己的抵押权予以限定的，没有理由予以否定。但此间应注意从以下几个方面把握：

(一)抵押权存续期间的起始时间应为主合同债务履行届满之次日，而非主合同债务履行的开始日。如果当事人仅对抵押权存续期间的长短有约定，而对起始时间没约定，则应推定约定的起始时间为主合同债务履行期届满之次日。

（二）如果约定的抵押权存续期间的起止时间，与主合同债务人履行债务期间的起止时间相同，或者约定的抵押权存续期间的终止日，早于主合同债务人履行债务期间的届满日，因这种约定与抵押的基本性质相悖，其所设置抵押将起不到保证债权实现的作用，故应认定约定无效，视为当事人对抵押权存续期间没有约定。

（三）如果当事人约定的抵押权存续期间的起始时间与主合同债务履行期间的起始时间相同，而届满时间超出主合同债务最后的履行日，则该超出部分应视为双方约定的抵押权存续期间。

（四）当事人约定的抵押权存续期间长于其担保债权的诉讼时效期间的，当然有效。也就是说，如果其担保债权因超过诉讼时效而不被保护，只要此时该抵押权仍处于约定的存续期间内，则该抵押权仍为有效。抵押权的根本目的在于保障债权实现，而抵押权一旦成立，其即不属于作为请求权的债权范畴，而体现为物权。作为一种支配权，它不应受主合同中债权诉讼时效的限制。抵押权人可能作为债权人因超过诉讼时效而丧失就主合同约定的债权债务关系向债务人主张清偿的权利，但他并不丧失基于抵押关系而主张行使抵押权的权利。况且，从债的诉讼时效角度而言，诉讼时效的超过将使债权人丧失向人民法院请求债务人强制履行的权利，即通说胜诉权。但债权人的实体权利并不丧失，只不过该债权强制履行之债转化为自然之债。既然实体权利尚存在，原已设定的抵押当然也不能因此而归于消灭。正因为如此，我国《担保法》并没有像规定保证人享有债务人的抗辩权一样，规定抵押人享有债务人的抗辩权。同时由于实体上该债权并没有消灭，因此，就不存在作为从权利的抵押权由于主权利的消灭而消灭的问题。就本案而言，双方当事人约定抵押期间自贷款发放之日起，至担保债务全部清偿日止。该约定尽管没有确切的起始时间，但其意思表示是明确的，也与《担保法》第52条规定一致，应属有效。

最后，抵押登记即抵押物的登记，是指登记机关在抵押物所有权证上作相应记载，以及向抵押权人颁发相关权利证书的活动。抵押物登记，其目的在于保护债权人的合法利益，有利于经济活动的正常进行，保证交易安全。

抵押登记根据登记内容的不同分为权利设立登记、变更登记、注销登记以及重新登记。一般情况下，抵押物经过抵押权设立登记后，对该抵押物就无须再进行登记，只有当抵押合同发生变更或抵押关系终止时才须到原登记机关办理变更或注销登记。从实践看，重新登记主要是对抵押的在建房地产在抵押期间竣工，这时当事人应当在抵押人领取房地产权属证书后，重新办理房地产抵押登记。因此，实践中存在的很多登记机关要求抵押期间需连续登记才能使抵押权持续有效的做法于法无据，于理不合，不仅造成了混乱，更不易保护债权人的合法利益。而类似于本案的登记，在当事人于合同中已就抵押期间作出明确约定，并还特别注明“担保债务未受清偿的，银行有权将抵押物及其孳息（天然或法定）折价或采用委托拍卖、变卖等方式处分，以所得价款优先清偿”的情况下，登记机关在《房屋他项权证》中又限定时限，且所注明的恰恰又是债务的履行期间，无异于否定了抵押权的存在，因而是无效的。当然，按照建设部（96）建房产函字第70号函的批复，在该《房屋他项权证》载明的权利存续期间内抵押人未还清债务，抵押权仍可凭《房屋他项权证》享有抵押权。一审拘泥于该证所载权利存续期间而作出机械的判决，因而是不当的。

作者单位：浙江省高级人民法院

清河县典当行诉邢台市东围城路城市信用社、第三人张保坤、董长先以存单为表现形式的借贷纠纷案

郭绍革

[基本案情]

1996年11月，河北省清河县农行工作人员王勇与原告河北省清河县典当行(以下简称“典当行”)协商,该行可到被告河北省邢台市东围城路城市信用社(以下简称“信用社”)存款,并找人将这笔款贷出,存款利率按贷款利率计算。典当行没有反对,但提出只搞正常存款业务,不做担保。此后,典当行收取了第三人河北省邢台市钢铁厂工人张保坤和清河县农民董长先交付的高额利差4.2万元。11月4日,典当行委派其副主任张俊荣以张个人名义在信用社存入现金50万元,信用社为其开具了账号为96097794、编号为0078160的定期整存整取储蓄存单,存期半年,月利率为4.5‰。手续办完后,张保坤、董长先要求张俊荣以此款为其从信用社借款作担保,张不同意,并携存单回了清河。当日下午,张、董二人在邢台市二中职工刘老林的介绍下,到信用社申请借款45万元人

民币，并说用张俊荣的50万元存单作质押担保。当信用社要求让张本人带身份证原件及存单前来办理质押担保手续时，董自称是张俊荣，同时出示了其伪造的张俊荣的身份证复印件，刘老林从中为董、张二人说情。信用社在没有对存单进行质押的情况下，与张、董二人签订了45万元人民币的借款合同及存单质押合同。张董二人将款贷出后，共同建立了洗煤厂。此后，又办理了延期贷款手续，董仍未出示存单及张俊荣身份证原件。存款到期后，典当行持存单取款，信用社以存单已质押为由扣留了存单，后又以张、董二人不能偿付贷款为由，扣划了存单上的50万元存款充抵了张、董二人的借款。为此，原告典当行诉邢台市中级人民法院，请求保护自己的合法权益。

[裁判要旨]

邢台市中级人民法院一审审理认为，该案是以存单质押为表现形式的借贷纠纷案件，典当行与信用社是合法的存款关系，信用社与第三人是质押借款关系。信用社虽与假冒张俊荣的董长先签订了存单质押贷款合同，但董长先未能在合同约定期限内将存单交给信用社，按担保法的有关规定，质押合同无效，信用社扣押典当行的合法存单及款项，侵犯了典当行的合法权益。遂根据有关法律作出(1998)邢经初字第457号民事判决：(一)典当行存在信用社的50万元存单合法有效。信用社与张保坤、董长先签订的存单质押合同无效。(二)信用社于判决生效后十日内偿付典当行存款本金50万元及利息(利息按人民银行同期存款利息计算，自1996年11月4日始至偿付完毕)；典当行收取的4.2万元利息差在执行中充抵本金。(三)张保坤、董长先承担连带清偿责任。

一审判决后,被告信用社不服,上诉于河北省高级人民法院称,信用社与典当行没有直接法律关系,典当行不具备本案原告资格。张俊荣与本案借款人张保坤、抵押人董长先恶意串通,目的是转嫁风险、赚取高额利差,应认定存单无效,信用社不负返还50万元的责任。本案为存单质押借款合同纠纷,而非存单纠纷。

河北省高级人民法院二审审理认为,信用社在没有验证存单所有人身份证原件和未质押存单的情况下,就与假冒存单所有人的董长先签订了质押担保合同,按有关法律规定,该合同尚未生效。信用社将款借出是其碍于人情违规操作所致,责任应自负。信用社关于典当行与张、董二人恶意串通、转嫁风险、损害其利益的主张,证据不足,不能成立。典当行将50万元交付信用社,信用社为其开具存单,双方因此建立了合法的存款关系。因典当行事先已收取了用资人给付的高额利差,为此,典当行、信用社和用资人之间形成了以存单为表现形式的借贷法律关系。原审法院将本案定性为以存单为表现形成的借贷纠纷,并依此确定各方当事人的权利义务并无不当。但原判决第二条关于利息的计算方法表述不当,应将典当行非法所得的4.2万元高额利差先充抵本金后再计算利息。并依照有关法律规定,作出(1998)冀经一终字第285号民事判决:(一)维持河北省邢台市中级人民法院(1998)邢经初字第457号民事判决的第一项、第三项。(二)变更第二项为邢台市东围城路城市信用社偿付典当行存款本金45.8万元及利息。

[法理评析]

本案并非一起简单的存单纠纷,具有一定的特殊性和复杂性,争执的主要焦点有两个:一是应该怎样确定案件的性质;二是质押合同有无法律效力,能否与存单纠纷并案审理。

一、如何确定案件性质

该案是单纯的存单纠纷,还是质押借款合同纠纷,还是以存单为表现形式的借贷纠纷,意见分歧较大。

根据最高人民法院《关于审理存单纠纷案件的若干规定》第6条(一)"认定"的规定:"在出资人直接将款项交与金融机构,或通过金融机构将款项交与用资人使用,金融机构向出资人出具存单或进账单、对账单或与出资人签订存款合同,出资人从用资人或从金融机构取得或约定取得高额利差的行为发生存单纠纷案件,为以存单为表现形式的借贷纠纷案件。"由此可以看出,构成以存单为表现形式的借贷纠纷必须具备主客观两方面的要件,即在客观上必须有直接将款项交于金融机构,或者通过金融机构将款项交于用资人使用,出资人从用资人或从金融机构取得或约定取得高额利差的事实,而在主观上必须是出资人、金融机构对用资人使用存款持希望或放任的态度。本案中,典当行将50万元人民币存入信用社,并从董、张二人处取得高额利差,信用社又将该存款借给董、张二人使用,这是无任何争议的客观事实。对此,典当行、信用社在主观上持什么态度呢?典当行将款存入信用社,信用社为其开具了存单,这是双方的真实意思表示,且内容、手续合法,应受到法律的保护。但清河县农行工作人员王勇在劝说典当行将款存入信用社时，就明确了按贷款利率计息的优惠条件。对此，典当行未表示反对，并在存款前接受了董长先、张保坤的高额利差4.2万元，这说明典当行有将该款高利率贷出的思想。对信用社来说，其也存有将典当行的存款转借给张保坤的主观意愿。典当行存款是50万元，而当天下午信用社就借给张、董二人45万元，期限半年，月利率10.08‰，这样到期本息相加，也就非常接近典当行的存款数。另外，张保坤答辩称，这50万元是我们通过王勇拉来的存款，又通过刘老林把它贷了出来。从中可以看出，张保坤的意图很明确，就是先拉来存款，再贷出来自己用。这一点作为金融营业商的信用社应该是非常清楚的，原因很简单，董、张二人无利可图，不会为信用社白拉存款。还有一个非常重要的情节，更能进一步证明信用社与用款人张、董二人之间“专款专用”的默契思想。即信用社在董长先没有质押存单和伪造身份证复印件的情况下，办理了借款手续，并将款借给张、董二人。在管理日益严格、程序日趋规范的现代金融管理体制中，出现此类错误，不仅仅是一个失误问题。这是谁拉的款谁用，进而金融机构赚取利差进行经营的一种方式，也是其加强竞争、增大业务量的有效做法。因此说，本案定性为以存单为表现形式的借贷纠纷是正确的。

二、关于质押合同

1. 效力问题。根据《担保法》第76条的规定，“以汇票、支票、本票、债券、存款单、仓单、提单出质的，应当在合同约定的期限内将权利凭证交付质权人。合同自权利凭证交付之日起生效”。本案中，董长先假冒张俊荣与信用社签订了质押担保合同，但没有将质权凭证及时交付给质权人信用社。只是当存款到期后，典当行前去取款时，信用社强行扣留了存单，这显然不是典当行的真实意思表示，是无效的民事法律行为。所以，该质押合同一直未生效。从另一面说，在合同签订过程中，董长先为达到能从信用社贷款的目的，在张俊荣明确告诉他不以存单担保的情况下，便伪造张的身份证复印件来欺骗信用社，这是民法上典型的欺诈行为，依据我国有关法律规定，所签订的合同是无效合同。而信用社因与张、董二人有“专款专用”的默契，无视法律规定，违规操作，将款借出，也应负相应的民事责任。因此，案涉质押担保合同自始就没有发生法律效力。

2. 并案审理的问题。就经济纠纷而言，本案共涉及三个法律关系，即原告典行当与被告信用社之间的存单法律关系；信用社与张保坤、董长先之间的借贷法律关系；信用社与董长先之间的担保法律关系（尽管质押合同是董长先假冒张俊荣签订的，但其与信用社之间质押担保的法律关系是存在的）。前两者共同构成了以存单为表现形式的借贷法律关系，而后两者又是主合同与从合同的关系。通常情况下，在审理主合同纠纷的同时，也应对从合同加以审理。这样，信用社与张、董二人借贷关系就把前后两个法律关系紧紧地联系在一起，形成了一个不可分割的整体。所以，两级法院对本案进行并案审理是正确的。

作者单位：河北省邢台市中级人民法院

升辉集团有限公司诉南海市计划局、南海市人民政府涉外债务纠纷案

文 南

[基本案情]

1996年8月15日、9月10日，晖达投资有限公司（在香港注册，以下简称晖达公司）与盈民发展有限公司（在香港注册，以下简称盈民公司）签订《协议书》两份，分别约定由晖达公司借给盈民公司港币1,000万元和港币600万元，月利率均为40%，还款期限分别为1997年2月15日和1996年10月28日；由盈民公司的董事黄新、汤树根先生作私人担保。协议签订后，晖达公司依约向盈民公司划付了上述借款，但盈民公司收到款项后，仅由中国南海发展有限公司等其他单位代为支付利息港币300万元、人民币200万元，无力偿还借款本金及其余利息。晖达公司于是在香港提起诉讼追讨欠款，香港高等法院于1997年7月31日判令盈民公司、黄新、汤树根败诉，偿还晖达公司借款本金港币1,600万元及利息。1997年8月3日，晖达公司与原告升辉集团有限公司（在香港注册，以下简称升辉公司）签订《债权转让协议书》，将其对盈民公司

的上述贷款1,600万元本息的债权转让给升辉公司。1997年8月28日,盈民公司经晖达公司申请依法由香港高等法院宣告破产。1997年9月19日,盈民公司的开办单位广东省南海市计划局在晖达公司、升辉公司的追讨下出具一份《承诺书》,表示“盈民公司是我局属下企业,我局有责任督促该公司尽早偿还拖欠贵公司的款项,如盈民公司无力偿还债务时,我局将会承担还款责任”。

1998年12月7日,升辉公司以南海市计划局、南海市人民政府为共同被告向广东省佛山市中级人民法院提起诉讼,认为晖达公司将其债权转让给原告合法有效,盈民公司的开办单位南海市计划局出具承诺书,应对盈民公司的债务承担清偿责任;南海市计划局是南海市人民政府的职能部门,不具备法人资格,不能独立承担民事责任,故南海市人民政府应对南海市计划局的还款义务承担连带清偿责任;请求法院判令两被告立即偿还原告款项本金港币1,600万元、利息港币150万元,承担本案诉讼费。同时原告向法院提出查封(扣押)南海市计划局及其属下七家公司财产的诉讼保全申请,受理法院依原告升辉公司的申请,裁定实施大规模的诉讼财产保全措施。

[裁判要旨]

佛山市中级人民法院经审理认为,晖达公司借款港币1,600万元给盈民公司的事实清楚。晖达公司将其对盈民公司的上述债权转让给原告,且盈民公司也向原告履行了部分还款义务,故该债权转让行为有效。南海市计划局向原告出具了一份关于归还借款的承诺函,确认对其属下企业盈民公司向原告的上述借款在盈民公司无力偿还债务时承担还款责任。这表明南海市计划局对盈民公司的上述借款行为及债权转让等情况是清楚的；盈民公司一直无偿还借款能力,南海市计划局应当清楚。在1997年9月19日南海市计划局向原告出具承诺函后，该局下属企业南海市智达企业集团还向原告支付了100万元利息(另100万利息由南海市中南经济发展有限公司代为支付)。因此在南海市计划局向原告出具承诺函后,原告与南海市计划局已经成立了债务清偿关系。南海市计划局的答辩没有事实和法律依据,不予采纳。南海市计划局欠债无理,应向原告偿还债务,原借款协议约定的利率过高,应当按国家规定的利率执行。南海市计划局具有法人资格,故南海市人民政府不应承担本案债务的直接清偿责任。遂于1999年12月3日依照《中华人民共和国民法通则》第50条、第84条、第106条第1款、第108条之规定,作出(1998)佛中法经初字第723号《民事判决书》,判决:(一)被告南海市计划局应于判决生效10日内向升辉公司支付借款本金港币1,600万元及其利息(从划付之日起,以实际欠款数按中国人民银行规定的同期港币贷款利率计息，已付利息港币300万元、人民币200万元在应付利息中扣除)。逾期履行,则按中国人民银行规定的同期贷款利率加倍支付迟延履行期间的债务利息;(二)驳回原告的其他诉讼请求。案件受理费103,635元、财产保全费94,145元,合计197,780元由被告南海市计划局承担。

[法理评析]

本案涉及粤港两地当事人经济纷争和政府诉讼，既有程序上诉讼财产保全的合理性、合法性争议,诉讼主体的问题；又有对事实的认定,以及涉外合同之债法律适用方面的问题。已引起广东地方政府以及社会各界广泛的关注，笔者仅就本案几个法律问题进行分析。

一、南海市人民政府是否应作为本案共同被告承担责任

笔者认为,南海市人民政府并非本案适格被告,不应承担本案所涉债务之偿还责任。这是因为,第一,盈民公司作为在香港注册的公司,具有完全的独立的民事权利能力和民事行为能力,其向晖达公司借款举债,不可能也不必要由南海市人民政府决定,南海市人民政府对此事始终处于不知情状态,替此债务承担责任,显然没有事实依据。第二,无论是晖达公司或原告升辉公司与南海市人民政府均没有任何合同关系，南海市人民政府也从未对任何个人或单位承诺为远在境外的盈民公司的债务负责。更何况本案中盈民公司与南海市人民政府并无法律上关系。另一方面,南海市计划局是一个具备法人资格，由佛山市机构编制委员会批复，南海市委、市政府设立的行政单位，其独立行使行政职权，独立进行经济核算,因而应独立对自己的民事行为负责。佛山市编委佛机编[1995]79 号文《关于南海市党政机构改革方案的批复》和南海市编委南机编 [1997] 87 号文《关于印发市计划局职能配置、内设机构和人员编制方案的通知》均规定,该局是科(局)级行政单位,是南海市人民政府独立行使职能的工作部门。南海市计划局局长陈国强,由南海市人大常委会南常发[1998]9 号文直接任命。根据《地方各级人民代表大会和地方各级人民政府组织法》规定,独立行使行政职能的机构的行政首长必须由人大任命，如果计划局只是市政府的内设机构,不能独立行使职权,则其首长应由市政府任命。另外南

海市计划局的行政经费由财政局预算拨款，该局有自己的财务机构、会计账册，严格按照有关法律法规进行独立核算。如果计划局只是南海市人民政府内设机构，则其经费只能是包含于市政府的经费预算拨款内，不会有独立的国家财政拨款，不必也不可能实行独立核算。我国《民法通则》第 50 条规定“有独立经费的机关从成立之日起，具有法人资格”。基于上述，南海市计划局是具有法人资格的行政机构，其依法应独立承担民事责任。因此原告升辉公司将南海市人民政府与南海市计划局列为本案的共同被告是不当的，其请求南海市人民政府承担连带清偿责任没有事实与法律依据。所以一审法院认定南海市人民政府不必承担责任，驳回原告该部分诉讼请求是正确的。

二、南海市计划局的法律责任

南海市计划局是否应承担民事责任和承担何种民事责任是本案争议的核心焦点，因而不可避免地存在对晖达公司与原告升辉公司之间债权转让的法律效力和南海市计划局出具承诺函的法律性质及法律效力如何认定问题。

(一)晖达公司与原告升辉公司之间债权转让的法律效力

债权转让合法有效的第一要件是晖达公司要对盈民公司拥有合法的债权。晖达公司与盈民公司均是在香港依法注册登记的公司，并且晖达公司持有香港政府颁发的有效《放债人牌照》；晖达公司与盈民公司之间签订《协议书》，由晖达公司于 1996 年 8 月 15 日、同年 9 月 10 日分别出借给盈民公司港币 1，000 万元、600 万元，根据香港法律条例、规则契约，晖达公司与盈民公司的借款行为合法有效。事实上，盈民公司借款后，因缺乏偿还能力，晖达公司在香港起诉借款人盈民公司及借款担保人黄新、汤树根，香港高等法院也作出了盈民公司、黄新、汤树根败诉的判决，由此可见，晖达公司对盈民公司拥有港币1,600万元及其利息的合法债权，这是不容存疑的事实。

债权转让合法有效的另一要件是晖达公司将债权让与原告升辉公司的行为应不存在任何瑕疵，包括当事人意思表示真实、行为方式及内容符合法律规定。本案中，盈民公司经债权人晖达公司申请，香港高等法院已于1997年8月28日对其作出宣告破产的判令。而就在距香港高等法院判令盈民公司破产前25日，晖达公司与升辉公司签订了债权转让协议书。既然晖达公司通过申请盈民公司破产来实现自己的债权，则说明此债权的实现已存在极大的风险，此时将债权转让给升辉公司，在正常情况下对升辉公司来说受让此债权显具不公平性。同时对一个正常人来说，如非受隐瞒、欺诈，其必不会冒此风险去受让此债权；因此，我们可以推定：要么受让人的理智不足以理解此种债权的风险性，要么受让人被隐瞒、欺诈，要么受让人有足够的自信能化解受让债权后的债权实现风险，要么受让人与让与人有充分的意思沟通，通过债权转让来达到另外的目的。晖达公司和升辉公司的商业登记资料表明，两公司的现有公司董事均同为冯标、吴志强、陈子权，也就是说升辉公司不可能不知道此债权的具体情况，其受让债权多属于上述最后一种情形。从另一角度可更清楚地看到，晖达公司一方面将债权转让给升辉公司，另一方面又向香港高等法院申请盈民公司破产，其目的显然在于双重地主张权利，并且申请债务人盈民公司破产与同时将债权转让的行为是互相矛盾的。从法理上讲，即使一个债权人拥有合法的债权，也绝不能主张双重权利，否则，必然有一个主张是无效的，这是权利用尽不复取原理。基于上述，笔者认为晖达公司与升辉公司之间债权转让行为是无效的民事行为，所签订的《债权转让协议书》对双方不应具有法律约束力，升辉公司也不能基于债权转让协议书向盈民公司或盈民公司以外的人主张此债权。也就是说原告在本案的请求没有合法的权利依据。

(二)南海市计划局出具承诺函的法律性质及法律效力

本案原告升辉公司向两被告主张权利最重要的依据为南海市计划局于 1997 年 9 月 19 日向升辉公司出具的《关于归还借款的承诺函》，该承诺函内容为“知悉盈民公司向贵公司借款本金港币壹仟陆佰萬圆逾期没有归还，并拖欠部分利息，深表歉意。盈民公司是我局属下企业，我局有责任督促该公司尽早偿还拖欠贵公司的款项，如盈民公司无力偿还债务时，我局将会承担还款责任”。南海市计划局的意思是明确的，前部分意思是作为盈民公司的主管部门，愿意督促该公司尽早还款；后部分意思是假设盈民公司无力偿还债务时，承诺承担还款责任。从该函件文字内容看，绝对没有债务转让或债务承担的意思。

另一方面，从此后的还款情况看，1997 年 9 月 1 日南海市中南经济发展有限公司代盈民公司支付利息港币 300 万元。南海市计划局出具承诺函后，1997 年 12 月 24 日，南海市中南经济发展有限公司仍代盈民公司支付利息人民币 100 万元；1998 年 2 月 23 日，南海市智达企业集团（南海市计划局下属企业）代盈民公司还款人民币 100 万元。以上还款均无一例外地明确表示是代盈民公司还款，如果承诺函是债务转让或债务承担的话，则在南海市计划局出具承诺函后，则应是代计划局还款才是。所以对该函件应正确理解为一种单方面出具的信用担保的承诺，是向境外机构或债权人或受益人的具有保证性质的承诺，属于一种境内机构对外担保。

世界各国对对外担保都规定了严格的限制，中国也不例外，这是一个国家对涉外资本债务量化控制的手段。根据我国《担保法》第8条规定，除经国务院批准为使用外国政府或者国际经济组织贷款进行转贷之外，国家机关不得为保证人。我国关于外汇、外债管制的法律法规更是专门有针对性地对对外担保作了明确的规定。《中华人民共和国外汇管理条例》第24条规定，“提供对外担保，只能由符合国家规定条件的金融机构和企业办理，并须经外汇管理机关批准”。《境内机构对外担保管理办法》第4条、第7条、第12条、第14条、第17条等条款规定：“除经国务院批准为使用外国政府或者国际经济组织贷款进行转贷外，国家机关和事业单位不得对外担保”；“担保人不得为经营亏损企业提供对外担保”；“经外汇局批准后，担保人方能提供对外担保”；“提供对外担保，应当到所在地外汇局办理担保登记手续”；“担保人未经批准擅自出具对外担保，其对外出具的担保合同无效”。南海市计划局是具有法人资格的行政单位，属于国家机关。我们绝对不能对南海市计划局的法律地位视而不见，也就是说南海市计划局在本案中显然不具备对境外公司债权作保证人的资格，此其一；其二，南海市计划局对境外升辉公司的债权提供担保，应经而未经国家外汇管理部门审批、登记。南海市计划局对外担保同时违反了这两方面强制性法律规定，对外担保（保证）应认定无效。既然对外担保无效，根据我国民法、担保法规定，南海市计划局则应根据过错归责原则负过错责任，而不应承担担保责任。

现在我们进一步分析南海市计划局在本案中属何种程度的过

错。晖达公司向盈民公司借款是在1996年8月、9月，而南海市计划局出具承诺函是在1997年9月19日，是在借款期限届满半年之后的事，根本不可能影响晖达公司作出是否出借款项的决策，没有误导作用，其过错是轻微的；晖达公司应对自己的决策行为负责，其在出借款项之日就应意识到要承担借款后的市场风险。晖达公司在起诉和申请盈民公司破产诉讼期间，私下转让债权行为，实为一种转嫁借款风险的伎俩，其无权要求别人来替其承担自己决策的风险和自己行为的损失。

综上所述，笔者认为晖达公司与升辉公司之间债权转让无效，升辉公司无权向两被告主张权利；南海市计划局出具承诺函的法律性质是一种对外担保（保证）行为，出借方目的在于转嫁风险与损失，南海市计划局所负的过错责任是次要的。一审判决回避了上述两方面至为重要的事实认定，简单地认为在南海市计划局向原告出具承诺函后，原告与南海市计划局已经成立了债务清偿关系是不正确的，因为计划局出具承诺函的行为是一种无效对外担保（保证）行为，根本不是债务转让或债务承担。退一步而言，就算当事人有债务转让的意思，但我国是实行严格外汇管制和外债监管的国家，境外债务转为境内债务一定要经外汇管理部门的批准和登记备案，否则无效，这是强制性规定。南海市计划局对外担保无效，对盈民公司债务不负清偿责任；原告升辉公司没有取得合法有效的债权，无权主张权利。可见原、被告之间并没有成立什么债务清偿关系，原告的诉讼请求是没有事实与法律依据的，应予驳回。

三、涉外合同之债处理的法律适用

本案纠纷虽不是在严格主权意义的国家与国家之间进行，但根据“一国两制”，中国大陆与香港毕竟为相对独立的不同法域，各有自己的民商事法律制度。原告为香港公司，被告为大陆行政机关，争议是合同之债，涉及三个合同关系，分别是作为主合同的借款合同关系、债权转让合同关系和作为从合同的对外保证合同关系。复杂的是主合同行为在香港发生，从合同南海市计划局的保证行为在大陆发生，诉讼又是在大陆法院进行的，根据中国立法和国际私法理论，属涉外合同之债，因而必然存在法律适用问题。遗憾的是一审法院却根本没有谈及。

笔者试从本案的诉讼程序法的适用与实体合同之债争议的准据法的选择这两方面作简单的探讨。首先，本案在大陆法院提起、进行，当然适用《中华人民共和国民事诉讼法》。由于原告单独起诉出具承诺函的一般保证人南海市计划局，而作为主债务人的盈民公司仍作为独立法人存在。根据最高人民法院《关于适用〈中华人民共和国民事诉讼法〉若干问题的意见》第53条规定“因保证合同纠纷提起诉讼……债权人仅起诉保证人的，除保证合同明确约定保证人承担连带责任的外，人民法院应当通知被保证人作为共同被告参加诉讼；债权人仅起诉被保证人的，可只列被保证人为被告”。一审法院在本案中并没有通知盈民公司参加诉讼，显然不符合以上规定，同时也不利于查明本案之事实。第二，关于本案合同之债的准据法选择问题，主合同或主债务行为在香港发生，从合同或从债务行为在大陆作出，而原、被告分属于香港和大陆法人，究竟应适用何地民商事法律？合同之债争议的准据法选择在国际私法理论上有“单一论”和“分割论”之争，而中国在此方面至今仍没有明确的立法规定。笔者根据客观标志原则、最密切联系原则及中国司法实践的实际情况分析认为，本案主债务行为即借款合同及债权转让合同事实应适用香港地区民商事法律认定，关于被告出具承诺函的对外保证行为的效力及责任应适用大陆法律认定为宜。但无论根据香港民商事法律还是根据大陆民商事法律规定，晖达公司一面起诉、申请盈民公司破产，一面将债权转让给升辉公司均违反法理。既然盈民公司已经其申请而宣告破产，则其债权转让行为必须依法认定为无效，因此升辉公司作为诉讼主体（原告）不适格，无权向南海市计划局主张权利，应驳回其诉讼请求；假设晖达公司与原告之间债权转让有效，根据中国大陆民商事法律，南海市计划局对外担保（保证）违反法律的强制性规定亦属无效，此时南海市计划局根据民法的过错归责原则确定的过错程度，最多对盈民公司不能清偿部分的债务承担不超过1/3的赔偿责任。本案诉讼的主债务行为与从债务行为应分别考虑适用法律，这也给法官提出了适用法律的更高要求。

作者单位：佛山市中级人民法院

江宁县东山镇副业公司诉江苏省南京机场高速公路管理处损害赔偿纠纷案

吴 华

[基本案情]

1997 年 11 月 20 日，江宁县东山镇副业公司（以下简称副业公司）的驾驶员孙家福驾驶桑塔纳轿车，沿南京机场高速公路由南向北行驶至 19K + 200M 处时，突然发现前方路中有过往车辆失落的防雨布一块，因避让不及，车辆撞上路东护栏，造成一死三伤、车辆严重损坏的交通事故。南京市公安局交通警察支队高速公路大队的道路交通事故责任认定书认定：司机与乘车人均无违章行为，该事故为意外事故。经调解，副业公司作为车主与此次事故中的受害人达成交通事故损害赔偿协议，解决了纠纷。1998 年 10 月，副业公司以南京机场高速公路管理处（以下简称高速公路管理处）收取车辆通行费后未履行保障道路安全畅通的义务，导致自己遭受巨额财产损失为由，向南京市雨花台区人民法院起诉，请求高速公路管理处赔偿损失 231,129.25 元。

[裁判要旨]

南京市雨花台区人民法院一审审理认为:高速公路管理处因收费与副业公司之间形成了有偿使用公路的合同关系。高速公路管理处因疏于巡查而未能发现并清除路障,是未履行其应尽职责与合同义务,致使副业公司的车辆在正常行驶中发生事故,因而高速公路管理处应当对这次事故给副业公司造成的直接经济损失承担赔偿责任。据此判决:高速公路管理处赔偿副业公司损失费用142,658.30元;案件受理费4,360元由高速公路管理处负担。

高速公路管理处不服一审判决,认为其与副业公司之间是行政关系,不是合同关系。法院应当驳回副业公司的诉讼请求却未驳回,实属错判。于是又向南京市中级人民法院提出上诉。

南京市中级人民法院二审审理认为,原审法院依据《民法通则》第111条的规定,判决高速公路管理处给副业公司赔偿损失是正确的。上诉人所称"收取车辆通行费,是实施行政管理行为,双方之间由此形成的只能是行政关系,不是合同关系"的理由不能成立。原审判决认定事实清楚、证据确实充分,适用法律正确,判决适当,应予维持。遂于1999年8月24日判决:驳回上诉,维持原判。二审诉讼费4,360元,由高速公路管理处负担。①

① 关于本案基本案情和裁判要旨的详细情况参见《最高人民法院公报》,2000年第1期。

[法理评析]

因本案涉及高速公路管理处的法律地位和性质,以及高速公路致害由谁赔偿等问题,引起理论界和实务界的极大兴趣。

本案的焦点在于高速公路管理处收取车辆通行费,实施管理,由此与高速公路的使用者之间形成的到底是行政关系,还是民事关系?这个问题涉及到救济的途径,进而关系到受害人能否获得赔偿。因为根据我国《国家赔偿法》的规定,公有公共设施的赔偿不属于行政赔偿的范围,如果当事人之间是行政法律关系,那么法院将驳回起诉,副业公司将得不到赔偿。那么,副业公司与高速公路管理处之间到底是行政法律关系,还是民事法律关系?

一、高速公路管理处的性质及法律地位

南京市中级人民法院查明,高速公路管理处为全民所有制事业法人,其事业法人登记证上登记的职责或服务范围包括路政管理、公路养护、规费征收和经营开发,经费来源为自收自支。因此,高速公路管理处是民事主体。我国的事业法人是指从事社会各项具体事业,并以谋求社会公益为目的的法人,其特征为:(1)事业法人所从事的是社会各项具体事业,不能从事生产经营活动;(2)事业法人是以社会公益为目的的法人;(3)事业法人有自己独立的活动经费。其经费主要由各级财政预算拨款,或集资入股,或集体出资;(4)其成立必须符合国家有关规定。

但另一方面,根据江苏省交通厅的委托,高速公路管理处行使路政管理、规费征收和行政处罚权。据此委托,高速公路管理处可以对通过南京机场高速公路的车辆征收车辆通行费和实施路政管理，可以对违反路政管理和车辆通行费管理规定的单位和个人作出行政处罚。此时，高速公路管理处则是接受行政机关委托的组织。行政机关的委托有两种情况：一是法律、法规规定行政机关享有某项行政职权的委托权；二是法律、法规未规定行政机关有权委托，而是行政机关自行委托的。我国《公路法》第 8 条第 4 项规定："县级以上地方人民政府交通主管部门可以决定由公路管理机构依照本法规定行使公路行政管理职责。"因此，江苏省交通厅据此将公路行政管理职责委托给南京机场高速公路管理处是依法委托。从法律上看，江苏省交通厅与南京机场高速公路管理处之间是委托与被委托关系，江苏省交通厅与高速公路使用者之间是行政法律关系。根据江苏省交通厅的委托，南京机场高速公路管理处有权作出路政管理、规费征收、行政处罚等具体行政行为，但却并非行政主体。因为行政主体是指享有行政职权，能以自己的名义行使职权，并能独立地承担由此而产生的相应法律责任的组织，被委托组织因欠缺独立承担行政法律责任的要件而不能成为行政主体，其行为造成的法律后果由委托机关承担。

因此，本案中的高速公路管理处具有双重身份。一是作为民事主体的身份，其行为的法律后果由自己承担；二是作为接受行政机关委托的组织，其行为的法律后果由委托组织承担。

二、高速公路致害的赔偿

(一)本案应适用民事赔偿程序

高速公路管理处具有双重身份。其以民事主体的身份作出的行为是民事行为，以接受行政机关委托的组织的身份作出的行为为行政行为。在本案中，区分这两种行为性质的关键是看高速公路管理处作出该行为时是以谁的名义进行的。当其以自己的名义对高速公路实施日常经营管理、公路养护、规费征收和经营开发时，与高速公路的使用者之间形成的是民事法律关系；当其行使江苏省交通厅委托的路政管理、规费征收和行政处罚权时，为被委托的行政主体，此时，它与高速公路的使用者之间形成的是行政法律关系。

本案中，高速公路管理处是基于对高速公路的经营管理，以自己的名义向过往的车辆收费的，因而其与交费人之间形成的是民事权利义务关系，而不是行政法律关系。因此，本案不应适用国家赔偿，而应适用民事赔偿。

（二）本案民事赔偿的特点

依我国《民法通则》第6章的规定，根据责任发生的原因，民事责任分为违约责任和侵权责任两类。法人要承担民事责任，就须有违反民事法律规定的违法行为或者违反合同规定的违约行为。法人的违法行为有两种：一是指法人有侵权行为；二是指法人有违反法律规定而为的行为。违约行为则指法人在依法订立经济合同或其他民事合同后，未按合同规定履行义务。无论是法人的违法行为或违约行为，都会产生一定的法律后果，有法律后果就必须承担法律责任。

从我国的审判实践看，对道路、桥梁等公有公共设施的赔偿，以往均适用我国《民法通则》第119、125、126条等规定。例如，我国司法实践正式确认道路管理瑕疵赔偿责任的第一个判例——“王某某诉千阳县公路管理段人身损害赔偿案”，①就是依据《民法通

① 最高人民法院公报编辑部编：《最高人民法院公报典型案例和司法解释精选》第1集，第202—204页。

则》第126、119条的规定处理的。显然,以往的作法都是按照我国《民法通则》中的侵权责任来处理此类案件的。

本案的特殊之处在于,法院是以高速公路管理处的违约责任判决其承担赔偿责任的。一审法院认为,高速公路管理处因收费与副业公司之间形成了有偿使用高速公路的民事合同关系。高速公路管理处应当保障副业公司的车辆能够安全畅通地使用该高速公路。致副业公司的车辆在正常行使中发生事故的路障,本应由高速公路管理处及时发现并清除,而高速公路管理处却因疏于巡查而未能发现并清除该路障,是未履行其应尽职责与合同义务。因而高速公路管理处应当对这次事故给副业公司造成的直接经济损失承担赔偿责任。二审法院认为,高速公路管理处作为事业法人,根据江苏省交通厅的委托和事业单位法人登记证核准的范围,不仅有在南京机场高速公路上代行路政管理和规费征收的行政权力,也有为解决自己经营活动所需经费向过往车辆收取车辆通行费的权利。根据权利与义务一致的原则,高速公路管理处在享有权利的同时,有依照《公路法》第43条的规定履行保障公路完好、安全、畅通的职责和义务。副业公司履行了交纳车辆通行费的义务以后,即享有使用高速公路并安全通行的权利。高速公路管理处与副业公司之间因收支费用的行为而形成了有偿使用高速公路的民事合同关系。依照《民法通则》第4条的规定,民事活动应当遵循公平、等价有偿的原则。高速公路管理处在收取费用后不能及时清除道路上的障碍物,致使副业公司的车辆在通过时发生事故,既是不作为的侵权行为,也是不履行保障公路安全畅通义务的违约行为。原审法院以违反合同义务处理,并无不当。副业公司对此次事故给自己造成的损失,要求高速公路管理处赔偿,符合《民法通则》第111条的规定:高速公路管理处应当对自己的违约行为承担民事责任。原审法院据此判决高速公路管理处给副业公司赔偿损失,是正确的。

本案的判决实际上扩充了民事主体承担道路、桥梁等公有公共设施致害赔偿的责任范围。

三、关于我国的公有公共设施的致害赔偿

目前,世界各国国家赔偿法的赔偿范围不完全相同,归纳起来主要有三种:一种是国家对国家作用下的一切行为,均负责赔偿,包括非权力作用的公行政行为和私经济行为,这类国家主要有法国等;一种是国家对包括私经济行为之外的一切公行政行为负责赔偿,即不仅包括行使国家统治权的行为,也包括像公共设施管理、国立学校内部管理等非权力的公行政行为,但不包括私经济行为,如日本、韩国等;还有一种是国家只对基于统治权的优越地位而发生作用的行为负责赔偿,不包括公行政行为和私经济行为。

我国《国家赔偿法》的赔偿范围仅对职权行为予以赔偿、不包括公行政行为和私经济行为,因而公有公共设施的赔偿未纳入到国家赔偿的范围,究其原因,主要有:

(一)我国《国家赔偿法》的赔偿范围仅限于对违法行使职权的行为进行赔偿,而邮电、医院等国有企业、事业单位,桥梁、道路等国有公共设施,因设置、管理欠缺发生的赔偿问题,不属违法行使职权问题,不纳入国家赔偿范围。①

(二)对公有公共设施赔偿,受害人可依《民法通则》等有关规定,向负责管理的企业、事业单位请求赔偿,并且这些企事业单位

① 胡康生:《关于〈中华人民共和国国家赔偿法(草案)〉的说明》。

也有能力赔偿。

立法和审判实践中的做法，是由公有公共设施的经营管理单位赔偿或者通过保险渠道赔偿，而不是由国家赔偿。①具体表现为:1. 国有企业负责赔偿。如，邮政法规定，邮政损害由邮政企业赔偿而不由国家赔偿。《邮政法》第 32 条规定，查复期满无结果的，邮政企业先予赔偿;第 33 条规定，对于给据邮件丢失损毁、邮件短少的，由邮政企业依照规定赔偿。2. 通过保险渠道赔偿。依照《铁路旅客意外伤害强制保险条例》等法规，铁路、航空对运输事故的赔偿费用由保险渠道解决，国家不承担责任。3. 事业单位赔偿。《医疗事故处理办法》第 18 条规定，医疗事故的赔偿由医疗单位向病员或者亲属赔偿。4. 对道路、桥梁等公有公共设施的赔偿。我国《民法通则》第 125、126 条等已有规定，在司法实践中已适用于大量的赔偿案件，这是涉及国家机关非权力行为的赔偿，判决的执行不是由国家而是由管理这些设施的企事业单位或机关从自有资金中支付。5. 负责赔偿的主要是国有企业、事业单位。为使这些企事业单位能够成为独立承担责任的法人，国家进行了一系列的改革，如将民航局改为公司等;管理这些公共设施的国有事业单位许多已成为自主经营、自负盈亏的事业单位法人。为了建立真正的法人制度，也应当由他们自己承担责任。同时，管理公共设施的国家机关也在利用这些设施创收，如地方自建桥梁向过往车辆收费，参观人民大会堂收费等等，因而这些国家机关、企事业单位也有能力予以赔偿。

---

① 肖峋著:《国家赔偿法的理论与实用指南》，中国民主法制出版社 1994 年 7 月版，第 131—134 页。

（三）国家经济能力有限，应将有限的财力集中用于亟须解决的违法行使职权行为的赔偿。

由于我国目前还处在社会主义初级阶段，国家财政有限，因而我国的国家赔偿法首先要解决的是对权力行为的赔偿问题，行政赔偿的当务之急是约束行政权力的行使，解决违法行使权力的赔偿问题，有限的钱应当花在刀刃上，不能分散使用。在支付因公有公共设施致害所需的巨大的赔偿费用方面，国家确有困难。我国的社会主义经济制度的基础是社会主义公有制，即全民所有制和劳动群众集体所有制，而铁路、公路、航空、桥梁、医院等公有设施绝大部分是由全民所有制的企事业单位管理，这种赔偿在总金额中的绝对数和所占比例可能更为巨大，如果因此而造成的赔偿全部适用国家赔偿，作为发展中的国家是难以承担的。

（四）适用民法赔偿对受害人有利。

我国《国家赔偿法》实行有限赔偿原则，对生命健康权的损害，国家赔偿有最高额限制。国家赔偿是侵权的国家应当对自己的过错承担责任，是国家向受害人表示歉意的一种表示。制定《国家赔偿法》的目的在于解决国家侵权而不承担责任的问题，国家赔偿以保障生存需要为限，填补受害人的损失；而民法规定的赔偿则无最高额限制，因为是按实际损失和可得利益的损失计算，因此更有利于受害人。

作者单位：中国政法大学

杨惠娟、杨胜燕、杨来月、冯阿宝诉何刘根、何春华、浙江三环丝绸(集团)公司海盐丝厂、宋银茹、张君山、吴树滋、张祖荣、浙江省海盐县海塘供销合作社道路交通事故损害赔偿案

——共同侵权、责任竞合与必要共同诉讼

陈灵海　张利群

[基本案情]

1997年7月5日凌晨，黄燕军驾驶一辆“跃进”大货车从海盐开往嘉兴新篁（自南向北），行至海盐县元通乡皇王桥，因逆道超车，与由张跃海驾驶的、自北向南开往绍兴的“飞虎”小货车相撞。“飞虎”货车内乘客沈根林、朱××重伤，乘客沈××、徐××轻伤，乘客沈××当场死亡。其中沈根林被送至海盐县人民医院并转上海市金山医院治疗后，仍呈植物生存状态并难以逆转，损伤程度达伤残一级（100%），于1997年9月23日出院，至1998年4月22日死亡。经事故处理机关海盐县公安局交警大队认定，“黄燕军应

负事故的全部责任。……张跃海车内超坐,但与事故发生无直接因果关系,故不负责任。车上所乘人员均不负交通事故责任。”

上述“跃进”货车在交通管理部门登记的车主为被告浙江三环丝绸(集团)公司海盐丝厂(以下简称海盐丝厂)。1997年3月18日,海盐丝厂将该车转让给何清华,但未办理过户手续。同年5月21日,何清华车祸身亡。同月26日,其父被告何刘根向县公路稽征部门申请报停,又于同年6月19日以自己的名义向稽征所重新申请领取了牌照,并于次日将“跃进”货车及证照交黄燕军。被告何刘根、何春华(何刘根之子、何清华之弟)、黄燕军三人约定,由黄燕军驾驶“跃进”货车开展营运,每月工资300元,另加10%业务费。在嗣后发生的多笔业务中,均采取何刘根与何春华联系业务、黄燕军驾驶、何春华结算运输费的方式。同年7月4日,何刘根将2,565元交海盐丝厂作为养路费,由海盐丝厂向收费部门缴纳。

上述“飞虎”货车实际车主为张跃海,挂靠被告海盐县海塘供销合作社(以下简称海塘供销社)经营运输业务。事故发生前日,张跃海与上述沈根林等五人约定,由张跃海驾车将五人送至绍兴柯桥,运费300元。

沈根林自1997年7月5日送海盐县人民医院治疗,7月9日转上海市金山医院,至9月23日出院,共住院80天,其家属为其支付医疗费76,110.52元,交通费1,704.80元,住宿费62元,至1998年4月22日死亡,应计死亡补助费55,920元,误工费4,085元,护理费3,440元,伙食补助费1,200元,丧葬费1,000元,加其生前抚养近亲属的抚养费15,900元,合计159,422.32元。

本案原告杨惠娟、杨胜燕、杨来月、冯阿宝分别为沈根林的妻、女、母,在沈根林死亡后,以沈根林的法定继承人的身份参加诉讼

（以下称沈根林的法定继承人）。本案被告宋银茹、张君山、吴树滋、张祖荣分别为张跃海的妻、子、母、父，以张跃海的法定继承人的身份参加诉讼（以下称张跃海的法定继承人）。

［裁判要旨］

浙江省海盐县人民法院一审审理认为，黄燕军驾驶的“跃进”货车与张跃海驾驶的“飞虎”货车相撞，是由于黄燕军绕越同向骑行的自行车，逆道行驶而直接造成的，其（黄燕军）行为违反了《中华人民共和国道路交通管理条例》，主观上有过错，应对事故负全部责任，公安交警部门对事故责任的认定正确。何刘根、何春华是“跃进”货车的实际车主，与黄燕军是事实上的雇用关系，应作为雇主对受雇人的损害行为承担“转承民事赔偿责任”；海盐丝厂是“跃进”货车的登记车主，应对何刘根、何春华的上述责任承担连带清偿责任。“张跃海在本案交通事故中不负事故责任，不应承担直接赔偿责任，但处于与黄燕军构成对沈根林等乘客共同侵权的地位，故应对何刘根、何春华、海盐丝厂的民事赔偿责任承担连带责任……”因张跃海已死亡，故应由其法定继承人宋银茹、张君山、吴树滋、张祖荣以张跃海个人遗产范围为限对何刘根、何春华、海盐丝厂的上述责任承担连带责任。海塘供销社与张跃海间系挂靠关系，应对张跃海的上述责任承担连带责任。①

---

① 一审法院判决所依据的法律、法规为：《中华人民共和国民法通则》第106条第2款、第119条、第130条、《道路交通事故处理办法》第35条、第36条、第37条第1款第1、2、3、4、10项、第38条、第39条、《中华人民共和国继承法》第10条、第33条、《最高人民法院关于〈中华人民共和国民事诉讼法〉若干问题的意见》第43条、第57

一审审理过程还包括如下细节：起初，案件是由沈根林为原告，并仅以海盐丝厂为被告提起的；1998 年 4 月 22 日，沈根林死亡，一审法院裁定中止审理；1999 年 2 月 24 日，沈根林的法定继承人杨惠娟、杨胜燕、杨来月、冯阿宝以原告身份参加诉讼，一审法院恢复审理，并追加何刘根、何春华、宋银茹、张君山、吴树滋、张祖荣及海塘供销社作为共同被告参加诉讼。

一审判决后，被告张祖荣不服，提起上诉。

浙江省嘉兴市中级人民法院二审审理认为："本案存在客运合同及侵权损害赔偿两种法律关系。受害人沈根林的法定继承人选择侵权损害赔偿，应以两车主为共同被告提起诉讼……张跃海虽对本案事故无责任，但因与沈根林存在客运合同关系，且沈根林之伤害系两车相撞的直接后果，故张跃海应对本案事故承担连带责任。因张跃海已在事故中死亡，故其应承担的责任转由法定继承人在遗产范围内承担。"何刘根、何春华、海盐丝厂分别为"跃进"货车的实际车主与登记车主，应对黄燕军驾车致害他人的行为负赔偿责任并互为连带。海塘供销社为张跃海客运经营的挂靠单位，应对张跃海的营运事故负赔偿责任。故二审法院认定上诉人张祖荣上诉理由缺乏依据，判决驳回上诉，维持原判。①

条、《中华人民共和国民事诉讼法》第 130 条。（一审判决文书：浙江省海盐县人民法院民事判决书（1997）盐民初字 460 号，1999 年 3 月 29 日制作。）

① 二审法院判决所依据的法律、法规为：《中华人民共和国民法通则》第 106 条第 2 款、第 119 条、第 130 条；《道路交通事故处理办法》第 35 条、第 36 条、第 37 条、第 38 条、第 39 条；《中华人民共和国继承法》第 10 条、第 33 条。实体法部分与一审所据毫无二致。（二审判决文书：浙江省嘉兴市中级人民法院民事判决书（1999）嘉民终字 138 号，1999 年 6 月 24 日制作。）

[法理评析]

本案一审、二审法院在判定事故致害方(“跃进”车车主)责任方面,未遇到太大的困难,难点在于:客运承运人张跃海是否应当对乘客沈根林的人身损害承担赔偿责任(尽管该种损害完全是由于第三人的过错造成的)?如果需要承担的话,应当承担何种责任?以及,该种责任与作为直接致害方的“跃进”车车主责任之间的关系如何?为了便于理清思路,避免不必要的混淆,本文采取先分析二审、后分析一审、再阐述一般原理的分析方法,试图说明:本案一审、二审判决均有不当。兹阐述如下。

一、责任竞合:侵权与契约

在本案二审判决书中,虽然没有直接使用“竞合”或“责任竞合”的术语,但其判词可以清楚地表达出这层意思:“本院认为,本案存在客运合同及侵权损害赔偿两种法律关系。受害人沈根林的法定继承人选择侵权损害赔偿,应以两车主为共同被告提起诉讼。”然而,二审判决疏忽了责任竞合所必备的要件,即:必须是侵权损害与违约损害发生在同一对当事人之间,才存在责任竞合问题。

侵权责任与契约责任之竞合,是民法界百年来争执不休的一大问题,德国学者狄茨、我国台湾学者王伯琦、王泽鉴等均著有专文讨论,但立场各异,主要观点有法条竞合说、请求权竞合说和请求权规范竞合说三种。其中请求权规范竞合说由当代德国权威民法学者拉伦茨提出并予以有力论证,渐有取代请求权竞合说而成为通说地位的趋势。在我国大陆和台湾，由于王泽鉴先生的精彩阐发和有力倡导，请求权规范竞合说颇具影响。①所谓请求权规范竞合，是指同一对当事人之间，发生某一事实（行为），该事实（行为）符合数个规范之要件，从而受损害方得依数个规范中之任何一种向对方提出请求。受损害方并不享有多种请求权，而是同一请求权可以基于不同规范中的一种提出（与请求权竞合说相区别）；不同规范之间不存在补充、吸收、特别条款或其他任何位阶关系（与法条竞合说相区别）。②

在本案中，受害人沈根林因车祸重伤（后死亡），对张跃海不履行营运合同并致其重大损伤，有赔偿请求权，其请求权可能依据契约责任规范与侵权责任规范中的一种，两种规范呈相互竞合、选择性适用的关系，但却不能一并适用。③然而，这纯属沈根林与张跃海之间的责任关系。至于沈根林（及其法定继承人）对张跃海的法定继承人的请求权，与沈根林（及其法定继承人）对“跃进”车车主的侵权损害赔偿请求权，二者并不是同一请求权，也不是同一性质的请求权，针对的也不是同一请求对象，遑论存在什么“请求权竞合”或“责任竞合”。因责任竞合而产生的对于法律规范的选择，与由于致害原因不同而对请求权指向的致害方的选择，完全是两回事，不能因为受损害方可以选择其损害赔偿请求的相对方，而推出其请求权中有竞合关系的结论——恰恰相反，只要是针对不同的

① 王泽鉴：《民法学说与判例研究》，中国政法大学出版社 1998 年版，第 1 辑第 381 页。

② 同上书，第 371 页。

③ 在此，笔者只能说“可以”，而非“应当”，确定沈根林（及其法定继承人）对张跃海的法定继承人的赔偿请求权依据的法律规范，仍要看张跃海对沈根林受损害所负责任的形式。本文将在第三节详细探讨这一问题，并论证，在本案中，沈根林与张跃海之间也并不存在责任竞合关系。

相对人,就谈不上"责任竞合"。

因此,二审法院的责任竞合说,不能适用于本案。在判决书"本院认为"后段,二审法院在确认原告提起的是侵权之诉后,又自相矛盾地指出:"张跃海……因与沈根林存在客运合同关系,且沈根林之伤害系两车相撞的直接后果,故张跃海应对本案事故承担连带责任"。这样,二审法院最终仍然是按照契约与侵权的混和原因(并不自觉地利用这种混合模糊了当事人间的责任关系),判定张跃海的法定继承人承担连带赔偿责任的,其结论显然缺乏说服力。

二、共同侵权:黄燕军与张跃海

在沈根林(及其法定继承人)对张跃海的法定继承人的请求权,与前者对"跃进"车车主的请求权之间,并不存在竞合关系,因而二审法院以责任竞合的理由维持一审的连带赔偿判决不当(这已经在上节予以论证)。那么,一审法院认为,张跃海……处于与黄燕军构成对沈根林等乘客共同侵权的地位,有无事实与法律依据呢?

传统侵权行为法以"无过错则无责任"为基本原则,并认为,行为人基于有意思联络的共同过错,而对他人为共同或分别实施侵权行为的,构成共同侵权。没有共同过错,如双方过错完全出于不同原因,或一方有过错、一方无过错,或过错行为发生在不同场合、不同时段,则不存在过错意思的联络,因而不成其为共同侵权。然而,近现代工业的发展,危险事故的增多,过错推定责任被广泛运用,无过错责任原则也在高度危险性行业被较多地适用。在共同侵权方面,侵权行为法也已得到有力的更新。单纯依据有无意思联络确定是否形成共同侵权,对于保护无辜受害人的利益来说,已不敷其需。德、日民法从扩大责任范围、及时弥补受害人损失的目的出发,实务中所采观点已从主观共同论转向客观共同论,即:在数个侵权人无共同故意或重大过失而造成受害人损害的,只要侵权人不能自证只与损害中确定的部分有关联,即推定成立共同侵权而对全部损害负连带赔偿责任。①法院不再强求原告举证证实被告之间存在意思联络(这对受害方来说实在勉为其难),只要是针对同一当事人的数个侵权行为产生了同一损害,或者虽非同一损害但致害方不能证明应就特定部分损害分别承担责任的,一律作共同侵权论。其做法实际上是将侵害人之间的内部求偿关系撇开,与对受害人的共同赔偿相分离,从而保护处于弱势方的受害人。

此种做法,在本案中是否有适用余地呢?张跃海作为"飞虎"货车承运人,虽有超载乘客之过错,但就其与黄燕军驾驶的、逆道超车(重大过失)的"跃进"货车相撞而言,并无故意或过失。对于两车相撞的结果,既然一方当事人根本无过错,又何来共同过错?既然无共同过错,又何来共同侵权?即使依照"客观共同说"界定共同侵权,也必须先确定致害各方各自的过错和行为侵权性质。然而令人诧异的是,一审法院在判决书的"经审理查明"部分,并没有认定张跃海有侵权行为,在"本院认为"部分的前段,也没有确认张跃海对沈根林的受伤死亡有过错,却在后段突然提出,"张跃海……处于与黄燕军构成对原告共同侵权的地位",这既无大前提,又无小前提的结论,从何得来?

---

① 王利明:《侵权行为法归责原则研究》,中国政法大学出版社1992年版,第285页。不过,王利明先生本人仍持主观共同说,参见该书第286页。

三、汽车客运之承运人责任：过错责任与无过错责任

我国《民法通则》第123条对高度危险作业的营业人规定为承担无过失责任，仅在能证明受害人故意造成自身伤害的情况下，方得免其责。在本案中，汽车客运对于旅客的生命、健康及财产安全是否有高度危险，是否承担无过失责任，是确定本案张跃海（及其法定继承人）的诉讼地位及其责任的关键。

无过失责任原则是在法律对于现代社会危险事故增多，普通人由于能力薄弱不能有效地自我保护、过失责任原则又不足以提供有效救济的情况下，而在"通常意义下的法律责任之外"设立的制度。①就汽车客运而言，承运人经营客运业务，应当具备相应的经营能力与专业技能，并以此对保护乘客安全负保护责任；承运人就营运业务获取利益，并有办理保险方面的便利，由其承担危险防护、补救义务无疑比让乘客承担更为合理；再者，营运危险本身是由营运业务带来的，承运人亦应为此承担较多注意义务。反之，通常而言，乘客总是较为缺乏交通方面的职业训练，在运送途中对可能发生的危险很难保持一贯地、普遍地谨慎，在危险发生时也缺乏自救能力，有时即使有一些这种能力，仍不能起到避免危险事故的发生的效果（事实上，乘客在车内对自身安全几乎毫无控制能力，其保护义务已完全转载于驾驶人、承运人或其雇用人）。因此，对汽车客运的承运人责任，确定为无过失责任无疑最为妥当，我国《合同法》亦已作出明确规定，除非因乘客自身健康原因或故意自伤，

① 王泽鉴：《民法学说与判例研究》，第2辑第168页。另参见王利明：《侵权行为法归责原则研究》，中国政法大学出版社1992年版，第127—128页。

承运人应对乘客人身财产损害负无过失责任。①值得注意的是，本条所规定的无过失责任，与《民法通则》123 条有本质区别，后者主要是指高度危险作业对作业之外的人的注意保护，是侵权责任，是法定责任，而本条是指旅客运送业务中对被运送人人身的注意保护，是合同责任。二者责任性质不同，保护对象不同，但责任形式均为无过失责任，只要损害发生，受害人即对危险行业的作业人（如本案的承运人张跃海）有损害赔偿请求权。

在本案中，张跃海与沈根林间的客运合同的标的是运送服务，作为乘客的沈根林享有要求承运人张跃海在合理时间内将其运送至指定地点的权利，沈根林在运送过程中并享有人身安全受保护的权利。前者（享受运送服务权）是合同权，是债权，是相对权、对人权，只针对张跃海而言，只由张跃海负担相应义务，依合同相对性理论，债权人只能对债务人请求赔偿，而由债务人再向致害的第三人追偿（除非是第三人基于故意的侵犯债权）。而后者（人身安全受保护权）既是合同权，是相对权、对人权，又作为人身权的一种，是绝对权、对世权，任何人对之实施侵犯都将承担直接赔偿责任。因此，张跃海在对沈根林的合同关系中，一有将沈送至指定地点的义务，二有保护其人身安全的义务，前者仅为合同义务，不履行义务仅构成违约；后者不但为合同义务，而且是一种绝对的、必须普遍服从的义务，②不履行义务既构成违约，又构成侵权。前者为合同

① 《中华人民共和国合同法》第 302 条："承运人应当对运输过程中旅客的伤亡承担损害赔偿责任，但伤亡是旅客自身健康原因造成的或者承运人证明是旅客故意、重大过失造成的除外。"虽然，本案发生在《合同法》颁布之前，当时我国法律、法规对该种责任尚无明确规定，但起草中的《合同法》这一规定已经形成，无疑可以作为反映我国立法机关意旨的初步的，其实也是最佳的方案。

② 此种义务的基础，在刑法领域被称之为"规范"，而与刑法法条相对应，是由德

责任，无过失责任；后者既是合同责任，无过失责任，又为侵权责任，过错责任。故在张跃海无任何过错的情况下，其对沈根林所负的始终是无过失的合同责任，而非侵权责任。

四、共同被告：必要的与非必要的

民事诉讼法理论认为，诉讼有一般诉讼与共同诉讼之分。共同诉讼是就诉讼主体合并而言的，是主观的、广义的诉的合并，其下又有普通共同诉讼与必要共同诉讼两类。①普通共同诉讼是指一方或双方当事人为多数的，对于诉讼标的不必合一确定的，出于诉讼便利的经济目的，由当事人主动提出诉讼共同进行并经法院准许，或经法院审查认为可以合并审理并征得各方当事人同意的，从而诉讼合并进行；必要共同诉讼是指诉讼标的对于共同起诉或被诉的多人，必须合一确定的，而由法院一并调查、一并认证、一并作出裁决的诉讼。法院对多个诉讼是否可以合并进行，以及是否必须合并进行有审查义务。对于普通共同诉讼，②如无诉讼便利意义，仍可要求当事人另行起诉。对于已经合并审理的，仍可采取分别举

国后古典刑法学大师卡尔·宾丁（Karl Binding）在其宏篇巨著《规范及其违反》中提出并加以系统论证的，在民事侵权法领域，同样有适用之余地。参见竹田直平：《法规范及其违反》，有斐阁 1961 年版，第 73—82 页。

① 在必要共同诉讼之下，还可分出固有的必要共同诉讼和普通的必要共同诉讼两种，这是台湾学理界采纳日本法学家的观点并加以阐发的观点。值得注意的是，此种观点在大陆法系内部并未确立通说地位，现代德国法学家弗里茨·保尔（Fritz Baur）提出了必要共同诉讼之下因诉讼法原因的必要共同诉讼和因实体法原因的必要共同诉讼的二分法，而奥地利学者法琴（Facsching）则提出了实体的必要共同诉讼、形式的必要共同诉讼和统一的当事人的三分法。我国学者对此还缺乏较深入的研究。参见陈荣宗：《民事诉讼法》，〔台〕三民书局 1996 年版，第 200 页。

② 王甲乙、杨建华主编：《民事诉讼法论文选辑》，〔台〕五南图书出版公司 1984 年版，上册，第 219 页。

证、分别辩论、分别调解的方式进行。法院未经各方当事人全部同意，不得自行决定合并审理，即：法院无主动适用普通共同诉讼的职权。对于必要共同诉讼，由于诉讼标的同一，诉讼结果必须合一确定的，不予合并审理可能发生调查困难、认证错误乃至同一法院作出相互矛盾的判决时，我国法律允许人民法院追加必须参加诉讼的人作为共同被告参加到已经开始的诉讼中来。①随着这种特殊程序起到一定的实际作用，“漏当事人”成为二审法院将上诉案发回原审法院重审的常见理由，出于对案件被发回重审的担忧，上述程序实际上起了鼓励初审法院尽可能将可以追加的人追加为被告，以免发生错案的作用，而这一种习惯似乎也逐渐成为案件程序正确的基本保证。②

在本案中，如前所述，张跃海在履行营运合同中，完全是因为黄燕军的侵权，导致对沈根林及其他乘客不能履行营运合同，因而对沈负有损害赔偿责任(无过失责任)。沈根林另对“跃进”车车主享有侵权损害赔偿请求权（过错责任），这两者显然不是同一请求权，也不具备性质上的同一性，在诉讼法上不属于必要共同诉讼，将何人作为被告完全依赖原告选择。一审法院为避免“漏当事人”

---

① 学理界将原告只起诉必要共同诉讼中之一人的，称之为“共同诉讼一方主体适格欠缺”可能因此导致被法院驳回。我国立法对此采取了较为温和立场，即法院主动追加，如果应列为共同被告的人未被列入而作出判决的，将被作为错案而被发回重审。此种形势下，法官对于追加当事人会有一种过分的热情，并且因此会逐渐地离当事人处分权主义越来越远。

② 由于篇幅限制，本文在此只能简单地就普通共同诉讼的被告追加问题略陈管见。但在笔者为此查阅大量关于共同诉讼的文献中，从未发现外国民事诉讼法中有法院追加被告的情况。事实上，按照不告不理原则，对于当事人未作为被告起诉的人，根本不应由法院追加到诉讼中来，理由有三：1. 违反不告不理原则；2. 原告对由法院追加的被告没有诉讼请求，诉讼无法展开；3. 如判决要求被追加的被告承担责任，更无原告方的请求作为基础。对此笔者将另以专文探讨。

而将张跃海的法定继承人追加为共同被告，一方面是错误地理解了原告两种请求权之间的关系，另一方面是违反了民事诉讼法“不告不理”的基本原则。一审判决书在“经审理查明”部分未对张对沈的责任关系予以澄清的情况下，直接在“本院认为”部分提出二人共同侵权，实际上是其追加张跃海的法定继承人作为被告后的必然结论。而二审法院将只能在存在于张跃海与沈根林之间的侵权与违约责任竞合关系错误地扩张适用于张跃海与黄燕军之间，本意是为一审法院反“张、黄共同侵权”提供更为可靠的理论依据，却是南辕北辙，错上加错。

事实上，在本案中，如果沈根林的法定继承人只以“跃进”货车车主一方为被告提起诉讼的，法院不应追加张跃海（作为“飞虎”货车车主一方）的法定继承人为被告，后者并非本案的必要共同被告（也不应追加为第三人，因为无论本案如何判决，对“飞虎”货车车主一方承担契约责任均无影响）。如沈根林的法定继承人以“飞虎”货车车主一方为被告提起诉讼的，法院亦不应追加“跃进”货车车主一方为被告，但由于张的败诉将导致张向“跃进”车车主追偿，为便利诉讼和执行，可以追加后者为无独立请求权之第三人，合并审理。如当事人对事实部分争议不大，可以直接判令作为最终责任方的“跃进”车车主承担赔偿责任，“飞虎”车车主负连带责任。

五、结论

笔者认为，张跃海在车祸中对沈根林负违约损害赔偿之责，但并不负侵权损害赔偿责任，其与最终责任方“跃进”车车主为不真正连带责任关系，在诉讼法上不属于必要共同诉讼。现受害方只起诉最终责任方，一审法院追加原告未告诉的张跃海的法定继承人为共同被告，属越俎代庖之举，最终判决其负连带赔偿责任，没有事实和法律依据。

作者单位：华东政法学院
浙江省海盐县人民检察院

陶腊梅诉南京市公共交通总公司、杜家才道路交通事故损害赔偿案

丁凤楚

[基本案情]

1997年2月9日，原告陶腊梅带儿子乘坐被告南京市公共交通总公司(以下简称公交公司)16路公共汽车。该车由北向南行至中华门钓鱼台巷口时，遇被告杜家才无照驾驶摩托车由东向西往钓鱼台巷口行驶，两车发生碰撞，公交车驾驶员滕绍胜紧急刹车，原告因惯性被冲撞至工作台上，原告之子被摔至车门口。事发后，原告及其子被送至市第一医院就诊，经诊断：原告为左肩胛骨骨折，其子医嘱观察。南京市公安局交通管理局第三大队(以下简称三大队)于1997年2月15日对该起事故作出责任认定，杜家才负主要责任，滕绍胜负次要责任。1998年3月19日三大队委托市公安局法医检验鉴定中心对原告的伤残进行鉴定，鉴定结论：原告伤残等级为九级。因原告与公交公司就赔偿未达成协议，1998年7月30日三大队作出调解终结书。原告于同年8月7日诉至南京市秦淮区人民法院。审理中，法院于10月22日追加杜家才为共同被告

参加诉讼。

[裁判要旨]

南京市秦淮区人民法院审理认为,该案系碰撞刹车所致原告受伤,应按道路交通事故来处理,原告主张按《消费者权益保护法》处理的主张不予支持。遂依照《中华人民共和国民法通则》第5条、第58条、第98条、第117条、第119条;《道路交通事故处理办法》第35条、第36条、第37条第一、二、四、五、十项、第39条、第40条;《中华人民共和国民事诉讼法》第119条及国家有关民事法律政策之规定,作出(1998)秦民初字第852号《民事判决书》,判决两被告赔偿原告24,588.50元,被告杜家才负担60%,即14,753.10元,扣除已支付的1,100元,实际给付13,653.10元;被告公交公司负担40%,即9,835.40元,扣除已支付的8,700.20元,实际给付1,135.20元。上述款项于本判决生效后10日内给付,两被告负连带责任。案件受理费1,430元,鉴定费230元,由原告负担340元,被告杜家才负担884元,公交公司负担436元。

[法理评析]

案涉极富代表性的人身损害赔偿。原、被告双方围绕着是应按《消费者权益保护法》提起违约之诉,还是应按《道路交通事故处理办法》提起侵权之诉展开辩论,而法院支持后者的观点。笔者则认为这是一起由加害给付行为引起的民事责任竞合的特殊民事纠纷,不是普通的侵权案件,应允许原告选择以有利于自己的诉因提起诉讼,且不适用“特别法优于普通法”原则。

一、本案一审判决被告按《道路交通事故处理办法》来赔偿原告的损失,认定这是一起由交通事故引起的普通侵权案件,否定了原告所主张的被告公交公司有违反旅客运输合同的事实,也就是说负有违约责任的事实。笔者对这一点不敢苟同:(一)公交公司已构成了违约的事实。众所周知,乘客自买票上车之时起,根据我国《合同法》的有关规定,就与公交公司构成了旅客运输合同关系,公交公司有义务将乘客安全、及时送达目的地,否则,就应承担违反旅客运输合同的法律责任。而本案中的公交公司的驾驶员因与摩托车碰撞而紧急刹车,造成了车上女乘客前冲受伤这一事实,是违约行为,这一点不容置疑,只不过造成这一违约行为的原因极为特殊和复杂罢了。(二)公交公司驾驶员的违约行为符合“加害给付”学说的特征。“加害给付”学说最早起源于德国,被德国民法学界称之为“积极侵害债权”,我国台湾学术界称之为“不完全给付”,我国大陆学者对其的研究尚属于起步阶段。王利明先生认为:“加害给付乃是指因债务人的不适当履行造成了债权人的履行利益以外的其它(人身或财产方面)的损失。”①一般认为,加害给付是一种特殊的违约形态,它具有以下特征:一是债务人的履行行为不符合债的规定;二是债务人的不适当履行行为造成了对债权人的履行利益以外的损害;三是这种加害给付是一种同时侵害了债权人的相对权和绝对权的不法行为,换言之,加害给付行为同时构成了违约行为和侵权行为。本案中,公交公司驾驶员没有按旅客运输合同的要求,将乘客安

---

① 王利明:《违约责任论》,中国政法大学出版社 1996 年版,第 252 页。

全、及时地送达目的地，其行为构成了对合同义务的不适当履行，不仅如此，该行为还造成了对乘客的人身伤害。也就是说，公交车驾驶员既违反了履行合同的义务，又侵害了债权人履行合同义务以外的人身权利。因此，公交车驾驶员的行为是一种"加害给付"行为。这种特殊的违约责任会导致违约责任和侵权责任的同时出现。

二、公交公司究竟应承担何种责任?一审判决被告公交公司根据《道路交通事故处理办法》的规定来赔偿原告的人身损害，认定这是普通侵权案件，被告不存在承担违约责任的法律后果的可能。笔者认为:(一)公交公司被免除了可能要承担的违约责任的法院判决欠妥。不容否认，公交公司驾驶员的"加害给付"行为固然侵害了原告陶女士的人身权利，应承担侵权责任，但这并不排除公交公司对原告还存在着有可能承担违约责任。按常理，违约责任和侵权责任在概念、性质、构成要件、责任形式、免责条件、时效等方面差别明显，似乎两者是井水不犯河水的，实则不然。两者之间并不排除存在着相互交叉或重叠的可能。而本案中的公交车驾驶员的"加害给付行为"就是导致违约责任和侵权责任这两种民事责任交叉的重要原因之一。(二)公交公司应承担的责任实际上是一种民事责任竞合。这里所说的"民事责任竞合"，也是民法学界研究并建立起来的又一个较为特殊的民法学说，它是指民事侵权责任和违约责任的竞合，即行为人实施的某一违法行为具有违约行为和侵权行为的双重特征，从而在法律上导致了违约责任和侵权责任的共同产生。至于导致这一特殊法律现象产生的原因，王泽鉴先生认为主要是:现代法律均为抽象的规定，并从各个不同的角度规范社会生活，故常发生同一事实符合数个规范的要件，致该数个规范均得适用的现象。①而对于这种民事责任竞合的情况如何处理，又是中外民法学界长期争论不休的问题，但有一点是没有争议的：由于这两种民事责任的竞合毕竟是一种行为造成的，故仅能适用两种民事责任的一种，而不能将两种民事责任共同适用。在本案中，秦淮区人民法院是以交通事故来认定案件的性质，并按《道路交通事故处理办法》来解决当事人之间的讼争的。这样的判决结果充分显示出法院对民事侵权责任与违约责任竞合简单地采用了禁止竞合，并直接按侵权责任追究民事责任的做法。这种做法在目前的司法实践中相当普遍，但这往往对原告而言，有失公允；对维护法律的权威性而言，也属不利。

三、本案的审判中不适宜用“特别法优于普通法”的原则。笔者认为法院一审判决认定应按《道路交通事故处理办法》来赔偿受害人的人身损害，并排除了原告主张的适用《消费者权益保护法》的可能，这种做法欠妥。须知，适用“特别法优于普通法”原则来解决两个或两个以上的法律规范的冲突是有前提条件的，即两个待用之法律规范在效力层次上应相同。很明显，《道路交通事故处理办法》是国务院制定颁布的行政法规，它虽然是目前我国处理道路交通事故的最基本的法律规范之一，但这个行政法规的法律效力明显低于全国人大制定并通过的《消费者权益保护法》这一法律。不同效力层次的两部法律规范岂能相提并论？进而低层次的法律规范岂能排除高层次的法律的适用？更何况，即便是这样一部作为行政法规的《道路交通事故处理办法》还存着适用原则混乱、行业保

① 王泽鉴：《民法学说与判例研究》(一)，中国政法大学出版社 1998 年 1 月版，第 371 页。

护色彩过浓、不适应经济发展需要等种种弊端。对此，法学界梁慧星先生等早就纷纷呼吁尽快制定一部科学合理的道路交通事故损害赔偿方面的基本法，以取代这部不合时宜的行政法规。①

四、本案原告有权选择提起违约之诉或侵权之诉。如前所述，被告公交公司的驾驶员的行为已构成了对原告加害给付的事实，导致了民事侵权责任与违约责任的竞合。对于民事责任竞合的处理，世界各国的民法实践中的作法不一，大致可分为三种：禁止竞合、允许竞合、限制竞合。从我国以往的司法实践来看，对于发生民事责任竞合的案件，绝大多数情况下是按侵权行为处理，这种禁止竞合的现状不符合世界潮流，亟待改进。可喜的是，我国的司法实践中已有了允许当事人选择以有利于自己的诉因提起诉讼的先例。如最高人民法院 1989 年下发的《沿海地区涉外、涉港澳经济审判工作座谈会纪要》中指出："一个法律事实或法律行为有时可以产生两个法律关系，最常见的是债权关系与物权关系的并存，或者被告的行为同时构成了破坏合同和民事侵害。原告可以选择两者之中有利于自己的一种诉因提起诉讼，有管辖权的法院不应以存在其它诉因为由而拒绝受理。"②虽然"纪要"是就涉外、涉港澳经济审判工作而言的，但其中确立的处理"民事责任竞合"的原则，当推广适用。尤为可喜的是，1999 年 10 月 1 日开始实施的《中华人民共和国合同法》(以下简称新《合同法》) 也对加害给付所导致的民事责任竞合作出了允许竞合的规定。该法第 122 条规定："因当事人一方的违约行为，侵害对方人身、财产权益的，受损害方有权

① 梁慧星：《制定道路交通事故赔偿法》，载《法学研究》1991 年第 1 期。

② 王泽鉴：《民法学说与判例研究》(三)，"不完全给付"部分，中国政法大学出版社 1998 年 1 月版。

选择依照本法要求其承担违约责任或依照其他法律要求其承担侵权责任。”这一规定是对加害给付学说和民事责任竞合学说的立法肯定，是我国民事立法的一大进步。尽管新《合同法》在本案审理时尚未正式实施，但它对本案民事责任竞合的处理具有超前的指导意义。

纵观本案发生经过，笔者认为这起由交通事故引发的人身损害赔偿案件有着特殊性和代表性。法院一审判决将本案定性为普通侵权案件是错误的。笔者认为，鉴于原告(受害人陶女士)与公交公司之间事先已存在着旅客运输合同关系，公交公司对车上乘客陶女士在此合同关系存续期间所遭受的人身权益的损害结果，构成了“加害给付”行为。根据国内外通行的“加害给付”学说的有关原理，产生了民事责任竞合。参照1989年最高人民法院《关于涉外、涉港澳经济审判工作座谈会纪要》精神的规定，法院应允许原告有选择提起违约之诉或侵权之诉的权利。况且，《道路交通事故处理办法》是国务院颁布的行政法规，其效力低于全国人大制定的原告所主张适用的《消费者权益保护法》，不能根据“特别法优于普通法”的原则，排除《消费者权益保护法》的适用。

作者单位：南京大学

周静诉叶天玉、重庆轴承工业公司损害赔偿案

刘忠华　谢宝红

[基本案情]

1994年5月起，被告叶天玉开始承包被告重庆轴承工业公司(以下简称轴承公司)所属生活服务公司开办的位于公司后门的饮食店。1997年3月8日下午5时许，被告叶天玉进入被告轴承公司二车间欲寻工业碱清洁饮食店地面，见车间堆放有工业用亚硝酸钠，即用汤勺舀取半勺亚硝酸钠带回饮食店使用。同年3月10日上午7时许，被告叶天玉以亚硝酸钠作食盐放入所卖米线的肉片和猪肝附料中出售，造成原告周静及其他21人食用后中毒。同日上午9时30分，原告周静经送重庆传染病医院住院抢救，诊断为亚硝酸钠中毒(重度)、中毒性休克、呼吸衰竭。同年3月12日，原告周静经该院B超检查，发现其怀孕9周的胎儿已无心脏搏动(已死亡)。同年3月13日，原告周静转入重庆西南医院住院治疗，于同年3月14日作了人工流产手术。同年3月27日出院。原告周静住院期间的医疗费用2，558.04元及在重庆传染病医院

的伙食补助费已由被告轴承公司支付。此后，原告周静继续在重庆西南医院门诊治疗，产生医疗费256.10元、交通费30元、护理费273元、营养费324元。

以上事实，有原告提交的病历、医疗费收据等书证及当事人各方的陈述在案证实。

[裁判要旨]

重庆市沙坪坝区人民法院审理认为，凡在中华人民共和国境内从事食品生产经营活动的经营者，都必须严格按照《中华人民共和国食品卫生法》的规定，生产经营符合食品卫生标准的食品。被告叶天玉作为被告轴承公司开办的饮食店承包人，在其承包期间，理应严格依法经营食品，但被告叶天玉竟置国家法律于不顾，将对人体有害的非食品原料亚硝酸钠当作食盐掺入食品中销售，造成原告周静食用后中毒的严重后果。被告叶天玉的违法行为，不仅严重侵害了原告周静本人的生命健康权，并且还直接导致原告周静腹中胎儿死亡的后果，给原告周静身体和精神都造成了伤害。被告叶天玉理应赔偿原告周静因此而产生的经济和精神损失。被告轴承公司疏于对承包人叶天玉经营活动的监督管理，亦应承担连带责任。据此，重庆市沙坪坝区人民法院依照《中华人民共和国民法通则》第119条、134条第1款(七)项之规定，于1997年12月2日作出(1997)沙民初字第2245号《民事判决书》，判决如下：由被告叶天玉赔偿原告周静因被迫停止妊娠而产生的医疗、护理、营养、交通等费用共计883.10元，并赔偿原告周静精神损失费4,500元，合计5383.10元，此款限被告叶天玉于本判决发生法律效力后立即付清。逾期不能给付，由被告重庆轴承工业公司承担连带赔偿责任。案件受理费 1,560 元，其他诉讼费 476 元，共计 2,036 元，由原告周静负担 1,335 元(免收)，被告叶天玉负担 701 元。

一审判决当庭宣判后，双方当事人在法定期限内均未提出上诉。被告叶天玉的刑事责任已另案追究。

[法理评析]

本案系因原告周静亚硝酸钠中毒直接导致腹中胎儿死亡引起的精神损害赔偿案件。所谓精神损害，是指因侵权行为而导致受害人及其家人在生理、心理(精神)上的痛苦，如忧虑、绝望、悲伤、失意等，它不直接体现财产上的增减，是一种精神上的损失。

世界上许多国家都对因侵害公民人身权而导致的精神上的损害依法规定给予赔偿，但具体可给予精神损害赔偿的权利范围规定各异。在侵害公民生命健康权是否应给予精神损害赔偿的问题上，各国规定不一。《德国民法典》第 847 条规定："不法侵害他人的身体健康、或侵夺他人自由者，被害人所受侵害虽非财产上的损失，亦得因受损害，请求赔偿相应之金额。"《日本民法》第 771 条规定："损害他人之生命者，对被害人之父母、配偶及子女，虽未损害其财产权，亦赔偿损害。"《瑞士债务法》第 47 条规定："对于致死或伤害，法院得斟酌特殊情事，许给被害人或死者的遗族，以相当金额的赔偿。"在以判例为主的英美法系国家，大量的判例确立了对身体受伤害而导致的精神损害应给予赔偿的原则。

在我国，《中华人民共和国民法通则》第 120 条规定："公民的姓名权、肖像权、名誉权、荣誉权受到侵害的，有权要求停止侵害，恢复名誉，消除影响，赔礼道歉，并可以要求赔偿损失。”在最高人民法院对《民法通则》的贯彻意见和有关司法解释中，对名誉权的范围作了进一步的界定。一般认为，根据民法的上述规定，我国精神损害赔偿只适用于公民的姓名权、肖像权、名誉权、荣誉权这四种人格权利受到侵害时的情形，对法律未作明确规定的，不应主张精神损害的赔偿。然而，随着社会经济的发展和人民生活水平的提高，精神生活的日趋丰富多彩，人们的价值观念发生了变化，精神权利的价值越来越受到人们的重视。党的十五大提出了依法治国的纲领，人们的法治观念进一步得到了加强，越来越多地懂得运用法律的手段来保护自己的合法权益，实际生活中，人们不仅要求对侵害生命健康导致的财产性质的损害予以赔偿，而且对因此而导致的精神损害予以赔偿的要求也越来越强烈，如果不对其他方面的人身权受到侵害的受害人的精神损害进行赔偿或补偿，既不符合世界民事法律关于精神损害赔偿范围日益扩大的趋势，也同我国目前的经济发展状况及法制的日益健全不相适应，不利于保护公民的合法权益，也不利于制裁侵权人，起不到法律应有的惩戒和教育作用。

人们这种对生命健康权受侵害而导致的精神损害予以赔偿的要求逐渐被司法界所接受，并在司法实践中有所体现。如奉节张和平、林小平诉奉节县建筑总公司人身损害赔偿案。张和平夫妇的儿子张治忍被奉节县建筑总公司工地的坠落物砸伤造成脑震荡，而后引发癫痫等症，虽经张和平夫妇多方求医，儿子仍倍受治疗及发病的煎熬，且虽倾家荡产仍未留住儿子逝去的脚步，在张和平夫妇的心中留下了无法抹去的悲痛。此案经重庆市第二中级人民法院审理，一审判决被告奉节县建筑总公司赔偿张和平夫妇精神损失费30万元。

就本案而言，原告因中毒而导致腹中胎儿死亡并做了人工流产，不仅在身体上受到了巨大的疼痛，更由于爱情的结晶——胎儿的死亡留下了难以抚平的心灵创伤；同时原告已27岁，属大龄女青年，因流产造成一定的期限内不能怀孕，无形中剥夺了原告该期限内的生育权利，错过了最佳的生育年龄，以后能否怀孕及胎儿发育是否正常均不确定，原告对此的种种设想致其精神十分忧郁。其家人因此也在精神上受到了伤害，如对期望的破灭、对原告周静身体和精神的担心、对未来周静生育的忧虑……因此，如果我们局限于现有法律条文的规定及一般理解，对不属于侵害法律规定的姓名、肖像、名誉、荣誉四种权利而引起的精神损害不加以赔偿，认为对侵害其他人身权特别是身体权利、生命权和健康权而引起的受害人的精神痛苦不予赔偿和补偿，就很难说很好地保护了受害人的合法权益，既不能使受害人的心灵得到慰藉、平抚其心中的创伤，也难以取得很好的社会效果，更不能实现法律设立精神损害赔偿的目的。因此，本案中，除对受害人的财产损失予以赔偿外，还应对受害人的精神损害予以赔偿或补偿。

根据什么标准来确定赔偿数额，是本案审理中又一值得探讨的问题。由于精神损害是一种精神上或心理上的损害，表现为精神上痛苦，是一种抽象的损失，并不直接体现受害人财产上的增减，不能像财产那样有其具体的价值，普通的会计方法是难以计算的，因此就存在着按什么标准将这些抽象的利益物化成可以计算的物质利益的问题。从立法角度看，鉴于精神损害的上述特点和个案的千差万别，无论是大陆法系，还是英美法系，对精神损失赔偿一般都不规定统一的、具体的赔偿数额。但有一点可以肯定，法律设立精神损害赔偿的立法宗旨在于填补受害人的损害，抚慰受害人和制裁违法行为。因而应根据这一原则来确定具体的赔偿数额。对此，最高人民法院《关于贯彻执行〈中华人民共和国民法通则〉若干问题的意见》(试行)第150条规定：公民的姓名权、肖像权、名誉权、荣誉权和法人的名称权、名誉权受到侵害，公民或法人要求赔偿损失的，人民法院可以根据侵权人的过错程度、侵权行为的具体情节、后果和影响确定其赔偿责任。这是我国现行法律确定精神损害赔偿数额的标准。

就本案而言，按以下标准来确定具体的赔偿数额是适当的：

首先是受害人的受害程度。公民的生命健康权一旦受到侵犯，总会给受害人的精神上带来一定程度的痛苦，但不可能对所有生命健康受侵害而产生的精神损害都给予赔偿，否则将导致人身伤害中精神损害赔偿的滥用及司法实践的混乱。因而只有一定严重程度的精神损害才应予以支持，主要包括：1. 受害人死亡。如前述张和平、林小平诉奉节县建筑总公司人身损害赔偿案。2. 重伤留有后遗症或造成将来生活难以自理。如许诺诉北京市城建设计研究院人身损害赔偿案。许诺被被告变电室外的高压电击伤截去双上肢，经鉴定为一级伤残，劳动能力全部丧失。法院判决被告赔偿许诺精神损失、医疗、假肢安装等费用206万元。3. 其他伤害留有后遗症并造成将来生活难以自理、或造成巨大的精神痛苦。如彭灿诉株洲冶炼厂附属职工医院人身损害赔偿案。因被告在对彭灿实施双侧甲状腺全切除术中，由于手术操作不当致甲状旁腺机能低下，终身需要药物代替维系生命，人生价值严重贬低，给彭灿及其家人带来严重的精神创伤，法院判决被告赔偿彭灿精神损失费6万元。本案中，周静本人的身体受到了极大的伤害，其腹中胎儿的生命被剥夺,周静及其家人因此而遭受了巨大的精神痛苦。

其次是侵权人的侵权程度。包括:1. 主观过错。侵权人的故意和过失,以至行为的动机和侵害的方法,对受害人的精神损害程度有直接的影响。侵权人侵权是故意或重大过失,应酌情提高赔偿数额,也可体现制裁违法的功能;而一般过失,则可适当减少赔偿数额;若行为人无任何过错,一般不应主张精神损害赔偿。2. 侵权的具体情节。3. 造成的后果和影响。本案中,侵权人即被告叶天玉误将亚硝酸钠当作食盐放入食品内出售,属于疏忽大意的过失,造成了原告周静等 22 人中毒,是重庆市发生的一起特大亚硝酸钠中毒事件,有很大的负面社会影响,侵权人也被判处了有期徒刑,因而,侵权程度是相当严重的。

第三是当地的经济发展水平。确定精神损害的赔偿数额必须考虑社会经济的发展状况。由于我国各地经济发展水平不一致,地区差异较大,精神损害的赔偿数额也不能等同。改革开放以来,我国的经济发展水平有了很大的提高,重庆的经济水平也上了一个新台阶。然而,它作为最大的也是最年轻的直辖市,与京、津、沪三市相比,重庆的经济仍不发达,因此,鉴于重庆经济发展相对不发达的状况,赔偿数额不宜定得太高。

第四是将侵权人的实际赔偿能力作为确定判决赔偿数额的一个标准,一个案件的判决应该考虑案件是否能够得到执行。精神损害赔偿是一项严肃的法律制度,如果不考虑侵权人的实际履行能力,片面的强调保护受害人的利益,脱离侵权人、替代责任人的支付能力,过高的判决数额得不到实际的履行,同样不能保护受害人的合法权益,使判决成为一纸空文,起不到判决应达到的社会效果,反而有损法律的严肃性。本案中,叶天玉暂无赔偿能力,轴承公司又系困难企业，应考虑被告的实际赔偿能力来确定合理的数额。

作者单位：重庆市沙坪坝区人民法院

张思诉周昌凤、当阳市玉阳中学损害赔偿案

刘卓彬

[基本案情]

1997年11月26日早自习后，当阳市玉阳中学初一(二)班学生张思与本班其他几位同学打扫完清洁区回到教室，张思在堆放扫把时故意让扫把倒下来，击中残疾学生刘晨。同班学生将此事向班主任老师周昌凤作了汇报。当天下午第一节课周昌凤即罚张思站着听课，张思被罚站听课断断续续至同年12月3日下午，时间累计达22小时(除去体育、音乐、微机课和双休日)。12月3日晚张思父母及家人获知此事后，到周昌凤家交换意见，双方发生争执。次日上午，周昌凤召开班会讨论张思的问题时，张思的祖母、外祖母跑进教室与周昌凤发生争吵。当日下午，当阳市玉阳中学校长组织张思父母及周昌凤进行调解，未果。12月4日张思身体不适到当阳市计划生育服务站门诊治疗，开支医药费38.60元。12月6日晚当阳市电视台根据张思父母的来信，报道了张思在学校被罚站一事。12月9日张思的父母不顾学校及教师的挽留，将张思从

学校带回家，张思之母张颖娥向社会各界散发了一封《呼吁信》。与此同时，当阳市玉阳中学也向有关单位提交了一份“书面抗议”。12月10日张思在当阳市中医院门诊治疗，开支医药费50.14元，随后又在当阳市人民医院门诊治疗，开支医药费173元。12月11日张思因头昏做恶梦等症状加重，在当阳市人民医院住院治疗至12月24日，开支医药费2,065.30元。1998年1月8日经当阳市人民法院法医技术鉴定，结论为张思由于精神受到刺激而导致脑功能失调，脑动脉供血不足，但尚未达到精神失常的程度，其损伤程度为轻伤。一审诉讼中，当阳市玉阳中学申请对张思的病情进行重新鉴定。1998年7月20日宜昌市中级人民法院司法技术处组织有关专家会诊意见为：张思本身就有潜在的脑功能紊乱，加之有外界因素，如儿童自身的心理压力、气候环境的变化、体罚等刺激，而诱发脑功能紊乱的症状加重，从而出现兴奋、抑制作用。重新鉴定结论为：张思目前诊断为儿童神经衰弱，因其心理承受能力较差，体罚可成为促发因素，通过正面教育和心理疏通，其神经衰弱症状可以消除，不留后遗症，对身心健康无任何影响，张思不构成轻伤，其脑功能失调，脑动脉供血不足与体罚（罚站）无直接关系。张思自1997年12月9日离校后，未再返校，已于1998年2月转至当阳市玉泉中学就读。

1998年9月14日原告张思向湖北省当阳市人民法院提起诉讼，称：周昌凤对张思施以变相体罚，使张思精神和身体均受折磨。为保护未成年人的合法权益，请求法院判令周昌凤与当阳市玉阳中学赔偿张思包括医药费、护理费、交通费、鉴定费、住院伙食补助费、补课费、转学费、打印费等费用共计4,802.64元，精神损失10,000元，并要求二被告在当阳市电视台赔礼道歉。

[裁判要旨]

当阳市人民法院经一审审理认为：周昌凤罚站张思的行为属变相体罚行为。张思被罚站与其患儿童神经衰弱症的事实存在。法医鉴定虽然认为二者无直接关系，但同时也认定前者可成为后者的促发因素。因此，二者之间存在民事法律上的因果关系，张思要求周昌凤与当阳市玉阳中学赔偿损失的理由成立。张思要求二被告赔偿精神损失的请求合法，但对其请求过高部分，本院不予支持。周昌凤体罚张思的行为属违法行为，其作为完全民事行为能力人，理应预见到体罚行为会损害张思的身心健康，却仍实施该行为导致损害后果的发生，应承担全部赔偿责任。当阳市玉阳中学对本单位教师未尽管理之责，应承担连带赔偿责任。张思属限制民事行为能力人，在本案中无过错。根据《中华人民共和国教师法》第 8 条第 1 款第(四)项、第 37 条第 1 款第(二)项;《中华人民共和国未成年人保护法》第 15 条、第 47 条、第 48 条;《中华人民共和国民法通则》第 119 条、第 120 条、第 130 条的规定，该院于 1998 年 9 月 14 日作出(1998)当民初字第 10065 号《民事判决书》，判决如下：(一)张思因被周昌凤罚站所带来的经济损失人民币 4,128.24 元(医药费 2,327.04 元、护理费 210 元、住院伙食补助费 182 元、打印费 9.20 元、补课费 900 元、精神损失费 500 元)，由周昌凤于本判决生效后 10 日内偿付;当阳市玉阳中学对周昌凤应赔偿的数额承担连带责任;(二)驳回张思的其他诉讼请求。

被告周昌凤不服一审判决，向湖北省宜昌市中级人民法院提起上诉。原告张思表示服判。原审被告当阳市玉阳中学未在法定期间提起上诉,但在书面答辩中认为原判认定事实有误,当阳市玉阳中学对教师已尽了管理之责。原判明显偏袒原告,重未成年人保护法,而轻教师法和教育法,将带来不良的社会影响和司法后果。

湖北省宜昌市中级人民法院经二审审理认为:张思故意让扫把倒下击中残疾同学的行为是错误的,作为班主任的周昌凤老师应对其进行耐心的说服教育,而不应对其采取罚站这种变相体罚方式简单处理。而且张思本身就有潜在的脑功能紊乱,心理承受能力差。周昌凤老师的不当罚站行为可成为促发因素,但不是唯一的决定因素。张思本人潜在的病因及其家长的过激行为与张思病情的发展也有一定的因果关系。因此,张思因罚站所受经济损失应由周昌凤承担主要赔偿责任,张思承担次要责任。周昌凤是在完成教学工作的职务活动中发生的过错行为,当阳市玉阳中学应对其行为所造成的后果承担连带责任。原判认定事实清楚,对赔偿范围和数额的认定适当,但未考虑双方的过错责任。根据《中华人民共和国民事诉讼法》第 153 条第 1 款第(二)项之规定,该院于 1998 年 11 月 30 日判决如下:(一)维持当阳市人民法院(1998)当民初字第 10065 号民事判决的第二项;(二)撤销当阳市人民法院(1998)当民初字第 10065 号民事判决的第一项;(三)张思因被罚站所带来的经济损失 4,128.24 元(医药费 2,327.04 元、护理费 210 元、住院伙食补助费 182 元、打印费 9.20 元、补课费 900 元、精神损失费 500 元),由周昌凤赔偿 3,039.77 元,其余部分由张思自己承担,当阳市玉阳中学对周昌凤的赔偿数额承担连带责任。

[法理评析]

一、教师罚站学生是在学校教育中司空见惯的现象。也许正因它存在的如此普遍,才没有引起学校和老师的足够重视,从法律的视角来关注类似罚站的学校教育方式更是少而又少。在《中华人民共和国未成年人保护法》(以下简称未成年人保护法)和《中华人民共和国教师法》(以下简称教师法)等相关法律颁布实施之前,这种状况尤为严重。

从一般民事侵仅的四个构成要件来分析,本案原告周昌凤罚站学生的行为构成民事侵权。(1)张思受损害的事实存在。(2)罚站行为违法。通常教师会认为,指导学生的学习和发展,教育学生遵守行为规范,养成良好的思想品德和行为习惯是教师的权利,也是教师对学生应尽的义务,学生不遵守行为规范(如本案原告张思故意让扫把击中残疾同学的行为),教师以罚站方式施以教育是合乎常理的。如果说在未成年人保护法和教师法施行以前这种认识尚需斟酌,在两部法律施行后,仍然持这种认识则是错误的。未成年人保护法规定了保护未成年人工作应当遵循的四条原则,即:保护未成年人的合法权益;尊重未成年人的人格尊严;适应未成年人身心发展的特点;教育与保护相结合。罚站,且是长时间的罚站,实质是一种变相体罚学生的行为,对未成年学生的身心健康发展无疑是不利的。该法第15条更是明确规定:“学校、幼儿园的教员应当尊重未成年人的人格尊严,不得对未成年人和儿童实施体罚、变相体罚或有其他侮辱人格尊严的行为。”同时该法第48条和教师法第37条还规定了教师体罚或变相体罚学生应承担行政或刑事责任。《中华人民共和国义务教育法实施细则》也有相同的规定。被告周昌凤违反上述法律、法规的禁止性规定，显然违法。(3)罚站行为与张思受损害有因果关系。法医鉴定结论表明张思自身有潜在的脑功能紊乱，但脑功能失调、脑动脉供血不足而产生的头昏、做恶梦等症状并不因潜在病因的存在在现在就当然发生，潜在病因与现在的损害结果之间并无必然的因果关系。周昌凤对张思断断续续长达22小时的罚站，对其潜在的病因起诱发作用（这点已为法医鉴定结论所证明），从而导致张思现在损害结果的发生。虽然法医鉴定结论认为，张思“脑功能失调、脑动脉供血不足与体罚（罚站）无直接关系”，但二者之间有间接的因果关系是可以肯定的。间接因果关系不等于没有因果关系。事实上，即使张思自身不存在潜在病因，22小时的罚站对一个生理和心理成长尚不完善的未成年学生来说，都有可能造成不良后果。(4)行为人主观上有过错。作为老师的周昌凤与其学生张思之间的关系是特定的，学生受老师行为影响较大，老师对学生存在着特殊的注意义务，即应当注意到对身心发展尚不完善、缺乏自我保护能力的未成年学生在行为上要格外小心。周昌凤应预见到对学生罚站可能带来不良后果，仍然实施罚站行为。其行为显然是有过错的。

二、张思的家长也有过错。罚站并不是唯一诱发病症的因素。在得知张思被罚站后，张思的家长不是找学校及老师妥善解决而是扩大事态，客观上使已遭体罚的张思又置身于“罚站事件”的氛围，对张思病情的发展是有影响的。从这个意义上讲，张思的家长应是本案的共同被告。根据本案的实际情况，周昌凤负主要责任，张思家长负次要责任。二审判决在责任分担上是适当的。

三、学校在本案中如何承担责任。从外在表现看，教师在教学活动中利用教师的特定身份罚站学生，所产生的责任理应由学校承担,似乎一目了然。但《民法通则》却对此并无规定。该法第43条规定:“企业法人对它的法定代表人和其他工作人员的经营活动,承担民事责任。”第121条规定:“国家机关或者国家机关工作人员在执行职务中,侵犯公民、法人的合法权益造成损害的,应当承担民事责任。”学校不属企业法人和国家机关的范畴，在确定本案中学校是否承担民事责任时自然不能简单适用上述规定。但从民法理论分析,本案中教师体罚学生的行为应是学校行为:周昌凤是当阳市玉阳中学的教师，其行为是代表当阳市玉阳中学对张思施以教育的教学行为。虽然罚站这种教育方式超出了学校的授权范围,但它是以周昌凤可以代表学校对学生进行教育为基础和条件才得以实施的。因此,因罚站学生造成的损害后果,应当由当阳市玉阳中学承担。至于对周昌凤如何处理,由当阳市玉阳中学自己决定。但从《关于贯彻执行〈中华人民共和国民法通则〉若干问题的意见(试行)》第160条“在幼儿园、学校生活、学习的无民事行为能力人或者在精神病院治疗的精神病人,受到伤害或者给他人造成损害,单位有过错的,可以责令这些单位给予赔偿”的规定看,在受害人是由教师造成伤害的情况下，学校承担民事责任的前提条件是其有过错,而不是当然的承担教师因职务行为给学生造成的损害。本案中，当阳市玉阳中学的规章制度都明令禁止教师体罚或变相体罚学生,学校也在全校老师大会上多次予以强调。可见,当阳市玉阳中学已经尽了相当的注意义务。学校对张思损害的造成没有过错。从这个角度分析,当阳市玉阳中学不应对张思的损害承担民事责任,责任应由教师周昌凤个人承担。但笔者认为这与民法理论的一般理解是相冲突的。

四、对学生施以体罚是否构成精神权益侵害，如何认识这种精神权益侵害的性质。在其他同学面前对犯错误的学生施以罚站，会使犯错误的学生觉得有损人格尊严。其一，其“污点”(即错误)被公布；其二，其受到惩罚。这种批评教育方式对于一般成年人也许能够承受。但未成年人是一个特殊的群体，特别是处于一定年龄段、社会心理尚不成熟的未成年学生，他们的情感特别脆弱，自尊意识更强，自我保护能力差，罚站等行为很容易造成他们的自我评价降低，精神痛苦与不安，因此对他们的自尊心，社会要给予特殊的保护。《中华人民共和国宪法》规定公民的人格尊严不受侵犯，《民法通则》第101条也规定公民的人格尊严受法律保护。罚站实质造成对学生人格尊严的侵害。但是，《民法通则》并未将人格尊严作为一种独立具体的精神性权益给予规定。《民法通则》对精神性权益的保护，只限于第120条规定的姓名权、肖像权、名誉权和荣誉权。司法实践中，将人格尊严权同上述四种权利实行一体化保护，还缺乏可操作性。虽然《民法通则》第101条将公民的人格尊严和名誉权规定在一起，但人格尊严不应当包括在名誉权之中。实际上，二者是两个不同的概念。名誉权调整的是诽谤、侮辱他人同时降低他人的社会评价的情况；人格尊严则包括那些损害公民人格尊严，但又难以用名誉权规定加以保护的情况。对人格尊严的损害侧重表现为主体对自己社会价值的自我评价降低，以及因某种行为造成主体精神痛苦和情绪紧张等等。被罚站很难说造成学生的社会评价降低，而主要表现为对学生自尊心的伤害。对这种情况，如果不以公民的人格尊严权加以保护，则人格权保护体系难免出现漏洞。从有关法律的规定可以看出，将人格尊严与名誉权等作为并列的人格权加以保护已成为立法趋势。《中华人民共和国妇女权益保障法》第39条就已将人格尊严权和名誉权并列加以规定:“妇女的名誉权和人格尊严受法律保护。……”未成年人保障法和教师法特别强调了教师应当尊重学生的人格尊严。周昌凤罚站张思,其主观上具有过错,客观上有损张思的人格尊严,从最终后果上看,张思表现为生理、心理上的不良反应,根据这些事实和有关法律规定,应当支持张思精神损失费的赔偿要求,但只能酌情给付。

五、一、二审判决存在诸多遗憾之处。(1)上诉人周昌凤提出,赔偿张思的精神损失无事实和法律依据,二审判决本院认为部分对此未作出任何交待。(2)一审判决由当阳市玉阳中学对周昌凤应赔偿的数额承担连带责任未注明法律依据。凡适用连带责任的必须是法律有明文规定的。如《民法通则》规定的合伙、联营、代理中的连带责任、共同侵权人的连带责任、担保法规定的连带保证、产品责任中的连带责任等等。(3)二审判决在作出定案结论时,只引用程序法,而没有引用实体法的规定,是个失误。本案二审实体判决上应当引用《民法通则》第101条、第119条、第120条、第131条、未成年人保护法第15条、第47条和教师法第8条第1款第(四)项的规定。(4)在判决主文的表述上,精神损失费与经济损失费分列开来更为准确,而不宜将精神损失费作为经济损失的一项进行表述。

作者单位:湖北省宜昌市中级人民法院

赵立诉张宏飞等人身损害赔偿纠纷案

郑晓阳　冯　华

[基本案情]

1998 年 7 月 13 日中午课间休息时，原告赵立在齐镇中心小学操场与张宏飞、孙屹、严立、张世伟、田春迪、苟明明、李正发等七被告共同玩耍。在玩耍中,两人一组互相背着蹬仗推搡,当原告正背着另一被告在蹬仗时,被其他被告推倒在地,并相继蜂拥压在其上,等被告散开时,原告即觉右腿疼痛剧烈,无法站立。班主任闻声赶来,及时与学校老师和家长将原告先后送往眉县齐镇医院、眉县骨科医院检查治疗。后被诊断为:右下肢胫腓骨骨折,住院治疗 29 天,花去医疗费 841.10 元,门诊费 20 元,交通费 42 元。事发后,原告法定代理人向中国人民保险公司眉县支公司索赔，该公司向原告赵立支付赔偿款 558.10 元。在原告治疗中,被告李正发、苟明明的法定代理人已分别向原告支付 100 元、50 元,被告张宏飞、田春迪法定代理人也分别各向原告给付了 20 元。原告父母为原告受伤赔偿一事，分别与七被告父母交涉未果，遂起诉至眉县人民法院，要求七被告及被告眉县齐镇中心小学赔偿经济损失。

［裁判要旨］

眉县人民法院审理认为：原告右下肢胫腓骨骨折，是因原告与其他七位被告在课间休息时，相互背着用脚蹬踢，用手推搡继而相互扑压所致，七被告相互作用共同致伤了原告，损害结果与行为人疏于注意义务的过失行为有直接关系，构成共同危险行为，负有混合责任，应承担民事责任。因双方当事人均系未成年人，因此，其监护人都应承担未尽到监护人责任的法律后果，且责任均等。又因原告也参与了该危险行为，故其也应承担相应民事责任。被告眉县齐镇中心小学对学生安全管理和监督方面也有疏忽，亦应承担相应责任。至于原告从保险公司获得的赔偿部分，由于人身保险不具有补偿性质，保险人也不具有代位追偿权，所以侵害人并不能免除赔偿责任。依据《中华人民共和国民法通则》第119条、第130条、第131条，《最高人民法院关于贯彻〈中华人民共和国民法通则〉若干问题的意见（试行）》第145条、第160条，《中华人民共和国民事诉讼法》第119条，《中华人民共和国保险法》第67条之规定，于1999年7月9日作出（1998）眉民初字第291号《民事判决书》，判决如下：由张周平、孙小旺、严正芳、张永昌、田永祥、苟建军、李星（七被告张宏飞等人的监护人）、齐镇中心小学分别支付赵立医药费、护理费、交通费各116.40元，八被告互负连带责任（共计数额931.68元）。待本判决生效后10日付清（其中李星已支付100元、苟建军已支付50元、张周平、田永祥已各支付20元，在执行中应分别扣除）。本案受理费230元，原告负担25.56元，其余被告分别负担25.56元。

宣判后,原被告均未上诉。

[法理评析]

本案关键在于如何确定侵权行为的性质及民事责任的承担,怎样正确理解和适用《中华人民共和国民法通则》和《中华人民共和国保险法》,怎样客观地分析当事人提供的证据,准确确定原、被告的举证责任,以保证正确认定案件事实,合理界定当事人的责任,准确适用法律,维护司法公正。

一、是共同危险侵权行为还是一般共同侵权行为

所谓共同危险侵权行为是指二人或二人以上共同实施侵害他人权利的危险行为,对所造成的损害后果不能判明谁是加害人的情况。这种侵权行为虽与一般侵权行为同属共同侵权理论之下,有许多共同点:(1)是二人或二人以上共同实施;(2)侵权行为具有危险性及不合法性;(3)有造成客观损害后果;(4)除承担各自责任外,应承担连带责任。同时,二者还有不同之处:首先,表现在主观上,一般共同侵权行为的数人有共同的故意或过失,或者其中部分人有损害的故意,其他人有过失,其侵害对象是特定的;而共同危险侵权行为则没有人为的特定侵害对象,也没有数人损害的故意或过失,只存在对周围环境或人的安全疏于注意义务的共同过失;其次,表现在客观上,一般共同侵权行为加害人是明确的,或由原告举证证明,或由被告举证证明;而共同危险侵权行为下的损害结果虽不是共同危险行为人全体所致,但无法判明其中谁是加害人,双方当事人均不能证明谁是直接加害人，因而是根据实际情况直接推定全体被告都是直接加害人，而且致害率相等，过失相同，责任均等；再次，表现在责任划分上，一般共同侵权行为依据侵权人的过错程度大小分担责任，而共同危险侵权行为则推定侵权人过失相同，责任均等。纵观本案，七被告均是无民事行为能力之人，他们玩耍蹬仗在主观上既没有共同致伤原告的故意，也没有单独的故意，同时也不存在共同加害原告的过失。但七被告相互扑压，脚蹬手搡应该说是一种危险于他人人身、财产安全的行为，主观上虽没有共同加害他人的过错，但存在疏于注意义务的共同过失，且该共同危险行为并已经给他人造成实际损害，故应认定为共同危险侵权行为。

二、获得人身保险金后是否免除了侵权行为人的民事赔偿责任

本案审理中，有些人认为，保险公司已对原告的医疗费损失作了赔偿，被告不应对医疗费再行赔偿，即使赔，也只应是差额赔偿。这种观点缺乏法律依据。理由有三，一是人身保险不具有补偿性质。补偿原则是指保险事故发生后，被保险人从保险人处得到的补偿，恰好填补被保险人因事故发生所造成的损失。实行补偿原则是为了防止被保险人从保险中得到额外的利益，以致不合理地扩大保险人责任，防止诱发人为危险，这是财产保险特有的原则。如果在人身保险中适用补偿原则，不仅从理论上难以自圆其说，而且受害人和被保险人从保险人那里获取保险金后，加害人不赔偿或不全额赔偿，客观上等于助长了加害人的侵权行为，其危害社会的后果不难想象。二是人身保险中的保险不享有代位追偿权。由于人

身保险不适用补偿原则，体现补偿原则的代位追偿也就不复存在。三是现行民事法律对受害人和被保险人向保险人获取保险金后，并没有免除侵权行为人的任何赔偿责任。在人身损害赔偿中，当事人之间是侵权法律关系，受害人向侵害人索赔经济损失的事实根据是侵害人的侵权行为与受害人的人身损害后果之间有直接的因果关系，法律依据是《中华人民共和国民法通则》，而在人身保险中，当事人之间是合同关系，被保险人或受益人获得保险金的法律依据是《中华人民共和国保险法》，事实依据是双方签订的人身保险合同，而且保险事故已经发生。所以本案原告作为保险受益人在依据人身保险合同受偿保险公司的保险金后，有权向加害人(被告)索赔。

三、民事责任承担

本案审理中，承担民事责任有三个争议问题。首先，是被告和监护人之间的责任问题。《中华人民共和国民法通则》第 133 条规定，无民事行为能力人、限制民事行为能力人造成他人损害的，由监护人承担民事责任。判决直接让监护人承担民事赔偿责任是正确的，此处的监护人的民事责任来源于法律直接规定，在一定意义上是转承责任的性质，而不是监护人与被监护人之间相互的连带责任，因此，不能判决七被告与其监护人承担连带赔偿责任。其次，被告之间的责任问题。判决认定八被告互负连带赔偿责任是正确的，七被告与齐镇中心小学是否应互负连带责任，笔者认为，七被告虽是直接侵害后果的实施人，但事件发生在学校，监护之责已部分转移，且学校也未能证明其实施了有效安全管理，从某种意义上讲，是一种因学校疏于安全管理而发生的侵权行为，故应认定与其他被告互负连带责任。再次,原告与被告之间的责任问题。判决认定原被告过失相同,责任均等是正确的。只要原、被告的监护人不能证明已尽到监护责任,就应承担民事责任,且各自承担的责任均等,这等于已经认定受害人对损害结果的发生也有过错,符合《中华人民共和国民法通则》第131条规定的混合责任,从而已减轻了侵害人的民事责任。那种把共同危险侵权行为中,由于数人实施侵害行为无法查清而推定为过失相同、责任均等,理解为原、被告过失相同、责任均等的看法,显然扩大了原告的民事责任。

四、关于本案证据的认定

是应采信案发后被告在学校的陈述及证言还是应采信被告及其监护人在庭审中的陈述和证言?本案损害事实发生时,只有原、被告在场,对案情的证明只有八个小孩的陈述,这就涉及两个问题。一是未成年人或者说无民事行为能力人能否作为证人作证?《中华人民共和国民事诉讼法》第70条规定:"凡是知道案情情况的单位和个人,都有义务出庭作证,不能正确表达意志的人,不能作证"。据此,在场的八个小孩均是知道案件情况的人,且无民事行为能力并不等于不能正确表达意志,故他们可以作为证人作证;二是未成年证人证言的采信。审理中,七被告在事情发生后向班主任和学校陈述的情况与在法庭上陈述的情况大相径庭。庭审前被告人承认其在场并参与侵害行为,庭审中各被告均否认参与侵害行为。这就涉及证据的采信问题。未成年人在没有外界影响的情况下,对自己亲身经历的事情的陈述或作证,往往是真实的、准确的,即应采信。本案八个小孩各自利害关系不同,而在事件发生后向学校的老师的陈述基本一致,相互印证,这只能说明其真实性、准确性比较可靠，学校和教师的证言应当采信。故判决对此证据的认定是妥当的。

那么，关于举证责任的承担，是举证责任倒置还是由原告举证?按一般过错原则，原告应当负举证责任，而本案中，原告根本无法判明和证明加害人是谁，七被告也无法证明谁是真正的侵害人。审理中对七被告客观存在的共同危险行为，采用了推定过错原则。即原告确受到了损害，七被告共同实施了危险行为，以此推定七被告有过错，这就将举证责任合理的倒置给被告一方。如果被告方能证明自己没有过错，方可免除责任。这样有利于及时、有效地保护受害人的合法权益，制裁侵权人的违法行为。

五、眉县齐镇中心小学在本案中的诉讼地位

原告在起诉时，没有将眉县齐镇中心小学作为被告起诉。法院在审理中，依据《中华人民共和国民事诉讼法》第56条2款之规定，将齐镇中心小学作为第三人通知参与诉讼，本案审结时将齐镇中心小学作为被告承担了相应的民事责任。笔者认为，审理中把齐镇中心小学作为第三人通知参与诉讼，在适用法律上是不正确的，应当适用《中华人民共和国民事诉讼法》第119条之规定，将其作为共同诉讼被告参与诉讼。在民事诉讼中，第三人和共同诉讼参与人是有严格区别的。所谓第三人就是对他人之间的诉讼标的有独立的请求权，或者无独立请求权，但与案件处理结果有法律上的利害关系，其参与诉讼的目的是为了维护自己的合法权益。而共同诉讼当事人，不论是必要共同诉讼还是普通的共同诉讼，当事人对同一诉讼标的具有相同的权利义务。学生在校，学校就有安全管理的义务。齐镇中心小学虽未直接参与共同危险侵权行为，但两因(直接加害、未有效管理)造成一果(损害事实),其即与本案其他当事人具有共同的诉讼标的,与案件处理有直接利害关系,如不参加诉讼,不仅不利于查清事实和问题的解决,而且在客观上也加大了其他当事人的民事责任,不符合法律规定,故法院应依职权追加齐镇中心小学为共同被告。

作者单位:陕西省宝鸡市中级人民法院

陕西省眉县人民法院

偃师市总工会及魏其武等四人诉洛阳市郊区公路管理段等人身、财产损害赔偿案

牛振宇

[基本案情]

1998年8月4日凌晨,洛阳地区普降特大暴雨,7时许偃师市总工会司机魏治水驾驶该单位桑塔纳轿车,从偃师前往洛阳执行公务。车行至洛阳东花坛立交桥时,因机动车道积水太深不能通行,魏便驾车沿非机动车道行驶,此时由洛阳市郊区公路管理段(下称郊区公路段)负责养护维修的公路防护墙突然倒塌近50余米,造成魏车毁人亡。因对赔偿问题达不成协议,偃师市总工会及魏治水之父魏其武、母史润芝、妻马会灵、女魏怡珍遂以郊区公路段、洛阳市公路管理总段(下称市公路总段)、郑州铁路局洛阳铁路分局(下称洛铁分局)为被告向洛阳市廛河区人民法院提起诉讼。

[裁判要旨]

诉讼中,被告郊区公路段和市公路总段辩称:造成这次车毁人亡的直接原因是魏违章行驶在非机动车道上遇到了特大暴雨袭击,属于自然因素不可抗力造成的,故不应承担民事责任。被告洛铁分局辩称:东花坛立交桥的铁路构成及公路构成分属不同的法人单位,原告起诉未分清是铁路防护墙还是公路防护墙塌方,将其列为被告证据不足。

洛阳市廛河区人民法院经审理认为,洛阳铁路分局不是公路防护墙的所有人或管理人,依法不承担赔偿责任,郊区公路段是公路防护墙的管理者,但其不具备法人资格,所负民事责任应由其所属法人单位市公路总段承担。由于东花坛立交桥机动车道排水不畅,机动车辆无法通行,迫使魏治水借道行驶,而公路防护墙因年久失修,被雨水浸泡,导致墙体倒塌,对由此造成的损失市公路总段应承担主要责任。魏治水违章行人非机动车道,应承担次要责任。据此,以(1998)廛民初字第284号《民事判决书》判令市公路总段承担大部分民事赔偿责任。

宣判后,市公路总段不服,以公路防护墙倒塌的直接原因是特大暴雨这一自然现象,在此前其对公路防护墙的养护尽职尽责,不存在公路防护墙年久失修等问题;上诉人主观上没有过错,不应承担赔偿责任等理由上诉到洛阳市中级人民法院。偃师市总工会以原审判决适用法律正确,但责任划分不当答辩。魏其武等四人以上诉人主观上有过错,应承担全部赔偿责任答辩。

洛阳市中级人民法院二审审理认为,郊区公路段虽然对公路防护墙进行了管理和养护，但提不出自己无过错的证据，故不能抗辩防护墙倒塌造成车毁人亡的事实。原审认定公路防护墙是由于年久失修倒塌不当，该防护墙的倒塌是由于管理人员养护管理不善所致。原审认定造成的损失应由市公路总段承担主要赔偿责任，魏治水应承担次要赔偿责任，于法无据。首先，本案属特殊侵权民事行为，适用过错推定原则，不直接适用过错原则。其次，魏治水违章沿非机动车道行驶，与公路防护墙倒塌没有因果关系，不应承担民事责任。原审判决引用《民法通则》第126条正确，但判决书在责任认定中适用了过错责任原则，与其引用的法律条文相矛盾，遂以(1999)洛民一终字第193号《民事判决书》，判令上诉人市公路总段承担全部民事赔偿责任。

[法理评析]

一、本案是否适用不可抗力免责条款

上诉人在一、二审过程中始终坚持认为：洛阳地区普降特大暴雨在以往比较少见，而这种灾害性天气又是造成公路防护墙被大雨浸泡发生倒塌的原因。由于这种原因具有不可预见性、不可避免性和不可克服性，符合《民法通则》第107条“因不可抗力造成他人损害的，不承担民事责任”之规定，所以其对公路防护墙因大雨浸泡发生倒塌致他人损害的民事赔偿责任依法应予免除。

根据《民法通则》第153条之规定，不可抗力是指不能预见、不能避免并不能克服的客观情况。本案发生时洛阳地区普降40年来少遇的特大暴雨，这一自然现象无疑属于不可抗力，但并不能由此认为公路防护墙的管理者可以免责，因为当存在不可抗力与管理瑕疵的竞合时，依据民法理论中原因竞合之规则，管理者应当承担民事赔偿责任。那么本案中市公路总段是否存在管理瑕疵呢?关于公路及其附属设施的维修管理，《公路管理条例》与《铁路、公路、城市道路设置立体交叉的暂行规定》都有明文规定。从本案查明的情况看，市公路总段在建设阶段，对立交桥的排水能力即估计不足，致使遭遇特大暴雨后机动车道因积水太多无法通行，车辆不得不行入非机动车道。另外，公路防护墙倒塌系墙体被雨水长时间浸泡所致，而雨水浸泡这一客观事实，也正说明市公路总段在公路防护墙的日常维修、养护中没有充分履行其应尽的注意义务，主观上存在过错。申言之，如果市公路总段对公路防护墙已尽相应注意义务，维修、养护得当，确保墙体与土方之间不积水，公路防护墙就不可能长时间被雨水浸泡而发生倒塌。由此可见，特大暴雨虽属自然灾害，但是公路防护墙被雨水浸泡会引起倒塌，并不具有不可预见性、不可避免性和不可克服性，所以市公路总段的抗辩理由不能成立。

二、违章行为与损害结果有无因果关系

有观点认为，公路防护墙倒塌到非机动车道上，如果魏治水当时不违章沿非机动车道行车就不可能发生车毁人亡的悲剧，因此魏治水违章行车的行为，在主观上存在着过错，且这种过错与公路防护墙倒塌造成损害结果有因果关系，根据《民法通则》第131条之规定，魏治水也应承担本案损害赔偿的相应民事责任。一审法院即采纳了这种意见。

笔者认为，魏治水违章行车在主观上确实存在一定过错，但是

这种违章行为与公路防护墙倒塌造成损害结果之间并没有法律上的因果关系。在民法理论上,对于判断因果关系有不同的学说。目前,国外学者主要采相当因果关系说,而我国学者则多采必然因果关系说。按照相当因果关系说,如果某项事实仅于现实情况下发生该项结果,还不足以判断有因果关系,必须在通常情形下,依社会一般见解亦认为有发生该项结果之可能性,始认为有因果关系。由于此说符合民法之公平原则,且它不要求法官对具体案件均脱离一般人的智慧经验和认识水平去追求所谓客观的本质的必然联系,只要求判明原因事实与损害结果之间在通常情形存在的可能性,即要求法官依照一般社会见解,按照当时社会所达到的知识和经验水平,只要一般人认为在同样情形下有发生相同结果的可能性即可,因而该学说不但为愈来愈多的学者所接受,而且也正逐步被司法实务界所采用。

本案中,如果魏治水未在非机动车道上行驶,确不会发生车毁人亡这一损害结果,但在当时条件下,不仅魏治水本人不可能知道其违章行为会发生本案的损害结果,就一般人而言在同等情形之下也无法预见到有可能发生这样的结果,而且魏治水的违章行车本身并不具有引起公路防护墙倒塌造成损害结果的可能性。换言之,魏治水违章行车与公路防护墙倒塌造成其车毁人亡的损害结果之间实属一种巧合,这种巧合只能说明,魏治水违章行为是损害结果发生的适当条件而非原因,二者之间没有法律上的因果关系。相反,作为防护墙的管理者其管理瑕疵却使防护墙具有塌方致人损害的可能性,故应认定有因果关系。一审法院认为魏治水违章行车的行为在主观上存在过错,并把这种过错行为认定为损害结果发生的原因之一,从而判决魏治水承担损害赔偿的次要责任,难以成立。

三、二审法院能否超出上诉人诉请的范围进行判决

一审判决原告偃师市总工会、魏其武等人承担部分民事责任，其没有上诉，仅在答辩时要求二审法院改判，二审法院是否应当对此进行审判?部分同志认为，一审判决原告承担损害赔偿责任虽然不当，但其未提起上诉，表明他们愿意按一审判决执行，因此，在市公路总段上诉理由不能成立的情形下，本案只能驳回上诉，维持原判。如果改判，二审审查就超出了上诉人上诉请求范围，会造成市公路总段上诉不仅没有减免其民事责任，反而加重了其民事责任的情况。这样，审判模式就又回到了全案审查的老路，对于被上诉人来讲上诉与不上诉一样，不利于督促当事人积极行使诉权。二审经慎重评议，变更了原判，判决市公路总段承担损害赔偿的全部责任，笔者认为是正确的。

一方面，《民事诉讼法》第151条虽规定“第二审人民法院应当对上诉请求的有关事实和适用的法律进行审查”，但不能由此得出二审法院只应当对上诉人上诉请求有关的事实和适用法律进行审查的结论，而且最高人民法院在《关于适用〈民事诉讼法〉若干问题的意见》第180条明确指出：“对上诉人上诉请求的有关事实和适用法律进行审查时，如果发现在上诉请求以外原判确实有错误的，也应予以纠正”。可见本案中二审法院超出上诉人诉请范围改变一审判决是有法律依据的。

另一方面，从立法原意上讲，二审法院虽应当着重审查上诉人上诉请求的有关事实和法律，但从确保案件质量，维护裁判公正的角度出发，二审法院又负有全面审查案件事实和法律适用的职

责。如果二审法院仅就上诉人上诉请求范围进行审查，并不利于在查明案件事实基础上实现正确裁判。另外，本案被上诉人虽未主动上诉，并不意味着其接受一审判决，否则其就不会在答辩时要求二审法院变更一审判决，而这一权利主张并不为法律所禁止，所以不能认为二审时全面审查案件会侵害当事人的处分权。不可否认，当前正在全国法院系统推行的民事审判方式改革多数人都倾向于采取当事人主义模式，但在现阶段，完全适用当事人主义模式并不现实，只有采取当事人主义为主，职权主义为辅，才能达到既提高办案效率，又提高办案质量，有效保护当事人合法权益的目的。本案的审理过程就很好地证明了这一点。

作者单位：河南省洛阳市中级人民法院

李钢、新大洲公司诉金城集团劳动合同纠纷案

杭　鸣　曹晓红

[基本案情]

李钢1986年10月分配至金城集团有限公司(原金城机械厂，以下简称金城集团)工作，1994年3月起任该集团所属技术质量部发动机设计研究所副所长，主持该所工作。1995年12月1日，金城集团(甲方)与李钢(乙方)签订了无固定期限的劳动合同，合同约定：乙方解除劳动合同应当提前30日以书面形式通知甲方；乙方违约不履行合同，应赔偿甲方为其支付的培训费和经济损失，并支付违约金5,000元；另外出国人员回厂服务未满5年，按出国费用5年均摊；乙方应保守甲方的工艺技术、经营信息等商业秘密，不得擅自向外泄露等。1996年3月1日，李钢未解除与金城集团的劳动合同即擅自离职，并带走金城集团与南京航空航天大学(以下简称南航)合作科研成果《实测凸轮升程的优化课题总结》资料。同年3月，李钢被海南新大洲摩托车股份有限公司(以下简称新大洲公司)聘用，并担任其下属开发研究公司副总经理，负责发

动机研究工作。1996年6月，金城集团向南京市劳动争议仲裁委员会（以下简称市仲裁委）申请仲裁，并申请追加新大洲公司为仲裁第三人，要求李钢与新大洲公司共同赔偿劳动合同违约金、金城集团为李钢支付的出国培训、考察费用、被李钢带走的技术资料费、金城集团已支付给南航的技术开发费、仲裁期间的差旅费和其他仲裁费用等。1997年4月，南京市仲裁委根据《中华人民共和国劳动法》（以下简称《劳动法》）第102条及劳动部门有关规章裁决：（一）解除金城集团与李钢的劳动合同；（二）李钢支付金城集团劳动合同违约金5,000元，赔偿金城集团出国培训、考察费用80,214.96元，差旅费13,329元；（三）李钢赔偿金城集团与南航技术开发及带走部分资料造成的直接经济损失20万元，其中李钢承付6万元，新大洲公司承付14万元。仲裁裁决后，新大洲公司、李钢不服仲裁裁决，分别在法定期间内向南京市中级人民法院起诉。

[裁判要旨]

南京市中级人民法院分别立案受理，将两案合并审理后认为，金城集团与李钢订立的劳动合同是合法有效的，对双方具有法律约束力，李钢作为劳动者违反劳动合同擅自离职并带走有关科研成果资料，给用人单位造成较大经济损失，应承担违约赔偿责任。新大洲公司在李钢与金城集团的劳动合同尚未解除情况下，违反劳动法有关规定聘用李钢，对李钢给原用人单位金城集团造成的直接经济损失应承担连带赔偿责任，遂根据《劳动法》第78条、第102条及有关法规之规定，分别作出一审判决，对李钢诉金城集团案作出(1997)宁民初字第161号民事判决:(一)解除李钢与金城集团的劳动合同;(二)李钢支付金城集团违约金5,000元,赔偿金城集团出国培训、考察费80,214.96元,差旅费22,220.20元(其中诉讼期间新增加差旅费8,891.20元),科技开发损失15万元等,合计257,435.16元。对新大洲公司诉金城集团案作出(1997)宁民初字第143号民事判决:新大洲公司对李钢给金城集团造成的经济损失257,435.16元承担连带赔偿责任。判决后,当事人在法定期间内均未提出上诉。

[法理评析]

一、诉讼主体问题

劳动争议案件中出现仲裁第三人是近年来劳动争议案件审理中出现的新问题。根据《中华人民共和国企业劳动争议处理条例》第22条、《劳动争议仲裁委员会办案规则》第11条的规定,与劳动争议案件的处理结果有利害关系的第三人,可以申请参加仲裁活动或者由仲裁委员会通知其参加仲裁活动。但是这种利害关系必须是与劳动者有关的劳动法律关系,而不是事实上的利害关系或者用人单位相互之间的利害关系。如本案中新大洲公司与李钢之间后来建立的劳动关系是否合法,是否能够继续延续下去,完全取决于原用人单位金城集团与李钢之间的劳动合同是否解除。因此,南京市仲裁委的处理结果与新大洲公司具有法律上的利害关系、且与劳动者有关,南京市仲裁委决定追加新大洲公司作为仲裁第三人参加仲裁活动完全正确。由于仲裁第三人一旦被裁决承担实体义务后即享有了起诉权，因此如果劳动仲裁的申诉人、被诉人、仲裁第三人不服仲裁裁决，都在15日的起诉时效内分别向人民法院起诉，人民法院是作为一案受理，还是分别立案受理，对涉及仲裁第三人参加的劳动争议案件诉讼主体如何排列也就成为审判实践中的一个难题。

本案中新大洲公司、李钢分别起诉金城集团是否应作为两案分别受理?笔者认为，这两个诉只能作为一个案件受理。无论是新大洲公司还是李钢，只要有一方起诉，即应追加另一方为当事人。理由是：第一，这两个诉所依据的是同一份仲裁裁决书、同一事实，而且起诉的被告也都是金城集团。虽然它们各自的诉讼请求和理由不同，但由于它们在劳动仲裁案件中所处的法律地位，使它们之间形成了一种在法律上利害一致的法律关系，离开了李钢与金城集团之间的劳动争议，新大洲公司与金城集团之间的争议显然就无法成立。第二，在李钢诉金城集团一案中，由于原、被告分别是仲裁期间的被诉人与申诉人，案件的处理结果与新大洲公司有法律上的利害关系，三方当事人的法律地位与仲裁期间是相同的，人民法院应当通知新大洲公司作为诉讼第三人参加诉讼。在新大洲公司诉金城集团一案中，由于原告是仲裁期间的第三人，而人民法院审理的仍然是金城集团与李钢之间的劳动争议，并不是仲裁裁决，金城集团与李钢仍然是劳动争议的双方当事人；而且由于当事人的起诉，仲裁裁决依法不发生法律效力，人民法院必须对劳动争议作出实体处理，这就必然涉及到双方当事人和仲裁第三人的权利义务关系，如果李钢不参加诉讼，人民法院则无法对劳动争议作出实体处理，因此必须追加李钢参加诉讼，但不能作为诉讼第三人，李钢的诉讼法律地位应当与其在仲裁阶段所依附的一方当事人即新大洲公司相同，人民法院应当追加李钢作为共同原告参加诉讼。至于被追加的原告是否应受15日起诉时效的限制。笔者认为，原告的诉权包括程序意义上的诉权(起诉权)和实体意义上的诉权(胜诉权)，该当事人放弃起诉权的前提是服从仲裁裁决，即希望仲裁裁决生效，换句话说，当事人并没有放弃实体上的胜诉权。当其他当事人向人民法院起诉，导致仲裁裁决不发生法律效力时，人民法院还是有权追加其为共同原告参加诉讼的。

二、审理范围问题

劳动争议案件特殊的受理程序即“先裁后审”原则决定了劳动争议案件的审理范围有着不同于普通民事案件的局限性。本案中金城集团在劳动仲裁期间要求李钢、新大洲公司共同赔偿劳动合同违约金、金城集团为李钢支付的出国培训、考察费用、被李钢带走的技术资料费、金城集团已支付给南航的技术开发费、仲裁期间的差旅费和其他仲裁费用等共计483,986.45元及270万日元；南京市仲裁委裁决李钢、新大洲公司赔偿劳动合同违约金、出国培训、考察费用、差旅费、金城集团与南航的技术开发成果损失等共计298,543.96元。其中劳动合同违约金5,000元，出国培训、考察费用80,214.96元，差旅费13,329元当事人无争议，270万日元的技术资料费仲裁裁决金城集团证据不足，25，442.49元的代缴税款与当事人之间的劳动争议无关，不属劳动争议案件的审理范围。当事人之间的主要争议在于金城集团与南航的科研技术开发损失，金城集团在仲裁期间主张35万元，仲裁裁决部分赔偿了20万元，人民法院审理的范围应当是以35万元为准，还是以20万元为准?人民法院判决赔偿的数额能否高于仲裁裁决结果?对在人民法院审理期间新增加的8,891.20元差旅费是否能一并判决赔偿?

南京市中级人民法院认为，劳动争议案件的审理范围不仅仅局限于仲裁委的仲裁裁决，还应当包括当事人在仲裁期间正式提出的申诉请求,人民法院审理的也不是仲裁裁决,判决赔偿的数额也不应以仲裁裁决的结果为准。本案中的技术开发损失,金城集团在仲裁期间主张的是35万元,仲裁裁决部分赔偿20万元,经过一审法院调查核实,金城集团在1995年之前共给付南航技术开发费用40万元,其中被李钢带走的实测凸轮升程的优化课题的研究费为15万元,因此,一审法院据实判决新大洲公司和李钢共同赔偿金城集团技术开发的直接经济损失15万元是正确的。至于诉讼期间增加的差旅费8,891.20元,由于新大洲公司和李钢否认双方之间存在劳动关系，由此产生的调查费用系金城集团的直接经济损失,虽然该损失在仲裁期间尚未发生,当事人也未主张,但金城集团要求新大洲公司和李钢赔偿差旅费的请求经过了仲裁，只是由于当事人的诉讼行为导致损失的继续扩大，不能强求当事人一定要对扩大的损失再申请仲裁，这样也不符合劳动法关于“先裁后审”原则的立法精神。因而法院对诉讼期间增加的差旅费损失一并判决新大洲公司和李钢共同赔偿是正确的。

三、违约责任与侵权责任的竞合

本案中李钢违反劳动合同的约定,解除合同既是违约行为,也是对金城集团的侵权行为,这里是否存在责任竞合的问题?

责任竞合又常常被称为请求权竞合。所谓请求权竞合，是指某一违法行为引起两种以上民事法律关系同时产生，该行为的受害人就同一给付内容依法享有多重的、彼此冲突的请求权的现象。①我国的立法制度对于容易发生责任竞合的领域，如产品质量责任、医疗事故责任、交通事故责任等都规定的是单一责任。但是应当承认，责任竞合现象是伴随着合同法和侵权法的独立就已产生的现象，是不可避免的，特别是侵权责任与违约责任这两类基本的民事责任常常发生竞合。本案中李钢的行为是一种典型责任竞合，李钢的行为既构成对劳动合同的违约，同时也是对金城集团的侵权，因此，金城集团既可以依据《劳动法》的规定和劳动合同的约定申请劳动仲裁，并向李钢提起违约之诉；也可以依据《中华人民共和国民法通则》和《中华人民共和国反不正当竞争法》的有关规定向李钢提起侵权之诉，起诉李钢侵权或者侵犯商业秘密等。由于违约之诉和侵权之诉对原告方的举证责任要求不同，违约之诉原告一般不须证明被告主观上是否有过错，而侵权之诉原告则有义务证明被告主观上具有过错等。因此，本案中金城集团选择了违约之诉。

四、法律适用及实体处理

本案中金城集团与李钢订立的劳动合同是合法有效的，合法的劳动合同对双方当事人均具有法律约束力，根据《劳动法》的规定以及双方当事人订立的劳动合同的约定，李钢解除劳动合同应当提前30日以书面形式通知金城集团，李钢违法解除劳动合同应承担违约责任，支付违约金，并根据《劳动法》的规定和劳动合同的约定，以及劳动部《违反〈劳动法〉有关劳动合同规定的赔偿办法》即劳部发（1995）223号文的规定，赔偿金城集团为其支付的出国

① 王利明、杨立新著：《侵权行为法》，法律出版社1996年版，第114页。

培训费、考察费以及差旅费、技术开发费用等经济损失。

由于债权是相对权，即对人权，特别是根据“合同相对性”原则，合同当事人以外的第三人不应承担合同责任，《劳动法》第 99 条也只是规定招用尚未解除劳动合同的劳动者，对原用人单位造成经济损失的依法承担连带赔偿责任，因此新大洲公司对 5，000 元劳动合同违约金依法不承担责任。但是由于李钢的行为是一种“侵权性的违约”，而新大洲公司明知李钢与金城集团未解除劳动合同而聘用李钢，对李钢给金城集团造成的直接经济损失即出国培训费、考察费以及差旅费、技术开发费用等共计 252，435.16 元具有共同过错，因为李钢已承担了 5，000 元违约金，但尚不足以补偿金城集团的经济损失，应再赔偿经济损失 247，435.16 元，新大洲公司对此承担连带赔偿责任。一审法院在判决李钢、新大洲公司赔偿金城集团经济损失时未考虑扣除当事人已承担 5，000 元违约金略显欠缺，同时未适用《劳动法》第 31 条、第 99 条的规定也属法律适用上的疏漏。至于市仲裁委根据劳部发（1995）223 号文的规定裁决新大洲公司承担 70% 的连带责任，与劳动法的规定相违背，显然于法无据。

五、《劳动法》第 99 条的立法探讨

《劳动法》第 99 条规定，用人单位招用尚未解除劳动合同的劳动者，对原用人单位造成经济损失的，该用人单位应当依法承担连带赔偿责任。同时，劳动部办公厅《关于〈劳动法〉若干条文的说明》，即劳办发（1994）289 号文中对该 99 条中的“依法”解释为是指民法通则等，显然是指狭义上的法律。劳动部劳部发（1995）223 号文又规定，劳动者违反劳动合同中约定的保密事项对用人单位造成经济损失的;用人单位招用尚未解除劳动合同的劳动者,因获取商业秘密给原用人单位造成经济损失的,按《反不正当竞争法》第20条的规定赔偿。从上述规定来看,对劳动法第99条中的"依法"是应当理解为立法依据,即根据《民法通则》等法律而制定的该99条,还是应当理解为先处理劳动者与原用人单位之间的劳动合同纠纷后,再依据《民法通则》等法律规定另外处理劳动者和用人单位给原用人单位造成经济损失的赔偿问题并不明确,况且这种经济损失并不完全属于劳动争议案件的受理范围。

笔者认为,《劳动法》第99条与《民法通则》、《反不正当竞争法》等法律的规定实际上是一种规范竞合的现象。法学理论上所称的规范竞合是指,同一法律事实的出现引起两种以上法律关系的产生,符合数个法律规范的要件,致使该数个规范皆可适用的现象。①规范竞合可以发生在不同的法律部门之间,也可以发生在同一法律部门内部,由于民法系以权利为中心,其表现于外部之作用即为请求权,基于民法理论上的规范竞合所产生之数个请求权,有可并存者,学说上称为请求权聚合;也有惟仅得择一行使之者,即请求权竞合。②因此,请求权竞合只是规范竞合的一种表现形态,从规范竞合的角度来看,多种责任不仅仅可以相互冲突,也可以是相互包容,同时并用的。

再者,《劳动法》第99条规定的连带赔偿责任是基于用人单位的侵权行为,是对原用人单位合同债权的侵犯,同时赔偿经济损失

---

① 王利明主编:《民法·侵权行为法》,中国政法大学出版社1993年7月版,第213页。

② 王泽鉴著:《民法学说与判例研究》第1册,中国政法大学出版社1998年1月版,第371页。

也是劳动者的一种合同责任，即劳动者违约对原用人单位造成经济损失的应当赔偿，用人单位招用尚未解除劳动合同关系的劳动者，该用人单位依法应当承担连带赔偿责任。这种法律规定实际上体现了现代法学中对合同义务扩张的倾向性。

作者单位：南京市中级人民法院

蔡敦煌诉中国太平洋保险公司厦门分公司保险合同纠纷案

吴旭莉

[基本案情]

1996年4月，原告蔡敦煌经朋友陈永群介绍，决定为其自有汽车向中国太平洋保险公司厦门分公司(下简称太保厦门公司)投保。原告取出4,000元，委托陈永群办理汽车投保的一切事宜。1996年4月25日，陈永群到太保厦门公司承保科职员王鹭珍家中办理了投保的手续，为蔡敦煌的车号为闽D－T1494拉达营运车办理了车损险、第三者责任险和附加司机险。其中，车损险保险金额为人民币75,000元，保险期限为1年。王鹭珍将填写完整的太保厦门公司的保单交给陈永群，收取了3,700余元的保险费，就此完成投保手续。其时，投保人与保险人均未注意到该保险单背面印就的《机动车辆保险条款》中的规定，"由于火灾造成保险车辆的损失，由保险人负责赔偿"，"自然、明火烘烤造成的损失，保险人不负责赔偿"("自然"应为"自燃")。

1996年10月18日上午，该保险车辆在行驶途中，突然起火，虽经奋力扑救，该车仍整车烧毁。后经厦门市公安局开元分局消防科鉴定，该车起火原因系汽车化油器漏油遇电火花引起，原告蔡敦煌遂向被告太保厦门公司要求赔偿车损险人民币75,000元，太保厦门公司以该车着火“不属保险责任范围”为由拒赔。原告遂向厦门市开元区人民法院提起诉讼。

被告太保厦门公司辩称，原告所投保汽车着火系因汽车化油器漏油遇电火花而引起，根据保险合同及中国人民银行《关于印发机动车辆保险条款费率解释的通知》，该车属“自燃”，不属保险责任范围，因而被告拒赔是合理的。

[裁判要旨]

一审法院厦门市开元区人民法院审理后认为，原告向被告投保其所有的汽车，被告也出具了保险单，应视为保险合同成立，虽然中国人民银行关于《机动车辆保险条款解释》中规定，对于“自燃”所造成的损失，保险人不负责赔偿；且对“自燃”的定义为，保险车辆因本车电器、线路、供油系统及货物发生的问题产生自身起火，造成保险车辆的损失。但被告在其出具的保险单背面的“机动车辆保险条款”中却将“自燃”打印为“自然”，在签发保险单时亦未加以更正，且被告未能证实其将保险人保险责任条款的内容及定义向原告作过明确说明。因而，依照《中华人民共和国保险法》第17条、第30条之规定，对原告的诉讼请求予以支持，遂于1997年6月23日作出(1997)开经初字第229号《民事判决书》，判决被告中国太平洋保险公司厦门分公司应于判决生效后10日内赔偿原告蔡敦煌车辆损失人民币75,000元。

被告太保厦门公司不服一审判决，向厦门市中级人民法院提起上诉。上诉称:(1)一审判决就一个经双方当事人认可的笔误将错就错地认定为事实并据以判决是错误的,违背了“以事实为根据,以法律为准绳”的原则。(2)上诉人在保险单背面印上《机动车辆保险条款》应视为已经向投保人明确说明了保险人责任免除条款的内容。(3)保险车辆是因为自燃而造成损失,上诉人依法不负责赔偿。(4)一审法院适用《保险法》第30条是错误的,本案不存在适用该条款的条件。故请二审法院依法驳回被上诉人的诉讼请求。

二审法院确认了一审法院认定的事实和证据。同时,二审中证人王鹭珍、陈永群到庭作证。

二审法院审理后认为,上诉人中国太平洋保险公司厦门分公司与被上诉人蔡敦煌之间订立的机动车辆保险合同成立。上诉人将该保险单出具给被上诉人时,未依有关法律规定对保险单所印的保险条款向被上诉人作出明确的解释,上诉人对此应承担相应的过错责任。原审法院认定的事实及适用法律均无不当。上诉人以保险单背面已印上《机动车辆保险条款》应视为已向被上诉人明确说明等为由提出的上诉理由,缺乏法律依据,不予采纳。一审判决认定事实清楚,适用法律正确,审判程序合法。遂于1997年10月16日作出(1997)厦经终字第174号《民事判决书》,判决:驳回上诉,维持原判。

[法理评析]

本案当事人订立的保险合同规定，保险车辆的“自燃”属保险人责任免除之列。保险车辆出险后，双方当事人对何为车辆的“自燃”的理解产生异议。案件审理过程中，两级法院适用了《中华人民共和国保险法》第17条及第30条的规定。在审理同类保险合同纠纷实践中，对何为《保险法》第17条中规定的保险人对免责条款“明确说明”义务理解不一，并且对《保险法》第30条规定的保险合同的“疑义利益解释原则”的适用范围亦存在争议。

一、免责条款的明确说明

《中华人民共和国保险法》第17条规定，“保险合同中规定有关保险人责任免除条款的，保险人订立保险合同时应向投保人明确说明，未明确说明的，该条款不产生效力。”在本案中，投保人委托他人代办投保一切手续，代理人将办好的一切手续交给投保人时，未就保单条款的有关事宜作任何说明。在此之前，代理人在代办投保手续之时，保险公司的经办人亦未以任何方式对该保险合同条款进行说明。上诉人认为“在保险单背面印上《机动车辆保险条款》应视为已向投保人明确说明了保险人免责条款的内容。”应当认为，保险单背面印就的条款是保险合同的有效组成部分，但其仅说明了对“地震、人工直接供油、自燃、明火烘烤造成的损失”保险人将免除责任，对具体何为“地震”、“人工直接供油”、“自燃”、“明火烘烤”未作进一步的说明。同时，上诉人出具的保险单上将“自燃”印为“自然”。为此，一审原告及其委托代理人认为由于保险单的错误，造成投保人与保险人之间对此理解的歧义，应根据《保险法》第30条的规定，作出对保险人不利的解释。

那么，应如何认定保险人已履行“明确说明”义务？根据我国《民法通则》第56条规定：“民事法律行为可以采取书面形式、口头形式或者其他形式。法律规定用特定形式的，应当依照法律规定。”保险合同必须采用书面形式，但法律并未就说明合同的形式作出规定。笔者认为，不论是采用书面方式，即在保单的背面印就《机动车辆保险条款》并添附免责条款有关专有术语的说明，或在投保人办理保险手续时，以口头方式告知投保人有关免责条款的内容及其含义，或在投保人办理投保手续时，将已印就有关条款的书面说明交由投保人阅读，投保人有疑义时，保险人及时向投保人作说明，并就此阅读及说明行为作有效记载。以上种种方式均可作为对保险免责条款的“有效说明”。在上述情况下，保单一经投保人签名，保险合同即告成立，免责条款同时生效。

保险合同是格式合同的一种，保险合同的条款已事先印就，规定了当事人之间的权利义务关系。由于格式合同制作人的经济（垄断）优势地位，格式合同必然有利于格式合同条款的制作人，而不利于广大消费者。为了协调格式合同的制作者与消费者之间的矛盾，格式合同制作者一方的权利必须受一定的限制。载有免责条款之合同是否经他方签名，如未签名，是否经适当告知，是各国普遍规定的免责条款有效的要件。免责条款经他方签名或经适当的告知方可对抗相对当事人。载有免责条款之文件，一旦经他方签名后，无论其阅读与否，即应受此文件之拘束，除非有诈欺或不实之陈述导致其签名。这是世界各国关于免责条款发生效力的普遍做法。

本案所涉保险合同规定的“自燃、明火烘烤造成的损失，保险人不负责赔偿”，是典型的免责条款。目前，各地方法院在处理此类保险合同纠纷时，对明确说明的处理意见确有不同，一些地方法院认为保单背面印就的免责条款已属明确说明，而有些法院则认为必须口头“明确说明”才能算履行了“明确说明”的义务。为此中保财险公司曾向中国人民银行总行条法司请示“明确说明”的含义究竟是什么。人行总行在复函中答复：“保险公司在机动车辆保险单背面完整、准确地印上经中国人民银行审批或备案的机动车辆保险条款，即被认为是履行了《中华人民共和国保险法》规定的告知义务。投保人在保险单上签字，是投保人对保险单及保险条款的有关内容表示认可并接受约定义务的行为”。若保险方在出具保单之时，附着中国人民银行印发的《机动车辆保险条款解释》中有关免责条款的说明，那么，投保人在签订保险合同时应视为接受保险单及有关附则的说明。

投保人有权利也有义务了解清楚保险单及其附件的一切内容，投保人可以就保单上有异议的内容向保险人提出质疑。他在投保时，有权就保险条款要求保险方为其作出解释，甚至了解清楚保单一切内容。法律规定保险公司应当向投保人“明确说明”的本意即在于保险合同一般为保险公司制作的标准合同，基于保险公司在经济上的有利地位，法律必须平衡保险公司与投保人之间的法律权益。否则，投保人的利益就很有可能遭到侵害。《保险法》的立法本意即在于平衡保险合同当事人之间的权利义务关系。

本案中，保险合同成立时起，即应认为原告接受了保单背面的《机动车辆保险条款》对“自燃”的免责条款。但该免责条款无法发生效力的原因则在于该保单未就何为自燃进一步说明，以致两级法院支持一审原告的观点，视人行总行的复函为内部规范不予采纳，判定上诉人未尽到“明确说明”的义务。

笔者认为，人行总行给中保财险公司的复函不能适用于一般大众，因为一般大众无法获知这一复函内容。除非保险公司在投保人投保时出示或在保险合同附有该复函内容。因此,保险公司应当举证证明其已向投保人明确说明免责条款之内容。当保险公司举证不能时,就应当认为其未履行“明确说明”义务。

二、保险合同的疑义利益解释原则

本案两级法院判决的另一法律依据是《保险法》第30条。该条规定,“对于保险合同的条款,保险人与投保人、被保险人或者受益人有争议时,人民法院或者仲裁机关应当作有利于被保险人和受益人的解释。”这一规定体现了保险法理上的保险合同的疑义利益解释原则,即在保险合同条款发生争议时,应做出有利于非起草人的解释。

本案中当事人双方对何为“自燃”的理解产生疑义,原告蔡敦煌认为,本案投保车辆的燃烧不是公众所能理解的自燃。

一般情况下,燃烧是可燃物在一定温度条件下与氧气发生的伴有发光、发热的剧烈化学反应。可燃物、温度(着火点)和氧气是燃烧必不可少的三要素。自燃是可燃物的一种燃烧方式。我国目前几种有关辞书如《辞海》、《现代汉语词典》、《中国消防全书》、《警察业务全书》关于自燃的解释的表达并非完全相同,但对自燃的定义中,自燃是在没有外部明火引燃的情况下,因温度升高而自发燃烧的理解都是共同的。将此推定为一般公众所能理解和知晓的自燃概念是合理的。

对于一般合同的解释,到本世纪,传统的主观主义解释原则已不被采用,客观主义合同解释原则则越来越被强调。客观主义合同解释原则认为,合同的解释应以表现出来的意思为标准,此种表示出来的意思是否是当事人的内心真实意思则在所不问。标准合同的客观解释与一般合同的客观主义解释原则或法律解释的客观解释方法又有所不同，标准合同的客观解释须以该标准合同预定的不特定的对象（顾客或消费者）之平常的、合理的理解可能性为标准。因而，标准合同的客观解释除当事人有特别的约定外，应超脱于具体环境及特殊意思表示，不应把这些具体的订约环境或特别的意思表示作为解释标准合同的考虑因素，以此探求个别当事人的真意；同时，在一般情况下，对标准合同的术语应作通常的、一般意义的解释。只是，一旦条款的适用对象本身是具有专门知识的人，则应认为对合同中的专门术语应作专业的解释；若标准合同经过长期使用，顾客或消费者对合同条款用语的理解与合同制作者的理解有所不同，此时则应按交易时消费者的理解标准进行解释。本案中原告是一名普通的车主，系一般的消费大众，因此，对"自燃"的解释应以标准合同的客观解释标准，即一般消费大众所能理解的标准来衡量。所以，在本案中，疑义利益解释原则的适用结果是，人民银行《机动车辆保险条款解释》中对"自燃"的定义，不能作为本案中判断"自燃"定义的标准。

作者单位：厦门市中级人民法院

南海平洲海天贸易有限公司诉广州市南方大厦集团股份有限公司担保合同纠纷案

——兼论设立我国再担保法律制度

刘子平　梁朔梅

[基本案情]

1994年9月2日，原告南海平洲海天贸易有限公司（以下简称原告）和广州市南方大厦集团股份有限公司（以下简称被告）签订合作合同，双方约定共同投资成立南方大厦南海平洲）海天百货有限公司（下称海天百货公司）。1995年12月28日，海天百货公司为解决商业流动资金问题，与中国农业银行南海平洲营业所（下称农行）签订最高限额借款合同，约定由农行给海天百货公司最高额贷款1,000万元。同日，海天百货公司、原告与农行签订《第三者财产抵押担保合同》，约定由原告以自有房产海天广场四楼3,000平方米的房产为海天百货公司的借款提供抵押担保，并到有关部门办理了抵押登记手续。此后，海天百货公司实际向农行借款

850万元。海天百货公司并请示被告提供贷款责任担保:“遵照合作合同的原则及海天集团的要求,请南大集团按65%比例对上述商流贷款给于责任担保”。被告在接到海天百货公司的这一请示后,其法定代表人在请示上批复:“同意按我方权益责任反担保”。后因海天百货公司在借款期届满未能依约偿还农行的借款本息,农行遂向南海市人民法院提起诉讼,向借款人海天百货公司及抵押担保人原告请求清偿借款债务。该案于1997年12月9日经南海市人民法院主持调解结案,确认由原告对海天百货公司的上述债务承担连带清偿责任。原告遂于1998年3月18日向佛山市中级人民法院对被告南方大厦集团提起诉讼,认为原告用房产作借款抵押已履行了担保义务,要求被告履行其提供反担保的法律义务,向原告支付520万元及利息并承担诉讼费用。

[裁判要旨]

在本案审理期间,被告答辩认为其并未与原告海天贸易公司签订反担保合同或向海天贸易公司出具过书面反担保承诺,原、被告双方并未构成反担保法律关系;并且海天贸易公司在房产上所设定抵押的抵押权人农行尚未实现抵押权,海天贸易公司未取得追偿权。后海天贸易公司提出撤诉申请,佛山市中级人民法院认为原告的申请符合法律规定,于1998年8月14日作出佛中法经初字第107号民事裁定书,裁定准许海天贸易公司撤回起诉;案件受理费减半收取,由海天贸易公司承担。

[法理评析]

一、本案定性问题

本案原、被告均是以反担保纠纷为由提起诉讼和应诉的。审理法院认为本案不符合反担保的法律规定，应以一般担保合同纠纷处理结案。笔者认为审理法院不把本案定性为反担保法律关系是正确的；但是本案纠纷又显然不同于一般担保合同纠纷，它是在社会经济生活中新出现的一种担保形式，是由主债务人以外的第三人向担保人再行提供担保，属于再担保的法律范畴。再担保的实质与担保一样，其目的都是为了担保债务的履行，确保债权的实现。确切地说，再担保的目的实际上是为了原始担保人的追偿权的实现。我国《担保法》建立了反担保法律制度，但却由于各种原因而没能确立再担保法律制度，以致在复杂多样的社会经济生活中，出现再担保无法可依的问题。使我国担保立法明显滞后于时代的发展，这不能不说是个遗憾。最近在济南市召开的全国中小企业信用担保体系座谈会上，与会代表也都密切关注着再担保问题；而国家经贸委起草的《关于建立中小企业信用体系的指导意见》则要求切实实施反担保和再担保措施，健全我国担保制度。笔者认为，再担保制度在现代经济中应建立，它在中小企业信用担保中具有特别的作用和意义，现就反担保与再担保问题结合本案实际进行探讨，以期抛砖引玉，促使我国再担保法律制度能早日得到确立和发展。

反担保法律制度是我国《担保法》立法的创举，具有相当的科学性。《担保法》第 4 条规定："第三人为债务人向债权人提供担保时,可以要求债务人提供反担保,反担保适用本法担保的规定。”根据这一法律规定,反担保是第三人为债务人向债权人提供担保时,由债务人反向第三人提供的以确保第三人追偿权实现的担保。由此可见,反担保必须满足以下两个最基本的条件:首先,第三人已向债权人提供了担保,这是反担保得以存在的前提。反担保是附属担保,具有从属性,反担保合同任何时候都不能脱离担保合同而存在,如果第三人没有向债权人提供担保,则反担保失去其存在的基础,根本无从谈起,这与担保法律关系的从属性是一致的。第二,必须是由债务人反方向向第三人提供担保,这是对反担保法律关系主体的明确规定。本案中,原告虽然为债务人海天百货公司提供了担保,但债务人海天百货公司并未向原告提供担保,而是由债务人邀请他人再行为原告提供担保,这首先在主体上不符合反担保法律规定,不属于反担保。本案应把实际社会经济生活中的真实操作程序还原,从法律上确认再担保,这才是合情合理的,也是符合法律的本质的。再担保与反担保的主要区别在于担保关系是以并列形式存在还是以更深一层次的递进的形式存在。反担保是债务人与担保人之间相互正反向的并列存在的权利义务关系,是平面上横向的联系;而再担保则是债务人以外的他人再为原始担保人提供更深入一层次的担保,是立体上多层次的递进的纵向的联系,在调节当事人的权利义务分配上,以及促进社会经济发展的作用上具有反担保难以替代的优越作用。马克思主义的经典著作论述法律的本质是“无论是政治的立法或市民的立法,都只是表明和记载经济关系的要求而已”,①“但社会不是以法律为基础的,那是法学

① 《马克思恩格斯选集》第4卷,第121—122页。

家的幻想。相反法律应该以社会为基础。法律应该是社会共同的、由一定物质生产方式产生的利益和需要的表现……”,①再担保已成为现代社会经济生活所需，并以纠纷的形式出现在我们的司法实践中,要求得到法律上的确认与解决。笔者认为再担保概念在社会经济生活中并不陌生,它与保险合同中的再投保一样,随着时代的发展和人们不断地对它深入的认识，它应当为我们的法律生活所确认。

我国《担保法》出台后,法学界、司法界以及社会经济活动的当事人很快发现担保法仅规定反担保法律制度不能适应现实社会经济担保活动复杂性的需要。于是不少人希望从反担保法律制度中求得变通，提出“反担保既可以是债务人，也可以是债务人以外的第三人”②这一观点。但同时又有人认为“在反担保制度中,如果允许他人为债务人以外的担保之债向第三人提供担保,那么担保与反担保就会无限制地循环下去，反而不利于经济活动的正常进行”，③笔者认为，反担保与再担保如上所述，应该是两种法律制度，那种试图从反担保制度中求得再担保的适用的意见是不正确的,反担保制度无法囊括再担保制度的内容。最好的办法是从立法上对再担保法律制度予以肯定，而不是采取走无限扩张反担保制度的道路。至于那种认为如由债务人以外的他人再行为原始担保人的担保追偿权提供担保，则担保与反担保就会无限制地循环下去,不利经济发展的意见,更是毫无依据的说法,是不足取的。

① 《马克思恩格斯选集》第6卷,第286—287页。

② 最高人民法院《关于适用〈中华人民共和国担保法〉若干问题的规定》,第25条。

③ 程政举:《反担保制度初析》,载《法学》,1997年第6期,第34页。

二、再担保的几个基本法律问题

(一)再担保的产生条件

社会主义市场经济的健康发展主要在于落实作为市场主体的企业自身的健康发展及其相互间便捷安全的交易，这两者是相辅相成的。在现实经济活动中,又主要体现在如何保障社会信用上。不难想象,在一个信用失度的国家或社会里,是很难谈得上经济正常、健康发展的。而社会信用又是以千千万万的市场主体企业、公司的共同信用行为营造的。一种良好的法律制度则是规范市场主体行为,构造、保障信用的根本所在,担保是公认的一种必不可少的制度。由于社会经济活动的复杂性,担保行为也具有相当的复杂性,除了正常的一般的担保外,尚有反担保、再担保等形式存在。

当主债权人与主债务人有交易发生,需要提供担保时,可能产生如下情形:(1)主债权人不完全相信再担保人的资信,不同意其作第一序位上的原始担保人;(2)再担保人出于自身的某种原因不同意作为原始担保人,只同意作为第二序位上的再担保人,主债务人不得不改请由他人作原始担保人;(3)原始担保人虽然同意作原始担保人,但基于保护自身利益不受损害的原因,条件是必须由主债务人提供反担保或由他人提供再担保。因为在此条件下,原始担保人在承担担保责任后,可以有权选择对债务人或再担保人或同时向他们追偿,较为有效地起到保护自己利益的作用。这样,再担保也就为适应社会经济活动的多方面利益的需要而产生了。如不从尊重实际,实事求是出发,确认再担保制度,则交易当事人找不到合适的担保人,不能合理地配置相互间的权利与义务,进而阻碍了交易的正常、便捷、安全进行,这明显是不利于市场经济健康发展的。同时，担保人非常清楚提供担保是要承担担保责任的，明白担保是一种责任行为，那么市场主体出于对自身利益保护的本能，也会理智地对每一个担保行为进行认真、谨慎的审视，这从根本上有别于计划经济时代那种行政指令担保行为，所以市场主体绝对不会随意滥为他人提供担保或再担保，那种担心担保会无限制地循环下去的说法是没有理由的。正如以前人们尚未真正明白市场调节作用时担心一搞市场经济就肯定会使社会经济陷于混乱无序一样。从法律角度上说，一般担保、反担保、再担保都是担保制度存在的基本形式，都应予以确立并稳定下来。

(二)再担保的成立要件

根据再担保的特殊情况，笔者认为再担保需满足下列要件方可成立：首先，第三人(原始担保人)已向主债权人提供了担保。在担保与再担保中，担保是前提与基础，再担保是担保的发展与延伸，如无担保前提存在，也就谈不上再担保。第二，主债务人以外的他人(再担保人)再行向第三人(原始担保人)提供担保，也就是说再担保人与主债务人不能是同一主体，这是主体实质要件。如果是由债务人反向第三人提供担保则属于反担保。第三，原始担保与再担保须存在因果关系，再担保必须是基于原始担保而产生。假若不存在因果关系，主债务人以外的他人虽然由于其他法律关系而向第三人提供了担保，仍然不构成再担保法律关系。第四，再担保合同必须符合法定形式。我国《担保法》要求担保合同需要采取书面形式，再担保也要符合这一法定形式要件，原则上再担保合同应由原始担保人与再担保人签订，但不排除由债务人与再担保人签订，为原始担保人的追偿权设定担保权。

(三)再担保的效力范围及追偿权实现问题

再担保的效力范围，也即再担保人承担再担保责任的范围。它在原则上是与原始担保人承担担保责任的范围相一致的，主要包括主债权、法定利息、违约金、损害赔偿金以及实现债权的费用等。再担保人对原始担保人承担了再担保责任后，自然不可避免地涉及承担责任后的追偿权问题。再担保人是应主债务人的要求而向原始担保人提供担保，进而承担担保责任的，所以在承担再担保责任后，其有权向主债务人追偿，直至追偿权实现为止；而追偿权的范围与再担保人实际所承担的责任范围是一致的。这与原始担保人所承担的责任范围有所区别，因为原始担保人在承担责任后可能直接从主债务人那里得到追偿权的部分或全部的实现。

综上所述，笔者建议我国《担保法》第 4 条作如下修订："第三人为债务人向债权人提供担保时，可以要求债务人提供反担保，也可以由他人提供再担保。反担保、再担保适用本法担保的规定。"而其他相关条款也应作相应的修订。

三、本案的原告是否取得再担保的追偿权

在再担保法律关系中，再担保人是以自己的信誉和财产为原始担保人的追偿权提供担保的，原始担保人承担了担保责任后，有权在承担责任的范围内向主债务人追偿，同时也有权向再担保人请求履行再担保义务，即选择向再担保人追偿。这可能存在向谁追偿的先后问题。笔者认为在法律上不必确定追偿的先后次序，可以给原始担保人一种选择权，由其选择行使。但原始担保人选择向再担保人追偿的前提必须是：(一)原始担保人与再担保人之间存在再担保合同关系，原则上有原始担保人与再担保人签订的再担保合同；(二)原始担保人承担了担保责任。现在让我们看原、被告之

间是否存在再担保合同关系?本案中原告虽然没有直接与被告签订再担保合同,但是被告在它们向合资企业海天百货公司的请示中书面确定同意为原告提供再担保,根据合同法原理,海天百货公司发给南大集团的请示属于要约,而南大集团的明确批复则是承诺,这种双方行为实质上是海天百货公司与南方大厦集团达成的协议,内容是约定由南方大厦集团为合同第三人即本案的原告提供再担保,为原告的追偿权设定担保权。因此在原告与被告间存在再担保合同关系,原告如承担了担保责任后是可以向被告请求合同权利的。在此,再担保合同的成立类似保险合同、信托合同等,它是合同相对性的例外。

在认定原、被告存在再担保合同关系的基础上,原告是否承担了担保责任则是其取得追偿权的关键。本案中原告与主债权人农行签订抵押合同,并办理了有关房产抵押登记手续,在主债务人海天百货公司不能偿还借款的情况上,主债权人起诉主债务人及担保人,南海法院调解书确定由担保人即原告承担连带清偿责任。在南海法院下达调解书不久,原告即向佛山市中级人民法院提起诉讼,要求被告履行再担保义务。笔者认为南海法院的调解书只是确定了原告的担保责任,而原告尚没有在抵押物价值范围内清偿债务,抵押权人的抵押权并没有得到实现。《担保法》第57条规定"为债务人抵押担保的第三人,在抵押权人实现抵押权后,有权向债务人追偿"。显然原告在农行实现其抵押权前起诉被告,没有对主债务人和再担保人取得任何法律上的追偿权,其诉讼请求没有事实和法律依据。

作者单位:佛山市中级人民法院

北京市崇文区人民检察院

柳德军诉湖北捷龙快速客运有限公司旅客运输合同纠纷案

刘卓彬

[基本案情]

1998年12月6日，原告柳德军向被告湖北捷龙快速客运有限公司(以下简称捷龙客运公司)购买由宜昌市直达武汉市的客票一张，车次为920次，开车时间为当日下午6时，票价为人民币93元/人。原告按时凭票及身份证登车。车上司乘人员两名，乘客16人，被告对全体乘客进行了登车前的身份证检查，其中有两人无身份证亦得上车。客车从宜昌市大公桥车站按时发车，行至宜黄高速公路270km路段时，车上同乘的三名抢劫罪犯（其中有上车时查无身份证的两人)持刀对其他乘客进行了抢劫，时间持续近一个小时，原告被劫现金30,180元，爱立信398型移动电话一部，价值约4,010元。抢劫过程中，客车经过安福寺、枝江(当阳)出口的收费站及服务区，车至沮漳河大桥桥头时抢劫罪犯下车由其团伙接应。客车到达武汉时比正常时间推迟了三个小时。另查明：三名抢劫罪犯，已有两名被判处死刑，已执行，另一人被判处无期徒刑。罪犯退赃时无现金,退移动电话 4 部,但无原告的。原告起诉称,因被告的过错,导致其遭受重大经济损失,请求人民法院判令被告赔偿原告经济损失 34,190 元。

[裁判要旨]

宜昌市伍家岗区人民法院审理认为:原告与被告间成立旅客运输合同关系,被告应当按约定路线、时间将原告安全准时送到目的地。被告在发车前,违背其内部关于对乘客进行身份证检查的规定,发现两名乘客无身份证仍准其上车,为犯罪分子实施抢劫创造了条件。而且在犯罪分子实施抢劫的近一个小时里,客车途经高速公路收费站和服务区,被告完全可以及早报警或采取其他一些避险措施,但其没有,因而被告对原告财产的损失负有一定责任。原告及其他乘客如能团结起来,共同制止犯罪,亦可能免遭损失或减少损失,原告对其财产损失也有一定的责任。但无论是被告的行为还是原告的行为,与原告的财产受损之间并没有一种必然的因果关系,因而原、被告对损害后果的发生并不存在民事责任意义上的过错。鉴于原告的损失客观存在,根据公平及诚实信用的原则,被告应当给予原告一定的经济补偿。依照《中华人民共和国民法通则》第 4 条、第 132 条和最高人民法院《关于贯彻执行〈中华人民共和国民法通则〉若干问题的意见》第 155 条、第 157 条之规定,宜昌市伍家岗区人民法院于 1999 年 12 月 3 日作出(1999)伍民初字第 733 号《民事判决书》,判决如下:(一)被告捷龙客运公司补偿原告柳德军经济损失人民币 17,095 元,于判决生效后 10 日内给付;(二)驳回原告柳德军的其他诉讼请求。案件诉讼费 2,130 元,由原告柳德军负担1,065元,被告湖北捷龙客运公司负担1,065元。

被告捷龙客运公司不服上述判决，向湖北省宜昌市中级人民法院提起上诉。

二审审理中，被告捷龙客运公司与原告柳德军在宜昌市中级人民法院主持下达成了和解协议，由被告当庭给付原告现金1万元。被告以此为由申请撤回上诉,宜昌市中级人民法院审查后依照《中华人民共和国民事诉讼法》第156条之规定,于2000年3月23日作出(2000)宜中民终字第79号《民事裁定书》,裁定准予捷龙客运公司撤回上诉。

[法理评析]

本案二审以上诉人撤回上诉结案，以致办案法官对该案无需进行太多的思考即可轻松结案。但事实上对该案涉及到的一些法律问题,作为法官决不可消极回避。

一、作为承运人的捷龙客运公司对作为旅客的柳德军的财产损失应否承担赔偿责任?对此有三种不同意见。第一种意见认为,承运人与旅客间虽然成立旅客运输合同关系，据此承运人有合同上的义务保证旅客的人身、财产安全,但歹徒上车抢劫是承运人无法预知、难以防止的意外事件,承运人对旅客财产受损没有任何过错,其不应承担赔偿损失的责任。而且,要求承运人对被抢旅客的损失承担赔偿责任，会使旅客认为其损失有保障而消极面对车上的抢劫者,不利于鼓励人民群众积极同犯罪分子作斗争,不利于社会正气的弘扬,因此,承运人不应承担赔偿责任,受损旅客只能向抢劫者主张民事侵权赔偿。这也是本案被告在诉讼中所坚持的意见。第二种意见认为旅客在车上遭遇抢劫，财产受损，承运人与旅客对此都没有过错，此时应适用公平责任原则由承运人给予旅客一定的经济补偿。此即本案一审法院判决所持的观点。第三种意见认为，承运人与旅客之间形成旅客运输合同关系，按照旅客运输合同的法律原理，承运人有将旅客安全运输到目的地的义务，也有救助遇险旅客的义务；同时，旅客属于接受运输服务的消费者，还应当受到《消费者权益保护法》的保护，根据该法第7条的规定，消费者有权获得接受服务时的安全保障。旅客车上被劫，其未能获得接受服务时的安全保障，承运人未尽到“安全运输”的义务，构成违约，其理当对旅客所遭受的损失承担全部责任，而不问损害是否系因第三人的故意侵害行为造成。笔者赞成第三种意见。

第一种意见所认为的承运人对歹徒上车抢劫无法预知、难以防止，对旅客所受财产损害没有过错，不应承担赔偿责任不宜认定为免除承运人责任的理由。对社会一般人而言，歹徒可能上车抢劫是当可预知的事件，作为负有特定服务义务的承运人，更当对车上可能发生的诸种情形事先预知，并采取积极的防范和应对措施，以确保旅客的人身和财产安全。诚然，在有些情况下，即使采取了适当的防范和应对措施，也避免不了损害的发生；而且，在我国现阶段交通运输业还不甚发达的情况下，要求承运人对歹徒车上抢劫造成旅客的人身、财产损害承担责任，对承运人似乎过于苛刻。但以此为由免除承运人的责任，对提高作为服务行业一员的承运人追求服务质量的意识将毫无裨益，也不符合社会主义道德的基本要求。从本案捷龙客运公司对旅客实行上车前身份证检查这一点来看，捷龙客运公司就是在尽力提高服务质量，保障旅客的安全运输，但工作做得还不到位。此外，持第一种意见者所谓要求承运人承担责任,不利于鼓励人民群众同犯罪分子作斗争,不利于弘扬社会正气的观点，丝毫没有考虑到作为消费者的旅客在接受运输服务时享有的获得安全保障的权利,而无需承担太多的负担(道德上的要求当然有),作为服务方的承运人在提供服务时保障旅客的安全是其应尽的义务,因此,对本案情形下承运人应否承担赔偿责任的价值判断无需从道德的范畴进行利益权衡。即便按此逻辑,如果承运人对歹徒车上抢劫使旅客财产受损,一概不负责任,则承运人可以对抢劫行为视而不见,事不关已,高高挂起,岂不产生更为消极的负面效果?所以笔者不同意第一种意见。

第二种意见即本案一审法院所持观点也不能成立。在我国法律规定中,公平责任原则仅在民事侵权行为中有适用,而且其适用范围法律有明确的规定，在合同责任中未见有适用公平责任原则。况且在一方当事人有过错或第三人有过错的情况下,不能适用公平责任原则。本案中,抢劫者对旅客的财产损害具有过错,法院再在承运人与旅客之间适用公平责任原则划分责任或由一方给另一方补偿,无疑是适用法律不当。而且,本案中,终局责任的承担者应是抢劫者,承运人在对旅客承担责任后有向抢劫者追偿的权利,如果承运人只是承担一定“补偿”性质的责任,将会产生如下法律后果:承运人只能就其“补偿”的部分向终局责任人追偿,终局责任人可能未负全部赔偿责任而获不当得利;即便受害旅客就未获赔偿部分再向终局责任人要求赔偿,也只会增加程序的繁琐,不符合诉讼经济原则。因此本案一审法院的处理实为不当。

第三种观点最有利于保护受害旅客的合法权益。前已述，按《消费者权益保护法》的规定，承运人有义务尽一切可能保证旅客在运输中的安全。同时，承运人与旅客之间成立旅客运输合同关系，承运人未尽到安全运输的义务，一旦旅客向其主张合同上的权利，承运人应当承担违约赔偿责任，其承担责任后可以向直接责任人追偿，其权益丝毫无损，而受害旅客的合法权益却可以得到最为完善的保护。

二、对本案所涉因第三人故意侵权导致承运人违约，承运人如何承担责任的问题，《民法通则》与原《经济合同法》并无明确的规定。本案中的运输合同成立在新《合同法》实施之前，应当适用当时的法律规定。鉴于本案已经顺利解决，笔者在此对本案应当如何适用当时的法律规定予以处理不作过多关注，而拟对如果适用新的《合同法》处理本案作进一步的探讨。

承运人对旅客在接受运输过程中所受损害责任的承担，主要规定在《合同法》第301条、第302条、第303条。第301条规定了承运人的救助包括救助遇险旅客的义务。第302条规定了对旅客在运输过程中发生的人身伤亡，除“伤亡是旅客自身健康原因造成的或者承运人证明伤亡是旅客故意、重大过失造成的”外，承运人应当承担损害赔偿责任。第303条规定了对旅客在接受运输过程中自带物品的毁损、灭失的责任承担，“承运人有过错的，应当承担损害赔偿责任。”很显然，根据以上规定，对旅客在运输过程中的人身遇险，承运人承担的是无过错责任；而对旅客自带财产遇险，承运人承担的是过错责任。例如在本案的情形下，如果旅客的人身受到第三人侵害，由于不存在“旅客自身健康原因”以及“旅客故意、重大过失”等免责事由，承运人应当向受到侵害的旅客承担赔偿责任，而不问承运人是否有过错。而如果是旅客的自带财产受到第三人损害，只有在承运人有过错时，承运人才承担赔偿责任。而事实上在有人抢劫的场合，是很难认定承运人有过错的。如此，旅客向承运人主张财产赔偿一般得不到支持，而只能向实施抢劫者主张一般侵权赔偿，这对于与承运人形成运输合同关系的旅客来说，其基于合同所享有的权利无从得到实现，这无疑是不公平的。笔者以为，《合同法》第303条规定的“旅客自带物品毁损、灭失”，不应当包括第三人对旅客实施侵权造成旅客自带物品毁损、灭失的情形。

在第三人对旅客实施侵权的情形下，无论是旅客人身损害，还是财产损害，都存在由第三人承担终局责任的问题，即承运人承担了责任之后，有权向有责任的第三人追偿，承运人的利益丝毫无损。而从最大限度保护旅客的合法权益及为其提供最为完善的服务出发，即使在旅客自带财产被第三人故意侵害的场合，如果旅客依据运输合同要求承运人赔偿，承运人亦当承担起赔偿全部损失的责任，而不应审查承运人是否有过错。《合同法》第303条的规定应排除第三人故意侵权造成合同一方违约的情况。所以，如果适用新《合同法》处理本案，不应当适用第303条的规定，而应当适用第121条之规定，即“当事人一方因第三人的原因造成违约的，应当向对方承担违约责任。当事人一方和第三人之间的纠纷，依照法律规定或者按照约定解决”。对于本案，捷龙客运公司应当赔偿柳德军的全部财产损失，然后向实施抢劫者请求赔偿。

三、本案中，柳德军基于旅客运输合同有权要求捷龙客运公司承担违约责任；同时基于实施抢劫者的侵权行为（同时构成犯罪）又享有当然的侵权损害赔偿请求权，构成民法理论上的不真正连带债务。所谓不真正连带债务是指多数债务人就基于不同原因而偶然产生的同一内容的给付，各自承担全部履行的义务，并因债务人之一的履行而使全部债务归于消灭的债务。其特征在于：第一，基于不同的法律事实而对于债权人负有不同的债务。不真正连带债务是各个独立的债务，各项债务均是基于不同的发生原因分别存在的。如本案中，捷龙客运公司与抢劫者分别基于违约事实和侵权事实对柳德军产生债务，两者产生的原因是不同的，此与一般的连带债务不同。一般连带债务通常具有共同的产生原因，如基于合同约定或共同侵权行为。第二，数个债务偶然联系在一起，也就是说，各个债务人之间并未共同实施某种行为，或者共同作出某种约定（如约定承担连带责任），数个债务发生密切联系是一种偶然的巧合。如本案中捷龙客运公司与抢劫者并无共同的故意，亦无任何意思的联络，更无共同的约定，其对柳德军所负的债务联结在一起，完全是一种偶然的巧合。第三，数个债务人的给付内容基本上是相同的。如本案中捷龙客运公司与数个抢劫者对柳德军所负的责任内容基本上是相同的，即返还柳德军的现金损失和手机损失。第四，债务人为多人，债权人享有数项请求权，如果债权人实现了某一项请求权，就不应再向债务人提出请求。即，在不真正连带债务中，尽管债权人对各个债务人分别享有请求权，但因为数个债务人的给付内容基本上是相同的，债权人的一项债权实现后，其利益已基本得到实现，因而不应再向其他债务人提出请求。所以，本案中，一旦原告柳德军向捷龙客运公司请求承担责任而使其债权完全得到实现，其享有的对抢劫者的债权即应发生消灭。当然，由于柳德军最终从捷龙客运公司只获得了部分赔偿（或补偿），其还可就未获得赔偿部分向抢劫者主张。但就本案而言，因适用法律不当而造成如此繁琐的程序是不可取的。第五，就不真正连带债务的内容效力而言，不真正连带债务人之间不存在内部分担关系，即使发生相互求偿也非基于分担关系，而是由于终局责任的承担；而连带债务人之间有当然的内部分担关系，据此关系存在内部求偿权。本案中，如果捷龙客运公司承担了全部赔偿责任，其可根据法律的规定，向抢劫者追偿；当然，如本案处理结果，捷龙客运公司只承担了部分责任，其仍可就其赔偿的部分向抢劫者追偿。

在不真正连带债务制度下，本案的原告柳德军事实上在主张权利时有多种选择：柳德军可以直接起诉数个抢劫犯，提起刑事附带民事诉讼，要求数个抢劫犯(包括车下接应者)，承担连带赔偿责任。事实上，由于抢劫犯已被判刑，且对柳德军的退赃未果，柳德军选择了第二种救济手段，即基于与捷龙客运公司之间的运输合同关系起诉该公司。该选择对原告的权利保护来讲，是合法的，也是较为有利的。当然，笔者以为，尽管柳德军与捷龙客运公司和抢劫者之间具有不同的法律关系，其诉讼标的并非同一，按《民事诉讼法》第53条第1款的规定两个债务人不能成为必要的共同被告，但由于两个诉讼的客观目的相同，为简便程序，捷龙客运公司与抢劫者亦可被列为共同被告。法院予以合并审理，但应当对不同的债务人分别作出判决。

四、本案一审判决在处理上有诸多不妥：其一，前已述，因存在第三人过错，不能适用公平责任原则。其二，该判决既适用公平责任原则，却在本院认为部分着大量笔墨分析了双方当事人的过错，如认为原告“在自己的财产被侵害时也没有采取有力的保护措施”，实无必要。其三，原审判决适用公平责任原则时援引法律条款极不规范，如既援引民法基本原则，又援引具体规范，还援引了最高人民法院《关于贯彻执行〈中华人民共和国民法通则〉若干问题的意见》有关公平责任原则适用的诸条规定，如第155条、157条，既不准确，亦构成援引法律条款的堆砌。

需要说明的是，如果适用过错责任原则处理本案，要求捷龙客运公司承担全部责任，在本案似乎还勉强说得过去。一则捷龙客运公司既规定按身份证允许旅客上车，却又偏偏让两个无身份证的抢劫犯上了车；二则在劫犯实施抢劫的近一个小时内，客车几次经过收费站，司机完全可以尽力采取相应措施而没有采取。以此分析，捷龙客运公司的过错还是存在的。但如笔者前述观点，过错的存在与否不应成为捷龙客运公司是否承担责任的理由。

作者单位：湖北省宜昌市中级人民法院

王海诉天津伊势丹有限公司买卖纠纷案

侯德强

[基本案情]

1996年8月27日和9月3日,原告王海分两次在被告天津伊势丹有限公司购买了5部日本索尼公司生产的SPP-L338型无绳电话机,每部价格2,920元,共计人民币14,600元,后于1996年9月20日以该电话机非国家正式进口且无邮电部进网许可证,不能销售、使用等理由要求被告退货并赔偿人民币14,600元。被告承认其销售的索尼无绳电话机没有办理邮电部进网许可证,同时提出该无绳电话无质量问题,原告王海购买该种无绳电话机是以获得赔偿为目的,而不是为了个人消费,不符合消费者权益保护法的有关规定,因此不同意退货及赔偿。原告遂诉至天津市和平区人民法院。

［裁判要旨］

天津市和平区人民法院一审审理认为，原告从被告处购买的5部索尼SPP－L338型无绳电话机，系国家明令禁止进口、销售、使用、不符合我国制式标准的不合格产品。被告的销售行为已构成欺诈，应承担赔偿责任。遂依照《中华人民共和国消费者权益保护法》第49条，《天津市实施〈中华人民共和国消费者权益保护法〉办法》第8条第5项、第12项、第23条第1款的规定，作出(1996)和民初字第1445号《民事判决书》，判决：(一)被告自本判决生效之日起10日内，除返还原告所购无绳电话机款人民币14,600元外，并增加一倍货款赔偿原告人民币14,600元；(二)原被告双方的其他请求均予驳回。案件受理费1,178元，其他费用200元，共计人民币1,378元，由被告负担。

与此同时，天津市和平区人民法院还依据《中华人民共和国民法通则》第134条第3款之规定，作出(1996)和民初字第1445号《民事制裁决定书》，决定对原告王海所购、被告所售的5部索尼SPP－L338型无绳电话机予以没收。

一审宣判后，被告天津伊势丹有限公司不服，向天津市第一中级人民法院提起上诉。

天津市第一中级人民法院经二审审理，作出(1997)一中民终字第21号《民事判决书》，判决驳回上诉，维持原判。

[法理评析]

《中华人民共和国消费者权益保护法》(以下简称《消法》)1993年颁布以来,在各级司法机关、工商行政管理机关、消费者权益保护协会等机关、团体的努力下,为维护消费者的合法权益起到了积极的促进作用。鉴于当前社会上假冒伪劣商品泛滥,消费者人身、财产权益频频受侵害,有的人便以“打假”为己任,依照《消法》第49条有关惩罚性赔偿的规定,打击欺诈消费者的行为,成为轰动一时的新闻。

但在审理打假索赔的案件中,全国各地法院的判决不太一致,有的支持消费者的主张,有的则相反。甚至同一消费者,购买同一种商品产生民事纠纷,只是不在同一法院审理,便出现了截然相反的两种判决结果,①在社会上引起强烈反响,法律的可预见性受到了严重破坏。社会公众对知假——买假——索赔这一行为,不知司法机关保护与否,在社会实践中造成了混乱。究其原因,不外两点:一是对消费者的界定,二是对商家销售假货行为的认定。

与本案最相类似而判决结果却大相径庭的是,王海1996年9月在天津市龙门大厦永安公司购买了两部索尼无绳电话机,共价值6,346元。后他向该公司投诉,以其所购无绳电话机属于国家禁止销售、使用之商品为由,要求退货并加倍赔偿,因协商未果,王海起诉至天津市河北区人民法院,要求该公司加倍赔偿。而河北区人民法院经审理于1998年1月7日作出一审判决:王海与龙门大厦

① 《同样的案子为何判决不同》,载《人民法院报》,1998年2月26日。

永安公司之间的买卖合同无效；龙门大厦永安公司退还王海无绳电话机款；驳回王海“加倍赔偿”的请求。其判决书中认定：“原告在三十几天的时间内购买现代通讯设备如此之多，并非为个人生活消费需要，原告明知是禁销产品而购买的行为也是有过错的，该案不宜适用《消法》第49条的规定处理”。王海对此判决不服，提起上诉。①

首先，对于消费者，《消法》第2条规定：消费者为生活需要购买、使用商品或接受服务，其权益受本法保护。但何为“生活消费需要”?该法未作出更加详尽的阐释。审理王海诉龙门大厦永安公司案的法官认为：原告在三十几天内购买现代通讯设备如此之多，并非为个人生活消费需要。该法官是以消费者购买商品数量为标准作出了不利于消费者的解释，属于限缩解释。依该法官的观点，如果某人购买同一种商品的数量多于一般人，那么该人就非消费者，因而不受《消法》的保护。诚然，对于一般消费者而言，一次不可能购买多件贵重商品。但购买商品不一定非要自己消费，也可以赠送他人，况且商家不会过问顾客所购商品的目的。一个人在一个月内购买一部移动电话是消费者，购买两部就不是消费者，这种观点是不合逻辑的。现代法治国家的一个基本法律原则就是：法律不禁止的就是允许的（仅对社会公众而言，特别是民事领域；对于行使国家权力的机构而言，恰恰相反，法律未作出规定的就是禁止的），法律未作出明确规定的，应依照公序良俗、诚实信用等原则作为指导，以弥补法律之不足，调整各种社会关系。对于商家而言，消费者购买的商品越多对其越有利，因其以赢利为目的，销售量越大利润

① 《王海津门兴讼受挫》，载《法制日报》，1998年1月22日。

越多。因而商家不会作出限制顾客购物数量的规定，一个人一次购买10部移动电话，商家是不会拒绝出售的。对于顾客和商家都不需要的限制条件，法官为什么要强行作出呢？笔者认为，在审理案件时，对于自己所扮演的角色，法官要有一个准确的定位：自己只是一个裁判员，依据所认定的事实和应适用的法律，居中作出裁判。在此问题上法官应有所不为。

从另一方面来讲，商家把商品摆在商店里供顾客选购，此时已经隐含了一项原则：欲售的所有商品都是符合有关法律规定的合格产品（在此，合格产品应从广义理解，起码应和商家承诺的内容相吻合）。如果以假冒伪劣商品冒充合格商品，掩盖商品的真实质量状况，便是欺诈顾客在先，法律首先使商家承担了诚实守信的义务。其实，这也是市场经济主体所应具有的最基本的商业品质。这里首先明确了消费者购物不受数量的限制，一律受《消法》的保护。

其次，知假买假者的行为是否属于民事法律行为？依照《民法通则》的有关规定，民事法律行为的要件为：(1)行为人须具有相应的民事行为能力；(2)意思表示真实；(3)行为不违反法律或者社会公共利益。很显然，买假者具有相应的民事行为能力。那么，买假者的意思表示是否真实？买假者购买商品的方式与一般的消费者不同，他们是有选择地购买，即根据他所具有的关于鉴别商品真伪的知识和经验，专门购买他认为是假冒的商品。对于假货的认定，完全是买假者的主观判断。在此购买过程中，买假者购买商品的意思表示是真实的，如果他的判断失误，把真货当作假货购买，他是不能以判断失误而退货的，这也不符合退货的有关规定。所以，买假者购买商品的意思表示是真实的。另外，买假者的购买行为是否违反法律或者社会公共利益？我国目前的市场上，假冒伪劣商品泛滥，它直接侵害的是广大消费者的人身和财产权益，间接破坏了市场经济的正常运行秩序，使整个社会遭受极大的损害。正因为如此，国家每年都要花费大量的人力、物力来打击制假、售假的活动。买假者买假的深层目的并非买假货供自己消费，而是为了索赔。根据《消法》第49条之规定，经营者提供商品或者服务有欺诈行为的，应当按照消费者的要求增加赔偿其受到的损失，增加赔偿的金额为消费者购买商品的价款或者接受服务的费用的一倍，即加倍赔偿原则。商家之所以买假、售假，是为了谋取非法利润，而买假者的行为并非扩大了假货的流通范围，在更大范围内损害广大公众的利益，而是通过非正常购物方式（但合法）间接缩小了假货流通的范围，在一定程度上堵住了假货流通的渠道，制止了更大范围的人身和财产损害。通过索赔，使商家不仅赚不到非法利润，反而支付了巨额的赔偿金，使其明白：销售假货风险太大，得不偿失。迫使其不敢进假货也不敢售假。从表面上看，买假者通过买假，获得了超过其损失的物质利益，因而有人认为买假者也是欺诈者（这种观点很普遍，从一般公众到法学专家、法官等），殊不知，这实在是对买假者的误解。由于我国法治建设的时间不长，公众依法维护自身合法权益的意识比较淡薄，因而并非每一个消费者买到假货之后都会去找商家讨回公道的，这里面有多种原因：有的无足够的时间、精力；有的认为商品价值低，不值得麻烦；还有的不认为自己的权益被侵犯了。虽然他们不投诉商家的原因各异，但对商家而言，只产生唯一的效果：可以更放心大胆地出售假货，损害更多消费者的利益，谋取更多的非法利润。一般消费者是在使用假货的过程中人身、财产受到损害才去寻求救济的，在损害发生之前，他们处于无知的状态，无论其要求能否得到满足，假货的危害已实际发生了。而买假者就不同，他们并非被动地作为假货的受害者，而是主动地作为潜在的受害者，是有所准备的。他们只要认定是假货就会去投诉，不会等到损害发生之后，其买假行为能产生双重的良好效果：首先维护其自身的合法权益，他们与售假者无任何妥协的余地；其次，通过其行为，间接维护其他消费者的权益。试想一下，一买假者买了 10 部冒牌移动电话，索赔成功，那么至少能避免另外 9 个消费者买到这种假货。商家遭受了重大损失，可能就会打消卖假的念头，从而合法经营。这不仅不与公共利益相左，而且是真正的公益行为，利自己，利他人，利社会，这就是买假者买假行为所产生的效应。因此，买假者买假的行为是不违反法律和社会公共利益的。

第三，目前的社会总体环境需要买假者的涌现，其行为需要法律的支持和保护。我国的市场经济体制刚刚建立，经济迅速发展了，但与市场经济相适应的法律体系、道德规范（如诚实信用）等还未完全形成，处于相对的无序状态。计划经济体制下的管理模式很难适应市场经济的发展，在管理上出现许多漏洞和真空地带。近 20 年来，我国的经济发展速度在世界各国中位居前列，可制假售假的规模和范围也是首屈一指的。前几年一些不法商贩卖到俄罗斯等国的假冒伪劣商品，被外国人斥为“中国垃圾”，造成了很坏的国际影响。一些厂家的名牌产品被假货冲击得销不出去，为了生存，专门派出“打假队”（这本应是政府的职责，却要由市场经济主体来兼任），无奈杯水车薪，能维持一时却不能长久，效果不理想；某些地方政府对本地区的制假活动不仅不禁，反而加以保护，以促进地方经济的“繁荣”，经济学中所称的“劣币驱逐良币”现象在此发挥得淋漓尽致。假货直接侵害的是广大消费者的人身和财产权益,个人是自身利益的最佳维护者,如果遭受假货之害的消费者不主动奋起维护自身的权益,那么只能眼看假货到处漫延了。工商企业规模巨大,组织严密,有雄厚的资产,掌握广泛的信息;相比之下,消费者却是分散的,组织性不强,属于弱势群体,需要公共舆论、社会团体(如保护消费者协会)的大力支持,法律的特别保护。《消法》的宗旨和立法精神就是给予在市场交易过程中处于弱者地位的广大消费者以特殊的法律保护,知假买假者并不因为具有识别商品真假的能力而成为与经营者相匹敌的强者,同样应由《消法》给予特殊的保护。买假者的涌现,不仅仅是社会产生了这种需求,而且也是公众运用法律维护其权益的最好体现。他们不仅为维护自己的权益而斗争,而且为维护他人的合法权益而斗争!

最后,无论从一般社会常识上,还是从学理上,对消费者的认定,都要归结到法院的审判之中。在此之前,消费者可以与商家达成和解协议、向保护消费者协会投诉、要求有关行政管理机关查办,但起诉至法院,寻求司法保护,是最后的也是较有保障的救济手段。作为国家审判权的行使者,法院对民事纠纷具有最终裁决权。对此类案件的审理,由于社会影响较大,所以要慎重作出判定。在这方面,天津市和平区法院的作法值得借鉴。在王海索赔案审理之前,该院和天津市的一些法律专家、学者专门就“知假买假”问题进行了深入地探讨,然后才作出了支持王海的判决;而天津市河北区法院却认为王海“非消费者”,作出不予支持的判决。在此过程中,纵然有法官自由裁量权方面的因素,但问题主要在于对《消法》第2条“消费者”的解释上。若按字面意义,从一般社会行为模式来理解,王海的行为与一般消费者不同,但仅仅如此理解是不够的，还应探讨其深层的联系与区别。由于消费者的弱者地位是由多方面因素构成的，体现在各个领域，而且这种弱者地位是针对消费者这个特殊群体而言的，否则行家里手在购买其熟知的商品时也不再是消费者。①法官在审理案件时，并非把法条简单地套在认定的事实上就结束了，而应首先把案件事实认定清楚，不存在疑点之后，再联系应适用的法律，权衡法律条文是否与案件事实相吻合，在必要的时候，还要加上法官本人的价值判断。在对"消费者"的规定方面，《消法》第2条的内容存在法律漏洞。所谓"法律漏洞"，是指"法律体系存在着违反方法计划的不圆满状态，换言之，是指某一法律问题，法律依其内在目的及规范计划，应有规定却未规定的现象"。②对法律漏洞的补充方法大体上有三种：其一，依习惯来补充；其二，依法理来补充；其三，依判例来补充。③对"消费者"的认定，无疑应采取依法理和判例来补充，以达到法律规定的圆满状态。依照民法解释学的原理，应采用立法解释和社会学解释方法来进行解释。所谓立法解释，"系指探求立法者或准立法者在制定法律时所作的价值判断及其所欲实现的目的，以推知立法者的意思。④对于后者，即"把社会学方法运用于法律解释，着重于社会效果预测和目的衡量，在法律条文可能的文义范围内阐释法律规范意义内容的一种法律解释方法，运用这种方法，须以文义解释为基础，在文义解释有复数结果之可能时，方得进行社会学解释。⑤在

① 《王海津门兴讼受挫》，载《法制日报》，1998年1月22日。

② 崔建远：《我国民法的漏洞及其补充》，载于《吉林大学社会科学学报》，1995年第1期。

③ 梁慧星：《民法解释学》，中国政法大学出版社1995年版，第270页。

④ 同③，第219页。

⑤ 同③，第236—237页。

本文案例中，由于对“知假买假”能否认定为消费者有两种截然相反的观点，所以，引入社会学解释方法比较恰当。其实，这两种解释方法存在重合之处。立法者在立法时，必然对将要制定之法律所规范的社会状况进行深入地调查、了解，明确其所制定法律的主旨，《消法》的主旨是不言而喻的，即保护消费者这一弱势群体，以抗衡强大的商业集团。在对社会效果预测和目的衡量方面，前文已详细论述，不再赘言。需要说明的是，公众在运用法律维护自身权益方面的同时，深入理解了法律的本质，逐步培养对法律的信仰，它所产生的社会效果是非几日法制宣传所能比拟的。

根据以上论证，笔者提出如下立法及司法建议：首先，国家公布一部法律的同时应附带公布立法理由书，这对法官正确理解该法律的立法精神有很大益处。“因我国(大陆)立法无附具立法理由书之制度，其它立法资料如审议记录不公开，立法机关通过法律时由起草人所作的立法说明往往非常简单，这对立法精神的理解增加了难度。①在这方面，我国台湾地区的公布立法理由书制度已经实行多年，效果很好，值得借鉴。其次，最高法院应当根据“知假买假”这类案件，作出有利于消费者的司法解释。另外，对《消法》第49条作出更加明确的解释，规范法官的审判活动，限制其不当的自由裁量权，以利于全国范围内对此类案件审判的统一。第三，对欺诈消费者的行为，加倍赔偿不足以制止之，应提高赔偿数额，以三至五倍为宜。此举的目的就是把公众维护法律的权威、维护自身权益的社会成本由违法者负担。很多消费者，为求得公正处理，少则数月，多则数年，整日奔波，身心疲惫，这样是不公平的，提高赔

---

① 梁慧星：《民法解释学》，中国政法大学出版社1995年版，第221页。

偿数额，使违法者不能从违法活动中获得利益，若铤而走险，必得不偿失，加大其获取非法利润的风险，必然减少其从事违法活动的机会。要知道，对违法者的仁慈，就是对守法者、对社会公众的损害，一个国家的健全的法律制度必须使违法者不能从违法行为中获得非法利益，如果相反的情况出现了，那么，法律的权威必然受到挑战，不利于我国法治建设的深入。

《消法》颁布五年以来，它所产生的社会影响超过了其它许多部法律，消费者的权益意识正在得到加强。法律规则要获得生命力，最根本的一点在于：此法律规则能否使公众来运用它，在此意义上来说，《消法》是一部"活法"而不是"死法"，没有公众为法律而奋斗，法律所欲达到的目的必难实现。肯定"知假买假"的合法性，就意味着《消法》第 49 条将以利益为驱动获得强大的生命力，它的广泛运用，将会导致假货在社会上绝迹。虽然我们不能奢求每个社会成员都成为"王海"式的人物，但从理论上加以明确是必要的，首先要做的是从法律的角度对其作出法律评价，兹体事大，不可不辨。有人认为，19 世纪是劳工的世纪，20 世纪是消费者的世纪，消费者运动遍布全球。如今虽已进入 21 世纪，在我国提倡消费者运动仍不过时。如果有一天，买假者们无假可买了，那么，这一天就是制假售假者的末日和消费者的真正节日！

作者单位：河南省新乡市红旗区人民法院

中国建筑总公司第八工程局第三工程公司诉南京市五金机械总公司、南京市金利旺有限公司返还定金纠纷案

——析无效保证合同中的民事责任

孙　勇　孙　文

[基本案情]

1995年9月6日，中国建筑总公司第八工程局第三工程公司（以下简称中建八局三公司）与南京浩龙建设有限公司（简称浩龙公司）、南京市金利旺有限公司（简称金利旺公司）签订《协议书》，约定浩龙公司（甲方）将其开发的南京金长江大厦项目的地基处理、打桩、围护、挖土、主体施工、外装饰等工程交中建八局三公司（乙方）承包，中建八局三公司在协议签订后于9月15日前，为浩龙公司提供人民币250万元信用保证金，浩龙公司收到保证金后，不得将该项目交于第三者承建，浩龙公司自收到中建八局三公司250万元定金一年之内，如工程项目由中建八局三公司承建，可不计利息；在1996年9月15日前，如工程因故不能实施开工，250万元定金应在15天之内及时还清本息给中建八局三公司，年息按

30%计算，另按资金总额的3%支付违约金，以赔偿乙方的经济损失；金利旺公司为担保单位，如浩龙公司违约退还不了定金时，由担保方承担甲方违约责任，并以在建正在装修的2,700平方米的金长江乐园作为抵押担保。协议签订后中建八局三公司将250万元汇入浩龙公司。因金长江大厦未能开工，中建八局三公司诉至法院，要求南京市五金机械总公司（简称五金公司）、金利旺公司返还定金，赔偿损失。

浩龙公司系南京市五金机械总公司与美国环球网联集团合作兴办的中外合作经营有限责任公司，于1995年9月5日批准成立，投资总额2,300万美元，注册资本920万美元由美国环球网联集团支付。中方投资折价644万美元，占投资总额的28%，外方投资以现汇投入1,656万美元，占投资总额的72%。

浩龙公司成立后，注册资金没有到位，浩龙也未按有关规定取得房地产开发资质，拟开发的金长江大厦建设项目也未经有关部门批准立项。1996年9月25日，经五金公司申请，南京市工商行政管理局于1996年10月4日注销了浩龙公司企业法人营业执照。

南京金利旺公司系南京市浦口区胜利圩养殖场与美国环球网联集团合资设立的中外合资经营企业，其法定代表人为金乃浩，他同时担任浩龙公司法定代表人、美国环球网联集团副总裁。

[裁判要旨]

南京市中级人民法院经一审审理认为，中建八局三公司与浩龙公司、金利旺公司于1995年9月6日签订的工程承包协议，因金长江大厦项目未经有关部门审批立项，浩龙公司未办理土地有偿使用手续,也未取得房地产开发资质,且浩龙公司注册资金始终没有到位,不具备履行合同的能力,违反法律规定,该协议无效。浩龙公司取得的250万元定金应予以返还并赔偿利息损失。浩龙公司被注销后，其民事责任由其投资单位五金公司与美国环球网联集团承担。五金公司与环球网联集团以其投资比例对外承担浩龙公司的民事责任,故五金公司应返还原告人民币70万元并赔偿原告利息损失。金利旺公司系浩龙公司的担保人,主合同无效,担保合同作为从合同也无效,由于金利旺公司、浩龙公司的法定代表人均为金乃浩,金利旺公司、浩龙公司的投资外方亦均为美国环球网联集团。因此,金利旺公司知道也应该知道主合同无效,而仍然为主合同提供保证，故金利旺公司对浩龙公司不能返还定金及利息应承担连带责任。南京市中级人民法院遂作出(1997)宁民初字第376号《民事判决书》,判决:(一)被告五金公司于判决生效之日起10日内返还原告中建八局三公司人民币70万元，并赔偿原告利息损失。(二)被告金利旺公司对以上款项人民币70万元及利息损失承担连带赔偿责任;并自判决生效之日起10日内赔偿中建八局三公司损失人民币180万元及利息。

金利旺公司不服一审判决，上诉至江苏省高级人民法院请求撤销原判。江苏省高级人民法院认为一审判决认定事实清楚,适用法律正确,应予维持,遂以(1998)苏法民终字第173号《民事判决书》判决驳回上诉,维持原判。

[法理评析]

本案貌似一个简单的返还定金纠纷案,但究其实质,却并不简单。通观本案,涉及公司被注销后的债务承担、无效保证合同的责任承担等种种疑难法律问题。对于这些问题,不仅在法律上难以找到明确规定,而且在学理上学者们各执一词,争议颇多。鉴于此,笔者试图从学理上对本案所涉及的主要法律问题作一粗浅剖析,以资探讨。

一、出资人五金公司的责任承担

本案判决认为,“浩龙公司虽然领取了企业法人营业执照,但其投资单位被告五金公司与美国环球网联集团没有实际投入注册资金,故浩龙公司不具备法人资格,其民事责任应由其投资单位被告五金公司与美国环球网联集团承担,五金公司与环球网联集团以其投资比例对外承担浩龙公司的民事责任,故五金公司应返还原告人民币 70 万元并赔偿原告利息损失。”笔者认为,审理法院判令五金公司只承担 70 万元的返还责任的法律依据不足。在本案中,出资人五金公司与保证人金利旺公司所承担的责任性质迥异,应当严格划分。浩龙公司既然已经领取了企业法人营业执照,意味着公司已经成立,它就应当在其相应的行为能力范围内承担民事责任。浩龙公司与中建八局三公司签订建筑承包合同这一事实发生在浩龙公司已经成立但尚未被注销这一期间内,所以浩龙公司就应承担相应的民事责任。但由于其投资单位五金公司与美国网联集团没有实际投入注册资金,所以浩龙公司的民事责任由其投资人五金公司与美国网联集团承担。

而根据五金公司与美国环球网联集团的合作合同及浩龙公司章程约定,浩龙公司投资总额为2,300万美元,注册资本为920万美元。其中,五金公司对该项目的投入折价644万美元,占投资总额的28%。根据公司法和合资企业法的有关规定,投资人以其出资额为限对公司承担责任。因此,五金公司应当承担责任的限额不仅仅是70万元,而应该是出资额的28%,即257.6万美元。换言之,它应当在257.6万美元的范围内承担浩龙公司的责任。本案中由于一审原告中建八局三公司并未起诉美国环球网联集团,法院也未将美国环球网联集团公司列为当事人参加诉讼,那么,五金公司作为浩龙公司投资人的代表,应当对外承担浩龙公司投资人的责任。也就是说,五金公司应以其投资不到位的257.6万美元注册资金为限对浩龙公司的债务承担民事责任。原审法院仅以本案债务250万元人民币确定五金公司应承担的比例为28%折70万元人民币,笔者认为其未能准确地理解与使用法律。当然,五金公司可以在按照出资比例承担250万元赔偿责任后保留对美国环球网联集团的追偿权利,但五金公司和美国环球网联集团之间是投资人间的内部关系,应当另案审理。本案判决实际上严重违反了民事诉讼法关于诉的合并原则。

二、无效保证合同的责任承担

保证是以债权人与债务人之间主合同的成立为前提的,其主旨是为了保护债权的实现,以维护交易安全。如果保证合同无效,其保护债权实现的要义将失去存在基础,但因设立保证所带来的或产生的法律后果却不因保证无效而消失。在此情况下,如何确定债权人、债务人,尤其是保证人的责任,对弥补债权实现的保护,具有重大意义。实践中,由于对有关法律条文理解的分歧,也导致司法上的不尽统一。本案中如何认定保证人金利旺公司的责任亦成为各方关注的焦点问题。

保证合同的无效原因有二:一是因主合同无效而无效;二是因自身无效。保证债务,以主合同的存在或将来可存在为前提,因主债务的消灭而消灭。其范围及强度不能超过主债务,不能与主债务分离。这揭示了保证债务对主债务的从属性。如果主合同无效,其约定的债权债务便失去法律的约束力,担保合同所约定的担保权利义务也归于无效。本案中,中建八局三公司与浩龙公司、金利旺公司于 1995 年 9 月 6 日签订的建设工程承包合同,因金长江大厦项目未经有关部门审批立项,浩龙公司未办理土地有偿使用手续,也未取得房地产开发资质,且浩龙公司注册资金始终没有到位,不具备履行合同的能力,故该合同被认定无效。金利旺公司系浩龙公司的担保人,主合同无效,担保合同作为从合同也无效。可见,本案情形属于主合同无效引起保证合同无效 。在保证合同被确定无效后,所约定的保证权利义务不具有约束力,但并不意味着可以免除各方当事人的责任承担。笔者认为,在保证合同被确认无效的情况下,保证人承担的赔偿责任应当是缔约过失责任。

(一)保证合同无效与缔约过失责任

按照耶林之学说,当事人因自己过失致使契约不成立者,对信其契约行为有效成立的相对人,应赔偿基于此信赖而生的损害,即法律应当保护当事人因信赖合同的有效成立而产生的信赖利益。我国《担保法》第 5 条、《民法通则》第 61 条第 1 款的规定,正体现了以保护信赖利益损失为对象的缔约过失责任。《合同法》第 42 条更是以明确条文对缔约过失责任作出规定。具体到保证合同来看，保证合同关系是为实现和保护债权人利益而设立的一种基于信赖发生的债的关系，所以保证合同同样产生谨慎、协力、通知、保护、忠实等附随义务，该附随义务来自于诚信原则，违反上述义务应当承担缔约过失责任，这是保证合同无效中民事责任的法律基础。当事人在缔结保证合同之时，往往因债权人、或者债务人、保证人存在过错，而导致保证合同无效，合同相对方因此遭受损失，过错方应承担损害赔偿责任，这就是缔约过失责任。笔者认为，确定保证人是否应承担赔偿责任，应从三方面来审查，即衡量债权人是否有损失、保证人是否有过错、保证人过错与债权人损失之间是否存在因果关系，三者缺一不可。

(二)本案中保证人的赔偿责任

一审法院认为，"由于金利旺公司、浩龙公司的法定代表人均为金乃浩，金利旺公司、浩龙公司的投资外方亦均为美国环球网联集团，因此，金利旺公司对浩龙公司项目情况是清楚的，在知道也应当知道主合同无效的情况下，为之提供担保，金利旺公司对浩龙公司不能返还定金 250 万元及利息应承担连带赔偿责任。"笔者认为，这一认定属于主观推断，没有事实根据，更缺乏法律依据。

其一，从事实上说，浩龙公司的营业执照签发日期为 1995 年 9 月 5 日，根据法律规定，营业执照签发日期，即为企业成立日期。企业法人一经成立，即可从事与其业务相关的经济活动。根据我国《中外合作经营企业法》及其实施细则，合作首期认缴的注册资金于营业执照发放日起 6 个月内缴清。金利旺公司担保合同的签订日期是 1995 年 9 月 6 日，其作为担保人，是不可能在签定合同时预见到浩龙公司的注册资金能否到位、资质证书能否取得的情形的，自然也就不可能知道主合同会无效。如果说浩龙公司明知本建设项目不可能建成还要投资数百万元进行前期花费或者金利旺公司明知主合同无效仍要为其提供担保而自愿承担可能发生的风险，岂不有悖于商业惯例？据此，笔者认为，“金利旺公司知道也应当知道主合同无效，而仍然为主合同提供担保，对合同无效存在明显过错”的说法不能成立。

其二，从法律上说，《担保法》第5条第2款规定，“担保合同被确认无效后，债务人、担保人、债权人有过错的，应当根据其过错各自承担相应的民事责任。”这一规定是和《民法通则》第61条第1款的规定相呼应的。该条款规定，“民事行为被确认为无效或者被撤销后，当事人因该行为取得的财产，应当返还给受损失的一方，有过错的一方应当赔偿对方因此所受的损失，双方都有过错的，应当各自承担相应的责任。”可见，对保证合同无效后民事责任的承担，《担保法》采取了“过错责任原则”，即主合同和保证合同的当事人对保证合同的无效有过错的，根据其过错承担责任，没有过错的，不承担民事责任。

由于经济活动的复杂性和多样性，在实践中保证人很难证明其对所担保的主合同无效不存在过错，至少保证人负有所担保的应为有效合同债务之义务。在此意义上，本案保证人应当承担一定的过错责任。然而综观本案，不难看出，对于主合同的无效，债权人中建八局三公司和债务人五金公司应当负有更大的过错责任。如果说保证人金利旺公司在签订保证合同时应当知道主合同无效的话，那么中建八局三公司在与浩龙公司订约时亦应当了解对方的资信状况。追究浩龙公司的注销原因，是因五金公司不履行投资义务所致。所以说，本案中保证人金利旺公司应承担的损失责任应与其负有的过错相适应，而不应承担全部250万元定金及利息的连带赔偿责任。

作者单位:南京三法律师事务所

南京大学法学院

沈阳石油总公司石化物资公司诉辽宁省石油煤炭销售公司以“不得转让”汇票向招商银行沈阳分行质押无效案

聂飞舟

[基本案情]

原告沈阳市石油总公司石化物资公司与被告辽宁省石油煤炭销售公司于1996年10月4日签订购销合同，约定被告供给原告标准0号柴油5,000吨，每吨单价1,920元，总金额为960万元。其中首批交货2,000吨，货款计384万元，于1996年10月20日前在旅顺港平仓交货；如被告违约给原告造成损失，被告承担全部责任。合同签订后，原告依约从开户银行招商银行沈阳分行南顺城办事处开出一张面额为384万元以被告为受款人的银行承兑汇票，汇票背面有“不允许背书转让”字样的印章。被告收取原告交付的汇票及3万元请车费后未按期履行供货义务，反而以该汇票与第三人招商银行沈阳分行签订质押贷款协议：第三人贷给被告384万元购买柴油。随后，被告并没有用贷款购买柴油履行购销合同，而是将之用于代还贷款、代退货款等。为此，原告向沈阳市中级人民法院提起诉讼,要求被告赔偿因其违约而造成的经济损失、确认被告以“不得转让”汇票设定质押行为无效并返还汇票、本案的诉讼费用由被告承担。

[裁判要旨]

沈阳市中级人民法院经审理认为,原告和被告的购销合同有效,被告按期不供货系违约行为,且有一定的欺骗性。原告在汇票上记载“不允许背书转让”应为一种禁止背书的约定,被告人所作的质押背书即违反约定,因此,被告已丧失享有汇票上的权利。另外,出票人在汇票上约定不得转让,汇票即失去了票据背书性。故被告人与第三人的质押行为无效。对第三人提出的理由,因中国人民银行无票据法的解释权,不予采信。据此,于 1997 年 2 月 4 日判决如下:(一)废除原告开出的第 7951 号银行承兑汇票;(二)被告于判决生效后退还原告 3 万元请车费并向原告支付违约金 192,000 元;(三)第三人于判决生效后七日内将被告设质的银行承兑汇票提交法院;(四)驳回其他诉讼请求。

第三人不服上述判决,向辽宁省高级人民法院提起上诉。辽宁省高级人民法院经二审审理于 1997 年 7 月 3 日作出(1997)辽经二终字第 173 号《民事判决书》判决:驳回上诉,维持原判。

[法理评析]

本案事实相当清楚,三方当事人对案件的情况,比如原被告的购销合同、被告违约的事实、汇票上“不得转让”之记载、被告以该汇票设定质押等,均没有大的分歧,其争议的焦点在于发票人在汇票上记载"不得转让"有何效力?进而,在此种汇票上设定质押有无效力?对此,《中华人民共和国票据法》(以下简称《票据法》)并无明文规定,很有必要从理论上加以分析。

一、"不得转让"记载之效力

汇票以流通为贵,但在特定情况下,发票人或背书人也会在汇票记载"不得转让"从而限制汇票的流转。汇票权利的转移一般都通过背书的方式进行,在此意义上也可以说,发票人或背书人记载"不得转让"意味着对票据背书性的限制、剥夺。正因为如此,众多学者将"不得转让"的记载称为"背书之禁止"或"禁止背书"。①但实际上,"不得(禁止)转让"与"禁止背书"还是有差别的。一来,"不得转让"记载强调的是不能依背书方式转让票据权利,但背书却有转让背书和非转让背书,即使发票人记载有"不得转让",受款人同样可以为委任取款背书,因为在该种背书中,被背书人是以单纯的代理人身份为背书人的利益而取款,其权利仍属于背书人。二来,如后所述,背书人于汇票上记载"不得转让"者,仍得依背书而转让。三来,学者往往将出票人或背书人在汇票上记载"不得转让"字样的两种情况称为"禁止背书",但其实,不得转让汇票还包括背书记载"委托收款"字样的汇票和被拒绝承兑、付款或者超过付款提示期限的汇票。我们不妨把前两者称为记载"不得转让"汇票,后两者称为法定"不得转让"汇票。在本案中,一审法院认为,"该汇票上

① 刘甲一:《票据法新论》[M],台湾五南图书出版公司,1979年2月版,第176页。

不允许背书转让,应为一种禁止背书的约定”就混淆了“不得转让”和“禁止背书”。不过,由于本案仅涉及记载“不得转让”汇票,故本文的探讨范围将限定于此。所以,在范围上,本文所讲的“不得转让”汇票和“禁止背书”汇票并无不同,但这不影响笔者认为“禁止背书”的提法不精确。

依票据法原理,在汇票上记载“不得转让”的,既可以由出票人,也可以由背书人进行,但其效力是不同的。出票人记载“不得转让”的,该汇票就丧失了流通性,不能再背书转让,从而“有将该汇票由指示证券改为记名证券之效力”。①具体言之,第一,对于记载“不得转让”汇票的发票人,背书不发生票据法上权利转移的效力。亦即该种汇票不得依背书方式转让票据权利,若受款人又背书转让的,其背书仅发生民法上普通债权转让的效力,从受款人处取得票据的受让人不能主张票据抗辩切断的利益。第二,受款人以背书方式转让“不得转让”汇票的,受让人不取得票据权利,只能寻求票据法以外的司法保护。第三,出票人担保汇票承兑和付款的票据责任并不因记载“不得转让”而当然解除。不过此担保责任因受款人或受让人而不同。对前者来说,一旦到期不获承兑或付款,有权向发票人追索,但后者因没有票据权利而无追索权。因此,记载“不得转让”的出票人仅对受款人负票据担保责任。

背书人记载“不得转让”的,不能限制汇票的流通性,该汇票仍可依背书转让,受让人取得的是一种票据权利,而非普通的民事债权。其次,记载“不得转让”汇票的背书人对于其被背书人负票据法

---

① 刘甲一:《票据法新论》[M],台湾五南图书出版公司,1979年2月版,第176页。

上的担保责任，对于该被背书人的后手则不负票据责任。因此，如果该汇票发生不获付款或承兑等追索事由时，背书人仅限于其被背书人为追索时，始负偿还义务；该被背书人之后手对其无追索权。最后，背书人虽然对被背书人的后手不负担保责任，但也不妨碍在这之前或之后的未记载“不得转让”汇票之背书的效力。

二、记载“不得转让”汇票可否设质

根据以上原理，《票据法》第27、34条规定：“出票人在汇票上记载‘不得转让’字样的，汇票不得转让”，“背书人在汇票上记载‘不得转让’字样的，其后手再背书转让的，原背书人对后手的被背书人不承担保证责任。”问题在于，立法中仅对“不得转让”汇票是否可以背书转让作出回答，但对可否设定质押，却无明文规定，以致在理解时分歧颇大。有人认为，汇票记载“不得转让”字样的，可以背书设质。①相反观点认为，“不得转让”汇票不得设质。②本案的一、二审法院亦以“出票人在汇票上约定不得转让，汇票即失去了票据的背书性”“汇票质押的法律后果将产生转让行为”“权利质押的标的只能是依法可以转让的财产权，不可转让的权利不得设定质权”为由判定“质押行为无效”。笔者以为，记载“不得转让”汇票设质是否有效应依出票人和背书人分别而定：出票人记载“不得转让”的汇票不得设定质押，背书人记载“不得转让”的汇票可以设定质押，但此质权对该背书人(即禁止转让者)不生效力。鉴于本案属于出票人记载“不得转让”的汇票可否设质，故下面着重对此阐述

---

① 胡德胜：《不得转让汇票设定质押之研究》[J]，《郑州大学学报》社科版，1998年第5期。

② 汤维建：《不得转让的票据不能质押》[N]，《法制日报》，1997年5月24日。

笔者之管见。

(一)从汇票质押的后果看,汇票质押作为票据质押之一种,属于权利质押。理论上,设定票据质押需有三个要件:(1)当事人设定质权之合意;(2)证券之交付;(3)背书。①《票据法》第35条规定:"汇票可以设定质押,质押时应以背书记载'质押'字样。被背书人依法实现质权时,可以行使汇票权利。"这种对"设质背书"的要求显然和《担保法》不吻合(《担保法》规定只需质押合同和交付即可,见该法第76条)。故《担保法》应借鉴《瑞士民法典》第901条、《日本民法典》第366条、我国台湾地区《民法》第908条的规定,在未来的修订中增加票据出质须以背书形式为之的要求,以便与票据法相衔接。②本案各方当事人在汇票质押是否合乎三要件上并无争议。因此,可以认为就汇票的设定行为而言是有效的,关键在于用作质押的"不得转让"汇票能否作质物?

我们假定该种汇票可设质,则其上的质押背书发生如下效力:1. 被背书人依法实现其质权时,可以行使票据权利,比如被背书人(质权人)在票据到期时得向付款人请求付款;对未承兑的汇票向付款人提示承兑;票据遭拒付或拒绝承兑时向前手行使追索权;票据权利消灭时向出票人或承兑人行使利益偿还请求权。③ 2. 票据债务人不能以对抗背书人(出质人)的事由对抗被背书人(质权人),除非被背书人在取得该票据时存在恶意或重大过失(参见《日内瓦统一汇票及本票法》第19条、《日本票据法》第19条)。3. 被背书人(质权人)以设质背书的形式记载证明其权利的存在,并据

① 谢在全:《物权法论》[M],中国政法大学出版社,1999年1月版,第815页。

② 熊伟、罗平:《票据质押若干问题研究》[J],《法学评论》,1999年第6期。

③ 陈芳、虞燕飞:《票据质押中的若干法律问题》[J],《法学》,1998年第9期。

此向票据债务人请求付款，而无须证明其与背书人间实质的质权关系是否存在、是否履行完毕。①可见，质权实现时，票据权利由质权人行使，而且实际上，质权人通过质押得行使的权利和经背书转让取得的权利相差不大。这样显然使得记载“不得转让”失去了意义。但仍应注意的是，设质背书和转让背书的后果相似虽多，但设质背书乃一种非转让背书，并不发生票据权利转让之效力。背书人仍享有有关票据权利的所有权，被背书人只取得质权上的资格和权限，……不得以转让的方式将票据权利转让给他人。②由此观法院“汇票质押的法律后果将产生转让行为”之理由，其不妥是显而易见的。

(二)从“不得转让”记载的目的来看，发票人作“不得转让”之记载的目的有三：其一为发票人拒绝和直接后手之外的多数人发生票据关系，这种情形在签发汇票仅为一时之需而无意使之流通时最为多见。其二为保留对直接后手的抗辩权。因为票据一经背书，债务人即不得以他与背书人之间的抗辩事由对抗被背书人。其三为防止票据追索金额的扩大。汇票付款请求权如遭拒绝，持票人有权向其前手追索，而汇票每经一个背书人的清偿，其金额就相应增加，作为发票人因位于持票人的最前手而不得不支付比任何背书人都大的金额。但若“不得转让”汇票仍得设定质押的话，发票人就应该对持票人(质权人)或背书人负票据责任(如前所述，质权人可以行使包括追索权在内的票据权利，并享有抗辩切断利益)，其

① 刘家琛:《票据法原理与法律适用》[M]，人民法院出版社，1996年6月版，第288页。

② 谢石松:《票据法的理论与实务》[M]，中山大学出版社，1995年7月版，第141页。

记载“不得转让”的目的就会落空。

(三)从权利质押的标的物来看，权利质押的前提是作为标的物的财产权须为可让与且与质权性质无违。故性质上不得让与和法律规定不得让与之债权或权利、法律禁止扣押之债权、依当事人特约不得让与之债权、法律禁止设质之权利均不得为权利质押之标的物。①因此，尽管《担保法》只规定“汇票、本票、支票、债券、存款单、仓单、提单可以质押”而没有加上“依法可以转让”等的限制词，但在理解时不能过于拘泥于文字。本案中，法院以“不可转让的权利不得设定质权”从而认为质押无效，是有道理的。

(四)从国外立法看，《联合国国际汇票和国际本票公约》第16条规定：当出票人或签票人在票据上加上诸如“不可流通”、“不可转让”、“不可付与指定人”、“仅向(某人)付款”等字样的或类似含义字样时，除因托收目的外，票据不得再为转让且其后的任何背书，即使在背书内未含有授权被背书人代收票据字样，亦被认为是托收背书。”另外，《英国票据法》和我国《香港票据法》分别在第8条、第35条也作了相似规定。该立法的特点是出票人记载“不得转让”汇票除了托收背书外，不得再为转让背书和设质背书。这即意味着这种汇票已不能设质。

至于背书人记载“不得转让”的汇票，因其仍可以背书转让，故承认其上仍可设质应为理所当然。只不过这种质权对禁止汇票转让的背书人不生效力，道理在于禁止转让的背书人对其后手的被背书人不承担保证责任(参见我国《票据法》第34条、《日本票据

---

① 谢在全：《物权法论》[M]，中国政法大学出版社，1999年1月版，第804—807页。

法》第 15 条)。

三、本案中的其他相关问题

(一) 一审和二审法院均认为汇票上“不得转让”之记载为原、被告的约定,“系双方真实意思表示”,但实则不然。“不得转让”是出票人、背书人的单方意思表示行为,不是出票人与收款人、背书人和被背书人双方协商一致的意思表示行为——约定。①

(二) 本案中第三人提出,出票人记载“不得转让”于汇票背面但未签章应属无效的记载。法院以法律并无明文规定为由认定记载虽不规范、有瑕疵,但仍为有法律效力的约定。笔者认为,第三人的主张非常有力,而法院的说理却不够充分。从理论上讲,出票人应在汇票正面记载“不得转让”字样,背书人应在汇票背面或粘单上记载“不得转让”字样并签名或盖章。出票人在票据背面记载“不得转让”的,须在毗邻的位置签名或盖章,否则,该记载的法律效力会受影响。

(三)法院以质押行为无效判决废除发票人开出的银行承兑汇票,是值得商榷的。虽然本案以“不得转让”汇票设定质押是无效的,但其后果是返还汇票给出质人,其汇票权利仍由出质人享有。若出质人于到期行使汇票权利时,出票人(原告)依《票据法》第 13 条:“票据债务人可以对不履行约定义务的与自己有直接债权债务关系的持票人进行抗辩”可向被告主张抗辩。

(四) 一审法院认为,被告不履行合同义务,又不返还货款,具有一定的欺骗性,而“以欺诈、偷盗或者胁迫等手段取得票据的,或

---

① 朱金生:《记载“不得转让”的汇票不能质押》[J],《法商研究》,1998 年第 5 期。

者明知有前述情形，出于恶意取得票据的，不得享有票据权利”（《票据法》第12条），故被告已丧失票据权利。其实，一方面，并没有足够的事实能认定被告在购销合同中构成了欺诈；另一方面，即使构成欺诈，根据票据行为无因性理论，应将票据关系和基础关系相分离，出票行为并不受购销合同有瑕疵的影响。为此，二审法院纠正了一审法院的错误的法律适用，认定被告行为仅系违约，应值赞同。

作者单位：华东政法学院

厦门福鹭燃料航运公司诉长泰县新安果蔬开发有限公司等航次租船合同纠纷案

许俊强　李辉东

[基本案情]

1998年5月28日，原告厦门福鹭燃料航运公司（下称福鹭公司）与被告福建省长泰县新安果蔬开发有限公司（下称新安公司）签订航次租船合同，约定原告将其所属“鹭建”轮（下称鹭轮）租给新安公司承运4,700—4,800吨玉米，起运港秦皇岛，目的港漳州；运价68元/吨，运费计算方法为不满4,600吨的按4,600吨计费，超过4,600吨的按实收费，运费结算办法为预付50,000元，船抵目的港锚地靠泊后付清；受载期限6月7日+2天，装港留港时间72小时，卸港留港期限96小时，自船抵装卸港锚地12小时开始起算，至装卸完毕止，一旦滞期，滞期费625元/小时。合同签订后，新安公司付给福鹭公司10,000元。

因玉米购销合同纠纷，6月15日，被告秦皇岛开发区华盛粮油贸易有限公司（下称华盛公司）向秦皇岛市中级人民法院（下称秦皇岛中院)申请诉前查封其供给秦皇岛鑫业贸易公司,装载于鹭轮的玉米 2,457.88 吨,该院审查后裁定予以准许。6 月 18 日华盛公司、新安公司和福鹭公司在秦皇岛中院的调解下达成供方、需方及承运方三方协议,约定鹭轮所装玉米 2,456 吨因需方暂无支付能力,由秦皇岛中院查封至目的港付款开舱卸货,抵港后由新安公司全额付款后接收;新安公司承诺船抵漳州港锚地靠泊前承付鹭轮的全部运费、延滞费等一切费用,船靠岸后支付全部货款方可解封提货;若新安公司违约,华盛公司有权与福鹭公司直接签约转港或在卸港变卖货物。同日华盛公司及被告秦皇岛市大元经济贸易公司(下称大元公司)通知鹭轮开舱配合平舱。6 月 25 日秦皇岛中院向漳州港务局发出协助执行通知书,要求其协助将鹭轮所载玉米卸下,但货物仍处于扣押中。同日,新安出具欠据,称欠鹭轮本航次运费 400,000 元,卸货至一半时付清。7 月 2 日,华盛公司及被告大元公司作为甲方与福鹭公司(乙方)签订一份协议书,约定:因新安公司无能力支付船运费,经协商由甲方垫付本航次所载玉米 3,904 吨的运费 265,472 元及 50% 的亏舱费 23,664 元,扣除甲方已付的 50,000 元,尚欠 239,136 元,该款应在甲方出售第一批货物款项中一次付清。

6 月 5 日鹭轮由天津开航前往秦皇岛,于 20 日装货毕启航前往漳州。本航次鹭轮共承运 3,904 吨玉米。25 日,鹭轮抵漳州港锚地,7 月 3 日卸货完毕。在鹭轮抵达漳州锚地后,新安公司又付给福鹭公司 20,000 元。因新安公司未支付货款,大元公司、华盛公司将案涉玉米另售其他公司。原告福鹭公司遂向厦门海事法院起诉,请求判令三被告支付延滞费 240,000 元、空舱费 47,328 元、运费 265,472 元及利息。

[裁判要旨]

厦门海事法院经审理认为,原、被告签订的航次租船合同,系双方当事人的真实意思表示,内容符合法律规定,应依法确认为有效。6月18日的三方协议是在秦皇岛中院的调解下达成的,符合有关法律规定,具有法律效力。该协议再次明确了新安公司租船合同项下支付运费、滞期费、亏舱费的义务。在7月2日协议中,大元公司、华盛公司明确表示因新安公司无力履行航次租船合同的义务,其愿意为新安公司垫付本航次运费265,472元及亏舱费23,664元,这是债权人福鹭公司与第三人大元公司、华盛公司达成的由第三人承担债务人新安公司部分债务的特别约定。该约定系双方当事人真实意思表示,内容不违反法律规定,且大元公司、华盛公司已部分履行了协议的义务,应依法确认为有效。大元公司、华盛公司关于其垫付运费及亏舱费是以新安公司负责以1,460元/吨销售玉米为前提的抗辩没有事实根据,不予支持。故大元公司、华盛公司应履行该协议所确定的支付运费265,472元及亏舱费23,664元的义务,对其关于所有运费、亏舱费由新安公司承担的抗辩不予支持。鹭轮于6月27日靠泊卸货符合秦皇岛中院给漳州港务局协助执行通知的精神,且有利于减少因滞期所带来的损失,故对被告大元公司、华盛公司关于原告违约在先的抗辩不予支持。因7月2日的协议由大元公司、华盛公司与福鹭公司共同签订,故上述两公司应对该协议确定的付款承担连带责任。原告主张滞期费240,000元,实为224,931.25元,对原告多计部分不予认定。三被告已向原告支付了80,000元,对被告已支付部分应分别从其应承担的款项中予以扣除。厦门海事法院遂依照《民事诉讼法》第130条,《民法通则》第86条、第87条、第111条的规定,于1998年12月25日作出(1998)厦海法商初字第155号民事判决:(一)被告新安公司应于本判决生效之日起10日内向原告福鹭公司支付滞期费、亏舱费217,675.25元,并支付该款项自1998年7月3日起至本判决生效之日止按中国人民银行公布的同期贷款利率计算的利息;(二)被告大元公司、华盛公司应于本判决生效之日起10日内向原告福鹭公司支付运费、亏舱费239,136元,并支付该款项自1998年7月3日起至本判决生效之日止按中国人民银行公布的同期贷款利率计算的利息,两被告对上述付款义务承担连带责任;(三)驳回原告的其他诉讼请求。

判决后,双方当事人均未提出上诉。

[法理评析]

本案是因航次租船合同纠纷引起的案件,所涉当事人较多,法律关系也不简单,厦门海事法院对案涉若干协议进行分析后,依据民法债务承担理论作出判决,从司法实践对完善《民法通则》第91条乃至《合同法》第五章的规定作出了有益的探索。

一、什么是债务承担

债务承担,是指就已成立的债的关系而发生债务人的变更,以第三人为债务人。第三人称为承担人,债的内容并没有改变。债务承担是债的转移的一种情形。古代罗马法认为债的关系是特定人之间的关系，具有人身特性，因此债的当事人不可更改，债权不能让与他人，债务也不得由他人承担。①随着罗马经济的发展，为适应贸易的需要，罗马法也采取一些手段来达到债务转移的目的。如"更改"(novatio，又为"更新")，即债权人对原债务人的债权经更改后转归新债务人履行，但更改为债的消灭原因，是以新债代替旧债。②此外，罗马法债的担保中的"债务承保"与债务承担亦极为相似：或者第三人承担债务，从而使债务人摆脱债务（免除性承保或叫第三人介入）；或者第三人同主债务人一起负债（合并性承保）。③现代各国法律对债务承担有不同规定。直接规定的有《德国民法典》第五章，1942年《意大利民法典》第四编第一章，我国《澳门民法典·债法》第一编第四章，我国台湾地区《民法典》第四编第一章，等等。而英美法和法国法原则上认为债务不能转移，其法理依据主要是"每一个人都有不得干预他人合同的义务"，④但其为了适应经济生活的需要，也采取一些间接办法来达到债务承担的效果，如更新、替代履行等。

债务之承担，是非要因行为(即无因行为)。承担人一般不会无缘无故为债务人承担债务，债务承担通常有其原因，如承担人与原债务人之间有债权债务关系，承担人在诉讼中亦常提出原因关系进行抗辩。但债务承担的无因性，是债务承担制度赖以存在的基础，债务承担合同不受原因关系的影响，即使该原因关系不复存在，债务承担合同依然有效。因为如果新债务人得以把对原债务人

① 周枏：《罗马法原论》(下册)，商务印书馆1994年版，第828页。

② 参见①第840页以下。

③ 〔意〕彼德罗·彭梵得：《罗马法教科书》，黄风译，中国政法大学出版社1996年版，第337页。

④ 〔英〕阿蒂亚：《合同法概论》，程正康等译，法律出版社1984年版，第280页。

提出的抗辩来对抗债权人，则债权人在接受债务承担时的风险就很大，从而使债务承担难以为债权人所接受。①

债务承担主要分为两类：一类是免责的债务承担，即第三人代替原债务人履行债务，原债务人因此脱离债的关系，此为通常所谓的债务承担，故又称普通的债务承担。另一类是并存的债务承担，即第三人随债务人加入债的关系与其共同负担同一内容的债务，债务人的义务依然存在，故又称债务加入。

(一)免责的债务承担(下简称债务承担)

债务承担是一种合同关系，主要有两种成立方式：一是第三人与债权人订立合同，二是第三人与债务人订立合同。

1. 第三人与债权人订立债务承担合同。第三人于合同成立时代替原债务人承担其债务，原债务人因而免除债务。但债务承担合同无效或被撤销，则不发生第三人承担债务的效果，仍由原债务人履行债务。

承担人与债权人间的债务承担合同为不要式行为，不以订立书面合同为必要，只要双方当事人达成一致，合同即为成立。然而，对于该合同是否要经过债务人同意才能生效，立法和学界有两种观点：第一种观点认为这种债务承担合同不经债务人同意就可生效，"至于债务人是否知悉有此契约，则可不问"，②其理由是第三人与债权人订立债务承担合同，即证明债权人同意由第三人履行债务，而且原债务人因此免除债务，对其并无不利，一般情况下债务人也不会反对。纵其反对，因第三人自愿代其履行债务，债

① 冯大同主编：《国际商法》(新编本)，对外经济贸易大学出版社 1995 年版，第 170 页。

② 梅仲协：《民法要义》，中国政法大学出版社 1998 年版，第 293 页。

权人也愿意接受，自无使债务承担合同归于无效之必要。此为通说。①第二种观点认为，我国《民法通则》第91条规定："合同一方将合同的权利、义务全部或者部分转让给第三人的，应当取得合同另一方的同意，……。"据此，无论是债权人与第三人还是债务人与第三人之间通过订立合同转让合同义务，都应当取得合同另一方当事人的同意才能生效。②我们认为，《民法通则》第91条仅仅是关于合同权利义务转让的规定，且不完备，尚不足以构成民法上的债务承担制度：合同权利义务转让方往往居于主动地位，有转让的意思表示，而债务承担中的债务人则未必有主动转让债务的意思表示；债务承担不局限于合同之债，第三人亦可代替侵权之债债务人履行债务。值得注意的是，海南省高级人民法院在审理"镜威公司诉梁金福船舶抵押债权转让合同纠纷案"中对《民法通则》第91条作出限缩性解释："这里所说的转让，既指合同权利，也包括合同义务。实践中，合同义务的转让如果不经权利人的同意，往往会损害权利人的利益。有鉴于此，法律才作这样的规定。如果单独就转让债权而言，则债务人无论向哪一个债权人履行，都没有本质的区别，都不会影响到债权人或者债务人任何一方的利益。……这种转让只要求原债权人通知债务人，不必征求债务人的同意，就不违背法律的原意。财务公司(原债权人——引者注)与镜威公司之间就包括梁金福欠款在内的债权转让既不违背社会公共利益，也不损害梁金福的利益，是合法有效的。"该案判于《合同法》颁布之前，经最高人民法院审判委员会讨论通过并

① 王家福主编：《中国民法学·债权》，法律出版社1991年版，第82页。

② 王利明、崔建远：《合同法新论·总则》，中国政法大学出版社1997年版，第437页。

登载于《最高人民法院公报》1999 年第 1 期，具有权威的指导性。我们同意海南省高级人民法院对《民法通则》第 91 条立法原意的见解，且其对债权转让的理解对我们理解债务承担制度也有启发意义，即关于债务承担合同生效的要件，应考虑是否损害社会公共利益和合同当事人利益。

2. 第三人与债务人订立债务承担合同。由于新债务人给付能力之强弱，与债权人利益攸关，所以此类债务承担合同必须经债权人同意方为有效。债权人的同意，可以采取明示或默示的方式。债权人不同意，债务承担合同不发生效力。债权人未同意或不同意的，如无其他规定，第三人对债务人负有及时向债权人清偿的义务(《德国民法典》第 415 条第 3 项)。

债务承担合同产生以下效力：1. 发生债务转移。债务人脱离债的关系，而由承担人直接向债权人承担债务。事后承担人不履行债务时，债权人只能向承担人主张权利，与原债务人无涉。2. 发生从债的转移和消灭。从属于主债务的从债务，如利息债务，移归承担人承担。为债权设定的保证、抵押权和质权因债务承担而消灭，但担保人同意继续提供担保的除外。3. 发生抗辩权的转移。原债务人与债权人之间基于法律而对抗债权人的事由，承担人可以之对抗债权人。但承担人不得以属于原债务人的债权为抵消。而且，承担人因其承担债务的法律关系所得以对抗债务人的事由，也不得以之对抗债权人。

(二)并存的债务承担

依照合同自由原则，当事人可以约定原债务人不脱离债的关系，而第三人加入债的关系与债务人共同承担债务。此时，债务人与第三人之间成立连带关系，共为连带债务人。由于在并存的债务承担中，原债务人并不脱离债的关系，因而并存的债务承担原则上并不须债权人同意，债务人或第三人向债权人发出通知即可生效。第三人所承担的债务应与承担时的原债务具有同一内容和范围，不得超过原债务的限度。有论者将第三人按照约定的份额承担债务作为并存的债务承担之一种，①我们认为，如果原债务人因此对该份额债务脱离债的关系、免除责任，应认定为免责的债务承担。

二、债务承担与相似制度比较

(一)债务承担与履行承担

履行承担，指第三人对债务人负担向其债权人履行债务的义务。《德国民法典》第415条规定，债权人未予同意或不同意第三人与债务人订立的债务承担合同时，如无其他规定，第三人对债务人负有及时向债权人清偿的义务，这种情形即履行承担，由此可见二者并不相同。在债务承担中，债权人得直接请求第三人履行债务。而履行承担中，债务人仍然负担其债务，债权人对于第三人无直接请求权，仅债务人得请求该第三人为债务之履行，履行承担体现为第三人与债务人之间的法律关系。

(二)并存的债务承担与保证

无论是并存的债务承担还是保证，承担人或保证人都随同原债务人，并以新债务人的资格参与债的关系，债权人均得对其行使请求权，二者极为类似。但从法律关系的性质看，保证人是从债务

---

① 王利明、崔建远：《合同法新论·总则》，中国政法大学出版社1997年版，第442页。

人，为他人的债务承担担保责任，债务性质系从属之债；而承担人是主债务人，为自己的债务承担责任，债务性质系独立的债务。保证人依保证制度的原理主张其抗辩，享有先诉抗辩权；而承担人依连带债务的原则为抗辩，但不享有先诉抗辩权。

三、我国现行法律规定及对本案的分析

(一)现行法律规定

如前所述，我国《民法通则》第 91 条实际上只是笼统规定了合同权利义务的转让，已不能适应经济生活的要求，其中债权让与部分经司法判决的方式予以发展，并在《合同法》中得以完善。对于债务承担部分，该条仅能适用于第三人与债务人订立债务承担合同的情形。而《合同法》第五章也只详细规范债务人转让债务的行为，对于第三人与债权人达成的债务承担合同则无相应规定。相较而言，《合同法(建议草案)》在第五章“合同权利义务的转让”的规定更为完备，条理也更清晰，该章分债权让与、债务承担和合同承受三节。其中，债务承担一节主要以德国立法和我国台湾立法为蓝本，于债务承担各情形均有规定。而《合同法》正式文本则将合同的变更、债权让与、债务承担、合同承受揉成一章，债务承担的条款也从“建议草案”的 6 条精简为 3 条，且根本找不到第三人与债权人订立债务承担合同要适用的条文，是为缺陷。

(二)本案的具体分析

在本案中，对大元公司、华盛公司是否为本航次租船合同当事人并承担民事责任曾存在不同意见，有人认为该两公司均为航次租船合同当事人，应承担相应的合同责任，理由是其参与了 6 月 8

日三方协议及7月2日协议的签订。其实,经分析不难发现,6月18日三方协议中有关租船合同的权利义务仍由新安公司享有及承担,涉及大元公司及华盛公司的仅是何时收取货款的问题,7月2日协议应是债权人(福鹭公司)与第三人(大元公司、华盛公司)达成的由第三人承担债务人(新安公司)部分债务的特别约定。因本案债务人新安公司无转让债务的意思表示,更不用说其同意7月2日协议,而《民法通则》第91条的规定仅适用于债务人主动转让债务的情形,故不适用于本案。本案合同的签订及履行即使发生在《合同法》施行之后,也无法适用《合同法》第五章的规定,因为该章无规范第三人与债权人达成债务承担合同的条文。我们认为,在法无明文规定的情况下,民法债务承担理论的准确运用是对本案协议进行准确定性,亦即审理好本案的关键。7月2日的协议是典型的第三人与债权人达成的(部分)免责的债务承担协议。实质上,债务承担协议处分了债务人的债务,转移了法律义务,只要债务承担协议是减轻而不是加重债务人的债务,或者协议不置债务人于更不利的境地,则该协议经债权人同意后即可成立生效。7月2日的协议虽未经债务人同意,且债务人也不知情,但从查明事实分析,该协议不置债务人于更不利的境地,因此应确认为有效,债务人在第三人承担债务的范围内得以免除债务。本案因新安公司缺乏转让债务的意思表示,这种债务承担方式易与第三人代为清偿混淆,其实第三人代替债务人履行债务时,第三人与债权人并未达成转让债务的协议,而只是自愿代替债务人偿债。大元公司、华盛公司作为第三人与债权人福鹭公司就债务承担达成协议,显而易见,本案不属于第三人代替债务人清偿债务。由于大元公司和华盛公司共同与福鹭公司签订债务承担合同,所以,这两家公司应对其同意承担的新安公司的债务承担连带清偿责任。而新安公司对此不负连带责任,是因为法院认定该债务承担系免责的债务承担,而非并存的债务承担。

四、结 语

作为法官,本案还引起我们对法律适用技术的思考。在制定法对讼争法律问题有明确答案的情况下,法官“找法”活动相对简单。但像本案,《民法通则》和《合同法》无相应规定,又无政策或习惯可援引,存在法律漏洞,依法理弥补制定法缺陷就成为必要。“法理乃自法律规定的根本精神演绎而出, 在法条虽未揭示演绎而得之法律一般的原则,惟经学说判例的长期经营,却也逐渐为人所熟知。”①瑞士、日本以及我国台湾地区民事立法均有授权法官依法理补充法律漏洞的规定。我国立法风格一向以简约为主,且社会经济发展迅速, 立法者难以预见一切问题, 法理作为法律、法规、政策、司法解释之外的重要法律渊源, 为裁判结论提供正当理由, 在司法实践中不乏成例。最近的例子是,《最高人民法院公报》2000年第 1 期上登载的 “江宁县东山镇副业公司与江苏省南京机场高速公路管理处损害赔偿纠纷上诉案”中,南京市中级人民法院直接运用“合同相对性原则”确定合同当事人为诉讼当事人;“张承志诉世纪互联通讯技术有限公司侵犯著作权纠纷案”中,北京市海淀区人民法院和第一中级人民法院通过详尽的法律推论将著作权法保护范围扩大到网络上使用作品(目的性扩张)。厦门海事法院在我国法律对债务承担制度未作完备规定的情况下, 准确运用民法理

---

① 杨仁寿:《法学方法论》,中国政法大学出版社 1999 年版,第 144 页。

论对案件作出令当事人信服的判决，这一判例生动表明民法理论对于审判实务的重大实践意义。

作者单位：厦门海事法院
厦门市鼓浪屿区人民法院

成都市信托投资股份有限公司诉四川省证券股份有限公司债券包销纠纷案

张天智　徐　红

[基本案情]

1994年11月25日，四川省证券股份有限公司（以下简称证券公司）与四川新潮计算机产业集团公司（以下简称计算机公司）签订代理包销发行计算机公司企业债券协议，约定由证券公司代理发行企业债券500万元，期限一年，年利率12.5%，到期时间为1995年11月27日，到期由计算机公司将本金与利息562.5万元划入证券公司指定的账户。1994年11月29日，证券公司与成都市信托投资股份有限公司（以下简称信托公司）签订债券包销协议，约定由信托公司包销证券公司代理计算机公司发行的企业债券200万元，期限一年，年利率12.5%，信托公司应于1994年11月30日将承购该债券的全部价款划入证券公司账户，证券公司支付信托公司手续费2.6万元；还约定债券发行期满，证券公司于1995年11月30日将应付本息225万元划到信托公司指定账户。

1995年11月29日，由于计算机公司不能支付到期债券款，证券公司、计算机公司、信托公司及其他债券分销商就债券兑付事宜召开座谈会，计算机公司请各分销商垫款兑付，承诺于1995年12月兑付并愿承担利息、罚息。信托公司代表要求证券公司给予承诺，证券公司也要求计算机公司给予承诺。证券公司即向信托公司出具承诺书称："由于企业兑付资金暂未按时到位，不能按时兑付到期债券，给代理商增加了麻烦，请予谅解。经协商，特请各销售商垫款兑付，我们承诺将在1995年12月12日前将兑付款划给销售商，垫款利息按月息千分之十五支付。特此承诺。若逾期兑付资金仍未到位，按日千分之五处以罚款。由此产生的法律诉讼费均由我公司承担。1995年11月29日"。证券公司在该承诺书上签名并加盖公章。计算机公司也向证券公司出具相同内容的承诺书。1995年12月30日至1996年2月，信托公司依约兑付了全部债券本息225万元。1995年12月13日，证券公司向信托公司支付债券款150万元，余款75万元及利息未付。1997年11月24日，信托公司向成都市中级人民法院提起诉讼，要求证券公司偿还其代垫付的兑付款75万元及利息、罚息，并承担诉讼费。

[裁判要旨]

审理中，成都市中级人民法院通知计算机公司作为本案第三人参加诉讼。成都市中级人民法院根据最高人民法院（1994）103号函的精神，认为信托公司作为债券持有人只能向债券发行人计算机公司主张债权，遂作出（1997）成经初字第765号《民事判决书》，判决由计算机公司于本判决生效后10日内向信托公司返还债券本金及利息；驳回信托公司对证券公司的诉讼请求。宣判后，信托公司不服，向四川省高级人民法院提起上诉。四川省高院经审理认为，最高人民法院法经(1994)103号函规定：企业债券的发行人对企业债券的持有人负有按债券约定的期限偿付本息的义务；如果债券推销人金融机构代企业债券发行人垫款向企业债券持有人兑付本息时，该推销人金融机构则成为债券持有人，亦应向企业债券的发行人和(或)担保人主张民事权利。该规定的核心是谁持债券谁向发行人、担保人主张权利。债券的权利、义务表现在债券上，并依票面载明的事项行使和履行，债券券面本身是债权债务的凭证。本案中证券公司与信托公司之间虽存在包销协议及承诺书，但并不因此改变证券公司作为债券代理发行人及计算机公司作为债券兑付人的事实。不论信托公司是否愿意代债券发行人计算机公司垫款兑付，而信托公司已垫款兑付，实际成为75万元债券持有人，根据最高人民法院以上复函的规定，信托公司应直接向发行人计算机公司主张债权。信托公司称与证券公司之间的因包销协议及承诺书形成独立债务关系的上诉理由缺乏法律依据，不予支持。于是以(1999)川经终字第44号《民事判决书》判决：驳回上诉，维持原判。

[法理评析]

本案引出了如何理解最高人民法院法经(1994)103号复函(下称103号函)的有关规定来正确处理代理发行企业债券的民事责任的划分问题。笔者认为，本案的处理看似依该函规定作出了判决，但判决却并不符合该函司法解释的精神和要旨。

根据103号函的规定，作为债券推销人的金融机构代企业债券发行人垫款向企业债券持有人兑付本息时，该推销人金融机构则成为债券持有人，亦应向企业债券的发行人和(或)担保人主张民事权利。我们认为，这条规定的目的实际上在于赋予推销人一种权利，而不是为了限制其权利。债券推销人除了依此规定可向债券的发行人和(或)担保人主张权利外，仍然可以依其它法律关系主张自己的权利。如本案中推销人信托公司除可以依此规定向计算机公司主张权利外，还可依其与证券公司之间的委托关系向证券公司主张权利，而证券公司也应对该委托关系承担法律责任。最高人民法院的复函所针对的是只有单一委托关系的情况，这时为了保障债券推销人利益，也为了保障广大债券购买人的利益，规定推销人在垫款兑付后，应向发行人(担保人)主张权利是正确的，也是必要的。但在具有转委托的情形下，由于所涉法律关系发生了变化，因此就不能再机械地理解适用103号函了(况且，该103号函本身是最高人民法院经济审判庭给中国人民银行条法司的复函，最后特地说明“以上意见，供参酌”，可见并非应当然适用)。在存在转委托关系时，虽然经委托人同意由受托人转委托的第三人进行有关委托事项的法律后果应由委托人承担，但该第三人参与该民事行为的原因在于其与受托人之间的再委托关系。除了由委托人直接指示第三人以外，该第三人并不对自己的行为直接向委托人负责，而是只向受托人负责，而向委托人负责的只能是受托人。《合同法》第400条对此作了明确规定：“转委托经同意的，委托人可以就委托事务直接指示转委托的第三人，受托人仅就第三人的选任及其对第三人的指示承担责任”。这表明，在转委托时，受托人应对自己向转委托的第三人所作的指示向委托人负责；同时，委托人在对该第三人作指示时，其身份即相当于委托人，因此也应就自己的指示内容向该第三人负责，即承担因此指示所产生的法律后果，这是委托代理法律关系的当然要求。本案中，计算机公司是委托人，证券公司是受托人，而信托公司则是转委托的第三人，由于计算机公司追认了转委托关系，则信托公司垫款代付的法律后果最终应由计算机公司承担自无疑义，按最高人民法院103号函的规定，信托公司也自应有权直接向计算机公司和(或)发行债券时的担保人追偿。现在的问题在于信托公司应证券公司的要求并相信其承诺而垫款代付后，能否直接向证券公司主张权利？如上述分析，证券公司作为计算机公司的受托人，经计算机公司追认转委托给信托公司，其以自己名义要求信托公司垫款代付，并作了付款承诺，则表明证券公司以转委托人的身份向在转委托中的受托人信托公司作出了指示，则依他们之间的委托合同其就应承担由此指示所产生的法律后果，故信托公司直接以证券公司为被告要求其承担因付款承诺书所形成的债务是依法应该得到支持的，证券公司承担此债务后，可向计算机公司追偿。这样的认识既不违背103号函的精神，又符合转委托的立法精神与趋势，更显公平与公正。

从另一方面看，依103号函的规定，本案中的信托公司仍可直接向证券公司主张权利。本案所涉及企业债券到期后，由于发行人计算机公司不能支付债券款，包括信托公司在内的分销商拒绝兑付，于是在1995年11月29日证券公司、计算机公司、信托公司及其他债券分销商的座谈会上，证券公司应信托公司的要求出具了承诺书，一方面要求信托公司等债券分销商垫款代付，一方面承诺在1995年12月12日前付款给分销商。实际上，该承诺书在证券公司与信托公司之间形成了一种新的保证关系，保证的是一旦信托公司垫款代付后将要形成的新的债权债务关系,这时计算机公司是主债务人,信托公司是主债权人,而证券公司则是保证人。保证关系既可以在债券即将发行时成立,也可以在债券发行后、兑付前的任何时候形成。只要债权债务未终止,第三人向债权人担保债务人一定履行债务,否则其将承担责任,则保证关系即告成立。由于该承诺书未明确保证是一般保证还是连带责任保证,根据《担保法》的规定,应视为连带责任保证,作为债权人的信托公司在根据承诺书垫款代付后,当然有权直接向保证人证券公司主张权利。笔者认为,103 号函中"亦应向企业债券的发行人和(或)担保人主张民事权利"中的担保人除在证券发行时的担保人外,还应包括债券发行后因债券兑付所形成的担保关系中的担保人,即本案中的证券公司。所以,支持信托公司直接向证券公司主张权利也完全符合 103 号函的规定。

再次,从债权债务转移来看,本案中,信托公司向债券购买者兑付债券后,依最高人民法院 103 号函的规定成为持券人,即债权人,而债务人为计算机公司。但该债权债务关系之所以能成立,是因为在该债权债务关系之前,证券公司即向信托公司出具承诺书,表明愿先代计算机公司承担划款义务,但前提是要求信托公司先予向购券人兑付。因此这就是原合同关系中债权债务关系的转让,证券公司是受让人,计算机公司是转让人,由于该合同的权利、义务转让得到了债权人信托公司的承认与接受,原债务人计算机公司也一直未有异议,证券公司且已部分履行了合同义务(已向信托公司兑付 150 万元),则合同权利、义务的转让已依法成立,证券公司为新的债务人,因此,信托公司依债权债务转移凭证的承诺书,向债务承受人证券公司主张权利,也是完全合法的、正当的。

综上所述，可知本案中信托公司直接向证券公司主张权利是应得到法律保护的，而这也是符合最高人民法院 103 号函的精神的。应该说,103 号函解决了两个问题,一是根据代理法律关系,确定了购券人虽然是从代理商（推销人）那里购得债券，但只应向作为被代理人的债券发行人和（或）其担保人主张民事权利，而不应直接向债券发行的代理人（推销人）主张权利；二是规定了若代理人已代发行人兑付后,则“亦应向企业债券的发行人和(或)担保人主张权利”。按代理法律关系,持券人应直接向发行人主张权利,这时代理人本无兑付义务而给予兑付后，如果被代理人对此不予追认,则该代理兑付行为对被代理人不发生法律效力(因为按委托代理法律关系企业债券发行后，作为代理人的金融机构便不再有义务,其代理行为所产生的一切法律后果都应由被代理人,即企业债券发行人来承担，这既是《民法通则》有关委托代理规定的基本精神，也是 103 号函第一个问题的内容)，代理人无权直接向被代理人追偿，而只能依其与原持券人之间因兑付行为而产生的不当得利法律关系向已得到兑付的原持券人要求返还。然而,这样的处理显然不利于社会稳定,并且也缺乏可操作性,所以最高人民法院在 103 号函中才赋予已代发行人兑付的推销人（代理人）以直接向债券发行人和（或）担保人主张权利的权利，但这并不意味着因此剥夺了推销人(代理人)在代为付款后依其它法律关系向其他应向其负责的人要求承担责任的权利。至于其它法律关系是如何产生的，则要从具体的法律事实出发进行分析。只要有其它法律关系存在，推销人因此享有的权利就不能被 103 号函所赋予的追偿权所掩盖甚至于取消,否则不仅会产生不公,而且也不符合 103 号函司法解释的精神与初衷。

通过对本案的理论分析,我们可以看到,代理发行企业债券所产生的民事责任的处理不可一概而论,单一的委托代理关系与转委托所产生的双重委托代理关系中各方当事人的民事责任是不完全相同的,只有从不同的、现实具体的法律关系出发,正确分析不同法律关系中各方当事人的权利与义务,而不只是机械地照搬有关条文,这样才能正确、合理、公平地解决有关纷争。

作者单位:四川省高级人民法院

郭鸿翔诉冯月华、江苏省邗江县汽车运输总公司挂靠车辆经营权转让纠纷案

丁　浩

[基本案情]

1994 年 3 月，冯月华以 45，000 元的价格从扬州玻璃厂购得扬州客车制造总厂生产的 JS663 型客车一辆（原车号 07－10900，现车号为苏 KU0081)后，带车进江苏省邗江县汽车运输总公司(以下简称邗汽公司)，并由邗汽公司以自己名义登记并领取车牌证，冯月华与邗汽公司间签订了《单车车值抵偿承包合同》，承包了扬州至南通的客运线路，承包经营结束后，车辆可以过户。1995 年 10 月 14 日，冯月华经人介绍与郭鸿翔相识，并签订了内容为冯月华将苏 KU0081 大客车转让给郭鸿翔，线路属本车所有，车值总价为 81,500 元(含年检借资、进站押金)的协议书一份。同日下午，郭鸿翔向冯月华交付车款 81,500 元，冯月华向郭鸿翔交付了该车的行驶证、营运证等，双方未办理过户手续，邗汽公司在得知冯月华将车卖给郭鸿翔后，未表示反对。不久，郭鸿翔以原未知悉该车登记在邗汽公司名下，营运线路亦属邗汽公司所有，对合同有重大误解

为由,要求冯月华返还购车款及偿付其利息等,未果,即于1995年10月21日向扬州市广陵区人民法院提起诉讼,要求宣告买卖无效。扬州市广陵区人民法院于1995年10月25日以汽车买卖纠纷正式立案受理。

另经审理查明,郭鸿翔与冯月华签订协议前,明知苏KU0081号客车登记在邗汽公司名下,营运线路亦属邗汽公司所有。并查明,1995年10月16日,郭鸿翔授权曹军就苏KU0081客车与邗汽公司重新签订了承包合同。

[裁判要旨]

扬州市广陵区人民法院经审理后认为,被告冯月华系邗汽公司工作人员,且邗汽公司对被告冯月华将该车出卖给原告郭鸿翔并未表示反对,故可认定为被告冯月华系邗汽公司实施的出卖该车的代理人。原告郭鸿翔和被告冯月华虽然签订了买卖该车的协议,但原告郭鸿翔对买卖内容有重大误解,同时根据中华人民共和国工商行政管理局《关于汽车交易市场管理的暂行规定》之规定,机动车辆的产权转移必须经过汽车交易市场并由车辆所有人向当地车辆管理机关办理过户手续,未履行上述手续的交易应视为无效,故应由两被告对此承担连带责任。遂根据《中华人民共和国民法通则》第58条第1款第(5)项、第2款、第59条第1款第(1)项、第2款、第61条第1款、第67条之规定,作出(1996)广民初字第42号《民事判决书》,判决如下:宣告原、被告汽车买卖关系无效,限被告冯月华和江苏省邗江县汽车运输总公司在判决生效后10日内偿还原告郭鸿翔人民币81,500元,届时原告郭鸿翔将车号为苏 KU0081 的 JS663 型客车一辆交还给被告冯月华和江苏省邗江县汽车运输总公司。

宣判以后，冯月华不服，向扬州市中级人民法院提起上诉。

扬州市中级人民法院审理后作出（1996）扬民终字第 126 号《民事判决书》，判决驳回上诉，维持原判。

[法理评析]

本案审理中，存在两种分歧意见，一种意见认为本案当事人之间的转让行为系汽车买卖行为。汽车买卖应向当地车辆管理机关办理过户手续，且该车车主系邗汽公司，冯月华在该车未过户至其名下的情况下无权转让该车给郭鸿翔，因此，该汽车买卖行为应为无效；另一种意见则认为当事人之间的转让行为系挂靠车辆经营权转让，而非汽车买卖，应确认转让协议有效。笔者同意第二种意见。

一、《单车车值抵偿承包合同》的性质

冯月华与邗汽公司之间签订的合同，名义上是一种“抵偿承包合同”，但由于苏 KU0081 号客车虽系冯月华所购买，在其经营期间，登记在邗汽公司的名下，并且由邗汽公司领取牌照、投入资金办理车辆营运证等适于营运的法律手续后，交由冯月华经营，冯月华则按月交纳一定的管理费，在承包经营结束后，车辆方可过户或转户至冯月华名下，有关营运权自然仍归邗汽公司。而车辆作为一种特定的动产，其所有权的取得在法律上采取登记主义原则，应当说，《单车车值抵偿承包合同》的设立使苏 KU0081 号客车的实际所有人冯月华将法律意义上的所有权移转给了邗汽公司，同时亦取得了邗汽公司提供的营运权(为区别于一般的企业经营权,可称之为营运权)。这种所有权与营运权的相互交换,使所有权与经营权的分离更为彻底，是经济体制改革中出现的一种新的经济运作模式,区别与其它法律关系,我们可称之为车辆挂靠经营关系。

我们注意到这种车辆挂靠经营关系，在法律上并没有明确规定,它和抵押、承包等法律关系既有相似之处,也有较为明显的区别,实践中不可简单等同处理。

抵押权作为一种担保物权制度,是基于债权债务关系的存在,债权人对于债务人或第三人提供的、作为债务履行担保的财产,于债务人不履行债务时,得就其卖得价金优先受偿的权利。抵押权有一个显著的法律特征就是抵押人一般不丧失抵押物的所有权，而且抵押设立的目的是为了保证债权人债权的顺利实现。《单车车值抵偿承包合同》虽然使用了“车值抵偿”这一字眼,实际所指向的是车辆的交换价值,在车辆没有进行实际交换之前,还是针对车辆这一特定物本身,且在《单车车值抵偿承包合同》履行完结后,挂靠人对车辆所有权的期待通常必将实现,不同于抵押存在抵押金或抵押物出现合同约定理由后,将予以抵充或变卖、作价偿还的风险。它的设立事实上形成了以车辆所有权“换取”挂靠人所想要获得的营运权,而被挂靠人由于出让车辆营运权而得到应有的收益的法律关系。

《单车车值抵偿承包合同》虽称作为“承包合同”,而且它和承包合同在形式上如出一辙,实质上也有类似之处,同为经济体制改革中所出现的车辆所有权和经营权相分离的经营模式，或者说常称作为经营者带资（带物）承包合同,但它和承包法律关系不尽相同。其区别主要表现在，挂靠人和被挂靠人均有投资义务，挂靠人以实物即车辆作为投资形式，被挂靠人则以车辆营运证这一权证作为投资形式，挂靠人取得营运证后通过以后的经营取得利润，被挂靠人则获得管理费。而承包法律关系并不要求承发包双方均要投资。至于承包中常出现的风险抵押金，如前所述并没有转移抵押金的所有权，且按照担保法的规定，抵押金在数额上也不可能高达等同于车辆的价值。可以说，承包是所有权和经营权的暂时分离，而这种车辆挂靠经营是车辆所有权和营运权的互相交换，二权分离得更为彻底。

二、郭鸿翔与冯月华所签订的协议书的性质

合同，是当事人之间设立、变更、终止一定法律关系的协议。市场主体只要不违反法律，不损害社会公共利益，有行使“意思自治”或“契约自由”的权利，而当前市场经济社会，经济交往频繁，合同无所不在，纷繁复杂、包罗万象的经济关系、法律关系，不可能为我国现行合同法仅有的十多种有（列）名合同所完全包容，对合同内容所反映的法律关系的理解不明或存在歧义的情况必然客观存在。笔者认为，在这种情况下，司法实践中法官完全可以据其职权对合同进行解释，但解释合同应符合合同目的、符合法律、符合诚信公平的原则。从以上三点衡量，即不难对郭鸿翔与冯月华所签订的协议作出符合实际的理解。首先，从郭鸿翔取得该车的目的看，是要从事长途客运取得利益，因此，必须挂靠在邗汽公司名下才能继续从事长途客运，郭不会提出办理过户手续的要求，事实上他也没有提出。所以当事人间办不办理过户手续不是合同合法成立并生效的必要条件。从客观情况来看，在挂靠协议期满前，挂靠方（冯月华)根本不具有转让车辆的条件,此时其所能转让的标的是其在原挂靠协议中所享有的挂靠车辆的营运权。从转让双方的真实意思表示看,所欲转让和所欲取得的均在于此,这也是双方意思表示相一致的地方。另外,双方在转让协议中明确约定了对车辆经营权的取得为协议成立的决定性条件。其次,冯月华与郭鸿翔的转让行为已经邗汽公司认可,并不违反现有法律、法规的规定。再次,从该协议为有偿转让来看,双方经过转让所得利益基本均衡,符合诚信公平原则。由此可见,挂靠者(冯月华)与第三方(郭鸿翔)之间建立的并不是一种车辆购销关系而是车辆经营权转让关系,故应将本案定性为挂靠车辆经营权转让纠纷。

三、郭鸿翔与冯月华签订挂靠车辆经营权转让协议是否存在重大误解

(一) 合同当事人由于自身不知或误解,对合同的内容存在错误认识并造成较大损失,构成重大误解,误解当事人一方享有撤销请求权。这样的合同经误解当事人的请求,人民法院或仲裁机构确认后予以撤销。本案中,郭鸿翔在明知苏 KU0081 客车挂靠在邗汽公司名下、营运线路亦属邗汽公司的情况下,与冯月华签订了转让协议;双方协商一致的内容也在于取得和转让车辆的营运权,且签订协议后不久,郭与邗汽公司又重新签订了《单车车值抵偿承包合同》,取得了邗汽公司的明示同意。应当说,郭对于转让协议的内容和所产生的后果是明知的,协议是其真实意思的表示,不存在重大误解。

(二)一般而言,在合同具备一般合同有效条件的情况下,挂靠人对经营权的转让应征得被挂靠人的同意,这种同意可以是明示

的也可以是默示的。理由是，这种车辆挂靠合同作为一种双务、有偿合同，挂靠人即经营人行使权利，不能损害到被挂靠人的利益，挂靠人的信用能力必然影响到被挂靠人方合同权利的实现；而且，挂靠作为经营权和所有权分离的一种模式，挂靠人的经营权实质上是所有权的派生权利，经营权的转让需征得所有权人的同意。另外，从合同转让角度来讲，一方当事人转让合同，应当取得另一方的同意。郭鸿翔与冯月华之间签订转让协议，邗汽公司在获悉的情况下，并未表示反对，是一种默示同意。事后，郭又就苏 KU0081 号车辆与邗汽公司重新签订承包合同，说明邗汽公司已经作出明示同意的表示。冯月华与邗汽公司之间的合同主体一方得以顺利变更。经营权的转让在不违背有关法律规定的前提下，征得了所有权人的同意，并已得以实现，这种转让是合法、有效的。

四、能否将冯月华视为邗汽公司出卖苏 KU0081 号车辆的代理人

据我国《民法通则》第 63 条之规定，代理系指代理人在代理权限内，以被代理人的名义实施民事法律行为，由此产生的法律后果直接归属于被代理人的法律制度。代理有一个显著的法律特征，就是代理人需以被代理人的名义实施民事法律行为，冯月华与郭鸿翔签订协议时，并没有以邗汽公司名义实施，冯的行为不符合一般代理的规定。同时，冯月华虽系邗汽公司工作人员，但冯仅仅从事苏 KU0081 号客车的营运活动，邗汽公司从未授权冯月华从事车辆买卖，冯本人也未为邗汽公司从事过车辆买卖。此外，虽然企业法人对它的法定代表人和其他工作人员的经营活动，应承担民事责任，但这也仅是说，邗汽公司应对冯月华营运苏 KU0081 号车辆

这一行为负责,而不能对超出这一行为界限之外的其它行为负责,冯与郭之间所签订协议的法律后果不能直接由邗汽公司承担。由此可见,冯月华以本人名义与郭鸿翔签订协议的行为也不符合无权代理和表见代理的有关规定。所以说,不能将冯月华视为邗汽公司出卖苏KU0081号车辆的代理人。

综上所述,冯月华与邗汽公司之间签订的《单车车值抵偿承包合同》,目前,国家法律、法规虽然没有明确规定,但并不违背现行国家法律、法规的禁止性规定,是双方真实意思一致的表示。依照合同当事人意思自治的原则,应当得到法律的保护。冯月华与郭鸿翔签订的转让协议,应当认定为对车辆经营权的转让,且已经得到了所有权人邗汽公司的同意,而不能将冯月华视为邗汽公司出卖苏KU0081号车辆的代理人。因此,本案一二审判决是错误的。

同时,本案提示我们,在司法实践中,对一些法律没有明确规定的新情况、新问题,应善于与已有规定加以甄别对待,在遵循《民法通则》及《合同法》一般原则的前提下,遵循平等、自愿、公平原则,找准法律关系、法律特征,作出客观、公正的审判解释,以保护交易的安全,保护合同当事人的正当权益。

作者单位:江苏省高级人民法院

交通银行青岛分行诉胶州市营海渔业公司、青岛电站辅机厂债权债务纠纷案

孙志远　于东成　纪新敏

［基本案情］

1990年12月27日，被上诉人交通银行青岛分行(以下简称青岛交行)与原审第一被告胶州市营海渔业公司(以下简称营海公司)、青岛电站辅机厂(原审第二被告，以下简称电机厂)签订合同。约定由青岛交行向营海公司贷款40万元，月息9.36‰，到期日为1991年1月19日，电机厂提供连带责任保证。青岛交行履约后，营海公司和电机厂均未履行合同。青岛交行于还款期限届满后未向电机厂主张权利，一直仅向营海公司主张权利，营海公司1991年12月、1993年9月和1995年4月向青岛交行出具了还款计划。

［裁判要旨］

青岛交行于1996年7月8日向原审法院起诉，请求判令二被

告承担还款责任。营海公司辩称,承认原告所诉事实,但因经营不佳,不能还款。电机厂辩称,营海公司向青岛交行出具还款计划,青岛交行未提出异议,视为双方对主合同的变更,因未通知电机厂,保证人电机厂不再承担保证责任。

原审法院认为,三方债权债务关系明确,青岛交行请求理由正当,应予支持。遂判决营海公司偿还青岛交行借款本金 40 万元,并按合同约定偿付利息。保证人电机厂承担连带保证责任。

宣判后,保证人电机厂不服,以不同于一审答辩的理由提起上诉:借款合同于 1991 年 1 月 19 日到期,债权人青岛交行从未向其主张过权利,现青岛交行起诉,已超过保证期间,电机厂作为保证人不再承担保证责任。原审判决不当,请求二审改判。

青岛市中级人民法院经二审审理认为,三方所签合同合法有效,债务人营海公司应履行还款义务。1991 年 1 月 19 日合同到期后,至起诉时因债权人青岛交行未向保证人电机厂主张权利,保证诉讼时效期间已经届满,保证人电机厂不应承担保证责任。电机厂上诉理由正确,予以支持。遂作出(1997)青经终字第 319 号《民事判决书》,判决维持原审判,令营海公司向债权人青岛交行偿还贷款本金及利息的判项,驳回青岛交行对电机厂的诉讼请求。

[法理评析]

一、约定保证期间是否应受到限制

无论是《担保法》还是 1994 年 4 月 15 日最高人民法院《关于审理经济合同纠纷案件有关保证的若干问题的规定》(以下简称

《保证若干问题的规定》)都规定当事人就保证期间(保证责任期限)可以进行约定。实践中,当事人在保证合同中经常约定"保证人的保证责任直至债务人将主合同债务履行完毕时解除。"当我们遇到这类保证期间条款,首先要解决的是这类条款的效力问题。那么,这类保证期间条款是否有效?也就是说保证期间是否允许当事人无限期约定?笔者认为,对这一问题应当作如下分析:第一,主合同履行期限届满,债务人未履行合同义务,主合同债权的诉讼时效期间开始计算。债权人欲要求债务人履行义务,发出给付要求的时间只有二年。而保证人毕竟是为了他人利益而向债权人作出保证的,债务人本人就主合同债务受债权人主张权利的期间尚且是二年,如果保证人可以被债权人主张权利的期间反而比债务人长,对保证人来说是不公平的;第二,设立保证期间制度的目的在于保护保证人的利益。保证人只有了解了债务人的财产状况以及对其未来的财产状况进行了一定的预测,确信债务人能够自己履行债务后才会向债权人作出保证的意思表示。而保证人纵然使出浑身的解数也难以预测债务人一生的财产状况。法律设立保证期间制度的目的就在于给予保证人强制的保护,把保证人自认为能够把握债务人财产状况的期间限制在一个较短的时间范围内;第三,保证责任的范围通常包括主债务的利息,保证期间过长,保证人则势必承担过重的债务利息。要求保证人承担被主张权利前合理期限的利息是公平的,否则就不公平。试想,如果保证期间较长,债权人可以暂不向保证人主张权利,保证人因不知道债务人尚未履行债务,一般也不会向债权人主动承担保证责任。直至保证期间临近届满,主债务利息涨至接近本金甚至比本金还多时,再向保证人主张权利,此时仅主债务利息单项就可以将保证人压垮。基于以上三点考虑，笔者认为约定保证期间的意思表示不能绝对自由，其应受到法律的限制。

二、约定保证期间最长应为多长

笔者认为，约定保证期间最长应为二年。理由是：第一，从理论上讲，保证人受债权人主张权利的期间不应长于债务人受债权人主张权利的期间。债务人受债权人主张权利的期间为二年，否则，因诉讼时效期间届满，债务人有权拒绝债权人的权利主张。因此，保证人受债权人主张权利的期间不应长于二年。第二，《保证若干问题的规定》第11条前段规定“保证合同中没有约定保证责任期限或者约定不明确的，保证人应当在被保证人承担责任期限内承担保证责任。”需要注意的是债务人承担责任的期限与债务人履行债务的期限是两个不同的概念。履行债务的期限由当事人双方约定，该期限届满债务人尚未履行债务的，债务人应当承担责任。债务人承担责任的期限就是二年的诉讼时效期间，期间届满，债务人将不再承担责任。至于中断、中止等问题，仅仅是债务人承担责任期间的计算规则，而不是改变了承担责任期间本身。因此《保证若干问题的规定》规定的法定保证期间是二年。

鉴于约定保证期间长于二年对保证人不公平，《保证若干问题的规定》对法定保证期间的规定也是二年，而对最长保证期间的约定限制在二年之下又不可能，因此，对约定保证期间的最长时间限制宜采二年。

《保证若干问题的规定》是关于保证的最重要的司法解释，对人们理解《担保法》会产生深刻的影响；因此，对《担保法》约定保证期间的最长时间限制也应采二年为宜。

三、约定保证期间无效的保证期间应为多长

约定保证期间因约定的期间过长，违反了禁止性规范而导致无效时，保证期间应为多长？是认为约定整个无效呢？还是认为二年之外的多余部分无效？从设立保证期间制度的目的是保护保证人利益的角度出发，应当认为整个约定无效为宜。即视为当事人没有约定保证期间，应适用法定保证期间。

本案的保证行为发生在《担保法》实施以前，因此应适用《保证若干问题的规定》。

在本案中，债权人青岛交行和保证人电机厂未约定保证期间。依照《保证若干问题的规定》第 11 条，保证期间应为债务人承担责任的期间二年。债权人只有在保证期间内向保证人主张权利的，保证人才承担保证责任。保证期间届满，债权人未曾向保证人主张权利的，保证人则不再承担保证责任。从主合同债务履行期届满之日 1991 年 1 月 19 日至债权人青岛交行向法院起诉之日 1996 年 7 月 8 日，青岛交行作为债权人从未向保证人电机厂主张过权利。保证期间二年已经届满，因此保证人电机厂不应再承担保证责任。

保证人电机厂在一审时认为主合同当事人对合同协商变更，保证人不再承担保证责任。而该理由所依据的事实显然不能成立。合同是双方当事人意思表示经协商达成一致的产物，合同变更也是如此。还款计划仅是债务人单方意思表示，缺少债权人的承诺，不具备合同的基本性质。默示的条件必须是法律有明文规定，因此债权人青岛交行收到还款计划后未作意思表示也构不成默示。因此保证人一审的答辩理由不成立。直到二审上诉人才提出保证期间已经届满的正确抗辩理由。二审法院对保证人的上诉理由予以

采纳并作了分析，但不足之处在于认为保证人之所以不承担保证责任是因为保证诉讼时效期间届满，未抓住要害。

四、保证期间的特征及法律意义

（一）保证期间属于除斥期间的一种，除斥期间又称预定期间，是指法律规定的某项本可以行使的权利于期间届满后不得行使的一种法律制度。如最高人民法院《关于贯彻执行〈中华人民共和国民法通则〉若干问题的意见（试行）》第 73 条第 2 款规定“可变更或可撤销的民事行为，自行为成立时超过一年当事人请求变更或者撤销的，人民法院不予保护”。再如《工矿产品购销合同条例》第 15 条规定：需方对产品质量提出异议的期限为当事人商定的期限或法律规定的期限，如果需方未按期限提出书面质量异议的，供方所交产品视为符合合同规定。

除斥期间是对权利行使在时间上给予限制。与除斥期间相类似的法律制度是诉讼时效期间。除斥期间与诉讼时效期间虽均因一定期间经过不行使权利而发生权利消灭的效果，但二者有本质上的区别，具体到保证期间和保证诉讼时效期间上，二者有如下区别：

（1）客体不同

保证期间是对债权人对保证人的请求权的限制，保证诉讼时效期间是对债权人对保证人的诉讼请求权的限制。保证期间的客体是债权人要求保证人履行义务的请求权，保证诉讼时效期间的客体是债权人向法院请求判令保证人承担保证责任的请求权。二者有三点不同：第一，请求对象上，保证期间的客体的请求对象是保证人，保证诉讼时效期间的客体的请求对象则是法院；第二，在请求内容上，保证期间客体的请求内容是保证人在保证合同中所许诺的义务，保证诉讼时效期间客体的请求内容则是保证人不履行义务而承担的法律责任；第三，在请求方式上，保证期间客体的请求方式不必是诉讼上的请求，诉讼外的请求就足矣。保证诉讼时效期间客体则必须是诉讼上的请求。

(2)期间的长短不同

保证期间分为约定保证期间和法定保证期间两种，约定保证期间优先于法定保证期间，当事人对保证期间没有约定，约定不明或约定的期限长于二年而无效的，适用法定保证期间。保证诉讼时效期间则适用《民法通则》对诉讼时效期间作出的一般性的规定，即保证诉讼时效期间为两年的普通诉讼时效期间。

(3)起算点不同

一般保证的保证期间的始期是主债务履行期届满之日。《担保法》第 25 条第 2 款规定：在保证合同约定的保证期和法定保证期间 6 个月内，一般保证的债权人向债务人提起诉讼或者申请仲裁的，保证期间适用诉讼时效中断的规定。除斥期间本不存在中断的情形，《担保法》对保证期间所规定的中断是一种立法技术的运用。因此，一般保证的保证期间的起算点不妨表述为：债权人就主合同纠纷未提起诉讼或申请仲裁的，保证期间自主债务履行期届满之日开始计算；债权人在主债务履行期届满之后，在相当于保证期间的时间内就主合同纠纷提起诉讼或申请仲裁的，保证期间自法院就债务人财产依法强制执行完毕之日开始计算。连带责任保证的保证期间从主债务履行期届满之日开始计算。

保证诉讼时效期间既然是诉讼时效期间的一种，也就适用有关诉讼时效期间起算的一般规定，即期间从权利人知道或应当知道权利被侵害时起计算。保证合同中债权人的权利是要求保证人履行给付的请求权，该请求权在保证期间内因债权人向保证人发出给付要求生效。保证人除非有权对抗债权人的请求，否则不履行给付即构成对债务人权利的侵害，保证诉讼时效期间开始起算，其起算时间应追溯到债权人向保证人发出给付要求之日。因此，保证诉讼时效期间的起算时间与债权人对保证人的请求权的生效时间相同。

(4)弹性不同

保证期间虽有约定或法定之分，但是期间一旦确定，不因任何事由延长。期间也不适用中止或中断的规定。《担保法》规定一般保证的债权人就主合同纠纷提起诉讼或申请仲裁后，保证期间适用诉讼时效期间中断的规定，恰恰说明保证期间本不存在中断的情形，中断是适用用其他规定(诉讼时效制度)的结果。

保证诉讼时效期间是法定期间，不允许当事人约定，但该期间可因法定事由而改变，期间内可因某些事由而发生中止、中断或延长。

(5)届满后果不同

保证期间届满，债权人丧失要求保证人履行给付的请求权，丧失的是实体权利。保证诉讼时效期间届满，债权人丧失的仅仅是胜诉权，债权人的实体权利仍然存在，只是效力下降为自然债务，即在权力的组成三要素中，请求国家保护的强制执行力丧失，但债权人仍享有自己要求保证人履行给付的请求力以及受领保证人的给付并不必返还给付的保持力。

(二)保证期间的法律意义

保证人的保证债务与其他债务一样，债务人都有履行期限。保证期间就是保证人履行保证债务的期限。保证期间与其他债务的履行期限又有不同。其他债务履行期届至,债务人即当然应当履行债务,而保证债务只有保证期间内,债权人向保证人发出给付要求时始生效力。保证期间的法律意义就在于对债权请求权生效的时间给予限制。第一,在保证期间内,债权人未向保证人发出给付要求的,保证人不必履行给付;第二,在保证期间内,债权人向保证人发出给付要求的,保证债务始生效力;第三,债权人未在保证期间内要求保证人履行给付的,保证期间届满,保证人不再承担保证责任;第四,在保证期间内债权人向保证人发出给付要求,保证人拒绝履行的,才进入保证诉讼时效期间。

五、对《保证若干问题的规定》第 28、29 条的理论分析

或许有人会说本案如果适用《保证若干问题的规定》第 28、29 条的规定,将得出保证人应当承担保证责任的结论。因此这个判决是错误的,二审法院应当维持一审判决。笔者认为由于第 28、29 条本身存在的问题,在任何情况下都没有适用的可能。

第 28 条规定"保证合同约定有保证责任期限,但在保证责任期限内,债权人仅向被保证人主张权利而未向保证人主张权利的,主债务诉讼时效中断,保证债务的诉讼时效不中断。"第 29 条规定"保证合同未约定保证责任期限的,主债务的诉讼时效中断,保证债务的诉讼时效亦中断。"

需要指出的是第 28 条和第 29 条是独立平等的两个条款,第 28 条法律规范的假定部分并非当然是第 29 条的假定部分,但是有人说这只不过是立法技术上的问题,并不妨碍人们对第 29 条的理解,第 28 条的假定部分应理解为就是第 29 条的假定部分。如果这样理解是正确的话，当我们把第 29 条隐去的假定部分完全显现出来后，完整的第 29 条是“保证合同未约定保证责任期限的，在法定保证责任期限内，债权人仅向被保证人主张权利而未向保证人主张权利的，主债务诉讼时效中断，保证债务的诉讼时效亦中断。”

问题一：可以看出第 28 条与第 29 条差别只有一点，即前者是约定的保证责任期间，后者是法定保证期间，而二者的法律后果却大相径庭；一个保证债务的诉讼时效中断，一个不中断。笔者认为在其他假定部分都相同的情况下，后果不同的原因只能归因于保证期间的不同。保证期间究竟是约定还是法定，并不能改变保证期间的本质，在前提未有实质性变化的情况下，后果却截然相反，实在令人困惑。

问题二：在保证期间内，债权人向保证人发出给付要求的，保证人才有义务履行给付，保证人拒绝履行给付的，保证诉讼时效期间自债权人发出给付要求时开始计算。债权人未向保证人发出给付要求的，保证人没有义务履行给付，也就不存在债权人对保证人权利的侵害，进而不存在保证诉讼时效期间开始起算，更谈不上诉讼时效期间的中断与不中断。

因此，第 28 条的假定部分不能作为第 29 条的假定部分，那么在第 29 条不增加假定部分的情况下，是否能自圆其说呢？也不能。因为这会发生这样的情况：债权人在向保证人主张权利后，再未重复主张权利，一直仅向债务人不间断地主张权利，时隔数年以后，保证诉讼时效期间本早已届满，却因主债务诉讼时效期间的中断而未届满。笔者认为主合同债务与保证债务虽有主从关系，但二者毕竟是两个债务，在诉讼时效期间上应分别计算，因为《民法通则》规定诉讼时效期间中断事由之一是债权人向债务人发出给付要求，而非向债务人以外的第三人发出给付要求。若第 29 条假定部分与第 28 条不同的话，便会得出《保证若干问题的规定》否定了《民法通则》关于诉讼时效制度基本原则的结论。

因此，无论对第 28、29 条做何解释，都不能得出符合法理的判断，该规定无论在任何情况下，都难以被适用。

六、结 论

（一）保证期间是除斥期间的一种，是对债权人向保证人行使权利在时间上的限制。

（二）保证期间有约定保证期间和法定保证期间之分。约定保证期间最长不得超过二年。债权人与保证人在保证合同中未约定保证期间、约定不明或者约定的保证期间因超过二年被确认无效后，应适用法定保证期间。《保证若干问题的规定》规定的法定保证期间为二年，《担保法》规定的法定保证期间为 6 个月。

（三）一般保证的债权人就主合同纠纷未提起诉讼或申请仲裁的，保证期间从主债务履行期届满之日起开始起算。一般保证的债权人在主债务履行期届满后，在相当于保证期间的时间内，依法就主合同纠纷提起诉讼或申请仲裁，保证期间从法院就债务人的财产依法强制执行完毕之日开始起算。连带责任保证期间从主债务履行期届满时开始起算。

（四）保证期间不存在中止、中断的规定，也不能延长。适用中断的情形是法律明文规定的特例，是对立法技术的一种运用。

（五）债权人不向保证人发出给付要求的，保证人没有义务履行给付。债权人在保证期间内发出给付要求的，债权人的请求权始生效力，保证人有义务履行给付。保证人不履行给付，保证诉讼时效期间从债权人发出给付要求之日开始起算。保证期间届满，债权人未曾向保证人发出给付要求的，保证人的保证义务消灭，债权人丧失请求权。

(六)《保证若干问题的规定》第28、29条存在较多的疑问，无论在何种情况下，都难以适用。本案未适用这一规定是正确的。

作者单位：青岛市中级人民法院

青岛市市南区人民法院

杨秀琴诉尹瑞萍不当得利案

朱志俊

[基本案情]

原告杨秀琴与被告尹瑞萍系同事关系。1996 年 3 月 8 日原告在南京新街口百货商店购买 24K 花形金手链一根，重约 18.27克，价格 2521.26 元。遂佩戴在右手腕上。1997 年 11 月 1 日(星期六)上午 8 时左右杨秀琴停好自行车，路经医院供应室到总机房上班。上午 11 时 50 分杨秀琴到医院浴室洗澡，突然发现手腕上金手链没有了，立即和同事杨佩屏、浴室管理员刘慧兰一起寻找，未果。当日下午 2 时上班后即向医院保卫科报案。1997 年 11 月 1 日上午 8 时许，尹瑞萍从南京口腔医院宿舍推自行车出来取牛奶，路经医院供应室，与同事于桂兰、韩福兴闲聊时发现地上有一根手链，遂捡起来抖给于、韩看，此情形被附近的谢春香目睹。韩、谢二人随尹瑞萍到医院大门口时，尹又将手链出示给同事卢寿之看。之后在医院传达室，尹瑞萍将自己的手链向余传茂出示，当日下午又向王国发出示，均称是上午所捡的那根手链。11 月 3 日 (星期一)上午 8 时许，在医院大门口尹瑞萍告诉医院保卫科长徐林捡到一根手链，但并未上交。当日上午 11 时许，尹在其科室领导提醒下将一根马辫式手链交到医院保卫科。当日下午保卫科通知杨秀琴前去认领，杨秀琴带着购买金手链发票以及遗失手链经过说明到保卫科认领，确信不是自己遗失的足金花形手链而未认领。医院保卫科遂进行调查，于桂兰、韩福兴、卢寿之均证明被告上交的手链与当时捡到的手链花形不符。医院遂向上级领导和当地派出所汇报，有关领导进行调处，未果。

原告工作岗位在医院医剂大楼（内含供应室）的二楼总机房，医院浴室及被告所住职工宿舍均在医剂大楼后侧。医院门诊大楼拆除重建后，原告上班及被告外出必须经过医剂大楼走廊及一楼供应室，该区域属非医疗就诊区。根据医院保卫科报案记录本记载，只有原告一人遗失金手链。不久杨秀琴提起诉讼，以有人证明尹瑞萍捡到的手链不是上交的马辫手链，当时捡到的手链与我遗失的手链相似为由，要求被告尹瑞返还拾得原物。审理中被告辩称：1997 年 11 月 1 日上午，我确实在医院捡到一根手链，因当时保卫科无人而未上交，第二天全院放假。11 月 3 日（星期一）上班我即将手链上交保卫科。现原告没有证据证明我捡到的手链就是她所遗失的手链，也没有证据证明我予以调换，请求法院驳回原告诉讼请求。

[裁判要旨]

南京市玄武区人民法院经审理认为：公民拾得遗失物后应当归还失主。本案原告不慎遗失一根足金手链与被告捡到一根手链均为事实。从查证情况分析，原告 1997 年 11 月 1 日上午 11 时50

分发现丢失金手链，而被告是在该日上午8时左右捡到一根手链。被告在医剂大楼供应室附近捡到手链，该地点系原、被告双方必经之路，且该地属非医疗就诊区，一般只有院内住户或医院职工行走，加上又是上午8时左右，应排除到医院就诊病人丢失手链的可能。第一次庭审中，现场目击证人韩福兴、于桂兰、谢春香均指认被告所捡手链与原告提供的照片上手链有点相似，而不是被告上交的马辫式手链。该证人与双方当事人均无利害关系，所作证词属直接证据，证明力较高，予以认定。其他证人卢寿之、余传茂则证实被告上交的手链与当时所见不一样；证人王国发仅证实当日下午被告出示给他人看的是手表链；上述证人证词进一步证明了被告所提交的手链并非所捡原物，且证人与双方亦无利害关系，其证词予以认定。第二次庭审中，被告提供数人证词证实他们在尹瑞萍家看到的手链就是其上交的马辫式手链，但这些证人远离事发现场，且与被告关系密切，其证词效力不足抵消目击证人证词的效力。同时根据医院保卫科记载，1997年11月1日前后数日报案丢失金手链的仅原告一人，而此期间内既无人称又捡到金手链，也无人认领被告所捡手链。被告在捡到他人遗失物后，仅以所在单位保卫科"无人"为由而未及时上交，且将马辫式手链充当他人遗失物上交，违反了法律的规定，属不当得利，应予返还失主。遂依据《中华人民共和国民法通则》第5条，第75条第2款、第79条第2款、第106条第1款、第117条第1款、第134条第1款第(四)项、第(七)项之规定，作出(1997)玄民初字第1127号《民事判决书》，判决如下：被告尹瑞萍于本判决书生效之日起5日内将其所捡足金手链(花链，约18.27克)返还给原告；被告如不能返还原物，则应给付原告足金手链赔偿款2,521.26元。

宣判后,尹瑞萍不服,上诉至南京市中级人民法院。

南京市中级人民法院对一审法院认定的事实和证据予以肯定,并进一步查明尹瑞萍捡到手链的地点。经二审审理认为:杨秀琴自 1996 年 3 月 8 日购得花形足金手链后天天佩戴。丢失该手链当日上午杨秀琴在医剂大楼旁停放自行车时手链仍佩戴在右手腕上。尹瑞萍上诉称杨秀琴遗失的手链不一定就是发票所载的手链,但又提供不出证据证明杨秀琴佩戴过第二根金手链。故其上诉理由不予采信;现有三名现场目击者证明尹瑞萍上交的马辫手链不是当时捡到的花手链,此直接证据证明力较高。尹瑞萍不提交当时所捡原物,应承担不利后果;尹瑞萍捡手链地点属非医疗就诊区,旁边虽有一厕所,但如厕者多是在基建工地施工的男性民工,他们佩戴金手链的可能性微乎其微,又因为捡手链时间在早上 8 点左右刚上班之际,前来就诊病人丢失的可能性较小。事发前后,直到原审法院公告开庭,并无第三人到医院保卫科报失,也无第三人到保卫科认领。尹瑞萍上诉称除杨秀琴外还有他人丢失金手链的可能性予以排除。原审法院认定事实清楚,判决正确。遂依照《中华人民共和国民事诉讼法》第 153 条第 1 款第(一)项之规定,作出(1998)宁民终字第 33 号《民事判决书》,判决驳回上诉,维持原判。

[法理评析]

本案关键在于如何分配原、被告的举证责任,怎样客观分析双方当事人提供的证据,确定以什么样的价值取向去取舍证据,以确保定案证据的合法性、真实性和相关性,从而保障法律的正确适用。

第一、程序合法，才能保证司法公正。

为了排除在选择和适用法律过程中的不当偏向，使法官始终处于中立地位去取舍证据，首先必须程序合法。该纠纷发生在1997年11月3日，同年11月20日一审法院受理此案。庭审前夕，一审法官在尹瑞萍确认下从医院保卫科将其上交的马辫手链提取归案，12月4日及时公开开庭，既保证了被告15天的答辩期，又尽可能地给证人提供了恢复记忆的最佳期。然后将所有第一现场、第二现场的知情者全部通知到庭，一一质证。之后在尹瑞萍要求下又公开开庭，将尹瑞萍提供的第三现场证人通知到庭，进行质证。尹瑞萍上诉后，二审法院也公开开庭。应当肯定，两级法院调查证据时的透明度很强，双方当事人无可指责，维护了法院审理案件的公正形象和审判权威。

第二、必须让双方当事人适时地、合理地分担举证责任。

我国《民诉法》第64条规定："当事人对自己提出的主张，有责任提供证据"，从而确立了"谁主张，谁举证"的举证责任规则。结合《民诉法》其他条款以及审判实务，举证责任是指当事人有责任对其所主张的事实提供证据，证明其主张具有真实性；对其主张不能提供证据时，则可能承受不利裁判。为避免败诉风险，所有当事人均负有举证责任，包括一审中的原告、被告、第三人和二审中的上诉人、被上诉人等，只不过诉讼程序因原告率先提出请求而启动，所以《民诉法》要求原告首先负有支持其诉讼请求成立的举证责任。法律并未要求原告对整个诉讼程序负唯一举证责任。本案原告提供发票，证明自己佩戴手链的合法依据，又提供佩戴金手链的特写放大彩照，证明自己佩戴手链的事实。遗失手链的当天上午 8 时左右，原告停放自行车时，手链仍佩戴在右手腕上，被一旁等待停放自行车的黄玉梅所目睹并予证实，11 时 50 分前，原告发现手链遗失而到处寻找，被浴室管理员和帮助寻找的同事所证实。原告所提供的证据，已形成锁链，环环相扣，证明了与遗失手链直接关联的事实。质证时尹瑞萍怀疑杨秀琴佩戴了发票以外的其他手链，对原告 11 月 1 日是否佩戴手链也将信将疑。我们认为任何假设、怀疑都不能代替事实。随着案情的变化，将举证责任适时转移给尹瑞萍后，尹却提供不出反证，证明杨秀琴佩戴过发票以外的第二根手链，因而在此事实中尹瑞萍应承担不利后果。

一审中，目睹尹瑞萍捡到手链的三个证人均一致证明尹当时捡的是颗粒状手链，绝不是法庭出示的马辫手链。但又不能肯定尹瑞萍当时捡的就是照片中杨秀琴佩戴的手链。由于三证人平时没看过原告所佩戴的手链，加之三证人年龄偏大、文化偏低、视力差异以及当时在现场站的角度不一等因素，况且也没有人刻意看手表，因此三证人证言所反映尹瑞萍捡到手链的时间、描述手链的形状、粗细、颜色等细节时存在矛盾之处。尹瑞萍以此进行对抗。我们认为，虽然已经发生的案件事实在客观上会留下各种物质、痕迹，包括经历者感官所形成的感知印象，均为恢复并再现原来的事实过程提供了事实材料和根据，但是时间的不可逆转性决定了任何案件事实都无法原封不动的回复到原始状态，我们没有理由要求证人作为一种倒时器全面展示当时实际发生的事实。诉讼中所再现的只是法律意义上的事实，而非原始状况的实际事实。原告杨秀琴已经完成了形式上的举证责任，相对满足了证明被告不当得利的法律构成要件，即被告没有法律或合同依据，使原告受到损害而获得的利益。尹瑞萍知道抓住证人证词的矛盾之处进行对抗无效，遂要求第二次开庭，提供四个证人证言证明当天下午在尹家看到的手链就是上交的手链。且不去计较第一次开庭时尹不提供他们出庭作证的原因，单就这些证词本身而言，尚且削弱不了医院大门口第二现场证人证词的证明力，又怎能抵消当时目睹其拾到手链的第一现场三个证人的证词?!

第三、应正确适用推定证据规则。

推定是借助于一存在的事实，据以推出另一相关事实存在的假设。适用推定证明方法，可以免除主张推定事实的一方当事人的举证责任，并把证明不存在推定事实的举证责任转嫁给对方当事人。对方当事人若不提供相反证据，则负有举证不能的败诉责任。本案中三个现场目击者均证明尹瑞萍上交的马辫手链肯定不是当时捡到的颗粒状手链，那么尹瑞萍即负有提交颗粒状手链的举证责任，以便法院查明该手链是否就是杨秀琴所遗失的那根手链。由于尹瑞萍拒不提供，依照最高人民法院《关于民事经济审判方式改革问题的若干规定》第30条“有证据证明持有证据的一方当事人无正当理由拒不提供，如果对方当事人主张该证据的内容不利于证据持有人，可以推定该主张成立”的规定，法庭采信了杨秀琴所提交的证人证词，认定尹瑞萍上交的马辫镀金手链肯定不是当时所捡的足金花形手链，而没有使案情一直处于真伪不明的待定状态。这是本案审理工作值得肯定的一个方面。

第四、法官内心确认只有和逻辑分析相结合，才能得出正确结论。

尹瑞萍上交的马辫手链肯定不是所捡的金手链，但怎么能排除尹瑞萍所捡的手链不是他人丢失的，而一定就是杨秀琴所遗失的呢？从发生纠纷的时间、空间分析，杨秀琴遗失手链和尹瑞萍捡到手链都在同一条路上，几乎又都在同一时间，如此巧合，绝非偶然。尹瑞萍捡到手链后引起轰动效应，医院大门口聚集了许多好事者，纷纷要求尹瑞萍请客。杨秀琴拒绝认领手链也成了医院爆炸性新闻，议论哗然。如果院内院外另有人遗失，早会有所耳闻，但之后却再无人到医院保卫科报失，也没有人再去认领。再则，医剂大楼旁边的厕所，因为不是就诊区，上午 8 时 15 分左右就诊病人如厕者极少，而基建工地上的如厕男性民工佩戴金手链施工的可能性微乎其微。经过综合分析，法庭排除了任何合理怀疑，达到深信不疑，形成内心信念。在本案审理中，法官内心确认采用的有关资料不仅限于经过有目的的调查所取得的证据资料，还包括审理该案过程中尹瑞萍陈述事实时表现出来的自相矛盾和避重就轻等复杂表情在内的全部辩论意旨。例如，捡到金手链时，明明医院保卫科有人上班，(周六全院轮休)尹瑞萍未及时上交手链，却说保卫科当天无人；11 月 3 日上午 8 时许尹瑞萍上班，在医院门口遇到保卫科长，有机会上交手链却不交，直到 11 时才在其科室领导提醒下上交；11 月 4 日当地派出所民警找尹谈话时，尹一口咬定捡的手链已上交给保卫科长。12 月 4 日开庭，尹一会儿陈述上交的手链已被保卫科调换，一会儿又陈述捡到的手链就是上交到保卫科的手链，也就是法庭出示的手链，前后矛盾，漏洞百出；当天下午在医院大门口，明明人们关心的是手链问题，她却掏出手链出示，还提请法庭调查，企图转移法官视线，如此等等。被告在关键问题上总是闪烁言词，欲盖弥彰。其自我表现显然揭示了案件的真实情况，从而使法官良心受到感悟，对其上交了已经调换过的手链这一事实更加确信无疑。

综上所述，笔者认为，本案一、二审法院在证据分析与采信上，能正确运用法律和逻辑推理判定案情，值得借签。

作者单位：南京市中级人民法院

许继电器股份有限公司诉郑学生、漯河市爱特设备有限公司侵犯商业秘密纠纷案

刘学圣

[基本案情]①

原告许继公司的前身许昌继电器厂于1984年12月10日与德国西门子公司签订"继电保护电子线载波设备许可权和技术秘密合同",以有偿技术转让的方式受让西门子公司的继电保护和载波技术。原告曾于1986年5月至8月派被告郑学生到西门子公司进行技术培训。之后许继公司组织科研人员进行该载波技术的国产化研制工作。郑作为项目负责人之一参与了ESB-500型单边电子线载波机的研制。在此过程中及研制成功后,许继公司进行了保密管理。此外,郑还于1991年2月至1992年4月作为项目负责人从事YPC-500F6远方保护信号音频传输机的技术研制，负责整机及原理设计。郑学生于1992年3月25日与许继公司签订了

① 案情及审判详见《最高人民法院公报》,1999年第2期,第69—71页。

为期 1 年的全员劳动合同，郑学生还于同年 9 月与许继公司通讯分厂签订了为期 5 年的上岗聘约，约定郑学生遵守各项保密规定。

1994 年 10 月，郑学生以其掌握的电力线载波机技术及远方保护信号音频传输机技术作价 20 万元入股，与漯河卷烟厂及张明亮等人组建被告爱特公司，生产 SSB－2000 型电力线载波机。该公司于 1994 年 11 月正式营业。1995 年 5 月，郑学生未经批准，离开许继公司到爱特公司工作。

原告以商业秘密被侵犯为由，向河南省许昌市中级人民法院提起诉讼，要求依法判令郑学生赔偿因单方终止劳动合同给原告造成的损失 13.5 万元；判令郑学生和爱特公司停止侵权行为，赔偿原告的经济损失并对原告的商业秘密承担保密义务，承担本案诉讼费用。被告郑学生无答辩。被告爱特公司辩称，原告的起诉不符合事实，被告没有侵犯原告的商业秘密。

[裁判要旨]

河南省许昌市中级人民法院审理认为，原告许继公司生产 ESB－500 型单边电力线载波机产品依据《中华人民共和国反不正当竞争法》第 11 条第 3 款的规定，是许继公司的商业秘密。被告郑学生利用职务之便掌握了此项商业秘密，违反许继公司的保密规定，尚在许继公司工作期间即与他人组建被告爱特公司，无偿使用此项技术生产产品，侵害了许继公司享有的合法权益，是《反不正当竞争法》第 10 条第 1 款第(三)项规定的禁止行为。被告爱特公司明知电力线载波机技术为许继公司的技术秘密，但为了无偿使用此项技术生产产品,以获取商业利益,采用作价入股的手段诱使郑学生带出此项技术秘密。这种以不正当手段获取权利人商业秘密的行为,为《反不正当竞争法》第10条第1款第(一)项所禁止。依照《反不正当竞争法》第20条第1款的规定,郑学生和爱特公司对自己实施的违法行为,应当承担停止侵权、赔偿损失的责任。许继公司要求二被告停止侵权、赔偿损失,应予支持,许继公司要求郑学生赔偿因单方终止合同造成的损失,属劳动争议范围,应另案处理。据此于1997年6月12日判决:(一)被告郑学生及被告爱特公司自判决生效之日起停止侵权,不得使用原告许继公司的电力线载波机技术进行生产和经营活动,并对已知悉的许继公司的技术秘密承担保密义务。(二)被告郑学生及被告爱特公司连带赔偿原告许继公司经济损失213,450元,在本判决生效后15日内履行完毕。(三)驳回原告许继公司的其他诉讼请求。

被告郑学生不服,向河南省高级人民法院提起上诉。

河南省高级人民法院经审理认为,ESB－500型电力线载波机技术是被上诉人许继公司的技术秘密,应受法律保护。上诉人郑学生的行为属披露和使用许继公司商业秘密、侵害许继公司合法权益的侵权行为,应当承担停止侵权、赔偿损失的民事责任。爱特公司的行为是以不正当竞争的手段获取他人商业秘密、侵害他人合法权益的侵权行为,应当承担停止侵权、赔偿损失的民事责任。"郑学生的技术股及爱特公司的产品与许继公司的商业秘密没有因果关系"的抗辩理由,不能成立。据此于1998年3月27日判决如下:(一)维持一审判决的第一、三项,撤销第二项;(二)郑学生、爱特公司连带赔偿许继公司经济损失2,160元。

[法理评析]

一、原告拥有的技术是否为商业秘密

确定原告拥有的电力线载波机技术是否是其商业秘密，必然涉及商业秘密的含义及特性。

(一)商业秘密及其特性

“商业秘密”这一法律术语在我国首先出现于《中华人民共和国民事诉讼法》(1991年4月9日颁布)第66条和第120条，①其法定含义首先出现于我国《反不正当竞争法》，该法第16条规定，商业秘密是指“不为公众所知悉，能为权利人带来经济利益，具有实用性并经权利人采取保密措施的技术信息和经营信息。”从这条规定可以看出，我国法律是将商业秘密作为一种信息来看待的。这种信息包括两方面即技术信息和经营信息。根据国家工商行政管理局《关于禁止侵犯商业秘密行为的若干规定》(1995年11月23日发布，下称《若干规定》)第2条第5款的规定，技术信息和经营信息包括：设计、程序、产品配方、制作工艺、制作方法、管理诀窍、客户名单、货源情报、产销策略、招标投标中的标底及标书内容等信息。因此我国法律中的商业秘密是广义的商业秘密。②

---

① 我国《民事诉讼法》第66条规定：“……对涉及国家秘密、商业秘密和个人隐私的证据应当保密，需要在法庭上出示的，不得在公开开庭时出示。”第120条规定：“离婚案件、涉及商业秘密的案件，当事人申请不公开审理的，可以不公开审理。”

② 广义的商业秘密包括技术信息和经营信息，狭义的商业秘密仅指经营信息。见刘春茂主编：《中国民法学·知识产权》，第750—751页，中国人民公安大学出版社，1997年4月版。

1. 商业秘密的构成要件

商业秘密包括技术信息和经营信息，但并非所有的技术信息和经营信息都是商业秘密,商业秘密有严格的构成要件,这些要件包括:(1)秘密性。即不为公众所知悉,这是构成商业秘密的基本条件。所谓“不为公众所知悉”,是指该信息是“不能从公开渠道直接获得的”。①不为公众所知悉并非不为任何人所知悉，而是指不为权利人以外的其他人以违反诚实信用经营活动的方式知悉，其他人若以合法、正当的手段获取此秘密，则不构成对商业秘密的侵犯,众所周知的信息不是商业秘密,但若权利人花费人力物力从大量公知信息中收集出对其有用的部分而组成单独的信息如客户名单等,则可能具有了秘密性。秘密性要件还包含了新颖性要求。这种新颖性并非专利法上的新颖性，②而是一种最低限度的新颖性。不同信息的新颖性程度可能会不同,但这并不妨碍前者作为商业秘密而受到保护。(2)可用性。可用性指能为权利人带来经济利益、具有实用性。也就是说,“该信息具有确定的可应用性,能为权利人带来现实的或者潜在的竞争优势”。③有人认为，价值性与实用性应为两个独立的要件，独立的依据在于价值性最本质的体现是所有人掌握商业秘密而具有竞争优势，实用性则强调运用商业秘密而带来经济利益。④笔者不同意这种观点。笔者认为,价值性

---

① 《若干规定》第 2 条第 2 款。

② 我国专利法的新颖性是指,“在申请日以前没有同样的发明或者实用新型在国内外出版物上公开发表过，在国内公开使用过或者以其他方式为公众所知，也没有同样的发明或者实用新型由他人向专利局提出申请，并且记载在申请日以后公布的专利申请文件中。”见我国《专利法》第 22 条第 2 款。

③ 《若干规定》第 2 条第 3 款。

④ 孔祥俊:《反不正当竞争法的适用与完善》，法律出版社 1998 年 5 月版，第 443—444 页。

与实用性是不可分割的，掌握和运用商业秘密是发挥商业秘密作用的基本前提，建立在价值性基础上的实用性是商业秘密权利人追求的目的所在，两者的区分只具有相对意义。价值性和实用性只是同一问题的两个方面，其核心是该商业秘密的“确定的可应用性”，即一方面商业秘密能够实际应用，具有价值；另一方面，能够实际应用和具有价值应当是确定的。因而笔者认为，以“可用性”概念来概括这一要件较为合适。这个“可用性”相当于美国统一商业秘密法中的“能够使他人获取经济利益的现实的或潜在的独立价值”，德国法中的正当的经济价值，日本不正当竞争防止法中的“在商业上具有实用性”以及我国台湾地区营业秘密法中的“具有实际或潜在之经济价值”。(3)保密性。即经权利人采取保密措施，包括“订立保密协议，建立保密制度及采取其他合理的保密措施。”①保密性是各国法律关于商业秘密的构成要件中必不可少的一项，它突出了法律对商业秘密予以保护的另一项基本要求：权利人必须采取合理措施独占(并非绝对意义上的独占)其视为商业秘密的信息，否则法律不予保护。这些保密措施包括订立保密协议、建立保密制度、限制接触或使用商业秘密的人员的范围、对有关人员的保密检查等。在这方面，各国的作法大同小异。上述三点是商业秘密的必备要件，舍其一则无商业秘密可言。有人还概括了商业秘密的其他构成要件，如可转让性、②信息性③等。笔者认为，从理论上

① 《若干规定》第2条第4款。

② 白云飞：《商业秘密系列知识问答》(一)，载《电子知识产权》，1998年第3期，第26页。

③ 刘春茂主编：《中国民法学·知识产权》，中国人民公安大学出版社，1997年4月版，第755页。

讲，这些是否属于构成要件是可以探讨的，但就实务而言，则应严格依照法律法规的界定进行操作。

对商业秘密的构成要件不能绝对理解。商业秘密之所以能成为法律保护的对象，依笔者理解，是基于其所具有的财产收益的可能性，而这种财产收益并非任何人均可获得的。与专利、商标、著作权不同的是，法律并未明确规定这类信息被独占的期限。可见，商业秘密有其自身的特殊性，对商业秘密的理解仅限于其构成要素是不够的，还应剖析商业秘密这种信息的特性。

2. 商业秘密的特性

商业秘密的特性有三个：相对性、财产性、无形性。(1) 相对性。相对性是指商业秘密是一种相对的秘密。相对性体现在两个方面：第一，秘密性是相对的。商业秘密不为公众所知悉的要件只具有相对的意义。就某一行业而言属于商业秘密的信息，在另一行业可能是众所周知的；同行业内部不同知识水平、专业层次的人对某种信息的认识也是不同的。商业秘密在使用过程中必然要为有关人员知悉，这是一种相对的公开，但对被视为商业秘密的信息而言，仍然是秘密的。秘密性没有时间限制，秘密性的丧失往往取决于知悉该商业秘密的人员的范围。第二，保密性是相对的。保密性的相对性体现在，只要商业秘密的所有人采取了合理的保密措施，法律就应对此予以保护，而不要求这些保密措施必须万无一失或滴水不漏。(2)财产性。关于商业秘密的财产性曾经存在很大的争论。目前提出的非财产说、作品说、从属权利说，都有一定的道理，但也都带有片面性。主张商业秘密的财产性，是英美法系的作法，就是将商业秘密视为其所有人的私有财产，商业秘密的所有人享有使用、收益和处分 (但是商业秘密的所有权是无法转让的) 的权利。但财产性的重点并不在此,而在于这种财产的获利性,即具有现实的或潜在的竞争优势或收益可能,商业秘密的财产性与作为构成要件的可用性既有联系又有区别,可用性体现了商业秘密的财产性,财产性是可用性的根据;可用性只是商业秘密的一个构成要件,财产性则着重于揭示商业秘密的本质和特性。财产性一方面表明商业秘密所有人可以自由使用或转让(使用权)其商业秘密,另一方面也表明保护财产权的有关原则和制度也适用于商业秘密。(3)无形性。商业秘密作为一种信息,是一种无形财产,具有无形性。由于无形,一方面,它可以同时为多人知悉和拥有,另一方面,其价值的确定也较为困难。就前者而言,会导致秘密性的丧失,就后者而言,则意味着投资风险。

认识商业秘密的相对性、财产性、无形性,对于准确理解和把握商业秘密具有重要的意义,而把握商业秘密的构成要件和特性,是判断一项信息是否为商业秘密的基本前提,也是判断本案中原告的电力线载波机技术是否是商业秘密的基础。

(二)原告拥有的电力线载波机技术是否为商业秘密

根据前面对商业秘密的分析,结合本案事实,笔者认为,原告拥有的电力线载波机技术是其商业秘密,应依法受到保护。

1. 从秘密性角度来看,上述技术不为公众所知悉。

事实表明,电力线载波机技术是原告许继公司的前身许昌继电器厂以有偿方式从德方受让的,该技术在当时若已公知,则无引进的必要。被告郑学生作为有关的技术人员知悉该技术,这是为实施所必需的,因此郑学生不属于“公众”范围。上述技术在引进的当时及国产化研制成功后具有秘密性,但是根据商业秘密的相对性,上述技术若在后来为公众所知悉,则秘密性丧失。那么,是否存在这一问题呢?回答是否定的。若该技术在郑学生作价加入爱特公司时已为公知,则作价入股就无必要。

2. 从可用性角度来看，上述技术能为权利人带来经济利益，具有实用性。

电力线载波机技术投入生产后,效益显著,这在审理中已经查明。该技术能够作价入股这一事实本身也说明其所具有的潜在的竞争优势。

3. 从保密性角度来看，上述技术经原告采取了合理的保密措施。

首先是原告分别于 1987 年、1989 年对本单位的产品底图蓝图、工艺资料、技术资料等制定过保密规定,ESB－500 型单边电力线载波机技术研制过程中及研制成功后,进行了保密管理,从未向任何单位和个人进行技术转让与技术公开。这些事实说明,原告许继公司已经建立起了一套保密制度。其次是原告与被告郑学生之间存在保密协议。保密协议有两个,一是 1992 年 3 月 25 日,郑学生与许继公司签订了全员劳动合同,合同约定郑学生遵守许继公司的各项规章制度,而保密制度是其中一部分;二是郑学生与许继公司的通讯分厂签订的上岗聘约,约定郑学生要做好保密工作。

因此,电力线载波机技术是原告许继公司的商业秘密。

二、被告是否侵犯了原告的商业秘密

(一)商业秘密侵权及判断

1. 商业秘密侵权

商业秘密侵权是指他人未经权利人（合法控制人）的许可，以非法手段获取他人的商业秘密并加以公开或者使用。①商业秘密侵权之所以发生,主要是因其可用性。各国法律多以列举方式规定了侵犯商业秘密的各种类型,我国《反不正当竞争法》第10条和《若干规定》第3条也以这种方式规定了侵犯商业秘密的各种类型,这些类型基本概括了当前商业秘密侵权的各种形式。列举式的规定当然不可能穷尽一切侵权形式,因此研究商业秘密侵权的含义和构成就成为必要。根据前面的定义,笔者认为,商业秘密侵权的构成包括以下四个方面:(1)商业秘密侵权的主体,是未经许可的个人或单位(包括法人和其他经济组织)。我国反不正当竞争法将侵权主体规定为经营者,即从事商品经营和营利性服务的法人、其他经济组织和个人。但若将商业秘密侵权的主体与《反不正当竞争法》规定的经营者等同,则会出现非经营者侵犯商业秘密而权利人又无法追究其责任的尴尬情况,这于商业秘密的权利人是极为不利的。因此,笔者认为,商业秘密侵权的主体不应限于经营者。在实践中,商业秘密侵权的主体主要有以下三类:一是通过合同约定负有保密义务的双方当事人。任何一方违反约定,泄露、使用或者提供给他人使用该商业秘密时,该方成为商业秘密侵权的主体;二是第三人。指除商业秘密的权利人及其雇员、负有保密义务的合同当事人以外的法人、非法人单位和公民个人;三是知悉或掌握本单位商业秘密的工作人员。(2)商业秘密侵权的客体,是作为商业秘密而受到保护的技术信息和经营信息。(3)在主观方面,行为人要有过错,包括故意和过失。(4)在客观方面,表现为未经许可,非法

① 刘春茂主编:《中国民法学·知识产权》,中国人民公安大学出版社,1997年4月版,第770页。

使用或公开他人的商业秘密。包括两种形式：一是直接从权利人处窃取，非法泄露或使用；二是通过第三人从权利人处取得，非法泄露或使用。但是下述行为属于排除侵权性的行为：a. 独立开发或获得与他人相同或近似技术；b. 反向工程获得，即通过对合法取得的产品进行反向研究而获得有关的商业秘密；c. 拥有方自己不慎或管理不善而泄露商业秘密，为他人所知或所用；d. 在多个权利主体的情况下，一方泄露商业秘密；e. 无责任使用，即不知对方侵犯他人商业秘密而与其订立合同并使用之；f. 通过正当的业余科技活动获得。

2. 商业秘密侵权判断

商业秘密侵权判断，是指根据一定的标准和程序确定某一行为是否侵犯他人商业秘密的活动。商业秘密的相对性和无形性特性给商业秘密的侵权判断带来了许多困难；商业秘密价值的维持依赖于保密措施，因而其受法律保护的强度被降低了；商业秘密不具有独占的排他性，故权利人既不能阻止他人以合法的手段取得其商业秘密，也不能追回已“溢出”的商业秘密；商业秘密的范围广泛，几乎涉及一切有用的信息，这些信息的可用性程度各不相同，因此被侵害的程度也各有千秋。

笔者认为，商业秘密的侵权判断，在实体上，应以商业秘密侵权的构成为标准，因为商业秘密侵权的构成充分揭示了商业秘密侵权行为的本质和特点。在程序上，可分两步进行：(1)根据商业秘密的概念及要件，确认有关商业秘密的存在。(2)对被指控为侵权的行为的界定。包括两点：首先，举证责任的分担问题。由于商业秘密的相对性和无形性的特性，权利人往往很难直接证明行为人获得商业秘密的合法性，而行为人在这方面有优势。因而由行为人证

明其获得权利人商业秘密的合法性是合理的。根据《若干规定》第5条,双方举证责任的分摊见下表:

权利人	①商业秘密的存在;②行为人所使用的信息与自己商业秘密的一致性或相同性;③行为人有获取商业秘密的条件。
行为人	有关信息的获得或使用是合法的。

其次,法律推定问题。权利人或行为人不能举证或举证不利都要承担败诉的后果。就确定行为人侵权而言,如果权利人能证明行为人获得或使用其商业秘密的非法性,自无疑问,尽管权利人并无此举证义务。如果行为人不能举证或者举证不利,就要承担败诉的后果。这是一项法律推定。该法律推定的公式如下:

大前提:①行为人所使用的信息与权利人的商业秘密具有一致性或相同性;

②行为人有获取权利人商业秘密的条件。

小前提:行为人拒绝证明或无法证明其获得或使用有关信息的合法性。

结论:侵权成立。

(二)被告行为分析

1. 被告郑学生的行为分析

在离开原告许继公司前,郑与原告之间存在劳动关系,郑是原告许继公司内掌握电力线载波机技术的人员之一,根据劳动合同及有关规定,郑有保守本单位商业秘密的义务。在本案中,郑被控侵权的行为是未经原告许可将其所掌握的本单位的商业秘密披露给爱特公司使用。郑的行为符合《若干规定》第3条第4项规定的"权利人的职工违反合同约定或者违反为权利人保守商业秘密的要求,披露、使用或者允许他人使用其所掌握的权利人的商业秘密”。因而他的行为是侵犯原告商业秘密的行为。《若干规定》将违反合同约定披露、使用或者允许他人使用其所掌握的权利人的商业秘密的行为规定为侵权行为,从而给予权利人选择的机会,权利人既可以提起违约之诉,也可以提起侵权之诉。

这里存在的一个问题是,郑的侵权行为是否是不正当竞争行为?不正当竞争行为的主体是经营者,而侵权行为发生时,郑并不属于经营者的行列。郑的行为为《若干规定》所禁止,而《若干规定》是《反不正当竞争法》的特别法。于是,根据后者,其行为不是不正当竞争行为,而根据前者则是不正当竞争行为。立法上的混乱导致了认识上的混乱,一、二审法院根据《反不正当竞争法》的第10条的规定来认定郑的行为也就难免令人遗憾。

2. 被告爱特公司的行为分析

从主体资格上讲,爱特公司属于经营者,因此,《反不正当竞争法》和《若干规定》对其都适用。爱特公司的行为是侵犯他人商业秘密的不正当竞争行为。(1)爱特公司的生产技术与原告的电力线载波机技术具有一致性或相同性。一致性或相同性并不等于一致或相同,前者的标准要低于后者。被指控侵权者使用的信息可能会与权利人的商业秘密有所不同,但这并不妨碍侵权的成立。问题的关键在于,一致性或相同性的标准是什么?商业秘密由技术信息和经营信息两部分构成,这两类信息各有不同的特点,其判断标准亦应不同。本案只涉及技术信息,故不讨论经营信息一致性或相同性的判断标准。在实践中,技术信息被不正当获取后,其使用情况有三种:一是原封不动地照搬使用,即完全相同地使用;二是以等同技术要素对其中的某些构成要素进行等同替换后的使用,即等同使用；三是对原告的技术秘密经过某些研究改进，使其技术效果可能比原告的更为先进，即改进使用。这三种行为均属侵权行为，即使改进使用，也是在以不正当竞争手段获取原告技术信息基础上所为，不应以被告作了某些技术改进而确认不侵权。[①]由此可见，就技术信息而言，一致性或相同性是指实质上的一致或相同。在本案中，被告爱特公司生产的 SSB－2000 型电力线载波机，在机械结构上与原告许继公司 ESB－500 型单边电力线载波机相比，等同之处有 15 处之多，其中重要部件如 IFC 中频发送插件、IFR 中频接收插件的中频滤波器、AGC 导频控制插件的导频显示方式等，与 ESB－500 型一致。鉴定结论是，SSB－2000 型电力线载波机，在机械结构及部分重要部件上使用了许继公司 ESB－500 型单边电力线载波机之专有技术。一、二审法院的认定实际上坚持了实质上一致或相同的标准。(2)爱特公司有获取许继公司技术信息的条件。爱特公司是由漯河卷烟厂、张明亮与被告郑学生组建的。经审理查明，前两者并无能力从事电力线载波机的研制工作。若无郑学生参与，爱特公司自己是无法生产电力线载波机产品的。被告郑学生作为原告职工时，利用职务上的便利，掌握了电力线载波机技术。后来郑学生又以该技术作价入股组建爱特公司，从而使爱特公司掌握了这种技术。因而爱特公司有获取许继公司技术信息的条件。(3)爱特公司不能证明其获得并使用许继公司技术的合法性。爱特公司要证明自己行为的合法性，可以证明其行为符合前文提到的不视为侵权的几种情况之一。但法院审理查明，爱特公司并非

---

① 杨金琪、马孝樵：《专利商标技术合同疑难案例评析》，中国物资出版社，1995 出版，第 282 页。

独立开发获得电力线载波机技术，也不是通过反向工程获得；既不是由于原告管理不善或不慎而泄露，也非被告爱特公司不知道郑学生存在侵犯他人商业秘密的情形而与之订立合同使用之。相反，爱特公司获得并使用许继公司技术的非法性却可以得到证明。郑学生将原告的商业秘密披露给爱特公司使用这一行为本身已是侵权，爱特公司明知郑学生是许继公司员工，明知他掌握的是原告的专有技术，却不经合法受让，采取作价入股的手段引诱郑学生以此项技术为其生产产品，予以销售并获利。

因此，被告爱特公司的行为是以不正当手段获取并使用他人商业秘密的侵权行为，也是法律所禁止的不正当竞争行为。

三、思考

本案的积极意义在于，它确认了企业的专有技术为商业秘密，进而受到法律的保护，贯彻了《若干规定》关于商业秘密侵权的判断标准和方法。消极意义在于将非经营者的侵权行为定位为不正当竞争行为，带来了法律适用上的混乱。透过本案，以下问题值得我们进一步考虑。(一)企业的技术人员将本企业专有技术带出，自己使用或给他人使用以牟利的问题，在目前并不是一个小问题。这反映了有关的利益关系仍然极不平衡。因此，如何协调这方面的利益关系，不仅企业要考虑，法律也应进一步重视。这是创造良好的竞争秩序的一部分。(二)正如文中所提到的，作为反不正当竞争法的配套规章，《若干规定》却与之存在不协调之处，这不能不说是一个遗憾。这使我们不得不思考，商业秘密侵权行为与不正当竞争行为到底是一种什么关系？在大多数情况下，两者是从属关系，在少数情况下则不具有这种关系。如本企业员工未经许可将本企业商业秘密披露给他人使用的行为是一种商业秘密侵权行为，却非不正当竞争行为。(三)完善的商业秘密保护体系是发挥商业秘密的作用,保护商业秘密权利人合法权益的保证。我国已经建立起包括合同法、劳动法、侵权行为法、反不正当竞争法、刑法在内的商业秘密保护体系，如何使各个法律相互配套，发挥这个保护体系作用，也是值得我们思考的问题。

作者单位:北京大学知识产权学院

贵州庆丰旅游产品供应公司诉贵阳物资集团有限公司机电设备公司、贵州裕华房地产开发有限公司出租房屋优先购买权案

任明星　唐　宏

[基本案情]

1994年12月5日，贵阳物资集团有限公司机电设备公司（以下简称机电公司）与贵州庆丰旅游产品供应公司（以下简称庆丰公司）签订《房屋租赁合同》，约定：机电公司将其在贵阳市中华中路103号的168平方米铺面房出租给庆丰公司，租期从1995年1月1日起到1999年12月31日止，庆丰公司每年向机电公司缴纳房租、房产营业税、房产税、库存物资损失补贴、机电公司15名职工工资共计90余万元。同年12月18日，双方签订《房屋租赁合同补充协议》，约定：庆丰公司再向机电公司支付库存物资损失15万元。合同签订后，双方依约履行了各自的义务。经协商，双方于同年10月11日签订《房屋租赁合同》，约定延长一年租期，租金及其他费用作了上调。

1997年8月28日，机电公司向其上级主管部门贵阳物资集团有限公司(以下简称集团公司)提交《关于资产变现的报告》，请求变卖庆丰公司承租的房屋和贵阳市瑞金北路688.87平方米营业房。9月4日，集团公司批复称：根据贵阳市国有资产管理局的授权，经董事会研究，同意机电公司提出的资产变现请求。在未通知庆丰公司的情况下，10月8日，机电公司与贵州裕华房地产开发有限公司(以下简称裕华公司)签订《售房合同》，约定：机电公司将瑞金北路12号(售价225万元)、庆丰公司承租的中华中路103号(售价275万元)两处营业用房卖给裕华公司，由裕华公司与所购房屋的承租人签订产权人变更协议。机电公司将其与承租人签订的租赁协议复印给裕华公司。裕华公司于同月13日、16日，两次共向机电公司支付购房款200万元。此后，机电公司与裕华公司按照市房地产管理局和市国有资产管理局的要求签订了《房地产买卖契约》、《产权转让合同》。裕华公司于11月25日领取了房屋产权证后，将诉争房屋抵押给案外人，并在房地产交易部门办理了诉争房屋他项权利登记。诉讼中，机电公司与裕华公司向一、二审法院提交了双方分别于1997年8月20日签订的《房屋买卖合同》、10月8日签订的《经营损失补偿协议书》、11月24日签订的《协议书》，其核心内容是裕华公司买房时除支付房价外，另向机电公司补偿300万元，并意向性购买机电公司经营的电梯设备。一审法院委托贵州省房地产评估事务所评估，两处房屋的价值为8,291,558.66元，其中庆丰公司承租房屋的价值为4,157,601.84元。贵阳市国有资产管理局发文对评估结果予以确认，庆丰公司同意以评估价购买承租房。

［裁判要旨］

贵州省高级人民法院审理后认为，1994年12月5日、18日和1996年10月11日，庆丰公司与机电公司签订的房屋租赁合同及补充协议是双方当事人真实意思表示，内容合法，应认定为有效。庆丰公司对诉争房屋享有优先购买权，机电公司与裕华公司的房屋买卖合同无效，裕华公司主张与庆丰公司重签租赁合同的理由不能成立，其反诉请求应予驳回。庆丰公司应以国有资产管理部门确认的评估价直接购买诉争房产，瑞金北路12号房产及车库不属优先购买权的范围，购买房屋的时间为1998年1月1日。由于庆丰公司实际租赁房屋的期限由5年变为3年，机电公司依补充协议向其收取的15万元库存物资损失费，应相应退还6万元。机电公司与裕华公司对中华中路103号房的买卖无效，机电公司应退还裕华公司支付的购买诉争房的房款及利息。裕华公司原支付的200万元购房款是两处房屋的房款，机电公司退还裕华公司支付的购买庆丰公司承租房款数额，应参照两处房屋的评估价比例计算，确定为1,002,851.70元。机电公司与裕华公司在诉讼中提交的《经济损失补偿协议书》、《协议书》，在买房时未向贵阳市国有资产管理局和房地产管理局提交，其内容不予认定。机电公司与裕华公司称在《售房合同》之外有300万元的补偿及电梯优先供应的附加条件的辩解，不予采信。遂依照《中华人民共和国民法通则》第58条第1款第四项、第五项、第58条第2款，第61条第1款、最高人民法院《关于贯彻执行〈中华人民共和国民法通则〉若干问题的意见》试行）》（以下简称《试行意见》）第118条、《贵州省城市房地产开发经营管理条例》第25条之规定，作出（1997）黔民初字第5号民事判决：（一）庆丰公司与机电公司于1994年12月5日和18日以及1996年10月11日签订的房屋租赁合同及补充协议有效；（二）庆丰公司对中华中路103号房享有优先购买权，并自1998年1月1日起享有产权；判决生效后10日内，庆丰公司将4,157,601.84元的购房款支付给机电公司，机电公司向庆丰公司退还6万元补偿费；（三）机电公司向裕华公司退还1,002,851.70元购房款并支付该款自1997年10月16日至付清之日的利息，1998年1月1日后由庆丰公司向机电公司支付利息。至一次性付清购房款为止，利率按中国人民银行公布的同期同类贷款利率计算；（四）驳回裕华公司的反诉请求。一审案件受理费23,760元，由机电公司和裕华公司各负50%；反诉案件受理费23,760元由裕华公司负担；评估费10,000元，由庆丰公司、机电公司各负担50%。

宣判后，机电公司、裕华公司不服，向最高人民法院提起上诉。

最高人民法院经审理还查明：庆丰公司注册资金80万元，经济性质为集体，机电公司经济性质为国有，裕华公司经济性质为中外合资。1995年8月1日机电公司取得诉争房屋土地使用权，土地用途为商业用地，以后又取得了讼争房屋的《城镇公房营业证》。1995年贵阳市国有资产管理局授权机电公司上级主管单位集团公司决定或批准全资子（分）公司的产权变动。庆丰公司与机电公司签订《房屋租赁合同》时，未对讼争房屋进行评估。机电公司与裕华公司办理产权变更手续时共支出税费302,833.66元，该款由裕华公司支出。

最高人民法院经二审审理，依照《中华人民共和国民法通则》

第 61 条第 1 款、《中华人民共和国民事诉讼法》第 153 条 1 款第(三)项之规定，作出(1998)民终字第 96 号《民事判决书》，判决：(一)维持贵州省高级人民法院(1997)黔民初字第 5 号民事判决第一、二、三、四项；(二)机电公司与裕华公司的房屋买卖合同无效。税费损失 302,833.66 元，由机电公司承担 242,266.92 元，由裕华公司承担 60,566.73 元；在本判决生效后 10 日内机电公司将 242,266.92 元支付给裕华公司。二审案件受理费 23,760 元，由机电公司承担 11,880 元，裕华公司承担 11,880 元。

[法理评析]

本案主要涉及承租人的优先购买权问题。优先购买权，亦称先买权，是指在同等条件下，与买卖合同标的物有特定法律关系的人具有的优先于其他人购买该标的物的权利，是一国法律对所有权人处分权的一种限制。在我国，主要有共有人的优先购买权、合伙人的优先购买权和承租人的优先购买权。优先购买权是以物权方法对未来物权变动的请求权进行保全的一种制度，它是民法中一项重要的制度，具有以下特征：1. 优先购买权设立的目的，在于保障权利人优先取得特定标的物的权利，即保障的是权利人优先得到特定标的物的所有权，因此，它是一种物权，是一种形成权的物权取得权；2. 优先购买权是在同等条件下排除他人而优先购买的权利，具有排斥他人的效力；3. 优先购买权发生在特定的法律关系即共有关系、合伙关系及房屋租赁关系中；4. 先买权人的购买条件与其他购买人的条件相同即同等条件；5. 先买权人并非任何时候都可行使优先购买权，只有在出卖人明确作出出卖特定标的物的意思表示并确定了出让条件之后才能行使；6. 优先购买权具有追及力，即特定标的物虽然已为他人购买获得，先买权人仍可以追及购买，并可主张出卖人与第三人的买卖关系无效；7. 优先购买权的主体是特定的，权利主体仅限于共有财产的共有人、合伙企业的合伙人和房屋租赁中的承租人，义务主体是出租房屋的出租人（产权人）、出售属于自己份额的共有财产的出卖人及转让属于自己份额的合伙企业财产的转让人；8. 优先购买权是一种合法的具有实质性内容的权利。

承租人的优先购买权是指出租人出卖出租房屋时，承租人在同等条件下，依法享有优先于其他人而购买该出租房屋的权利。关于承租人的优先购买权，国务院《城市私有房屋管理条例》第 11 条规定："房屋所有人出卖出租房屋，须提前三个月通知承租人。在同等条件下，承租人有优先购买权"；《城市公有房屋管理规定》第 36 条第 2 款规定："出售出租公有房屋时，承租人有优先购买权"；最高人民法院《试行意见》第 118 条规定："出租人出卖出租房屋，应提前三个月通知承租人，承租人在同等条件下，享有优先购买权；出租人未按规定出卖房屋的，承租人可以请求人民法院宣告该房屋买卖无效"。以上规定，依法确认了承租人享有优先购买权。根据上述规定，承租人享有优先购买权的条件是：1. 承租人与出租人的房屋租赁行为合法有效；2. 只有在出卖的同等条件下，承租人才享有优先购买权。承租人行使优行购买权的条件是：1. 其为合法承租人；2. 出卖人明确作出出卖出租房屋的意思表示并确定了出售条件，该条件与其他购买人条件相同；3. 出租人在出卖房屋前三个月通知承租人，承租人须在接到通知的三个月内作出是否购买承租房的意思表示。

正确处理本案,关键在于解决好三个问题。一是庆丰公司是否享有优先购买权;二是庆丰公司的优先购买权是否受到了侵害;三是庆丰公司优先购买权如何实现。

一、庆丰公司是否享有优先购买权。解决这个问题,应从以下两个方面考虑:

(一)庆丰公司与机电公司签订的房屋租赁合同及补充协议是否合法有效,即庆丰公司是否讼争房屋的合法承租人。诉讼中,机电公司、裕华公司提出机电公司作为国有企业,出租讼争房屋给非国有单位,未按有关规定评估,也未办理出租登记,其与庆丰公司签订的房屋租赁合同及补充协议不合法,应属无效,庆丰公司不是合法承租人,不享有优先购买权。主要依据是:《城市房地产管理法》第53条规定:"房屋租赁,出租人和承租人应当签订书面租赁合同,约定租赁期限、租赁用途、租赁价格、修缮责任等条款,以及双方的其他权利和义务,并向管理部门登记备案";国家国有资产管理局《国有资产评估管理办法施行细则》(以下简称《施行细则》)第8条规定:"《办法》第4条规定可以进行资产评估,是指发生该条款所说的情形时,根据实际情况可以对资产进行评估或不评估。但属于以下行为必须资产评估:(一)……;(二)国有资产租赁给外商或非国营单位;……";《施行细则》第10条规定:"对于应当评估的情形没有进行评估或者没有按照《办法》及本细则的规定立项确认,该经济行为无效"。本案中,机电公司作为国有企业出租房屋给非国有单位是否必须进行评估,必须办理出租登记,即评估与登记是否是机电公司与庆丰公司房屋租赁合同及补充协议生效的必要条件,关键在于如何理解和适用《施行细则》的上述规定。我们认为,首先,《施行细则》虽规定国有资产租赁给非国营单位必须资产评估，否则其经济行为无效，但以此否定机电公司与庆丰公司租赁合同的效力，法律依据不充分：1. 机电公司租赁讼争房屋属企业租赁，关于企业租赁，《国有资产评估管理办法》(以下简称《评估办法》)规定，只有在当事人认为有必要时才进行评估。这一规定是任意性规定，并非强行性规定，任意性规定为国家赋予法律关系主体在一定范围内的某种权利与自由，允许法律关系主体在这一范围内自行选择或协商为与不为以及怎么为，其为与不为以及怎么为，取决于法律关系主体的意思表示。在其按照自己的意思选择不为时，并不构成违法。机电公司租赁讼争房屋不属必须评估的范围，且机电公司在租房时也未提出对讼争房屋进行评估，依照我国《民法通则》第55条关于民事法律行为应当具备行为人具有相应的民事行为能力、意思表示真实、不违反法律或者社会公共利益的规定，机电公司的出租行为和庆丰公司的承租行为均应属合法行为；2. 庆丰公司经济性质为非国营单位的集体，《施行细则》规定国有资产租赁给非国营单位必须进行资产评估，否则该经济行为无效，是否可据此认定双方的租赁关系无效呢？回答是否定的。《施行细则》是对《评估办法》的细化或解释，属于行政解释。这种解释当然具有法律约束力，但不能与宪法和法律相抵触，不得同所解释的规范性文件的基本原则相抵触。本案所涉的评估问题《评估办法》的规定是任意性规定，但《施行细则》却作了强制性规定的解释，限制了当事人权利的行使，与所解释的规范性文件所规定的内容相悖。因此，不应适用该规定来认定租赁关系的效力。其次，《城市房地产管理法》虽规定房屋租赁应到房产部门登记备案，但这仅仅是一种行政管理手段，该法并未规定登记备案是房屋租赁合同的生效要件。综上所述，评估与登记并非机电公司与庆丰公司房屋租赁行为生效的必要条件。机电公司出租讼争房屋虽未进行资产评估，也未办理出租登记，但其与庆丰公司签订的房屋租赁合同及补充协议是双方当事人的真实意思表示，内容合法，且已全面实际履行，应认定为合法有效，庆丰公司是本案讼争房屋的合法承租人。

(二) 机电公司出卖讼争房屋的条件是什么，即庆丰公司与裕华公司购买房屋的同等条件是什么。承租人优先购买权的行使前提条件之一是承租人与其他购买人处于同等条件下。关于同等条件，有的认为应绝对同等，即承租人购买的条件应与其他购买人绝对相同和完全一致。有的认为只需相对同等，即承租人购买的条件与其他购买人条件大致相同。前者过于严格，承租人难于做到，如此执行，必将导致优先购买权制度形同虚设；后者伸缩性过大，不利于对出租人合法权益的保护。我们认为，对同等条件的掌握，应当以个案为准，不能一概而论。就本案而言，机电公司出卖房屋是为了获取金钱，因此，同等条件实际就是价格的同一。虽然机电公司提出其与裕华公司买卖承租房屋是有条件的，即中华中路 103 号和瑞金北路 12 号房及车库必须同时出卖，裕华公司另付 300 万元作为机电公司的物资损失补偿费用，裕华公司中海大厦工程的电梯由机电公司优先供应，但经法院审理查明的事实是，机电公司向裕华公司卖房时，并未约定两处房屋搭配出售，机电公司与裕华公司签订的《经营损失补偿协议书》及其他协议未按法定程序报批，很明显，机电公司提出其与裕华公司买卖庆丰公司承租房屋除 275 万元购房款外，还有其他附加条件的理由不能成立。因此，机电公司作为出卖人提出的出卖讼争房屋的条件是出售价格 275 万元。该条件应确认为是庆丰公司与其他购买人的同等条件。在此条件下，庆丰公司愿意购买，其优先购买权当然应予保护。庆丰公司承租的房屋系国有资产,《评估办法》明确规定,国有资产占有单位转让国有资产时必须进行评估,而该275万元的价格只是机电公司与裕华公司协商的出售价,未经评估机构评估,不应成为庆丰公司的购买价。一审法院委托有关部门对承租房屋的价值进行了评估,国有资产管理局发文对评估结果予以确认,庆丰公司同意以评估价购买承租房,一、二审法院最终判决庆丰公司以评估价购买承租房,符合有关法律、法规的规定,无疑是正确的。

根据以上分析,庆丰公司作为讼争房屋的合法承租人,在同等条件下,依法享有优先购买权。

二、庆丰公司的优先购买权是否受到了侵害。承租人行使优先购买权的条件之一是出租人出卖房屋,应提前三个月通知承租人。这三个月的时间是承租人行使优先购买权的时间,如果超过三个月承租人未提出购买,则其优先购买权丧失。如果出租人在出卖房屋三个月前未通知承租人,询问其是否购买承租房屋的意见,则构成对承租人优先购买权的侵害。本案中,机电公司出卖讼争房屋时未提前通知庆丰公司,很明显,侵害了庆丰公司的优先购买权。

三、庆丰公司优先购买权如何实现。承租人优先购买权的实现,其核心问题是法院可否以优先购买权判决承租人直接购买承租房屋。对此,司法实践中有两种意见:一种意见认为,最高人民法院《试行意见》第118条规定:“承租人在同等条件下享有优先购买权;出租人未按此规定出卖房屋的,承租人可以请求人民法院宣告该房屋买卖无效”。根据这一规定,出租人未按该条规定出卖房屋的,人民法院只能确认出租人与第三人房屋买卖关系无效,不宜同时判决出租人与享有优先购买权的承租人之间买卖关系成立,由承租人直接购买承租房屋。因为优先购买权是用益物权,承租人的优先购买权是基于债权产生的，该权利不能对抗物权(所有权)，同时，法院也不能强迫出租人作出出卖行为，确认无效后，如出租人仍愿出卖出租房屋，则由其重新提出条件，在同等条件下，由承租人优先购买；另一种意见认为，人民法院在确认出租人与第三人房屋买卖关系无效的同时，应直接判决出租人与享有优先购买权的承租人之间的买卖成立，由承租人直接购买承租房屋。我们同意第二种意见，理由是：如前所述，优先购买权属于形成权的物权取得权，而非用益物权。承租人优先购买权制度的设立不仅在于稳定承租关系，更重要的是在于保障承租人可以优先得到房屋的所有权，而不是承租权。法律保护承租人的优先购买权应该是绝对的、连贯的、彻底的。优先购买权是一种合法的具有实质内容的权利，而不应该是一种形式的、没有内容的权利。既然出租人已有出卖承租房屋的意思表示，并且实际实施了出卖房屋的行为，承租人在同等条件下要求购买，法院在确认出租人出卖房屋行为无效的同时，应支持承租人的请求，判决出租人与享有优先购买权的承租人之间的买卖关系成立，由承租人直接购买承租房屋，使承租人的优先购买权真正落到实处。一、二审判决在确认庆丰公司享有优先购买权，机电公司与裕华公司房屋买卖合同无效的同时，判决庆丰公司与机电公司买卖关系成立，由庆丰公司直接购买承租房，是正确的，这也是本案的最成功之处，即确立了优先购买权的“直接购买原则”。

作者单位：贵州省高级人民法院

中山东联燃料有限公司诉三水鸿盛燃料有限公司、三水市审计师事务所货款纠纷案

——兼论公司法人格否认与社会主体责任

刘子平　梁朔梅

[基本案情]

1997年11月,原告中山东联燃料有限公司(以下简称东联公司)与被告三水鸿盛燃料有限公司(以下简称鸿盛公司)通过传真《订货合同》,约定由东联公司向鸿盛公司接驳180#(号)燃油。此后,东联公司共向鸿盛公司供应燃料油5批,价值9,835,600.75元。鸿盛公司通过付款和还油方式支付货款1,746,682.99元。东联公司追讨余款未果,遂向佛山市中级法院提起诉讼,请求判令鸿盛公司支付货款8,088,917.76元及违约金1,561,161.13元。经查鸿盛公司是广东省三水市工商行政管理局合法登记的有限责任公司,该公司由原股东李志坚、陈惠萍合股成立私营企业鸿新公司变更而来,新股东为李志坚、梁学坚,注册资金为218万元。李、梁

两人没有实际出资，鸿盛公司实际没有注册资金和财产，实由李志坚个人控制经营。三水市审计师事务所(以下简称三水审计所)仅根据建设银行三水支行(以下简称三水建行)的两份虚假证明和鸿盛公司提交企业章程约定的出资比例作出验资证明，三水市工商行政管理局据此注册登记。原告请求对鸿盛公司的法律人格不予确认，要求追究有关主体的责任。一审法院依法追加了李志坚、梁学坚、三水审计所、三水建行为本案共同被告。

[裁判要旨]

佛山市中级法院经一审审理认为：东联公司与鸿盛公司之间购销燃料油的行为，符合法律规定，应受法律保护。鸿盛公司在收受东联公司的货物后未能付清货款，应承担违约责任。至于鸿盛公司提供办公楼金满楼房产抵押，双方均没有到有关部门办理抵押登记手续，抵押行为无效。鸿盛公司属于虚假出资成立的有限责任公司，两股东均没有按约定足额出资，故应对其各自应出资部分承担赔偿责任。李志坚出具《转让协议》给梁学坚，载明梁学坚将所持鸿盛公司10%的股份全部转让给李志坚，这应视为李志坚自愿承受公司全部债权债务，故李志坚对鸿盛公司全部债务承担连带清偿责任，不再追究其出资不足的责任。而《转让协议》没有办理变更登记，公司股东、公司性质、债权债务没有合法变更，不能免除梁学坚出资不足的责任。三水审计所对鸿盛公司验资审查不实，作出虚假验资报告，对出资没有到位的鸿盛公司能合法成立负有不可推卸的责任，应在鸿盛公司资不抵债时承担有关赔偿责任。三水建行的虚假证明与鸿盛公司能否成立不具有法律上的因果关系，不必承担责任。一审法院于1998年12月3日作出(1998)佛中法经初字409号《民事判决书》,判决如下:鸿盛公司应支付东联公司尚欠货款8,088,917.76元及违约金;李志坚对上述债务承担连带清偿责任;梁学坚在其出资范围21.8万元内对鸿盛公司债务承担赔偿责任;三水审计所在验资218万元范围内承担赔偿责任;诉讼费用由鸿盛公司、李志坚承担。

一审判决后,三水审计所不服上诉于广东省高级人民法院。

广东省高级人民法院审理认为:三水审计所违反法规,没有对鸿盛公司实收资本、股东投资金额和比例等审验核实,仅凭李志坚、鸿新公司开户行三水建设银行出具证明作出虚假验资报告,致使没有任何资金和财产投入的鸿盛公司登记成立。三水建行出具虚假证明并非鸿盛公司的股东李志坚、梁学坚实际缴纳注册资金的证明或鸿盛公司所开立银行账户的入资证明,不能作鸿盛公司注册资金验资的依据,该两份证明与三水审计所的验资和鸿盛公司的成立并无必然的因果关系。所以三水审计所对鸿盛公司财产不足清偿的债务,应在其审验218万资金范围内承担赔偿责任,其上诉请求缺乏事实和法律依据。依法于1999年9月9日作出(1999)粤法经终字第250号《民事判决书》,判决:驳回上诉,维持原判。

[法理评析]

本案中拖欠货款纠纷应说事实较清楚,不难处理,关键是对鸿盛公司的公司法人格的认定与责任的承担,判词中虽没有明写,但已涉及最为复杂的公司法人格否认法理与社会责任问题,一审法院揭开鸿盛公司的面纱，一一追加了公司背后的滥用公司法人格的股东、验资单位和出具资金证明的银行为被告，二审法院进一步肯定、维持一审判决的正确性，实现了法律的公平与正义，在中国司法实践中具有典型意义。

一、鸿盛公司法人格否认的理论与事实依据

公司法人格否认法理，是指在特定的民、商事法律关系中，公司股东滥用公司独立人格和股东有限责任进行不法行为时，将否认公司与股东各自独立的法律人格，而由它们一体对外承担连带责任的法律制度。在我们目睹公司法人制度带来现代社会经济繁荣的同时，也应看到不乏利用公司独立人格和有限责任从事不法行为，严重地危害了与该公司进行交易的私人利益以及社会公共利益，侵害着我们整个社会经济制度。在这种情况下，引入公司法人格否认法理作为公司法人制度一般原则的例外，殊为必要。从法人的本质上说，法人是国家基于某一社会价值而赋予有适合成为权利义务主体条件的组织体法律人格。既然公司法人是出于社会价值而赋予组织的法律人格，那么当它已大大危害了私人利益和公共利益，不具权利义务主体条件时，基于相同的社会价值也可以并应该否认这种人格。我国《民法通则》第 4 条规定："民事活动应当遵循自愿、公平、等价有偿、诚实信用的原则"。第 7 条规定："民事活动应尊重社会公德，不得损害社会公共利益，破坏国家经济计划，扰乱社会经济秩序"。我国民法确立了公平、诚实信用、公序良俗、禁止权利滥用等原则，而滥用公司法人格则是对这些基本原则的违背。所以对滥用公司法人格进行不法行为予以否认于法有据。

本案中被告鸿盛公司是在广东省三水市工商行政管理局注册登记的有限责任公司，它由最初成立于1995年6月6日的“三水鸿新燃料贸易有限公司”变更而来，注册资金为218万元。根据有关工商登记材料，公司股东为李志坚、梁学坚两人，其中李出资90%，即196.2万元，梁出资10%即21.8万元。经查实鸿盛公司的注册资金根本没有实际到位，公司股东李、梁两人的出资是虚假的。公司经工商变更后，李志坚与梁学坚达成公司股份转让协议，载明鸿盛公司股份10%持有人梁学坚将其股份全部转让给公司负责人李志坚所有。

现在我们进一步从鸿盛公司注册资金、公司股东、公司组织机构、从业人员以及工商登记等实际情况分析。首先，鸿盛公司没有任何注册资金实际到位，所谓218万元注册资金纯属子虚乌有，也就是说鸿盛公司根本不存在自己用于承担民事责任的独立的财产。公司具有独立人格是以其有独立的财产和能够独立承担民事责任为基础的，没有注册资金、没有独立财产即失去了能够独立承担民事责任的基础，公司纯为一个外在空壳。第二，鸿盛公司在取得公司工商登记后，公司股东李志坚、梁学坚之间达成由梁向李转让其持有的全部公司股份的协议，梁学坚已退出公司股东之列。公司由李志坚控制经营，此时鸿盛公司已成为“一人公司”，李志坚是公司的唯一股东，已失去我国《公司法》法定的有限责任公司条件。第三，鸿盛公司根本不存在公司应有的组织机构和经营条件。如上所述李志坚为公司仅有的股东，也就不可能存在公司的股东会，即使称之为公司的股东大会实际也为李志坚的“一言堂”，公司没有了运行应有的权力机构基础。鸿盛公司股东外的从业人员均为李志坚的父母、妻嫂等亲属。再次，鸿盛公司也没有健全的财务制度,公司财产由李志坚及其家庭成员控制支配,公司财产与李志坚财产实际混同。综上所述,虽然从工商登记上,鸿盛公司已通过不正当手段取得了合法成立,领取了企业法人营业执照,但它不具备公司的基本条件。可见鸿盛公司实为公司法人格形骸化,成为李志坚个人的工具,公司与股东完全混同,公司成为股东的另一个隐藏的自我,股东即公司、公司即股东。鸿盛公司无论从法律上或在现实中都失去其独立存在的基础,法院根据查明事实,否认鸿盛公司法人格已有充分的理论与事实依据。

仍要说明的是,笔者认为审理法院在法律人格认定上存在不足,判词中没有明白地对鸿盛公司法人资格不予认定,而是通过对李志坚与梁学坚达成股份转让协议认定李自愿承担公司责任,判决由李对鸿盛公司债务承担连带责任。判决结果是正确的,但法理及法律之适用上却不免让人认为有规避公司法人否认法理之嫌,中国司法实践在此方面仍需加强。

二、滥用公司人格的股东的法律责任

公司法人被滥用,必然有滥用公司法人的滥用主体;同时在公司法人格被否认后,由之而来是如何确定滥用公司法人格主体的社会责任问题。公司是由股东设立的,滥用公司法人格的当然最大可能是公司的股东,要确定滥用公司法人格的股东责任,第一要旨要对公司的控制股东与非控制股东加以区分。本案中鸿盛公司名义上是股东李志坚、梁学坚两人设立,李志坚所持公司股份占90%,为公司的控制股东。李志坚、梁学坚都没有实际出资,通过三水审计所的虚假验资而使鸿盛公司得以合法注册成立。在公司成立后,李通过利用公司对外与原告等公司进行广泛交易,而鸿盛公司至法院依法采取财产保全措施时，该公司根本没有多少实际财产，交易得来的财产已被转移或去向不明，滥用公司法人格的作俑者和所有过程的操作者，均为李自坚本人，李为实质控制公司的人，滥用公司名义对外经营，所得财产利益全由他本人支配。李志坚支配公司的具体经营活动，公司没有经营自主性，公司行为与股东行为混同；李志坚随意将公司财产私人支配，公司没有独立的运作机制，公司财产与股东财产混同；李志坚滥用股东有限责任，在公司面纱下将经营风险转移给公司债权人，使公司债权人合法利益失去保障。显然这时应由李志坚承担清偿鸿盛公司债务的责任，鸿盛公司承担连带责任，即公司法人格滥用者与被滥用者承担连带责任。

在鸿盛公司成立时的另一股东为梁学坚，他名义上占有公司10%的股份，也没有实际出资。梁实际是鸿盛公司的一般人员，被李志坚利用作为虚假登记的跳板。在公司成立后，由控制股东李志坚收回了鸿盛公司的全部股份，至此梁学坚实际成为公司的挂名股东，有名而无实，对公司的经营活动不知情，也无法干预控制，公司至此完全归于李志坚一人支配控制。但由于梁学坚提供身份证和户口簿，在公司登记的投资责任协议书中签名，成为公司的股东，根据工商登记，梁学坚应出资注册资金的10%即21.8万元。而鸿盛公司的全部注册资金根本没有到位，虽然梁学坚不是也不可能是滥用公司法人格者，但作为登记股东，梁学坚负有补足其应出资额的责任，对鸿盛公司债务在其应出资额范围内承担赔偿责任。也就是说没滥用公司法人格的非控制股东主体责任仍是公司法上严格有限出资责任，此为不能逾越的原则。

值得注意的是，在现实中滥用公司法人格进行不法行为的主体不一定是公司的股东。公司的董事、经理或其他公司高级职员也有可能滥用公司法人格，以谋取某个人或利益集团的私利。

三、虚假验资者的法律责任

如果审理法院仅是对公司背后的控制股东追究责任，而对与公司能够得以虚假成立的有关部门的虚假证明行为放弃追究的话，则必使本案判决的良好的社会效果大打折扣。一审法院最可贵之处是对公司股东的虚假出资行为、审计所虚假验资行为、银行机构的虚假证明行为本着对公司债权人、供应商、消费者以及社会公共利益负责的精神实事求是地追究到底，矫正、清除公司法人格被滥用的影响，以实现法律的正义与公平。

根据鸿盛公司的实质条件，它只能作为以李志坚家庭成员经营的个体户或私营企业存在，但它事实上却取得了合法的公司法人资格登记，这当然是李志坚蓄意滥用公司法人格的结果，但同时也与法定的验资机构的虚假审验分不开。三水市工商局是根据法定验资机构即三水审计所出具的验资证明等文件，核准鸿盛公司注册登记的，也就是说三水审计所对验资审查不实，作出虚假验资证明，使没有资金到位的空壳公司能合法成立负有不可推卸的责任。而三水审计所辩称其“证实投资者有出资能力”根本不符合公司法的“资本确定原则”，如果证实投资者有出资能力为完成验资的说法成立的话，则笔者认为这是公然造假。依照法律的规定，有限公司的股东以货币资金出资的，应将货币资金足额存入准备设立的公司在银行开设的临时账户或专用账户，法定验资机构的验资，应在被审验单位开户银行出具的收款凭证及银行对账单等基础上，对投入资本金额、投资主体、投资比例等进行审验，确保验资的真实性、合法性。但是三水审计所没有对公司的实收资本、股东的投资金额与比例等依法进行审验核实，仅凭李志坚、鸿新公司开户行出具的存款虚假证明，作出股东已足额投资的虚假验资证明，致使没有任何资金和财产投入的鸿盛公司登记成立。三水审计所在其作出的《企业法人验资证明书》载明已对“办理登记注册的注册资本的真实性进行验证”，“上述验资证明如有虚假，由本所承担法律责任”，在鸿盛公司被证实虚假出资的事实面前，三水审计所的法律责任岂能免责？三水审计所依法应对鸿盛公司财产不足清偿的债务，应在其验证的218万元范围内承担赔偿责任。

至于三水建行出具存款证明，并非鸿盛公司股东李志坚、梁学坚实际缴纳注册资金证明或鸿盛公司所开立银行账户的入资证明，根本不能作为审计所验资的依据，该两份虚假证明与审计所的验资和鸿盛公司的成立并无必然因果关系，所以在本案中认定不承担民事责任。

四、公司法人格否认适用基本要件

公司法人格否认法理是一个极为复杂的法律问题，目前仅有德国有限责任公司法和英国公司法对适用要件作了一些简单规定，司法实践面临最大之困扰是对适用要件的把握。笔者认为公司法人格否认适用，应从法的正义、公平的理念以结合现行社会经济法律制度考虑，应包含如下的基本要件：

1. 主体要件，即存在侵害社会正当利益的滥用主体。主体要件包含存在已经合法登记注册成立的公司法人和公司法人格的滥用者。一方面，公司法人经工商登记注册，是其合法存在的依据，同时确立公司独立人格和投资股东有限责任，股东责任与公司债务相分离。另一方面该公司设立后被人规避法律用于不正当目的，控制股东不再保持公司法人的独立人格和维持法定的具备条件，使公司法人失去独立性。控制股东借助公司骗取其他利益主体的信任，对外开展经营活动，而暗地剥夺公司的权利，用隐蔽手段混同了公司与自己的法律人格，使公司法人成为另一个自我，失去了原有法律控制。一旦认定股东是滥用公司法人格者，才能落实滥用公司法人格的责任，否则没有主体可适用。

2. 结果行为要件，滥用公司法人格的行为损害了公司以外利益主体的正当利益。在此强调公司控制股东有具体利用公司进行欺诈性经营行为，如通过公司与滥用者的财产、业务、组织机构的混同，使公司法人格形骸化；利用公司法人格逃避法定或合同义务等等。另外滥用公司法人格行为必须达到严重程度，必须造成社会正当利益损害，以致失去平衡，社会公共利益或其他利益主体的私人利益非通过否认此公司人格来救济不可，否则难以否认也不必要否认被滥用的公司法人的法律人格。

3. 社会正当利益失衡存在可归责原因，即正当利益被损害与滥用公司法人格行为有因果关系。一利益主体的利益受损害的原因是多方面的，可以是自然事件、人们的行为。只有当滥用法人格行为与该公司以外的利益主体的正当利益被损害存在必然的直接联系是唯一的决定因素时，才能进而否认公司法人的法律人格。

4. 告诉要件，即正当利益主体提出否认公司法人格之充分请求。公司法人格否认是在出现股东滥用公司法人格和股东有限责任行为导致不公平事实的事后规制，由法院剥夺原已赋予公司的独立法律人格。这显然不同于当事人依一般实体法所作的自行解决与救济，法院也不应依职权随意否认公司法人格，必须由公司的债权人或其他利益主体向法院提出对公司的法人资格不予以认定的情况才能实现，此为告诉要件。同时公司法人格否认法理作为公司法人制度原则的例外，这也是审慎和限制适用的需要，告诉者应初步举证证明控制股东滥用公司法人格之事实。当然由于滥用法人格本质决定这一行为具有极强的隐蔽性，法院更应异于一般案件而依职权积极调查取证，以合理均衡举证责任，这在以后的公司法人格否认的立法中应予以考虑。

作者单位：广东省佛山市中级人民法院

江中制药厂诉青岛双龙制药有限公司不正当竞争案

沈庆中　邓扬茂

[基本案情]

江西江中制药厂(下称江中制药厂)于1987年与中国科学院生物物理研究所(下称生物所)签订有偿技术转让合同,约定生物所向江中制药厂转让"从蚯蚓中分离纯化纤蛋白溶酶原激活因子"(又名蚓激酶)成果,以及利用该项成果生产治疗心血管栓塞病和由纤维蛋白沉着引起的疾病的有效药物制剂，该药品的处方和质量符合国家药典的有关要求,并具备申报临床研究的全部资料。江中制药厂支付合同约定的转让费后取得使用权,但没有所有权。江中制药厂利用该成果的有关技术并根据生物所提出的技术要求和工艺规范生产出上述新产品。生物所拥有该药的卫生部批准证书,经卫生部批准后有蚓激酶技术的转让权。江中制药厂拥有使用权、生产权,向生物所支付35万元的转让费及申报临床研究所需要的全部费用。

合同如约履行。江中制药厂生产出用于一、二期临床用的蚓激酶胶囊，并完成了临床对照。1992年4月7日，生物所获得卫生部颁发的蚓激酶胶囊的新药证书正本。同年8月3日，卫生部批准同意江中制药厂增加蚓激酶的商品名为“博洛克”。同年11月至1993年12月，受托医院完成了蚓激酶的第三期临床试验。1995年1月25日，卫生部批准蚓激酶胶囊的新药正式生产。

参加蚓激酶胶囊试验的丁铭臣等8名医生根据临床观察和经验写出了《抗击血栓新药博洛克治疗缺血性脑血管病的临床观察》等论文在有关医学杂志上发表。

1994年1月6日，生物所又将蚓激酶和蚓激酶胶囊的生产技术转让给建青房地产实业有限公司(下称建青公司)，转让费为1,500万元，所有权仍为生物所。同年3月7日，双方签订了一份联营合同，约定建青公司以受让的蚓激酶生产技术作为无形资产投资，与生物所联营成立青岛双龙制药有限公司(下称双龙公司)，并经工商部门注册成立。1995年1月26日，双龙公司获得山东省卫生厅颁发的药品生产企业许可证。同年2月17日获得卫生部新药证副本。同年5月5日，山东省卫生厅下达蚓激酶胶囊为药品的批准文件。6月2日，卫生部同意双龙公司生产的蚓激酶胶囊商品名为“普恩复”。

1994年10月1日，双龙公司的公司报《双龙制药》刊登了《1500万买个处方》一文，称中科院一项具有国际领先水平的生物制药成果——蚓激酶生产专利被建青公司买断。1995年，脑血管专家丁铭臣在接受双龙公司有关人员采访时，称赞口服蚓激酶比其它针剂效果还好，是一种有前途的新药，并没有对“普恩复”进行特别的称赞。但《双龙制药》却称丁铭臣对“普恩复”药品“情有独钟”，“普恩复是一种有前途的、安全的纤溶药”。

另外,蚓激酶胶囊的处方资料表明该药"适用于缺血性脑血管病的预防和治疗以及纤维蛋白原增高和血小板凝集率增高的患者",而双龙公司却在有关宣传资料上称其为治疗心血管病的特效药。甚至在新药尚未问世的1990年至1991年,假造4名患者的个人资料及服"普恩复"之前后的所患心血管病病理对比。

双龙公司在宣传资料中还将丁铭臣等8名医生所著论文《抗血栓新药"博洛克"治疗缺血性脑血管病的临床观察》一文的主要段落改为"普恩复"的二期临床试验总结报告。

另查明,双龙公司销售"普恩复"药品使用了"梅鹿"和"双龙"商标。其中前者由哈尔滨生物化学制药二厂申请注册,1995年6月9日许可双龙公司使用。后一个商标由哈尔滨市慢性气管炎防治研究所申请注册,至一审法院调查时止,商标局正在审查中。

1995年11月,江中制药厂和丁铭臣等8名医生作为共同原告以双龙公司在宣传其新产品时,将"博洛克"商品的一、二、三期的临床试验报告改写成"普恩复"药效的论证资料,广泛宣传散发,构成不正当竞争,同时侵犯了丁铭臣等8人的著作权和名誉权为由诉至江西省高级人民法院。

[裁判要旨]

江西省高级人民法院依法受理了江中制药厂诉双龙公司不正当竞争案,将丁铭臣等8名医生诉双龙公司侵犯著作权、名誉权部分,移送南昌市青云谱区人民法院审理。

江西省高级人民法院审理认为:江中制药厂与生物所签订的技术转让合同是合法有效的。但生物所在蚓激酶试生产期间又将该项成熟技术转让给建青公司,违反了卫生部《关于新药保护与技术转让的规定》:新药在试产期限内不得进行技术转让及接受技术转让的单位必须持有药品生产企业许可证。因此,他们之间的技术转让合同应当确认为无效。建青公司依据无效的转让合同所获得的技术进行投资,与生物所成立双龙公司,并进而使用该项技术进行生产、销售,是建立在无效行为基础上的又一无效民事行为,亦应确认为无效。

双龙公司将丁铭臣等 8 名医生公开发表的论文改写成"普恩复"的第二期临床总结报告,将江中制药厂生产的蚓激酶胶囊第一、三期临床试验报告改名为"普恩复"后作为"普恩复"的临床试验报告,在《双龙制药》报上虚构丁铭臣对普恩复的赞誉,在给患者的反馈表上载有双龙公司用 1,500 万元买断"普恩复"处方专利权的不实之词,是一种虚假的宣传。双龙公司无权将第三期试验总结报告特定为其生产的"普恩复"的疗效的论证,双龙公司无合法根据受让蚓激酶生产技术,也无权使用受让的临床试验总结报告进行宣传。上述行为构成了不正当竞争,侵犯了原告的合法权益。江西省高级法院还认为双龙公司生产、销售未经注册商标的药品,在取得生产批号之前生产销售"普恩复",却冒充已经注册的"梅鹿"和他人正在申请中的"双龙"商标,造成消费者对药品的质量、信誉等级的误解,是不正当竞争行为。据此作出(1996)赣高法经初字第 1 号民事判决:双龙公司停发载有《著名脑血管专家丁铭臣访谈录》的宣传资料,更改不实的宣传内容;双龙公司停止侵害,消除影响,赔礼道歉;双龙公司赔偿江中制药厂经济损失 100 万元人民币。

宣判后,双龙公司不服提起上诉。

最高人民法院二审审理认为:(1)本案涉及的生物所的蚓激酶药品和生产技术均非专利技术，生物所与双龙公司的技术转让合同也不是独占实施许可合同,因此双龙公司在《双龙制药》报上关于1,500万元买断蚓激酶生产技术及将该技术当成是“生产专利”的宣传,不符合实际情况。(2)《双龙制药》报假借丁铭臣医生对蚓激酶的赞誉为对“普恩复”的赞誉进行虚假宣传,同时还虚构患者服用“普恩复”的病例宣传产品疗效,并将“普恩复”治疗缺血性脑血管疾病的药效称为治疗心脑血管疾病的特效药，夸大了蚓激酶的适用范围和作用。双龙公司的上述宣传行为损害了在同一市场上江中制药厂公平竞争的合法权益,违反了诚实信用原则。鉴于双龙公司在1995年12月2日的《健康报》上发表声明更改了不实宣传,在一定程度上消除了对江中制药厂的不利影响,减少了损害,故应该减轻双龙公司承担的民事责任。原判认定事实基本清楚,适用法律正确,但赔偿数额过高,与江中制药厂实际损失不相符合。(3)对于建青公司从生物所受让的该案所指技术,两家共同成立双龙公司,以及生产“普恩复”等合法性问题和对双龙公司使用注册商标是否符合《商标法》问题,由于生物所不是本案的当事人且上述事实不属于本案不正当竞争的审理范围，故原审判决对此不应予以认定。(4)上诉人双龙公司提出的原审判决扩大审理范围的上诉理由虽然成立，但这一上诉理由不能否定其不正当竞争行为的成立,其不构成不正当竞争的上诉请求不予支持。江中制药厂关于双龙公司以假药强占市场的答辩属不实之辞,不予采纳,对其答辩请求亦不予支持。

最高法院根据《中华人民共和国民法通则》第134条第1款(1)、(7)、(9)项,《中华人民共和国反不正当竞争法》第2条、第9

条第1款,《中华人民共和国民事诉讼法》第153条第1款(3)项之规定,作出(1997)知终字第4号《民事判决书》,判决变更一审判决为:青岛双龙公司停止在《双龙制药》和其他产品宣传资料刊载虚假宣传,更改不符合实际的宣传内容;双龙公司向江中制药厂赔礼道歉;双龙公司赔偿江中制药厂经济损失40万元人民币。

[法理评析]

本案一、二审法院都认定双龙公司在生产、销售其产品普恩复的过程中,进行虚假宣传,构成不正当竞争,损害了江中制药厂的合法权益,这点我们表示认同。但如从法理上分析,我们发现一、二审法院的审理,有些法律事实和问题认定是模糊的,因此,判决结果也难以让人完全信服。笔者拟就以下几方面谈点粗浅的看法。

一、建青公司与生物所技术转让合同的效力。

(一)技术成果试产期间转让行为对转让合同效力的影响

合同的效力是指合同对合同主体各方的法律约束力。依据合同法的一般原理,导致合同无效的主要原因有合同主体资格不合法、合同内容违反国家法律、行政法规等。除此而外,《技术合同法》还特别规定非法垄断技术,妨碍技术进步的技术合同无效。一审法院认定建青公司与生物所之间的技术转让合同无效的一个原因是该合同内容违反了1987年卫生部制定的《关于新药保护及技术转让的规定》中"新药试产期间不得进行技术转让"这一内部行政规定。对这一认定我们认为值得商榷。

1. 该规定是1987年卫生部针对本系统内部制定的强制规

定，对外并不具备法律约束力。原因有两点：(1)该规定非国务院也非全国人大及其常委会授权制定的，只是针对本系统内部的部门规章，不具备行政法规的普遍强制力，不是合同法所言的“违反法律、行政法规的合同无效”这一条款中的行政法规范畴。(2)该规定同国家鼓励研制、开发新技术的立法精神不符。不论是《技术合同法》还是新的《合同法》，以及 1985 年实施的《中华人民共和国药品管理法》及其《实施办法》都明文规定鼓励科技创新，且均未规定新药在试产期间不得转让，而只规定了生产新药必须经国务院卫生行政部门批准。卫生部的上述规定既与国家法律不符，又非正式的法律文件，当然不能作为定案依据。(3)即便合同内容违反了卫生部的规定，也只能对转让药品技术的主体进行行政制裁，而不能认定合同无效，损害善意的第三人的合法权益。

2. 生物所所转让的并非江中制药厂试产期间的“博洛克”这一新药的权利，而是成熟的蚓激酶技术成果，确切地讲，是“从蚯蚓中分离纯化纤维蛋白原激活因子”技术成果以及利用该成果生产蚓激酶胶囊的技术，因此，从严格意义上讲，这一技术并非已经过临床试验的新药。正如一审法院所认定的，江中制药厂与生物所签订的是一项包括原技术转让和委托开发等多项内容的技术合同，其转让的成果尚未达到“新药”的阶段。江中制药厂也是经过多次的临床试验后才生产出符合医用要求的药品，所以转让“新药”的事实不存在。而生物所在将自己的技术转让给江中制药厂时并没有转让所有权，而只是一种普通许可。因此，生物所有权依法再转让该技术。相反，如果江中制药厂在试产期间将“博洛克”技术转让才是违反了卫生系统内部“新药在试产期间不得进行技术转让的规定”。

因此，我们认为本案中生物所的转让行为虽然发生在江中制药厂试产“博洛克”期间，但并不影响它与建青公司之间的合同效力。

(二)受让主体对合同效力的影响

一审法院认定生物所与建青公司之间技术转让合同无效的另一原因是建青公司为房地产开发公司而非从事药品生产的企业法人，不具有药品生产企业许可证，违背《关于新药保护及技术转让的规定》关于“接受药品生产技术的企业必须具有药品生产许可证”的规定。亦即，主体不合法导致合同无效。那么，在这一合同中，建青公司是否真的不具备签订合同的主体资格呢？笔者认为建青公司完全具备合同主体资格。

1. 前面已分析，建青公司受让的并非新药生产技术，因此不受卫生部接受新药技术转让的企业必须具备生产药品许可证规定的限制。

2. 法院应严格适用“主体不合法导致合同无效”这个法律原则，也就是说不能轻易以合同主体资格不合法认定合同无效，否则有悖契约自由原则和诚实信用原则。在审理本案时，1987年的《中华人民共和国技术合同法》和《最高人民法院关于审理科技案件若干问题的规定》都是有效法律文件，而其均未对订立技术合同的主体作特别规定。相反，《最高人民法院关于审理科技案件若干问题的规定》第2条规定“公民法人或其他组织具备履约能力的都可以签订技术转让合同，成为合同主体”。其立法宗旨有两点，一是鼓励发明创造和技术的推广运用，二是防止简单地以合同主体不适格认定合同无效。可见，当时建青公司的转让行为是有效的。而新《合同法》进一步强化了契约自由原则，更是找不到建青公司受让行为无效的法律依据。

(三)转让行为和投资、生产行为应予区分

技术转让、利用所转让的技术进行投资以及利用所转让的技术进行生产是三个不同的概念。从本案认定的事实来看,建青公司作为房地产公司通过签订合同,依法受让了蚓激酶的生产技术后,在没有取得有关行政审核批准的情况下并没有以自己的名义进行“普恩复”药品的生产,因而并不存在非法生产药品的行为。那么建青公司以受让的技术作为对双龙公司的投资是否违法呢? 既然前一受让行为是合法的,建青公司就有对该技术的合法使用权(包括使用权的处分权)。而建青公司的投资行为正是基于前一行为所作出的合法处分行为。将依法取得的蚓激酶技术使用权进行投资,只要是经过有关行政部门的批准便不违法。投资与直接生产是不同的概念,不可混淆。

建青公司与生物所共同创办的另一个具有独立法人资格的公司——双龙公司是依法成立的,而双龙公司在依法取得了有关行政部门的许可和药品生产批文后,便有了药品的生产资格并在其经营范围内生产“普恩复”药品,当然是合法的。

卫生部内部规定的接受技术转让的企业必须要有药品生产许可证,应理解为受让技术企业利用转让技术进行生产才需要此证,建青公司不进行生产又何须此证? 因此,机械地适用法律、法规或行政规章条款,不利于经济秩序的稳定,也不符合民法契约自由原则。

(四)行政许可对合同效力的影响

行政许可是行政部门对其管理的行政事务,依照职权进行审查批准的行为。《合同法》第 44 条规定“依法成立的合同,自成立时生效”“法律、行政法规规定应当办理批准、登记手续的，依照其规定”。也就是说有的合同需要经过行政部门批准或登记，应当而没有经过行政部门批准的合同就未生效。但是不是这一合同就无效？我们认为不当然是。合同无效是合同自始就没有法律效力，并不因某些形式要件的变化而发生法律效力。而未生效的合同已成立，只是欠缺某些法定的或约定的条件而暂时不能生效，待条件成立时合同即生效，对未生效的合同不能适用合同无效条款进行处理。最近发布的《最高人民法院关于适用〈中华人民共和国合同法〉若干问题的解释(一)》就对无效和未生效的合同进行了明确的界定。法律界普遍认为，这些法定形式上的必要要件，如有的合同要经过行政机关审批等，只能是针对合同生效所作的条件限制，仅涉及该行为的效力和应当承担的行政责任，不能延及整个合同的效力。

药品生产虽然是一个特殊行业，但法律并没有规定药品技术转让合同要经过有关部门批准，仅对药品生产企业和药品的生产有严格的条件限制。如除了有工商营业执照外，还应当取得药品生产主管和卫生行政部门的许可。因此，建青公司有依法转让合同的自由。双龙公司从成立，到生产“普恩复”药品都是依法进行的。不论工商还是药政部门可以说都给予了认可：(1)山东省卫生厅并没有认定建青公司是非法持有蚓激酶生产技术而以此为由不颁发双龙公司生产蚓激酶的许可证；(2)双龙公司的成立取得了卫生和工商行政部门的许可，所生产的蚓激酶药品还取得了卫生部的批文。因此，一审法院认定建青公司非法持有该技术，转让行为无效，生产该技术项下的药品则是在此无效行为上的另一无效行为，从而构成不正当竞争是错误的。

二、建青公司和生物所不是本案诉讼主体，不具有承担义务的主体资格。

诉讼主体是指诉讼当事人，即原、被告和第三人。他们与法院的裁判具有直接或间接的利害关系，因此在诉讼中享有相应的权利和承担相应的义务，如抗辩权，举证权等。本案诉讼当事人仅为双龙公司和江中制药厂，而建青公司和生物所并非本案的当事人，法院和诉讼双方都没有追加和申请追加建青公司和生物所为本案当事人或诉讼第三人。既然不是本案的诉讼主体，法院的裁判对其权利与义务关系作出认定则属于越权。

建青公司与双龙公司是两个具有独立法人资格的公司，各自对自己的行为负责。双龙公司是建青公司与生物所共同投资设立的一独立法人，因此具有独立的民事权利能力和民事行为能力，以自身的财产对外承担责任。本案的被告是双龙公司而非建青公司，建青公司对双龙公司的行为不应负责任。

退一步讲，即便建青公司技术转让行为无效，导致双龙公司生产药品的行为非法，其责任也不在于建青公司而在于生物所。江中制药厂若要追究责任，应起诉生物所而不是无过错责任的建青公司。江中制药厂对生物所是否追究，是其行使诉权的自由。

三、诉讼请求与审理范围。

（一）根据诉讼法的规定，诉是当事人各方权利和义务关系共同指向的内容

诉之消灭，案件也就失去存在的意义。诉的要素包括诉讼当事人和诉讼请求，二者缺一不可。法院的审理就是围绕诉来进行，也

就是依照程序法在诉的范围内保证双方权利的实现和义务的承担。很明显,本案一审之诉为请求之诉,即江中制药厂请求法院判令双龙公司停止不正当竞争行为并赔偿损失，并没有请求确认建青公司的转让行为无效。即使双龙公司的不正当竞争行为与此有关,但生物所和建青公司都没有被列为本案的当事人,不具备承担义务的前提条件。

(二)审判权与行政权

所谓关联行政行为是指行政机关依照职权在诉讼发生前作出的,且与案件诉讼主体有利害关系的具体行政行为。我们认为,在诉讼中为充分保护行政相对人的诉权，不论行政行为是合法还是非法，法院都无权在民事程序中直接明确或间接作出行政行为违法的判定。这对于行政相对人来说是不公平的。因为这样等于剥夺了相对人行政诉讼的诉权，而程序上的不公就可能导致实体上的不公，使相对人合法权益受到损害。一审法院认定双龙公司生产“普恩复”药品是一种违法行为，而双龙公司从成立到生产“普恩复”药品都经过包括药政部门在内的有关行政部门的批准。法院认定双龙公司生产“普恩复”违法,是间接对行政行为的否定。法院未经行政诉讼程序而否定行政机关之行政行为对行政相对人来说显失公平。尤其是对建青公司来讲,并非本案的当事人,其依照行政和民事程序进行申辩的权利更是被剥夺殆尽。

依照法律规定,由相对人提起行政诉讼,法院才能按行政诉讼程序对具体行政行为合法与否作出判定。这一规定是对在民事审判中对行政行为作出裁决的否定。而本案当事人并没有提起行政诉讼,法院也没有中止民事诉讼,建议当事人提起行政诉讼,在对山东省有关药政部门的行政行为作出认定后再恢复民事诉讼。因而一审法院认定双龙公司违法生产药品，将责任归于双龙公司不符合法理。

由此，我们认为，人民法院在行使审判权时，不得肆意扩大审查对象，未经正当程序不能干涉行政权或随意否定行政行为的效力。

作者单位：江西省高级人民法院

钱庆祺、薄贵珍诉钱庆佳相邻权纠纷案
——判决能否预断未来的纠纷

陈灵海　刘娟娟

[基本案情]

原告钱庆祺、薄贵珍与被告钱庆佳系邻居,原告家居住于被告家西南,原告家北墙西首与被告家南墙西首原有短墙相连。1973年,因供电部门埋设电线杆而拆除了该围墙。1989年,被告经申请批准后又按批文要求重新建造了该围墙,南至原告北墙西首,北至被告南墙西首,长度为9.80米。1976年,被告在其房前种植杉树(至起诉前为17株,高度均在8米以上),其中离原告后墙最远为4米左右,最近仅1.2米。每年秋冬季节,西北风刮起时,该树落叶被吹至原告家房屋顶,因未能及时清扫,长期积压于瓦楞间而逐渐腐烂,造成原告房顶排水不畅,雨水渗至室内。同时,还造成原告家后墙积水。原告遂向上海市嘉定区人民法院提起诉讼。原告认为,由于被告的杉树树叶落在原告屋顶,造成原告家檐沟堵塞、屋顶渗水及房屋质量受损,故要求法院判令被告:1. 砍掉杉树;2. 赔偿原告房屋经济损失13,000元;3. 拆除与原告相连的围墙1.5—2

米；4. 由被告解决原告后墙出水问题；5. 由被告承担本案诉讼费用。被告辩称，杉树树叶落于原告家房顶是事实，但不愿砍掉杉树，也不同意被告的其他诉讼请求。

[裁判要旨]

审理中，原告考虑到与被告系邻居，为以后能和睦相处，表示愿意撤回前述诉讼请求中的第2、3、4项，并变更第1项诉讼请求为：要求被告分别于每年5月底及11月为原告清扫屋顶的落叶。但被告不同意由其负责清扫，只愿意每年出资20元由原告自行清扫，双方未能达成一致意见。上海市嘉定区人民法院审理认为：原、被告间应按实事求是、方便生活和团结互助的精神正确处理邻居间的矛盾。现被告所种杉树的落叶积于原告屋顶，造成原告损害，故原告要求被告清扫落叶的诉讼请求应予以支持。被告只愿每年出资20元作为清扫费而不同意为被告清扫落叶，于情于理于法不合，不予支持。因而作出(1996)嘉民初字第18号民事判决：(一)被告于判决生效后10日内将落于原告屋顶的落叶清扫完毕，确保原告屋面排水通畅；(二)被告应自1996年起，于每年12月份将落于原告房顶的树叶清扫完毕，至该妨碍物(树叶)清除为止。案件受理费由被告承担。

[法理评析]

对于大多数稔熟《民法通则》与《民事诉讼法》，并对民事案件调解富有经验的法官来说，本案大概属于那种表面繁琐，实可大事化小、小事化了的案件。然而，从本案判决文书对事实、证据部分的叙述看，审理本案的合议庭为作出上述判决，明显是花了不少功夫的。对于本案的事实，合议庭作了周密详尽、巨细无遗的调查，结果并未出人所料，正如原告所诉，因为被告的杉树树叶被北风吹落于原告屋顶，造成原告房屋渗水，并且影响了房屋的质量。然而原告的诉讼请求很难让法官一概予以支持：为了解决落叶问题而砍掉全部杉树、拆除围墙是不是有点小题大作？房屋质量受损价值13，000元如何估算？这种损失的形成如何排除树叶堵积于瓦楞间之外的其他原因？可能相关的还有绿化问题，对日后其他邻里之间处理相邻关系的影响问题等等。所幸的是，原告在法官作出这些决定之前就撤回了三项诉讼请求，又变更了"砍掉杉树"的诉讼请求。这样，本案的争议仅仅在于，被告是否应当为原告清扫落叶或者支付清扫费用。法院认为：应当清扫，而且应当清扫至"该妨碍物(树叶)清除为止"。①

于是，问题产生了：法院在处理本案纠纷时，是否有必要将今后的落叶问题一并予以解决？或者说，是否应当对判决时尚未出现(虽然之后可能出现，或者极有可能出现)的纠纷预先作出裁判？判决能不能具有所谓的"未来效力"？

一、初步的探讨和初步的结论

(一)从诉讼标的角度看，民事诉讼法学的最新研究成果表明，

① 这里还有两个问题：第一，原告一举撤回三项诉讼请求是否真如判决书所言是出于对日后邻里间和睦相处的考虑，还是有不可见诸严肃的法律文书的其他原因呢？第二，"至该妨碍物(树叶)清除为止"又是指何时为止？由于这两个问题总的来说与笔者想证明的论点关系不大，因此本文在此不予讨论。

诉讼标的是法院裁判的对象，是用来判定是否允许当事人再行起诉的根据，也是用来判定是否允许诉讼的合并、分离、变更和追加的根据。我国民事诉讼法及相关教材一直持“旧实体说”，即认为诉讼标的是所谓“民事权利和法律关系”，而新实体说的二分歧说则认为，诉讼标的“以当事人诉的声明结合原因事实关系作为识别标准”。①在本案中，当事人的诉的声明为侵权损害赔偿请求，同时原告提出，要求法院对被告今后的侵权行为进行预先救济。但无论基于上述何种诉讼标的理论，其原因事实关系只能是“过去被告曾经侵犯原告”，至于这种侵犯可能持续，或者再次发生，理论上不能成为诉讼标的的组成部分。因此，从诉讼标的角度考虑，判决不应当具有未来效力，不应裁判未来可能发生的纠纷，而无论其发生的可能性有多大。②

(二)从判决的功能角度看，民事诉讼的裁判，功能在于解决已经发生的、当下继续存在并可能沿续的纠纷。如果这种裁判——由于国家公权的威力——而天然地具有一种后续性的影响力，那亦不过是对于本案当事人(也可能是了解本案的一般人)在未来的行为提供指引，如应当阻挡树叶不再飘向相对人的屋顶，甚至可以主动为相对人清扫落叶或支付相应费用，但此种指引充其量只具有说服力，而不具有法律拘束力，并且以后仍然具有可诉性。判决对未来的指引力无非是为当事人提供了一种对法院将如何裁决的“预测”，并以这种预测和提供自行解决纠纷的行为模式为基础的，

① 江伟:《诉讼标的论》，载《中国法学》1996年第3期。

② 事实上，在大多数一般民事纠纷结案时，我们发现，纠纷两造(方)毕竟不是像文学作品中描绘的那样握手言和的，而倾向于仍然余怒未消，息纷止争本身只是我们的理想，并不是我们每个案件审理中必须达到的。

而不是以其未来拘束力为基础的。①它意味着，对于这类纠纷，这个判决中的解决方案是符合法律的公平正义原则的，而如果不这样处理，不满意该种处理结果的一方便可以认为，如果他选择提起诉讼，将得到一个更合乎其利益、更令人满意的结果，从而他可以以此为筹码与另一方讨价还价，但无论如何，判决的功能不过仅此而已，对于未来的，当下尚未发生的纠纷，判决是不可能具备预断力的。

（三）从判决的可执行性角度看，预断未来纠纷的判决条款不具有可执行性。首先，它是不明确的，因为它不可能预先猜测并描述未来的纠纷样态、程度、范围、意外情节或任何其他重要因素；其次，即使它被假设为明确的，而待未来纠纷发生时，事实情况仍很可能与判决的描述不符，比如，几年之后，杉树长势良好，可能会落下更多的树叶，而清扫费用则随着人力资源的短缺和攀爬房屋的危险程度增加而大幅度提高，这时，很明显，以前作出的预先的判断将难以适用，而原告的起诉权因为"一事不再理"原由而告阙如，反而对保护原告权益不利。在另一些情况下，被告的权利将难以得到有效的保护。退一步讲，即使若干年之后，情况没有丝毫变化，树叶每年准时地定量落下，而且原告房屋的渗水情况一如既往，也难以证保原告或被告中的任何一方不会发生观念或情感上的变化，或者不会提出其他异议，纠纷仍然会产生，而这时，判决的预断条款只会使得纠纷的程度更深。

因此，我们可以初步得出结论，即：判决应当只是针对当事人

① 霍姆斯：《法律的道路》，转引自博登海默：《法理学——法哲学及其方法》，华夏出版社 1987 年版，第 147 页。亦可参见刘星：《法律是什么》，中国政法大学出版社 1998 年版，第 70—75 页。

提起的诉讼请求，而且只能针对其中涉及的审判时已经产生的纠纷。

二、反例及其辨析

如果本文就此收尾，读者一定会认为，本文似乎是在讨论一个相当肤浅的问题，以至于并不一定具有本文副题所昭示的那种较为宏大的意义。因此，笔者一再警醒自己，务必保持一种自危状态，从而将寻求反例当作一种必然担负的任务。那么，关于本文所论证的判决不应当具有预断效力有没有反例呢?

（一）两个反例

有人会提出，在离婚案中，子女对父母的抚养费请求权即是反例。①尽管离婚导致子女抚养问题的产生，但事实上，子女抚养所需的费用毕竟是未来的，当下尚未发生。如果我们可以认为，在“钱庆祺、薄贵珍诉钱庆佳案”中，树叶可能明年不再落下，或者因为风力缘故飘向他方甚至于越过原告的屋顶。那么，在离婚案件中，我们同样不能肯定，抚养费的请求方与支付方在子女成年以前必定生存下来并具有请求的意愿和支付的能力。在同样存在这种不稳定因素时，为什么我们要求“钱庆祺、薄贵珍诉钱庆佳案”的判决不应具备预断效力，而通常总是支持对于未来的抚养的支付请求呢?

有人还会提出，赡养案件亦属其例，成年子女有赡养、扶助父母的义务。②法院总是会支持作为原告的父母提出要求子女在未来一段时期内给付一定数额的赡养费的请求。那么，法院为什么可

① 根据《中华人民共和国婚姻法》第29条第2款，第30条第1、2款。

② 根据《中华人民共和国婚姻法》第15条第1款第3项。

以允许父母就未来发生的赡养费提出给付要求,却不能确定“钱庆祺、薄贵珍诉钱庆佳案”中的被告就未来落叶的清扫义务呢?如果认为,虽然树叶今后仍将落下来并造成原告受损,原告却不一定仍会提出起诉或者其起诉的有效性不一定毫无疑问,那么在赡养案中,又如何确信作为原告的父母今后就不可能改弦易辙,或者有意外的其他收入,不需要或者不愿意再请求支付赡养费呢?而法院却要将这种明显尚未发生的争议当作已发生了一样来处理?

(二)反例辨析的方法论

在判例法国家,一个先例对于其后发生的同类案件具有约束力,这种约束力是通过法官对先例中判决理由的探寻和适用来完成的。[①]然而,先例的约束力必须被严格地援用,其中最重要的技术被称为“识别”,法官有权而且应当对作为参照案件的先例与本案的关键事实进行比较,以确定该先例的判决理由是否可以在本案中适用。因此,对判例制度较为全面的理解,应当建立在如下的基础之上:并非任何第一次出现的案件都可以成为一个先例。实践中,只有被编入判例集中的案件才被作为先例援引;[②]并非判例中载明的每一项理由,都对本案有意义,法官应当寻找与本案相契合的主要理由而排斥次要理由的适用;主要理由和次要理由是相对于本案的,而非相对于先例的。许多情况下,律师常常通过混淆主要理由和次要理由,诱导法官与陪审团注意与本案不甚契合的先例,或者抛弃与本案具有实质相关性的先例。[③]

---

① 有时,这种适用是过于坚决的,以至于在一般人看来,这种原本是令人敬佩的执着却损伤了公平和正义。

② 虽然原则上任何判决只要在其宣布时有出庭律师证实,法院都可以援引。参见沃克:《英国法渊源》,西南政法学院1986年印行,第154页。

③ 如对于鉴定报告、审计报告属于证据形式还是属于证明方式,对于提出该先

在本文中，为了更好地论证关于判决不应具有预断未来的效力的观点，首要的任务无疑是对“钱庆祺、薄贵珍诉钱庆佳案”与离婚子女抚养费纠纷案、赡养费纠纷案进行辨析。我们可以将后二者设想成为律师提出的两个先例，作为法官，我们应当找出其中的相同与不同之处。这种辨析类似于判例法意义上的识别。让我们来看看，在落叶、抚养费、赡养费中，到底有多大程度的类似性，又有哪些必须予以区别的东西？

首先，上述案件均属民事纠纷，就判决的效力而言，在程序意义上，均具有对法院的拘束力和对当事人的确定力；在实体意义上，均具有既判力。①然而，“钱庆祺、薄贵珍诉钱庆佳案”属给付之诉，离婚及抚养费请求案属形成之诉与给付之诉，而赡养费给付请求案属给付之诉，作出给付判决之前必须前置确认环节。这就是上述案件在判例法意义上“关键事实的不同”，试分述如下：

(1)离婚诉讼属形成之诉，其判决只是在法律上形成某种关系，至于事实关系如何原则上非其所问，因而其本身不具有可执行性。但是，由于离婚案具有形成性，离婚判决一经确定，即发生原为夫妻的原被告婚姻关系消灭的法律事实。更为重要的是，这一法律事实既具有对世性，又是对将来发生作用的(预决属性)。②新的法律关系一旦形成，将长期地沿续(至少是在理论上)。这意味着依照新的法律关系，如果存在一方对另一方的给付义务，那么，这种给

例的案件来说，也许并不因为对该点的认识而使判决有所不同，因而不是先例判决的主要依据，但在下一个案件中涉及鉴定报告或审计报告时，就有可能因为适用该点在先例中已经确定的性质，而彻底影响案件的最终结果。

① 江伟、肖建国:《论判决的效力》,《政法论坛》,1996 年第 5 期,第 1—8 页。

② 毕玉谦:《民事诉讼证据论》,人民法院出版社 1999 年版,第 64—65 页。

付义务也将在今后一定期间内保持基本稳定,在离婚案中,即表现为子女抚养费的定期产生。因此,立法者为了维护身份关系的稳定和保护弱势方的利益, 允许离婚之诉中请求抚养子女一方附带提起对将来子女抚养费的给付请求。而相反的做法相对而言,无疑是不利于保护上述利益的,比如,如果不确定抚养和确定抚养费的给付方法,则子女由谁抚养亦将难以确定;即使姑且确定综合条件优越一方抚养,对未来抚养费的给付,亦必再起纠纷。这样,无论是离婚诉讼悬而难决,还是未来对抚养费的争议与追索耗费,对处于弱势的未成年的子女而言都是不利的。

(2)那么,赡养费给付诉讼中,没有形成力的将来效力问题,为什么仍可以允许原告就将来(可能)发生的赡养费提起给付之诉呢?原因在于,确认之诉虽然不产生形成力,只具有确认力(只是对本已存在的法律关系的认定),但这并不表明确认之诉的判决是不具有预决属性的。相反,它既具有预决力,又具有溯及力,也具有对世力,只不过这三种效力不是由形成力产生的(形成力不能产生溯及力),而是由确认力产生的罢了。在确认判决或具有确认因素的给付之诉判决中,确认环节同样具有预决属性。有理由认为,对于随着年龄增长越来越需要子女赡养的年老父母来说, 准予其就过去未支付的赡养费与未来一定时期内赡养提出给付请求, 是更为符合社会需要的,在理论上也更合乎逻辑。而如果要求他们必须于给付义务履行期届满时再行起诉,不免影响其生活的稳定,于法理情理亦多有不合。

(3)在纯给付之诉的“钱庆祺、薄贵珍诉钱庆佳案”中,即使撇开日后树龄、风向、当事人意愿、意外因素不论,仅就其诉的性质而言,作出一个未来判决是全无理由的:在纯给付之诉中,作为请求权内容的给付义务,必须已经产生,由于拒绝给付,产生纠纷,方成为诉讼标的。纯给付判决既不产生形成力,又不产生确认力,当然不应当具有预决属性。如果在未来一定时间内当事人间又产生同样纠纷,依照遵循先例原则,本案判决倒可以成为一个参照性判例。但在纠纷未产生之前,即使它极有可能产生,亦只能就当前纠纷作出判决,通过该判决,在事实上指引当事人按判决中暗含的法律规则(落叶掉在他人的房屋上应当负责清扫)与尺度(如一年支付清扫费用多少元)处理相互关系。如果不遵守,就成立另一个侵权之诉。尽管这看起来僵硬一点,但只有这样,才能确保判决的科学性,使得当事人不会因为过去的行为而在未来也被束缚在一个不具有充分基础的判决的控制之中。

也许有人还会提出,"钱庆祺、薄贵珍诉钱庆佳案"既属给付之诉,法院在作出给付判决之前,必定也要先确定侵权事实的存在。这确是事实,但这种确认与赡养费给付诉讼中的前置确认程序不同,前者只确认一种侵权事实的存在与否,而后者则是确认亲属关系,具有长期性和相对稳定性,而这种长期性和相对稳定性无疑是判决预断效力的基础。

三、最后结论

无疑,"钱庆祺、薄贵珍诉钱庆佳案"的判决虽具有表面的合理性,但在法理层面,则很难过关。作为一个给付之诉,法院作出的判决不应当具有预断效力。原则上,法院判决不应当预断属于未来的、尚未发生的、因而尚未提上诉讼日程的纠纷。

作者单位:华东政法学院

张承志诉世纪互联通讯技术有限公司侵犯著作权案

李庆元

[基本案情]

北京师范大学出版社 1993 年 12 月出版的《美丽的瞬间》中选编的《黑骏马》、北京十月文艺出版社 1987 年 7 月出版的《北方的河》,均为原告张承志创作的文学作品。1998 年 4 月,被告成立"灵波小组",并在其网站上建立了"小说一族"栏目,栏目所涉及原告的文学作品内容是他人通过 E – Mail 方式提供至被告的网站上后,"灵波小组"将其存储在其公司计算机系统内并通过 WWW 服务器在国际互联网上传播。联网主机用户只要通过拨号上网方式进入被告的网址:http://www.bol.com.cn 主页后,点击页面中"小说一族"栏目,进入"书香远飘"页面,在该页面中点击"当代中国"页面后,点击原告的作品《黑骏马》、《北方的河》,即可浏览或下载该作品的内容。在被告网站上所刊载的原告的作品《黑骏马》、《北方的河》有张承志的署名。作品内容完整。《黑骏马》字数为 45,000 字、《北方的河》字数为 63,590 字。

[裁判要旨]

北京市海淀区人民法院审理认为,原告张承志是文学作品《黑骏马》、《北方的河》的著作权人。根据著作权法的规定,著作权人对其创作的文学、艺术和科学作品在法律规定的期限内,依法享有专有权。这种专有权体现在作品的著作权人对其作品享有支配的权利,其有权使用自己的作品和许可他人以任何方式使用自己的作品。除法律规定外,任何单位和个人未经作品的著作权人许可,公开使用他人的作品,就构成对他人著作权的侵害。科学技术的发展,必然引起作品载体形式、使用方式和传播手段的变化,但这种变化并不影响作者对其作品享有的专有权利。

一部作品经过数字化转换,以数字化方式使用,只是作品载体形式和使用手段的变化,并没有产生新的作品。作品的著作权人对其创作的作品仍享有著作权。因此,在国际互联网环境中,原告作为其作品的著作权人,享有著作权法规定的对其作品的使用权和获得报酬权。被告未经原告许可,将原告的作品在其计算机系统上进行存储并上载到国际互联网上的行为,侵害了原告对其作品享有的使用权和获得报酬权,被告应停止侵权行为,并在其国际互联网的网站上向原告公开致歉,以消除影响;原告提出精神赔偿要求,因被告在国际互联网上传播原告作品时,并没有侵害原告在其作品中依法享有的著作人身权,没有降低、贬损原告在社会公众心目中的人格地位,因此,对原告要求赔偿精神损失的请求,不予支持;关于原告的经济损失赔偿请求,诉讼中原告未能举证证明其遭受损失的具体事实,被告亦未能提供有关用户浏览或下载原告作品次数的证据。因此,对本案原告的损失赔偿,应综合被告侵权的主观过错、侵权的持续时间、侵权的程度等进行考虑。遂依据《中华人民共和国著作权法》第 10 条、第 45 条第 6、8 项规定,作出(1999)海知初字第 58 号《民事判决书》,判决如下:(一)本判决生效之日起,被告世纪互联通讯技术有限公司停止使用原告张承志创作的文学作品《黑骏马》、《北方的河》;(二)本判决生效之日起10 日内,被告世纪互联通讯技术有限公司在其网站的主页上刊登声明,向原告张承志公开致歉,致歉内容须经本院审核。逾期不履行该义务,本院将根据判决书内容自行拟定一份公告刊登在一家全国发行的报刊的电子版主页上,有关费用由被告世纪互联通讯技术有限公司负担;(三)本判决生效之日起 10 日内,被告世纪互联通讯技术有限公司赔偿原告张承志经济损失人民币 13,080 元及因诉讼支出的合理费用人民币 166 元;(四)驳回原告张承志要求被告世纪互联通讯技术有限公司赔偿其精神损失人民币 5,000 元的诉讼请求。

案件受理费 1,470 元(原告张承志已预交),由被告世纪互联通讯技术有限公司负担。

[法理评析]

这是我国首例因网络站点刊登他人作品而引起的著作权纠纷案,立法的相对滞后性给本案的审理增加了难度,使得本案的焦点集中于如何理解现行法律的规定。在我国目前的法律对网络著作权没有明确规定的情况下,海淀区人民法院依据法学理论和《著作权法》的立法精神作出的判决,很好地解决了司法实践中出现的新问题，得到了广泛认同，使得本案具有重要的判例价值，为今后《著作权法》的修改完善提供了宝贵的实践经验。本文拟从著作权法理的角度对本案涉及的以下几个关键问题作简要论述，或许对司法和立法有所帮助。

一、作品数字化转换的法律性质

由于现有作品的数字化是在网络环境下使用作品的前提，如何看待数字化行为的法律性质就成为需要首先明确的问题。毫无疑问，作品的数字化是作品的一种使用方式，问题是，作品的数字化行为是否属于著作权人的专有权利，他人在未经许可的情况下将作品进行数字化是否侵犯了著作权人的权利？依照《著作权法》的立法精神，从保护著作权人的权利的立场出发，作品的数字化转换当然属于权利人的专有权利，应该在法律上予以承认，上述判决的结果就可说明这一点，尽管目前在我国的立法中尚无明确规定。由此，他人在未经著作权人许可的情况下把作品进行数字化转换属于侵害著作权人权利的侵权行为。问题的关键在于侵犯了权利人的那一种权利，进一步讲，如果现行权利体系中不能容纳这种行为，是否需要重新创设一种权利类型？

目前，对作品数字化转换行为的法律性质的认识主要有两种观点。一种观点认为是类似翻译的演绎行为，产生新的作品种类，称为“翻译论”；另一种观点认为是一种复制行为，数字化前后的作品是同一作品，并无本质的不同，称为“复制论”。

“翻译论”者的主要论点是：“数字化后的作品和数字化前的作品之间的关系是单纯的演绎关系，它和把一件英文作品译成中文作品没有本质上的区别。”“传统的翻译和数字化过程之间唯一的区别在于前者是由人完成的,而后者是由机器机械地完成的。”①

按照我国《著作权法实施条例》第5条的规定,所谓翻译作品,是指将作品从一种语言文字转换成另一种语言文字产生的新作品。这里所指的“一种语言文字”,是指代表一个民族所特有的那种语言或文字。②世界知识产权组织(WIPO)1991年提出的《关于伯尔尼公约议定书的备忘录》第31条之IX已经明确指出:“在公约里翻译的概念过去和现在都针对实际语言即人类语言”,③显然,语言文字的内涵中不包含二进制代码这种机器语言。作品的翻译是在原作品基础之上的一种再创作行为,体现了翻译者对原作的独特理解,融入了翻译者的智慧,因此翻译行为既是一种作品的使用方式,也是一种创作行为。以此来看待数字化行为,会发现数字化只是由机器完成的符号转换过程,其中没有创作性工作,没有产生新的作品。从另一个角度来看,如果将数字化行为视为翻译行为,势必承认机器可以成为作者,使机器成为权利主体,有违著作权法的立法本意和宗旨。因此,作品的数字化转换行为不属于翻译。

基于前述对“翻译论”的反对,“复制论”的主要论点是:著作权法保护的是人的创作,一部作品不论其权利归属如何,其最终的创作者只能是活生生的人,是自然人。而数字化是由机器完成的,机器不具备创作行为能力,更不能成为权利主体。一部作品经过数字化处理,并没有产生新的作品。

---

① 金渝林:“数字化技术对版权保护的影响”,《国际电子报》1996年第7期。

② 江建名:《著作权法导论》,中国科学技术大学出版社,第139页。

③ 转引自应明:“作品数字化转换的著作权法律性质”,《著作权》1997年第1期。

我国《著作权》法第52条规定“本法所称的复制是指以印刷、复印、临摹、拓印、录音、录像、翻录、翻拍等方式将作品制作一份或多份的行为”。很显然,复制的定义中并没有包含作品的数字化转换。对照上述法律规定的各种复制方式,笔者认为数字化的过程类似于录音、录像过程。录音和录像的过程包含两个步骤:第一,把音像作品转换成电模拟信号的形式。第二,把电模拟信号形式的音像作品固定在磁介质上。根据上述规定,无论是把作品直接固定在载体上,还是把作品经过转换后再固定在载体上,都属于复制。与此相类似,传统作品的数字化转换过程实际上也包括两个步骤:第一,把传统作品的原有形式转换成二进制数字编码;第二,把转换出来的二进制数字编码固定在某个载体上。因此,把传统作品的数字化转换看成是一种复制,与录音、录像复制方式相并列是我国著作权法规的自然发展。①

作品的数字化转换行为是一种复制行为,作品的数字化转换是作品的一种新的使用方式。如果未经权利人许可,擅自把权利人的作品进行数字化处理,就像传统的复制一样,都是对著作权人权利的侵害。作品的数字化转换改变的只是作品的载体,数字化前后的作品并无本质上的不同,作品的数字化也没有产生新的作品。数字化后形成的作品的著作权仍然属于数字化前的作品的著作权人,也即权利的主体没有变更。从以上分析可以看出本案的判决具有法理上的依据,只要对现行的著作权法律、法规作出立法或司法解释,就可以使以后发生的类似纠纷有法可依。

---

① 参见应明:“作品数字化转换的著作权法律性质”,《著作权》1997年第1期。

二、作品在互联网上传播的法律性质

法院的判决指出未经许可将作品在网络上传播是一种侵权行为,至于侵犯了什么权利,判决中并没有给出明确的回答。国外有学者将作品搭载到互联网上传播视为发行行为,国内有的学者则倾向于把作品搭载到计算机互联网络上传播看作同广播相类似的公共传播行为。①其理由是:(1)网络传输同有线电视传输没有本质的区别。家庭录制设备出现后,同样遇到网络传输今天遇到的个人大量复制的问题。但是,对于个人复制广播电视节目,从现有的解决办法来看,并没有将广播权解释成发行权。(2)可以避开与“发行权一次用尽”原则相矛盾的问题。从网络传输的无形性看,它类似于无线电广播、卫星广播或有线传播等传播方式,而“发行权一次用尽”原则是不适用于这些传播权的。(3)可以避免对发行权定义的修改。

按照我国《著作权法实施条例》对播放权的定义:播放是指通过无线电波、有线电视系统传播作品。如果认为网络传输属于播放,播放的范围将大大扩张。第一,就播放对象来讲,不仅包括现场的表演和展出,也包括音响作品、动画作品、电影电视作品、文字作品、美术作品等等各类作品的数字形式。第二,就采用的技术来说,既包括通过无线电波和有线电视系统的播放,也包括通过计算机互联网络播放。第三,就传输的方式而言,既包括一对多的播放(即广播),也包括一对一的播放(即点对点的传输)。1996 年 WIPO 版权和邻接权新条约将原来的伯尔尼公约确定的主要是对音乐作品

---

① 许超:“面对数字技术挑战的中国著作权法”,载《著作权》1996 年第 3 期。

的传播权,扩大适用到所有作品的电子环境,因此确认了网络环境下的传播权问题,公众成员在网络上获取作品时,将受到该项权利的控制,这是解决网络传输权的一项重要权利。①

将网络传输视为广播面临的另一个问题是如何合理界定"公众"这一概念,进而区分向公众传播和个人使用(私人使用)。实际上著作权法赋予作品权利人的播放权是指面向公众的传播。按照世界知识产权组织出版的《版权和邻接权法律术语词汇》,所谓向公众传播,是指"以任何适当的方法使一般的人,而不是限于某一个私人团体的特定个人,能听到看到某一作品、表演、唱片或广播节目。";所谓个人使用,是指"把别人的作品作单份的复制、翻译、改编、改写或其它改动,专门作为某个个人研究、学习、娱乐之用。此种使用通常被看作是自由使用。";所谓私人使用,是指"对一部已发表的作品进行复制、翻译、改编或改写成一份或多份,它并非像某些所谓的个人使用那样专门给一个人使用,而是由特定范围内的一些人为了共同的目的而使用。私人使用也可以由法人来安排。为私人使用而复制的复制件不能向公众出售。在大多数国家里,私人使用都被看作是自由使用"。②互联网上的传播在很多情况下是点对点的播送。例如:两个个人之间通过互联网络进行的作品传送行为,个人与所在公司之间通过互联网络进行的作品传送行为,两个公司之间以及同一公司内部的不同部门之间进行的作品传送行为等。这些作品传送行为是属于向公众传播或者属于个人使用,都有待法律对"公众"的概念作出明确合理的界定。

---

① 埃莱那·罗德里戈:"电子出版中的版权和出版者权利",载《版权公报》1996年第3期。

② 参见沈仁干编:《国际版权手册》,四川人民出版社,1984年12月版。

本案中，世纪互联通讯技术有限公司主办的“北京在线”网站面对的是不特定的多用户，符合“公众”的特征。用户只要办理了上网手续，都可以访问该站点，尽管对每一个用户来讲，是一对一的“点播”，而对网站本身来讲符合播放的要件。不能因为互联网具有一对一“点播”的特点而否认其“广播”的特性，进而作出这种使用属于私人使用或个人使用的范畴的判断。事实上，“北京在线”网站的创办是以盈利为目的的，它在互联网上对作家作品的传播已极大地损害了作者的经济利益，法院的判决也是以此为依据作出的。现在可以明确，未经许可将作品在互联网上传播侵犯了作者的播放权。需要特别指出的是，这种“播放权”已不同于传统的播放权概念，而是一种外延大大拓展了的“播放权”。

三、关于精神权利

著作权包括经济权利和精神权利，按照我国现行著作权法律的规定，精神权利包括发表权、署名权、修改权和保护作品完整权。传统技术的局限为保护作者的精神权利提供了天然的屏障，而在数字技术和互联网环境下，每个人都可以轻而易举地改变他人的作品，可以不留痕迹地改变网络上作品的颜色、形状、排列、署名，并向全球迅速传播，给作者的精神权利造成极大的损害。因此，必须对网络环境中作者的精神权利保护予以足够的重视，否则将使作者对作品上网失去积极性，最终影响网络信息产业的健康发展。本案的案情表明，作家的精神权利没有受到侵害，但我们不能因此对网络环境中精神权利的保护掉以轻心，可以预言随着网络纠纷的增多，要求对精神权利的保护将占有相当大的比重。

本案的处理结果虽然令大多数人满意，但由于立法的缺位和其他原因，使得判决缺乏充分的“法律”依据，这是本案判决的美中不足之处。因此，应尽快对著作权法律作出修改，以适应网络技术飞速发展的需要，或者制定网络单行法对网络行为加以规范。这也是本案带给我们的重要启示。

作者单位：中国政法大学

钱钟书、人民文学出版社诉胥智芬、四川文艺出版社著作权纠纷案

金勇军

[基本案情]①

原告钱钟书历时两年创作的长篇小说《围城》,1946 年 2 月起首次发表于上海大型文艺月刊《文艺复兴》,至 1947 年 1 月止,共分 10 期连载。1947 年 5 月,上海晨光出版公司出版《围城》单行本,1948 年 9 月再版,1949 年 3 月第 3 次再版。1980 年 11 月,由人民文学出版社重排出版。期间,钱钟书曾多次对作品作过文字增删和润色,使作品更为完善。自 1980 年至 1996 年 7 月止,人民文学出版社已印刷和发行《围城》共 25 印次,计 134 万余册。

1980 年原告人民文学出版社征得原告钱钟书同意出版《围城》一书,按照文化部《图书、期刊版权保护试行条例》的有关规定,人民文学出版社对《围城》一书的专有出版权行使到 1990 年。

① 《钱钟书、人民文学出版社诉胥智芬、四川文艺出版社著作权纠纷案》,载《最高人民法院公报》1997 年第 1 期。

1991 年 2 月 4 日，钱钟书书面授权将《围城》继续交由人民文学出版社出版，并言明待《著作权法》实施时，再按国家有关规定签订正式出版合同。1992 年 3 月 18 日，钱钟书与人民文学出版社签订《图书出版合同》，授予人民文学出版社以图书形式继续出版《围城》中文本的专有出版权。

1990 年，被告四川文艺出版社向被告胥智芬约稿，对《围城》一书进行汇校。胥智芬汇校时所依据的《围城》底本，分别为 1946 年 2 月至 1947 年 1 月连载于《文艺复兴》月刊上的版本、1947 年 5 月上海晨光出版公司初版本和 1980 年 10 月人民文学出版社重印本。《围城》汇校本出版时，把《文艺复兴》月刊上以连载小说形式发表的《围城》一书全文排印发表，每页上附有胥智芬所作的汇校内容。四川文艺出版社从 1991 年 5 月至 1992 年 7 月，共出版发行《围城》汇校本一书总计 12 万册，其中精装本 1 万册，1991 年 5 月出版 5,000 本，定价 7.40 元，1992 年 3 月出版 5,000 本，定价为人民币 8.20 元，覆膜本 11 万册，定价为人民币 5.40 元和 6.20 元。在 12 万册《围城》汇校本一书中，封面印有“汇校本”字样的为 3 万册，无“汇校本”字样的为 9 万册。四川文艺出版社在第五届全国书市看样订货会四川省店订货目录、1992 年春新华书店图书看样订货会四川省店订货目录上所列的《围城》一书，均无汇校本字样。

1991 年 6 月，被告四川文艺出版社的一名编辑寄一本《围城》汇校本给原告钱钟书，希望钱钟书支持出版此书。7 月 23 日，原告人民文学出版社并代表钱钟书致函四川省新闻出版局版权处，要求查处四川文艺出版社侵害著作权和专有出版权的行为。同年 8 月 8 日，四川文艺出版社在给四川省新闻出版局版权处、人民文学出版社总编室的信函中均承认未取得钱钟书同意出版编辑此书，侵害了作者权益；在不了解钱钟书先生将《围城》一书的专有出版权授予人民文学出版社的情况下，事先没有征得人民文学出版社同意即出版汇校本，构成侵权行为。四川文艺出版社还表示愿意赔礼道歉、赔偿损失，保证今后不发生类似事件。1991 年 8 月以后，四川文艺出版社又继续出版发行了《围城》汇校本一书，总数达 8 万册，所有书的封面均无“汇校本”字样。10 月，四川文艺出版社汇给钱钟书稿费 9,974.02 元。1992 年 3 月，钱钟书通过中国工商银行北京分行退回上述稿费。在此期间，人民文学出版社与四川文艺出版社为《围城》汇校本进行过多次交涉。

［裁判要旨］

上海市高级人民法院的终审判决认为：……1991 年 5 月，四川文艺出版社出版《围城》汇校本不久，即接到钱钟书和人民文学出版社提出的异议。该社当时承认其行为属于侵权，并认为，是在纯属过失的情况下出版了《围城》汇校本，愿意赔礼道歉、赔偿损失。可是在 1991 年 8 月以后，该社仍继续出版《围城》汇校本；该社还在《围城》汇校本的征订单上和正式出版的 9 万册《围城》汇校本的封面上将“汇校本”原字样去掉，而在另外 3 万册书上印上“汇校本”字样。该社在出版过程中的这些行为，足以说明，它是以《围城》汇校本的形式出版《围城》。该行为已经违背了诚实信用原则……，侵犯了人民文学出版社专有出版权。

[法理评析]

本案是专有出版权侵权问题。学者多认为，复制与发行结合就是出版。故出版权就是复制权与发行权的结合。①那么复制权侵权是否成立呢？

一、复制权

参照《著作权法》第52条第1款规定，复制权是指以印刷、复印、临摹、拓印、录音、录像、翻录、翻拍等方式将作品制作一份或者多份的权利。②这种权利的特点是：

首先，它是一种以有形的方式使用作品的权利。③复制权是复制作品的权利，而复制是指以有形的方式固定作品的行为，比如印刷、录音、录像、翻录、翻拍等，因此它是一种以有形的方式使用作品的权利。我国著作权法虽然没有指明这一点，但是从第52条的解释来看，应该作这样的理解。在这一点上，它和表演权、广播权等以无形的方式使用作品的权利区别开来。复制是以有形的方式固定了作品，使作品能为他人直接或间接地感知。比如印刷好的作品，读者可以直接阅读；录制好的歌曲，虽不能直接感知，但是可以

---

① 参见《著作权法讲座》，法律出版社1991年版，第107和109页。另外，《著作权法实施条例》第5条第6项解释："出版，指将作品编辑加工后，经过复制向公众发行。"也可以得出同样的结论。

② 德国著作权和相关保护权法也有类似的规定，比如第16条第1款规定："复制权是复制作品的权利，但是不受其方式和复制数量的限制。"由笔者译自 Urheber-und VerlagR, 5. A., Deutscher Taschenbuch Verlag, 1990。

③ 韦之：《著作权法原理》，北京大学出版社1998年版，第64页。

通过一定的机械间接感知，而对某一建筑加以拍摄，是建筑作品的复制，但是将其影片投影到银幕上，又是无形的。

其次，复制的方式。原则上不受限制，除非法律有特别规定。① 也就是说，复制的方式是丰富多样的，②而且随着技术的发展，复制的方式有更为丰富的趋势。正因为如此，我国《著作权法》第52条采取了开放式的规定。比如，随着录音录像技术的出现，录音录像成了一种复制方式，德国著作权和相关保护权法第16条第2款甚至规定："将作品转载于可以循环再现音像的装置(音像载体上)的行为也是复制，不论它是将作品的再现转载于音像载体还是将音像载体上的作品转载于另一载体。"前一种情况是录音录像，后一种情况是翻录。再比如，随着数字化技术的出现，又出现了新的复制方式，像数据的输入、数据的输出和数据处理都可以是复制的一种方式，比如上载、打印和存盘。在计算机软件的情况下，则更加复杂了。德国著作权和相关保护权法第69条C规定："权利人有进行下列行为的独占权或者同意(他人)进行的独占权：1. 以任何中介和方式，永久或暂时，全部或部分复制计算机软件。只要安装、演示、运行、转载或存储计算机软件本身要求复制的，该类行为应取得权利人的同意，……"③按照该规定，如果某人将IE4.0从网上调到自己的电脑内，即使未存盘，是临时复制；如果将调到的IE4.0存盘，则是永久的复制了。

再次，复制不受复制件的数量的限制。复制，可以是全部的，也

① 比如我国《著作权法》第52条第2款就是法律的特别规定。该规定是："按照工程设计、产品设计图纸及其说明进行施工、生产工业品，不属于本法所称的复制。"

② 韦之：《著作权法原理》，北京大学出版社1998年版，第64页。

③ 由笔者译自站点：http://sunsite.informatik.rwth-aachen.de/Knowledge/germlaws/urhg/index.html。

可以是部分的。比如全文复制莱比锡大学 Guenter Haupt 的《论事实上的契约关系》,属于复制;只摘取其中关键的部分,也是复制。

那么法律为什么要创设复制权呢?通过复制权的创设,确保作者取得创作作品的报酬。作品的使用原则上得有所依托,这个依托就是复制件(当然也可以是原件)。通过复制件的使用,达到使用作品的目的。若法律赋予作者复制权,则作者控制了作品的使用,可以借此取得创作的报酬。正因为如此,复制权是著作权中最基本的权利,也是独立于其它权利的权利。它可能受到独立的侵犯,当然也可以独立地行使。其它的权利就不一定了。比如本案中的发行权,它得依附于复制权。

二、复制权侵权

一般侵权以过错、行为、结果和因果关系为构成要件。在复制权侵权构成要件的问题上,除了行为要素外,没有什么特别的地方。故在这儿仅谈谈行为要素问题。

依照著作权侵权一般的判定原则,没有法律上的理由(比如许可、合理使用等),复制了作品的,行为要素就具备了。①如果侵权人原封不动地复制,倒好判断了。问题是,侵权往往不是这么简单的,而是边抄边改,泥沙俱下。因此究竟应如何认定"复制"行为存在呢?可以区别为两种情况处理。其一,完全或者几近完全复制他人的作品,不妨称之为"完全式复制";其二,侵权制品和作品之间或多或少有点相似的,不妨称之为"模仿式复制"。

在第一种情况下,如何判断复制行为是否存在呢?首先,侵权

① 韦之:《著作权法原理》,北京大学出版社 1998 年版,第 164 页。

制品与作品是极其相似的，或者是完全一样，或者是几近完全一样。比如，某篇论文的主体部分，几乎只字不漏地抄某教授的另一篇论文的，是几近完全的复制。①全文印制某著作，附随软件赠送的，是完全的复制。②当然，这一点通常须以综合的证据加以证明，因为一般不会出现因抄袭而当场被捉的情况。如果涉及字数很大(比如词典)，证明就有点困难了。③比如侵权制品和作品都是一本500,000字的小说，想证明侵权制品和作品是极其相似的，就困难了。但是若作者自己知道作品中有5处笔误，而且也知道在哪个地方，则很容易发现在侵权制品中是否存在；如果也存在，这至少是复制的有利佐证。综合考虑佐证和其它证据，自然可以得出侵权的结论。相似的技巧还有作品中特有的语法错误、误译、计算机软件中的无用部分、记号等。比如，在 Apple v. Franklin 中，被告提供的系统磁盘中出现了原告的程序员的姓名和“Applesoft”字样，④这也是有利的佐证。当然，也有相应的反面排除办法。比如，可以证明在相似的部分中许多是属于共有领域中的作品或者片断。在李淑贤、王庆祥诉贾英华《末代皇帝的后半生》著作权纠纷案中，北京市西城区法院的判决称“创作历史人物传记作品……在记述人物、时间、事件等内容时所反应的客观史实和所利用的史料部分相同，不能作为抄袭的依据。”⑤再比如，工程设计图的维度是相似的，但是如果标准设计就是这样的话，就是反证了。其次，侵权制品使用了

① 《剽窃他人论文，敲掉自己“饭碗”》，《文汇报》1997年1月17日。

② 罗东川等：《知识产权名案评析》，人民法院出版社1996年版，第22页。

③ 罗东川等：《知识产权名案评析》(2)，人民法院出版社1998年版，第131页。郑成思：《知识产权论》，法律出版社1998年版，第300页。

④ 刘江彬：《计算机法律概论》，北京大学出版社1992年版，第274、275页。

⑤ 《民事审判若干问题的理论与实务讲座》，法律出版社1995年版，第308页。

作品,可以是全部的使用,也可以是部分的,如果没有使用,就不存在复制。比如两张同一风景点的相片,尽管是一模一样,但是由两人分头创作,相互又没有联系的,就不存在使用。在此种情形下,如权利人状告对方侵权时,对方往往以独立创作为由抗辩。这一点,通常称之为“雷同”抗辩(独立创作抗辩)。当然,是否是独立创作,应由被告举证证明。在诉讼中,为了防止对方提出“雷同”抗辩,原告通常证明对方接触了该作品。比如计算机公司将其软件摘要发表在行业报纸上,如果公司订阅了该报纸,则该公司接触了该作品,在这种情况下,就很难提出“雷同”抗辩。原则上,侵权制品和作品之间极其相似,而被告又有机会接触该作品,则初步证明了复制行为存在。如有不同意见,得由被告举证否认了。

在第二种情况下,如果严格按照前一种标准来判断的话,就不存在复制了,但是这样做可不可行呢?如果可行,则实际上给当事人创设了规避法律的机会。比如被告可以做到,在形式上侵权制品和作品并不极其相似,只是或多或少地相似,但是在实质上它是使用了作品(比如模仿)。因此著作权法还得将其保护延伸到“规避法律”的方面,否则复制权就形同虚设了。在英国法上,这种情况又叫“colourable imitation”(貌似可取的模仿);被模仿的部分,叫“实质性部分”。而版权保护的历史发展,也就是从仅仅保护“完全式复制”到也保护“模仿式复制”。那么什么是实质性的使用呢?在我国通常转换为另一个问题,是否有一个量的标准?比如作品的10%、20%?其实,这不是量的问题,至少可以说不仅仅是量的问题,主要是质的问题,也就是使用的部分的质量是不是重要的。如果使用的部分是作品的实质性部分,那么使用了它,就是使用了作品(换句话说,正因为作品中被他人使用的部分,才产生了著作权)则复制存在。在这个问题上有一句名言说得很精到:“值得复制的,原则上是值得保护的。”

在判定是否是实质性的部分时,应综合考虑情势决定,比如材料选取、数量、幅度、利润的挤占等等。而且应依据个案情势作出判断,仅仅考虑某个案件中的量化标准是不足取的。比如甲从乙的作品中攫取了某一段,故乙以貌似可取的复制为由告甲侵权。现在甲证明,乙的那一段内容是只字不漏地复制了丙的作品片断的。在这样的情况下,可以判定该部分不是实质性的部分。因为这一部分并不足以产生乙的作品的著作权。

概括起来说,在行为要素的问题上,有两种标准,一是完全式复制标准;二是模仿式复制标准。法官在判断时可以先考虑适用完全式复制标准;如果不行,再考虑适用模仿式复制标准。

三、评说

本案被告胥智芬未经钱钟书同意,对《围城》进行汇校,并且擅自授权四川文艺出版社出版《围城》汇校本。汇校时使用的底本,分别是 1946 年 2 月至 1947 年 1 月连载于《文艺复兴》月刊上的版本、1947 年 5 月上海晨光出版公司的初版本和 1980 年 10 月人民文学出版社的重印本;汇校采用的方式是,把《文艺复兴》月刊上以连载小说形式发表的《围城》全文排印,相应页下附载胥智芬所作的汇校文。概括起来说,侵权制品使用的是《文艺复兴》月刊上的版本(月刊本),而不是人民文学出版社的重印本(人民版)。如果钱钟书以完全式复制为由告胥智芬侵犯复制权,是不成问题的,因为月刊版的著作权是他的; 但是是否同样侵害了人民文学出版社的复制权(专有出版权)呢?也许是侵害了,但是法院未采用这一标准判定。至少以下两点值得考虑:其一,人民版是初版本的重印版(存在修改,否则就无须汇校了),使用了月刊版是不是就是使用了人民版?其二,侵权制品和作品(实际上也即月刊版和人民版)是不是极其相似的?就这两点,从完全式复制角度考虑,在证据上恐怕难以确定。因此,法院未以完全式复制为由判定侵权成立。

那么,模仿式复制标准是否可以适用呢?就看是否是实质上使用了人民版。被告完全使用了月刊版,而人民版最多是月刊版的修订版,那么,被告是不是在实质上使用了人民版呢?或者说,月刊版加上汇校文,是不是实质上的人民版呢?结论是肯定的。首先,从版本之间的关系来看,月刊版是人民版的实质性部分。这一点毫无疑问。其次,法院认定:"……该社在出版过程中的这些行为,足以说明,它是以《围城》汇校本的形式出版《围城》。"这显系规避法律的行为。因此依照模仿式复制标准可以判定复制权侵权的成立。而四川文艺出版社明知胥智芬未取得《围城》的汇校权,一再重印和销售汇校本,必然侵害了人民文学出版社的专有出版权。

只是在我国著作权法未明确规定"模仿式复制"①的情况下,应如何处理呢?法院认为:"1991年5月,四川文艺出版社出版《围城》汇校本不久,即接到钱钟书和人民文学出版社提出的异议。该社当时承认其行为属于侵权,并认为,是在纯属过失的情况下出版了《围城》汇校本,愿意赔礼道歉、赔偿损失。可是在1991年8月以后,该社仍继续出版《围城》汇校本;该社还在《围城》汇校本的征订单上和正式出版的9万册《围城》汇校本的封面上将'汇校本'原字

① 与此相似的是专利法中的等同仿制问题,我国专利法也没有规定,但是法院在实务中以判例承认。参见程永顺、罗李华:《专利侵权判定》,专利文献出版社1998年版,第139页。

样去掉，而在另外3万册书上印上‘汇校本’字样。该社在出版过程中的这些行为，足以说明，它是以《围城》汇校本的形式出版《围城》。该行为已经违背了诚实信用原则……，侵犯了人民文学出版社专有出版权。”法院首先认定原告显系以汇校本的形式出版《围城》；其次认为这是违背诚实信用原则。实际上，也就是援引诚实信用原则，运用有关“模仿式复制”标准的原则判定侵权成立。①这样的判决既符合法理，也符合法院一贯的做法，②足见我国法官的办案水平。

作者单位：清华大学经济管理学院

---

① 参见陈旭：《上海法院知识产权案例精析》，人民法院出版社1997年版，第30页。

② 在“名为什么什么”“实为什么什么”的一类案件中，我国法院援引诚实信用原则，或径直规定，按照“实为什么什么”处理。比如，最高人民法院印发《关于审理联营合同纠纷案件若干问题的解答》的通知认为，名为联营实为借贷的，作为借贷处理；1994年3月26日最高人民法院关于债务人有多个债权人将其全部财产抵押给其中一个债权人是否有效问题的批复也类似。所以说，这是一贯的做法。

焦彦丰诉深圳市住宅局楼宇名称侵权案

王　博

［基本案情］

被告深圳市住宅局于 1996 年 10 月在深圳市福田区益田村中心区动工兴建高层微利商品房，于 1997 年 3 月起以“益田阁”为名预售。1997 年 4 月 2 日，原告焦彦丰与被告深圳市住宅局签订一份《深圳经济特区微利商品房买卖合同》，原告购买“益田阁”三栋 9F 单元房屋一套。被告在预售过程中，向深圳市地名委员会申请将益田村中心区高层命名为“益田阁”，未获批准。最后地名委员会批复将其定名为“益荣居”，为法定地名，具有专有权。同年年底原告入住时，发现“益田阁”被改名为“益荣居”，认为益田阁是其所购房屋产权的组成部分，被告改动该名称违反其意愿，遂起诉到法院请求判令被告恢复原名称、消除影响，并赔礼道歉。

[裁判要旨]

深圳市福田区人民法院一审审理认为，被告未经地名管理机构批准即把楼房以“益田阁”为名与原告签订买卖合同，其行为是不当的，应由地名管理机构进行处理。后双方买卖的楼房经深圳市地名委员会命名为“益荣居”，这是一种行政行为，而且房屋所在地的名称不能认为是房屋权利的一部分。遂依照《中华人民共和国民事诉讼法》第128条、《中华人民共和国民法通则》第71条的规定，作出(1998)深福法民初字第411号《民事判决书》，判决驳回原告焦彦丰的诉讼请求；案件受理费人民币100元，由原告负担。

焦彦丰不服一审判决，向深圳市中级法院提起上诉，深圳市中级人民法院审理认为，居住地名称不能以自然人或某个法人机构的意志为转移。被上诉人在深圳市益田村中心区兴建的高层微利商品房楼群的命名须经深圳市地名委员会审批，被上诉人在未经地名委员会审批的情况下，与上诉人签订了住房买卖合同，其做法不当。但上诉人在拿到住宅钥匙时即得知所购房屋更名为“益荣居”，此更名行为未侵犯上诉人住房权益，亦未造成实际影响和损失。被上诉人在今后售房工作中应注意避免出现类似现象，规范工作程序，完善管理工作机制。上诉人的上诉理由不成立，二审不予采纳，原审判决事实清楚，适用法律正确，应予维持。遂依照《中华人民共和国民事诉讼法》第153条第1款第(一)项规定，判决驳回上诉，维持原判。二审诉讼费人民币100元由上诉人承担。

[法理评析]

对于本案判决,笔者认为存在可商榷之处。原告是否存在应受保护的权利,其权利是否受到了侵害,在本案中原告应如何提起诉讼请求,均是值得思考的问题。笔者以为,妥善解决好此类问题,对于完善民法理论,正确处理纠纷,实现法律正义具有重要意义。

一、原告提起诉讼的主体资格是否适当

对案件稍加分析就不难发现,首先摆在我们面前的问题是原告提起诉讼的主体资格是否适当。原告购买的楼房是整个楼宇的一个组成部分(一套房),而楼宇名称是为该楼宇命名的(并非为此套房),那么,焦彦丰作为原告提起诉讼符合法律的规定吗?

笔者认为,焦彦丰有资格以原告的身份起诉。因为根据民法建筑物区分所有权的理论,对楼宇名称的专有权属于其共有权的组成部分。所谓建筑物区分所有权是指,根据使用功能,将一栋建筑物在结构上区分为由各个所有人独自使用的部分和由各个所有人共同使用的部分,因而它包括每一所有人享有的对其专用部分的专有权、对共用部分的共有权以及各个所有权人之间基于共同关系而产生的成员权。也就是说,它是由专有所有权、共有权、成员权三部分构成。而共有权是权利人对区分建筑物的共同部分所享有的占有、使用、收益的权利,是所有权的一种。所以,我们说对楼宇名称的专有权应属于共有权的组成部分。既然焦彦丰属于共有权利人之一,那么在共有权遭受侵害时,焦彦丰当然有权以原告的诉讼主体资格提起诉讼,然后由人民法院追加其他共有人作为共同原告，拒不参加的，不影响人民法院对案件的审理。

但考虑本案的具体情况，我们应当注意的是，国家为了净化社会空气，促进精神文明建设，加强市政规划，明文规定“商住大楼、住宅区等大型人工建筑的名称必须经法定机构审核批准才享有专有权，否则，未经批准，任何单位和个人不得擅自决定。”①可见，住宅楼宇的名称是法定的，只有经过法定机构审核才享有专有权。被告深圳市住宅局在未经深圳市地名委员会审核批准的情况下，即以“益田阁”为名进行房产预售，违反了法律的规定，结果在后来未获批准。故“益田阁”不能成为该楼宇的法定名称，权利人不享有专有权。因此，原告焦彦丰就不能够请求恢复原名称。那么是不是就可以说原告就不存在应受保护的权利了呢？如果存在的话，该权利在性质上又是什么呢？

二、原告是否存在应受保护的权利

笔者认为，原告存在应受保护的权利。理由是，根据民法原理，原告遭受了信赖利益的损失，据此可以追究被告的缔约过失责任（又称先契约义务）。

依据民法的基本原则诚实信用（又称“帝王规则”）的要求，当事人在进行民事活动时，必须尊重他人的权益，以对待自己事务的注意对待他人的事务，保证民事活动的当事人都能得到自己应得的利益，不得损人利己。当发生特殊情况使当事人间的利益关系失去平衡时，应进行调整，使利益平衡关系得以恢复，由此来维持正

---

① 《深圳经济特区地名管理实施办法》及广东省国土厅（1996）118号文件的规定。

常的社会经济秩序。据此推知，当事人在为缔结合同而磋商之际，已由一般关系进入到特殊关系，相互之间已建立了一种特殊的信赖关系，故相互之间负有照顾、保护、协力、通知等附随义务。如果当事人一方违反先契约义务，导致合同不成立、无效或被撤销（包括部分无效或被撤销），致另一方遭受信赖利益的损害，应追究该当事人的民事责任，即缔约过失责任。而信赖利益的损害是指当事人相信法律行为（包括合同的各个条款）有效成立，而因某种事实的发生，致使该法律行为不成立或无效而生的损害，民法上又称“消极利益的损害”。于此情形，“当事人得请求赔偿的，系赔偿义务人在经济上应使其回复到未信赖法律行为成立或有效时的状态”。①在本案中，被告深圳市住宅局明知其所建的楼宇以“益田阁”为名未获法定机构审核批准，仍以之进行预售，违背了依据诚信原则所应负的照顾、保护、通知、协力等附随义务。广东省国土厅粤国土（测地）字［1996］118号文件《关于加强商住大楼和住宅区名称管理并清理非标准化地名的通知》第6条明确规定：“今后商住大楼、住宅区等大型人工建筑，在申请用地时同时审批其名称，未经申报审批的名称，不办理此项目用地许可证和土地使用权登记发证手续。”正是由于被告违背了上述义务，才使原告遭受了信赖利益的损失。

三、原告遭受损害的范围

笔者认为，本案中原告遭受的损害为信赖利益的损害。即相信

① 王泽鉴：《民法学说与判例研究》（第5卷），中国政法大学出版社1998年1月版，第212—213页。

“益田阁”是经过法定机构审核批准确定的名称，而在实际上并非如此所遭受的损害。

原告在购买了以“益田阁”为名所销售的楼宇套房后，即与他人订立了一系列合同，比如，安装电话、送煤气、以及其他一些合同，均以“益田阁”作为履行地点。结果，合同对方因为履行地点表述不正确不能正常履行，从而严重影响了原告的日常生活，损害了其在社会上的声誉。这些不利后果显然是因为被告在缔约中的过错所致。为了加强缔约人的责任心，防止缔约人因故意或过失使合同不能成立或欠缺有效要件(包括部分不成立或无效)，维护社会经济秩序，法律应当追究缔约过失当事人的民事责任，这才符合民法的精神实质。因此，在本案中原告遭受损失的范围为，因被告的缔约过失而致原告与他人订立合同所多支出的费用及名誉损害。

四、对判决的述评

原告在起诉书中所提起的诉讼请求为：(1)恢复微利商品房的原名——“益田阁”；(2)被告消除因其过错所产生的影响；(3)赔礼道歉。

笔者认为第一项请求不应得到支持，因为楼宇名称是法定的，任何单位和个人不得擅自决定，对擅自定名的楼宇名称法律不予保护。但原告的信赖利益应予以保护，被告因其在缔约过程中未尽保护、照顾、通知、协力等先契约义务而给原告造成损害，依法应承担相应的民事责任，因此，笔者主张第二、三项诉讼请求应该得到支持。换个角度说，原告的损害与被告的过错存在着直接的因果关系，因此，责令被告承担相应的民事责任，合情合理，有利于纠纷的解决和实现法律正义。

一审法院以“双方买卖的楼房经深圳市地名委员会命名为‘益荣居’，这是一种行政行为，而且房屋所在地的名称不能认为是房屋权利的一部分”为由驳回了原告的诉讼请求，该判决尽管指出了被告深圳市住宅局的不当做法，但认为应由地名机构进行处理，没有判决被告应承担相应的民事责任。对此，笔者不敢苟同。首先，楼宇名称必须经过法定机构审核批准才能确定，这的确是一种行政行为，但作为该楼宇的建筑物区分所有权人对楼宇名称享有的专有权，却是一种民事权利，为共有人所专有，二者不能混淆。其次，建筑物楼宇的名称应是房屋权利的一个组成部分，因为该名称与每一个住家户的关系非常密切，使用范围广泛。比如，当别人问某人住何处时，该人会回答，“我住×××(楼宇名称)”，×××(楼宇名称)从某种意义上说已成为每一个住家户的住房权利象征。每一个住家户对楼宇名称享有共有专有权，这是不言而喻的。再次，行政责任和民事责任这是两种不同的法律责任形式，当事人承担行政责任不能取代其应承担的民事责任。一审法院认定被告的行为不当，但却未判决其承担相应的民事责任，显属错误。最后，既然被告存在缔约过失，且给原告造成了损害，那么案件诉讼费完全由原告承担不合理。

二审法院驳回上诉，维持了原判，但理由与一审稍有不同：“上诉人在拿取住宅钥匙时即得知所购房屋更名为‘益荣居’，此更名行为未侵犯上诉人住房利益，亦未造成实际影响和损失”。笔者认为，此种理由难以令人信服。第一，住家户对楼宇名称享有共有专有权及成员权同属于建筑物区分所有权的范畴。第二，该判决把“拿取住宅钥匙的时间”与合同成立的时间混淆了，疏忽了对原告当事人信赖利益的保护。

随着我国市场经济的深入发展，大量纷繁复杂的民事案件不断涌现，而民事法律规范的疏漏与滞后，严重影响着法官对案件的裁判，这就需要法官不断提高自己的理论素养，对于法律未明确规定的权利与利益，应灵活运用法律，探究立法的深层目的，找出适当的法律依据以实现法律正义，从而准确地进行自由裁量，为市场经济保驾护航。

作者单位：深圳市正大律师事务所

李玉洁诉唐嘉弘等《先秦简史》著作权纠纷案

付翠英

[基本案情]

1987 年 4 月,《大学历史丛书》编委有关领导提出让河南大学教授唐嘉弘主持编写《先秦简史》(以下称《简史》)一书,同年 5 月,唐接受该任务。1988 年 12 月,福建人民出版社与唐签订出版《简史》的《图书约稿合同》。1989 年初,唐与李玉洁口头协商,由李参与该书的写作,全书共 8 章,由李写 1—7 章,唐写第 8 章。唐在该书目录底稿上亲笔书写了"唐嘉弘、李玉洁著"的字样。1989 年 4 月 29 日唐致函出版社,介绍"另一作者李玉洁为河南省第一个女博士研究生"。1990 年 8 月 9 日,出版社在《光明日报》上刊登了《简史》由唐嘉弘、李玉洁著的书讯。自 1989 年 4 月至 1993 年 8 月,出版社将初稿及清样曾退回作者进行修改,唐未征得李的同意,让张建华、周书灿校订部分内容,张、周的部分校订意见被采纳。1990 年 11 月 24 日,该书责任编辑写信向李玉洁索取唐、李的照片及简介,唐、李分别寄去。1990 年 8 月 30 日,唐给出版社去信，提出在该书的封面、封二及版权页上写明“唐嘉弘主编，在后记上写明第1—7章由李玉洁撰写，全书只有此处出现该名”的意见，出版社根据唐的意见将《简史》一书的署名方式印制成“唐嘉弘主编”，未印李玉洁的简介和照片。1995年5月，该书出版印制了1,000册。李在接到样书后得知《简史》一书的署名方式由原来的“唐嘉弘、李玉洁著”改为“唐嘉弘主编”，只在后记中提到“1—7章由李玉洁撰写”后，认为唐嘉弘侵犯了自己的著作权，唐未征得本人同意，让张建华、周书灿校订自己的书稿，侵犯了自己著作的修改权，为此形成诉讼。原告李玉洁要求将《简史》一书的署名改为“唐嘉弘、李玉洁著”，并赔偿其经济损失，要求将张建华、周书灿校订的署名去掉。一审法院将出版社追加为共同被告，追加校订人张、周为第三人。被告唐提出反诉，认为李撰写《简史》1—7章的内容部分抄袭了唐已发表的作品，要求追究李抄袭其作品的责任，并赔偿其精神损失。

[裁判要旨]

开封市顺河回族区人民法院一审认为，唐编写《简史》是个人行为，无须确定其主编地位。唐接纳李参加编写，并在目录初稿上写上唐嘉弘、李玉洁著，说明唐、李存在合著的事先约定。事后唐向出版社发信，介绍李为另一作者，出版社在《光明日报》上发书讯并在与李来往的信件中承认了唐、李合著的事实。唐未征得李的同意，擅自改变署名方式，将二人合著改为一人主编，侵犯了李的著作权，属侵权行为，应负主要责任，出版社明知李是合著人，在印刷时按唐的意见将《简史》一书改为唐主编，删掉李的简介和照片，是有过错的，也侵犯了李的著作权，应负次要责任。李引用唐的著作是唐提供的，是一种许可行为，李不构成抄袭，唐的反诉不能成立。唐请张、周校订，未征得李的同意，校订不能成立。遂作出1996年顺民初字第87号《民事判决书》，判决如下：(一)《简史》属合作作品，著作权归唐、李二人共有；(二)唐赔偿李500元的损失；(三)唐、李将样书寄回出版社，出版社将《简史》一书的封面、封二、版权页及书脊上唐主编的字样改为唐嘉弘、李玉洁著，并在封面折页上增印李的照片和简介，删掉后记中张、周校订字样，翻工损失唐承担80%，出版社承担20%；(四)驳回唐的反诉。

开封市中级人民法院二审认为：唐接受《大学历史丛书》编委的邀请主持编写《简史》一书，且撰写了目录，制定了写作框架，审查了全稿，履行了主编职责，系《简史》一书的主编，李未提出相反证据证明唐没有履行主编职责，故李要求将唐主编去掉的请求不予支持。李是《简史》一书的作者之一，在该书中有署名权和获得报酬权，唐和李在撰写该书时未明确约定署名方式，但该书初稿上署名为唐嘉弘、李玉洁著，应视为唐、李对该书署名方式的默示，唐擅自改变该书初稿上的署名方式，在行使主编权利时侵犯了原作品作者李的署名权，出版社明知该书初稿上署名为唐嘉弘、李玉洁著，根据唐的单方要求，改变作品的署名方式，也侵犯了李的署名权，应予纠正。《简史》一书印制前，李未明确提出在该书封皮、封底、版权页等处署名，现该书已印成，鉴于社会利益，李要求在该书封皮、封底、版权页上署名的请求不予支持。《简史》一书的署名应尊重唐主编的事实和唐、李事先默示的署名方式。唐作为《简史》一书的主编，有权请"校对"(《简史》后记中写明校订而非校对)人员，第三人张、周的"校对"行为不侵犯李的修改权，李请求去掉张、周的署名不予支持。李撰写1—7章时参考引用了唐的部分作品，且部分未注明出处，但唐在1989年审稿时未提出异议，反诉时超过诉讼时效，唐的反诉请求不予支持。第三人张建华要求李向其赔礼道歉、赔偿经济损失没有事实依据不予支持。遂作出汴民终字(1997)第112号《民事判决书》，判决如下：撤销原判第(一)、(三)项；维持原判(二)、(四)项；驳回李要求的去掉《简史》上唐主编和张、周校订字样的请求；出版社接到寄回的样书后一个月内在《简史》的扉页上“唐嘉弘主编”字样下边印上唐嘉弘、李玉洁著的字样，所需费用由唐、出版社均担。

[法理评析]

一、二审法院对本案认定的事实基本是清楚一致的，但对主要问题的判决及其适用法律的理由则大相径庭，使得本来简单的纠纷变得复杂化，由此也产生很多著作权问题。如合作作品和主编作品如何认定？作者如何署名方为妥当？引用未标明出处是否构成抄袭？抄袭是否适用时效？校订、校对与作者的修改权的关系等等。一、二审法院对上述问题存在明显的分歧。笔者谨以认定的事实为依据，结合著作权法精神，就一、二审法院对以上问题的裁决进行评析。

一、合作、主编与著作权归属。

从法院认定的事实来看，《简史》是合作还是主编是处理本案的关键。如果合作成立，一审原告李的各项请求都应给予支持，反之，将维持《简史》现有的署名形式。

合作、主编是两种不同的成果完成形式。两人以上合同创作的作品为合作作品，著作权归合作者共有。著作权意义上的主编有两种类型：一种是承担作品责任，作为著作权主体的主编，这类作品暂且称为主编作品，如教材；另一种类型是履行职务的主编，主持完成的作品为职务作品，不享有著作权，暂且称为纯粹的编辑作品，如报纸、杂志。合作作品和主编作品作者都是两人以上，都对作品进行了创作，所以很容易构成混淆。尤其是可分割的合作作品和编辑人参加创作的主编作品。如何认定一部作品是主编还是合作，笔者认为主要是看作者之间的约定。如果约定一人为主编，在这种合意下完成的作品则是主编作品。换句话说作品的成立要依赖被编辑作品的作者(通常说的撰稿人)的授权，只有撰稿人把自己作品的编辑权许可主编使用，主编的著作权主体地位才得以确立。如果约定为合作，共同创作的作品则为合作作品，合作者共同享有著作权。

创作力是自然赋予人类独有的能力，任何创作行为都是个人行为而非组织行为。即使是职务作品、委托作品，其创作完成也只能是个人，只不过著作权归属上依法律或约定确认。著作权作为创作者的一项私权，由作者在法律范围内自由行使，任何机关、团体或个人都不得干涉。合作者和主编的著作权法律地位的确定，也不能按照行政指定，只能依作者之间的约定。关于约定的形式，著作权法没有明确规定。从创作特点考虑，合作或主编的约定可以用书面形式，也可以采用口头形式，当然采用口头形式必须有事实证明方可成立。

《简史》一案中，一审原告李提出的证据足以证明唐、李之间有过合作的口头约定。唐在《简史》目录上的亲笔署名就是对其口头约定的一种确认。加之唐向出版社介绍另一合作者的情况以及出版社发出的书讯皆表明李与唐是合作者而不是一般的撰稿人。

二审判决把一审被告唐在初稿目录上的署名“视为唐、李对该书署名方式的默示”实在有些荒谬。默示是口头、书面之外的意思表达形式,唐亲笔所写以文字形式来表现其个人意志的行为怎么能说是默示呢?

从逻辑上看,二审法院认定唐是主编,驳回李要求的将唐主编去掉的请求的判决是按照以下逻辑推理方式来进行的——

大前提:唐接受大学历史丛书编委会的邀请,主持编写《简史》一书,且撰写了目录,制定了写作框架,审查了全稿,履行了主编职责,系《简史》一书的主编;

小前提:李未提出相反证据证明唐没有履行主编职责;

结论:李要求将唐主编去掉的请求不予支持。

按照逻辑规则,大前提、小前提都真实时,得出的结论才真实,其中一个前提为假,得出的结论也必然失真。

唐接受邀请,履行了主编职责就当然地成为主编吗?法律没有规定履行主编职责就是主编,实践中很多情形是未履行主编职责也可以成为主编,履行主编职责也未必就是主编。“主编职责”不是一个法律概念,其主观随意性也不是法律所能解释的。因此二审作出履行主编职责系为主编的判断缺乏法律依据和事实依据。小前提是否真实可以根据本案事实进行判断,李虽然没有提出相反的证据证明唐没有履行主编职责,却提出了合作的证据。李作为一审原告,对自己的主张提出了充分的证据,并且得到法院的认可,依民事诉讼法的规定,李的举证责任完成,对其请求应当肯定。唐作为一审被告,主张自己是主编,依证明规则,唐应当举出其作主编的证据。而二审法院不要求唐提供证据，却要求李提出唐没有履行主编职责的证据。显然违反了民事诉讼法谁主张谁举证的举证原则，因此，小前提判断是错误的。

大前提、小前提缺乏真实性，得出的结论自然也就不可靠了。二审判决存在的问题在于混淆了主编地位和主编职责的关系，把两者等同化。履行主编职责并不代表取得主编地位。主编地位是法律确认的著作权主体的资格，其确定是一种法律行为，而主编职责的履行则是一种事实行为。主编地位一经确认，应当履行主编职责，事实上没有履行主编职责的，主编地位也并不因此消灭。

成果完成形式的不同，作者享有的权利和承担的责任也不同。著作权归属是对一部作品著作权主体的确认，不管是主编、合作还是其他形式的作品，都应当明确著作权归属。归属不明确，权利难以行使，责任也不分明。确认著作权归属，首先应遵从作者的约定，无约定时，方可按法律规定。《简史》为合作作品，作者没有约定著作权归属，因此《简史》著作权归合作者共有。如果认定为主编作品，其整体著作权归主编享有，撰稿人只能就撰稿部分单独享有著作权。二审判决虽然认定《简史》为主编作品，却回避了著作权归属问题，这不能不说是一项疏漏。

二、封面、扉页、版权页与署名权。

一审判决合作者应当在书的封面、封二、版权页以及书脊上署名，将原有的一人主编均改为两人合著；二审认为在扉页上唐主编字样下边改为唐、李著，理由是尊重唐李之间"默示的署名方式"。

署名是指在作品上写上作者的姓名。法律赋予作者署名权，用以表明作者身份，同时法律还规定，在没有相反证据证明时，在作品上署名的人视为作者，因此署名是认定作者的形式要件。如何署名，署在何处合适，法律没有明文规定，实践中的作法也各不相同。笔者认为，只要能够显示作者身份的地方都应当署名，具体署在何处，根据作品形式和惯例决定，就图书这种形式的作品而言，一般惯例是在封面、扉页、版权页、封底或者书脊等处署作者姓名，但有些图书仅在封面、版权页处署名。作为图书，最能体现作者身份的就是版权页和封面。真正的作者在这两处署名其身份便足以确定。封面是读者了解作品的第一视点，主要印有作品名称、作者姓名以及出版社，这三个方面代表着书的性质、层次、内在质量。因此，作者姓名首先要写在封面。其次就是版权页。版权页是出版商进行版权通告、版本记录以及表明其他事项的地方。版权页有的放在扉页背面，有的放在封底头一页。版权页是一本书的简历，是书目编印和积累的参照对象，也是有经验的读者购书时了解的重要内容。版权页作为版权通告的载体，作者当属其名。扉页又叫护页、副页、内封，是图书的第二页。有的扉页印有图书名称、作者姓名、出版社，有的正面是空白的，背面是版权通告。扉页上的内容，各出版社的作法不太一致，可见，扉页并不是必须署名的地方。书脊也是如此。

鉴于上述，一审在认定《简史》为合作作品的前提下，根据《简史》现有的署名方式，判决要求封面、封二、版权页、书脊等处改为唐、李并列署名是适当的。相反，二审对署名方式的判决则极为牵强，既非当事人提出的诉讼请求，也不是按惯例行事，判决前后比较，显得矛盾重重。

首先，二审既然认定《简史》是主编作品，按照主编作品的署名惯例，主编在封面、版权页、扉页等处署名，撰稿人在后记中署名，足以体现主编和撰稿人的身份，何以非要在扉页上主编姓名之下加上唐、李署名?

其次,二审法院认为唐擅自改变初稿上的署名方式,行使编辑权利时侵犯了原作品作者李的署名权,出版社明知该书初稿上署名为唐、李著,却根据唐单方要求,改变作品的署名方式,也侵犯了李的署名权,应予纠正;《简史》一书印制前,李未明确提出在该书封面、封底、版权页等处署名,现该书已印成,鉴于社会利益,李要求在封面、封底、版权页上署名的请求不予支持。既然承认李对《简史》享有署名权,又何以需要李再另行提出在封面、版权页等处的署名?作为图书,署名权的行使当然地要在封面和版权页进行,署名权利人根本就没有必要再提出在何处署名。既然李未明确提出在封面、版权页等处署名,又何以认定唐和出版社了侵犯了李的署名权?既然认定唐和出版社侵犯了李的署名权,应予纠正,却又以莫须有的社会利益而"不予支持"。书未发行,内容不违反法律,谁代表社会利益?作者的权益才是真正的社会利益。同一纸判决,一面"应予纠正",一面又"不予支持",这岂不是"以子之矛,攻子之盾"了。

第三,二审法院一直认为唐、李之间存在"默示"的署名方式,主张给予尊重,但最后判决却抛开默示的内容,对李要求的封面、版权页等处署名的请求不予支持,同时又判决在扉页上增加其署名。笔者认为,署名权作为一项重要的著作人身权,作者有权决定是否署名、署何种名以及在何处署名。署何种名由作者决定,而是否署名和在何处署名则受作品完成形式、作品类别及与他人事先有无约定的限制。本案中存在的问题不是是否署名而是署在何处的问题。如果认定《简史》为合作作品,唐、出版社侵犯了李的署名权;如果唐是主编,现有的署名形式完全合乎习惯,不存在侵权问题。二审判决把作品成果完成形式和署名权割裂开来，把李的署名权建立在唐、李之间的所谓“默示”的约定上，从而导致了矛盾的判决。

三、参考、引用与抄袭。

本案中，唐反诉李抄袭其部分作品的内容，李答辩说仅是参考。对此，一、二审法院查明：李在撰写1—7章时，经唐同意参考并引用了唐的部分作品的内容，且部分未注明出处。根据这一事实，一审认为李引用唐的著作是唐提供的，是一种许可许为，加之《简史》一书系历史教材，其部分内容受历史人物和历史事件的限制，不容随意改变，相同之处在所难免，因此，李所写1—7章内容与唐原有著作有相同之处，不构成抄袭，唐反诉不能成立。二审认为唐在1989年审稿时，未提出异议，反诉时已超过诉讼时效，唐的反诉请求不予支持。一、二审虽然对此问题是殊途同归，但适用理由方面却大相径庭。

根据《著作权法》第22条第1项和第2项的规定，为了学习研究等目的，可以使用他人已经发表的作品；为了介绍、评论或说明某一问题，可以在作品中适当引用他人已经发表的作品。参考就是运用有关材料研究思考某一问题或者利用原有材料来拓展思路，为了学习研究，参考他人已经发表的作品符合第1项规定，属于合理使用。因此，参考他人作品不需要取得许可，也不需要向著作权人支付报酬。使用人可以列出参考书目，也可以不列。这一点与第2项规定的适当引用不同。适当引用也属于合理使用范畴，但引用必须符合适当的条件方为合理，参考则无适当与否之说。《著作权法实施条例》第27条规定了适当引用的条件，即引用目的限于介绍、评论或说明某一问题;引用部分不能构成引用人作品的主要部分或实质部分,不得损害被引用作品著作权人的利益。前两个条件是引用与抄袭的分界线,第三个条件是要求引用作品时表明作者身份或作品来源,即俗称的出处,属于引用且标明出处的为合理使用,没有标明出处是否就构成抄袭呢?问题也不能一概而论。

抄袭是把别人的作品原封不动地或改头换面地当作自己的作品的行为,它严重地侵犯了作者人身权和财产权,它是对广大读者和社会公众的欺骗。如果把符合引用的前两个条件,只是没有标明出处的也认定为抄袭,对引用者来说有失公允。著作权法对此没有明确规定。但是有一位知识产权专家表态如下:"引用作品而未注明出处不以抄袭论"。

基于以上认识,一审认定唐反诉李抄袭不成立的理由是经过许可不太合适。参考、引用都属合理使用,无须经过许可。即使经过许可使用作品,而使用人却大段地抄袭并不注明出处也不能说是合理的,笔者认为这时抄袭的事实应当成立,只是因经过明示或默示的许可,许可人的诉权不予保护。如果两个作品对比之后确实属于引用,只是没注明出处,则应当在判决中要求在适当地方注明出处,其费用应由使用人承担。二审法院对唐的反诉适用时效也欠妥当。适用时效的前提是承认实体权利的存在,这就是说李的使用行为实际上构成抄袭。抄袭是否适用时效暂且不提,仅就事实上看,认定李为抄袭证据不足。而且法院事实已认定李是参考引用唐部分作品内容且部分未注明出处。既为参考引用,又何以适用时效呢?既然适用时效,就表明抄袭成立。既是抄袭,就应列举抄袭多少处,字数多少,但这些证据都没有。

另外,对抄袭适用时效,笔者不敢苟同。著作权法对著作人身权的保护是不受时间限制的。抄袭是直接侵犯著作人身权的行为，即使权利人明知抄袭而没有提出异议，抄袭者也不能因此成为真正的作者。任何时候，法律都应该制止抄袭行为，不能因时效已过使抄袭行为变得合法化。所以笔者认为，对抄袭不能适用时效，但权利人基于抄袭行为侵权的请求赔偿则适用时效。法律对此虽无明文规定，但审判人员应依著作权法的精神加以处理。

还需说明的是，对于唐反诉李抄袭的问题，法院工作还不够细致，适当的作法应该是组织专家对当事人的作品进行鉴定。哪些属于历史教材应有的相同出处，哪些属于适当引用，哪些属于引用而没标明之处，哪些属于抄袭，根据鉴定结论作出处理才是科学的。

四、校对、校订与修改权。

校对是按原稿核对抄件或者付印清样。校对不能改动原稿的内容，它只针对打印清样或抄稿的错别字或与原稿不同之处进行核对。校对可以由任何人进行，无须取得权利人许可。而校订则是在原材料基础上进行订正，订有比照修改之意。因此，校订会牵涉到作者的修改权。修改权是法律赋予作者修改或授权他人修改自己作品的权利，未经许可，不得对他人作品的内容进行修改，校订他人作品也应当取得作者同意。

本案中张、周应唐之邀请校订李所写的书稿，虽提些意见，部分内容也被采纳，但二人在修改李的书稿时未征得李的同意，唐在《简史》后记中添写参加校订工作的还有张、周二同志的内容时，也未征求李的意见，因此，二人的校订不能成立，一审判决将张、周二人校订的署名去掉是妥当的。二审认为唐作为该书的主编，有权请校对人员，与实际认定的“校订”不符。校对和校订虽然一字之差，含义却不同。二审判决把校对和校订视为同义,由此得出的结论也就是错误的。

著作权法虽然有不尽完善之处,但再完善的法律也不是"词典",还需要真正懂得法律精神的法律人准确地执行。市场经济体制的确立,要求法官不断提高著作权法律意识,转变计划经济条件下的某些观念。市场经济注重个人意思表达,计划经济则强调行政指令。创作作品是一种个人行为,每一部作品的作者在作品中法律地位的确定都应依意思自治原则进行,而不能根据行政命令。换言之,著作权主体地位的确定是依靠法定而不是"钦定"。

《简史》纠纷的发生还告诫人们:知识产品已经成为市场经济独特的客体,它不仅能给权利人带来荣誉,也会给权利人带来财富。这就要求主体在创作作品时,力求通过书面或其他特定形式表达自己的意思,改变君子不言利的观念。市场经济是法治经济,法律又是注重证据的法律,它需要程序公正和形式公正,证据是实现形式公正的首要条件,如果没有证据,真正的权利人往往也会成为失败者。

作者单位:河南大学法学院

张延华诉临猗县县志编纂委员会等侵犯著作权纠纷案

李晓轩

[基本案情]

张延华曾于1983年6月至1985年10月借调在临猗县县志办工作，在此期间，张延华与他人下乡采访，收集整理了《王干的故事》等民间广为流传的民俗、风情、故事、传说、歌谣、谚语等。同时，编辑完成了《临猗县地名志》一书（该书于1985年出版），撰写了《临猗县志》“人口志”一章内容。1985年10月后，张延华调离县志办。后张延华曾两次从县志办领取过资料费450元。1991年原编委会负责人孙晋怀口头委托张延华提供《方言志》内容。张延华提供了其1989年曾获山西省社会科学院语言研究所“六五”国家重点项目《山西省各县市方言志》优秀成果奖的《临猗县方言志》4万多字的原稿。1993年，《临猗县志》由北京海潮出版社正式出版发行3,000册，全书约120万字，其中采用了张延华《临猗县方言志》原稿中3万字内容，《人口志》2万字内容，《临猗县地名志》中约2万字内容和《王干的故事》约1,800字内容。《临猗县志》在目录前有编委会成员、县志办成员、编辑等人员的署名，在该书尾部有后记，有提供资料单位名单，有《志人掠影》为各专志的16人列了传记，说明了各专志的出处、作者作品、字数等内容，其中有《临猗县地名志》的主编孙晋怀、副主编宁新杰的传记，注明其二人的编著有《临猗县地名志》等说明。对张延华及其作品，全书未作任何介绍与说明。张延华认为其作为《临猗县志》“方言志”、“人口志”、“地名志”三部专志约10万字的作者却被编委会剥夺了著作权，遂于1995年10月20日向运城地区中级人民法院提起诉讼，要求停止侵害、消除影响，为其署名并赔偿其应得稿酬及经济、精神损失共计28,800元，并要求对“方言志”中出现的多处错误予以更正。后经山西省社科院语言研究所进行鉴定，确认“方言志”中有135处有误。1995年10月25日编委会以“补记”将所有参加志书提供资料者进行了追加认可，张延华为其中之一。

[裁判要旨]

运城地区中级人民法院经审理认为，《临猗县志》的著作权属于临猗县编委会。鉴于该书系多人合作作品，故作者对各自创作的作品可以享有单独著作权。“王干的故事”属于职务作品，张延华享有署名权，编委会应给予适当的奖励；张延华所编著的“方言志”、“人口志”以及“社会志”、民俗风情中“喜庆”、“陋习”、“禁忌”，第三章“婚姻家庭”，第四章“俗语”、“建置沿革及沿革表”、“古地名考”、“春秋令狐之战”等作品是受编委会口头委托创作的作品，其著作权应属于张延华所有，张延华享有署名权。为此，编委会应在相应的报刊上公开赔礼道歉，消除影响并赔偿损失。故依据《中华人民共和国民事诉讼法》第108条,《中华人民共和国民法通则》第18条以及《中华人民共和国著作权法》第9条、第13条、第16条、第17条之规定作出(1995)运中民初字第16号民事判决,判决如下:(一)《临猗县志》中"社会志·方言"、"人口志"、"社会志"第一章民俗风情中的"喜庆"、"陋习"、"禁忌",第三章"婚姻家庭",第四章"俗语"中的部分内容,"古地名考"、"建置沿革及沿革表"、"春秋令狐之战"、"王干的故事"等张延华享有署名权,《临猗县志》再版发行时应在上述作品中署张延华之名。(二)《临猗县志》再版发行时应对"社会志方言"中135处错误予以更正。(三)编委会应在《山西日报》、《光明日报》上向张延华赔礼道歉,其稿发表前需经本院审核,所需费用由编委会负担。(四)编委会付给张延华劳动报酬款10,000元人民币,补偿张延华经济、精神损失费15,000元人民币。判决生效后15日内付清。

宣判后编委会不服,向山西省高级人民法院提出上诉。山西省高级人民法院经审理认为,《临猗县志》是在临猗县委、县政府的领导下,由编委会主持完成的,属于编辑性质作品,其整体著作权应归编委会,但所有参加该书创作的人,都是被编辑作品的著作权人,依法应享有各自原作品的署名权和获酬权。张延华起诉后引起编委会的重视,对所有参加志书工作者进行了"补记",该"补记"本院予以认可。鉴于张延华编著的"方言志"是其获奖作品,其应享有著作权所包括的全部权利(署名、发表、修改、出版、取得报酬等)。对于该"方言志"中出现的135处错误,张延华有权要求更正。张延华所提供的其他作品"王干的故事"、"人口志"部分及"社会志"部分,属于张延华的职务作品,在编写该作品的过程中张延华亦付出一定的创造性劳动,除了其应享有署名权外,编委会还应给付其适当经济补偿。对于同属于临猗县编委会著作权的《临猗县志》可以使用《临猗县地名志》的内容。编委会对《临猗县地名志》的主编、副主编在《临猗县志》"志人掠影"中作了传记，却未给《临猗县地名志》的编辑张延华作传记，显失公平。赔礼道歉是著作权侵权的法定责任形式，一审判令编委会登报赔礼道歉并无不当，二审中也未发现免责事由，故上诉人所提免除登报赔礼道歉的上诉请求不予支持。对于张延华提出的关于《临猗县地名志》的其它诉讼请求，因于法无据，不予支持。其余部分一审判决认定事实清楚，适用法律适当，故依据《中华人民共和国民事诉讼法》第153条第1款第1、第2项之规定判决如下：(一)维持运城地区中级人民法院(1995)运中民初字第16号民事判决第二项、第三项，即《临猗县志》再版发行时，应对"社会志"方言中135处错误予以更正；临猗县志编委会应在《山西日报》、《光明日报》上向张延华赔礼道歉，其稿发表前需经本院审核，所需费用由编委会负担；(二)变更运城地区中级人民法院(1995)运中民初字第16号民事判决第一项为：张延华享有《临猗县志》社会志中方言志的全部著作权，"王干的故事"、"人口志"等张延华享有署名权，《临猗县志》再版发行时应在"志人掠影"中对上述作品署张延华之名；(三)变更运城地区中级人民法院(1995)运中民初字第16号民事判决第四项为：临猗县志编委会付给张延华劳动报酬款2,100元，补偿张延华经济、精神损失费1,5000元，本判决送达后15日内付清。一审案件诉讼费等共计1,900元，编委会负担1,400元，张延华负担500元。二审案件诉讼费1,100元，编委会负担600元，张延华负担500元。

[法理评析]

审理本案应该明确以下几个问题:(一)《临猗县志》是何种性质的作品;(二)张延华向编委会提供的《方言志》、《人口志》等能否称为作品;(三)张延华提供的作品属何性质;(四)编委会是否构成侵权。

一、临猗县志是由临猗县志编委会享有整体著作权的编辑性质作品。

众所周知,编修史志是一项卷帙浩繁的工程,涉及当地政治、经济、文化、风土人情等各个方面。仅凭一个人或几个人的力量是无法完成的,必须组织各方面力量分工协作,共同完成。因此,我们认为,与其它出版物相比较,志书有以下几个特点:(1)修志是代表统治阶级意志的政府行为;(2)它是由代表政府意志的编委会主持完成的;(3)它是由多人协作完成的;(4)有严格的编审程序;(5)有严格的体例规范;(6)由代表政府的编纂者对志书内容承担法律责任。近年来,这类案件大多以编委会作被告,并在实践中出现一种观点,即志书因其特殊性,似可不受著作权法调整。笔者认为这种观点是错误的,《著作权法》是调整因文学、艺术及科学作品在创作、传播、使用中产生的财产关系和人身关系的基本法律,志书虽具有与其它出版物不同的特性,但它作为出版物绝不能超脱于国家法律之外。《临猗县志》也不例外,根据《临猗县志》及其编写安排计划可以看出,《临猗县志》也是分为多个章节,多个专志内容,并由各个系统的编写人员提供初稿,然后再汇集、整理、编辑形成,是一个集合作品,完全符合编辑作品是对数个单个作品进行收集、编排,而形成一个集合作品的特点,所以说《临猗县志》是一部编辑性质的作品。同时,《临猗县志》又是根据临猗县委、县政府的安排部署,提供资金、资料等创作条件,由编委会组织人员进行创作,并由其承担责任,符合法人作品的性质,所以可以说《临猗县志》又是一部法人作品。我国的《著作权法实施条例》第11条明确规定:由法人或者非法人单位组织人员进行创作,提供资金或者资料等创作条件,并承担责任的百科全书、辞书、教材、大型摄影画册等编辑作品,其整体著作权归法人或非法人单位所有。据此,一、二审法院都认为《临猗县志》整体著作权归编委会所有是正确的,但一审法院认为县志是多人合作作品是不正确的。合作作品虽然是指两人以上共同创作的作品,但作品代表的是合作者的个人意志,而县志代表的是政府的意志,由其产生的法律责任也是由编委会承担,而不是创作人员承担。二审法院认定为编辑性质的作品是正确的。

二、张延华向编委会提供的文稿是资料,还是作品。

在本案中,被告提出张延华的文稿只是资料,而不是作品。严格说来,资料是个非常广泛的概念,有丰富的内涵,一部书、一篇文章都能称为资料,而不能否定其作品或著作的性质。在这里,被告显然指的是张延华提供的只是零散的、无条理、不系统的参考材料。分析这些东西能否称为作品,我们认为首先要看张延华提供的是零散的、不系统的东西,还是经过独立创作能表达一定思想观点的系统的文章;其次,县志在编纂过程中只是用作参考,还是把它用作原稿在其上面直接修改、编辑。从张延华和被告提供的证据材料来看,张延华首先是作为《临猗县志》的专职编写人员从事编写工作;张延华提供的稿件是经过独立创作,能表达一定思想观点的系统的文章,是经过其脑力劳动后的智力成果的外在表现;第三,《临猗县志》在使用张延华提供的稿件时,不是简单的参考,而是把它作为县志某一部分内容的初稿,对其进行加工、修改、完善,成品的大部分文字内容都是张的原作。这些足以说明,张延华向编委会提供的文稿是作品,应该享有著作权。

三、张延华作品的性质。

(一) 张延华于1983年6月至1985年10月借调在县志办工作,在此期间其为完成工作任务的一切创作行为都属于职务行为,创作的作品亦即职务作品。我国《著作权法》第16条第1款规定:公民为完成法人或非法人单位工作任务所创作的作品是职务作品,除本条第2款的规定以外,著作权由作者享有……;第2款规定:有下列情形之一的职务作品,作者享有署名权,著作权的其他权利为法人或者非法人单位享有,法人或者非法人单位可以给予作者奖励:(一) 主要是利用法人或者非法人单位的物质技术条件创作,并由法人或者非法人单位承担责任的工程设计、产品设计图纸及其说明、计算机软件、地图等职务作品……。有关张延华在县志办工作期间创作的作品如何适用这一条,有不同意见。有人认为,张延华的职务作品适用第一款,享有完全著作权。我们则认为应适用第二款。因为张延华的职务作品不论是否利用了单位的物质技术条件,其作品被县志采用后显然是由编委会承担责任的,应该由编委会享有除署名权以外的其它著作权,包括发表权、修改权、使用权等。但张延华并不因此丧失获得报酬权,他付出了创造性的脑力劳动,理应获得报酬,这和法律规定的法人或非法人单位给予作者奖励并不矛盾。

(二)张延华提供的《临猗县方言志》的性质。根据法院查明的事实,《临猗县方言志》是张延华多年对临猗方言研究的成果,是当时的编委会孙晋怀口头委托的,张延华并提供了其独立完成并荣获山西省社会科学院语言研究所“六五”国家重点项目《山西省各县市方言志》优秀成果奖的《临猗县方言志》原稿。《著作权法》第17条规定,受委托创作的作品,著作权的归属由受托人和受委托人通过合同约定。合同未作明确规定或者没有订立合同的,著作权属于受托人。依此规定,一、二审法院认为张延华对《临猗县志》“方言志”享有完全著作权是正确的。但这并不是说,张延华享有完全著作权,他人就不得修改、编辑或使用。笔者认为,县志作为编辑作品,其所有撰稿人实质上把修改权、编辑权、使用权授予编委会了。

四、志书编纂者、编辑人员、撰稿人员各自的权利义务。

志书一般由代表政府意志的编纂委会员主持完成,《著作权法》第11条第2款规定,由法人或者非法人单位主持,代表法人或者非法人单位意志创作,并由法人或者非法人单位承担责任的作品,法人或者非法人单位视为作者。同时,第14条又规定,编辑作品由编辑人享有著作权。由此可见,志书的编纂委员会既是志书的编辑人,也是志书的署名作者,享有志书的整体著作权。笔者认为,志书的编纂者具体享有以下权利:(1)在志书上署名的权利;(2)编辑修改志书发表或未发表内容的权利;(3)决定发表或不发表及何时发表志书的权利;(4)决定使用或不使用他人撰写的有关志书的内容稿件的权利;(5)许可他人使用志书的权利;(6)出版发行后获得报酬的权利。其义务则是,按照某一级政府的意志完成编纂工作及承担法律责任的义务。

志书的编纂委会员作为编辑人是一个抽象的集体,在志书的编纂过程中,还有许多承担具体工作的编辑人员,这些人不能称为编辑人,只能称为编辑或编撰人员,包括主编或副主编,他们在编纂过程中,也付出了创造性的脑力劳动,应该享有相应权利,包括(1)根据编委会的意见编辑作品的权利;(2)享有在"编辑或编辑人员"范围内署名的权利;(3)获得一定报酬或物质奖励的权利。其义务则是,按照编辑人的要求完成编辑任务。

在志书著作权纠纷中,纠纷主体之一大都是志书的撰稿人,他们享有何种权利义务,与志书编辑人又有何区别呢?一般说来,志书撰稿人为志书撰稿有两种情况,一是基于职务关系,包括组织抽调任命。二是委托关系,没有职务或工作上的义务,接受委托人的委托而撰稿。基于这两种情况创作的作品即职务作品与受委托作品,二者所享有的著作权有显著区别。

(一)志书职务作品撰稿人的权利。根据我国《著作权法》第16条之规定,职务作品著作权归属分两种情况,一是著作权由作者享有,但法人或非法人单位有权在其业务范围内优先使用。作品完成两年内,未经单位同意,作者不得许可第三人以与单位使用的相同方式使用作品。以笔者的理解,这种情况的著作权应该是完全的著作权,即包括著作权的五项权能。第二种是,主要利用法人或法人单位的物质技术条件创作,并由法人或者非法人单位承担责任的工程设计、产品设计图纸及其说明、计算机软件、地图职务作品或者法律、行政法规规定或者合同约定著作权由法人或非法人单位享有的职务作品,作者享有署名权,著作权的其他权利由法人或者非法人单位享有,法人或者非法人单位可以给予作者奖励。笔者认为,志书职务作品虽不是《著作权法》第16条第1款第1项规定的工程设计、产品设计图纸、计算机软件、地图等,但由于它由法人或非法人单位承担责任,理应包括在此范围之内,所以志书职务作品的作者只享有署名权和获得奖励的权利,同时,这种获得奖励的权利也可以视为获得一定报酬的权利。实践中,这种奖励或报酬一般以作者应当获得的稿酬为标准。

(二)志书委托作品撰稿人的权利。根据我国《著作权法》第17条规定,受委托创作的作品,著作权的归属由委托人和被委托人通过合同约定,合同未作明确约定或者没有订立合同的,著作权属于受委托人。由于著作权是一项可分离的权利,所以在创作志书过程中,对于需要委托创作的作品,委托人与受委托人可以具体约定各自所享有的著作权。如果双方未作明确约定的,著作权属于受委托人。这里的著作权应该理解为完全的著作权。但这种完全的著作权在志书创作过程中显然受前文所述编辑人所享有的2、3、4项权利的限制。笔者认为,临猗县志编委会作为编辑人享有《临猗县志》整体著作权,张延华作为撰稿人之一,付出了创造性的劳动,其职务作品部分,享有署名权与获得一定奖励权,其受委托作品部分,因无明确约定,享有完全著作权。临猗县志编委会在行使自己的权利时,未给张延华在其作品上署名(这种署名当然可以是多种方式的),也未给其报酬,显然对作品原作者享有的著作权权利中署名权和获得报酬权构成了侵害,应当承担侵权的民事责任。另外,临猗县志编委会作为编辑人有对撰稿人作品修改编辑的权利,但如果是不正当行使此权利,则侵犯了原作者的保护作品完整权,如《临猗县志》方言部分出现的错误,就是不正当行使编辑修改权的体现，县志编委会应该承担更正的责任。至于张延华提出的侵犯其作品发表权问题，则没有依据。因为对于其职务作品来说，决定发表或不发表的权利在于编辑人，而不在于撰稿人；对于受委托作品，其发表权在接受委托时已经转移给委托人，换句话说，在作者交付受委托作品时，作者已默认其作品可以公开发表了，否则作者完全可以不接受委托和交付作品。

关于张延华提出的《临猗县志》方言部分的130余处错误问题。县志编委会不认为是错误。我们认为对于出版物中的印刷、校对错误，任何读者都有权要求更正。至于学术性问题，读者也可提出商榷意见。张延华作为原作品作者提出来是其正当行使保护作品完整权的权利。县志编委会作为编辑人也有对作者作品修改的权利，正当行使修改权不应视为对其作品的侵犯。但将正确的东西“修改”成错误的，则不能认为是正当行使修改权。因为这不仅是对读者和事实的不尊重，更是对被编辑作品著作权人的“保护作品完整权”的直接侵害。对“正确”与“错误”的界定，一、二审法院参照山西省社会科学院语言研究所鉴定意见（有135处错误）无可非议，临猗县志编委会再版时对此错误进行更正是其必然的义务。

作者单位：山西省高级人民法院

微宏研究所诉惠软经营部、连邦公司侵犯计算机软件著作权案

郭泽华

[基本案情]

1996 年 11 月 4 日，国家版权局计算机软件登记管理办公室发布的计算机软件著作权登记公告确定：登记号为 950346 号的 foxpro2.5 反编译工具 unpro25 软件的首次发表日期为 1995 年 4 月 5 日，北京市海淀区微宏电脑软件研究所（以下简称微宏研究所）为著作权人。微宏研究所对该软件的零售报价为每套 1,699 元。

1995 年 6 月 8 日，北京连邦软件产业发展公司（以下简称连邦公司）为乙方，北京市海淀区惠软计算机经营部（以下简称惠软经营部）为甲方，双方签订了为期一年的《产品销售代理协议书》。协议约定，甲方授权乙方为其软件产品“95 工具箱与译林套件”及“95 工具箱”各地专卖店的全国性销售代理，并保证产品的合法版权、商标权，负一切因甲方侵犯他人版权、商标权的法律责任，并赔偿乙方因版权纠纷所受到的损失。乙方大力促销甲方产品，通过散

发促销材料、开展示会、组织专题宣传等形式在全国范围内促销，如甲方举行产品促销活动，乙方应积极配合。此后，惠软经营部即在有关的专业报纸和其他报纸上对其软件产品进行广告宣传。1995 年，连邦公司从惠软经营部购进“95 便携工具箱”软件 72 套，1996 年购进 15 套，总计 87 套，销售 20 套。1995 年 8 月 4 日，微宏研究所从连邦公司中心专卖店以 158 元购得反编译工具箱一套，并经海淀区公证处以(95)海证民字第 50616 号公证书确认。

海淀区人民法院在审理期间，经当事人同意，由中国软件登记中心对微宏研究所提供的 unpro25 软件源程序生成的目标程序 unpro25. exe(样本一) 与惠软经营部的“95 便携工具箱”软件产品盘中的可执行程序 unfoxpro25. exe(样本二) 进行对比鉴定，结论为:“通过对微宏研究所与惠软经营部源程序和目标程序之间的比较，得出结论如下：(1) 微宏研究所提交的源程序与登记存档的源程序完全一致，惠软公司提交的源程序与登记存档的源程序 90% 相同，两者均可以生成可执行目标程序，其源程序文本与目标程序文本为同一程序；(2) 样本一和样本二可运行条件相似，提示信息(描述文件路径上略有不同)、运行结果完全一致，相同率为 30%，而且在样本二中出现不应有的提示信息。”对此结论，当事人未表示异议。

另查，连邦公司从惠软经营部所购进软件进价每套为 67 元，销售价格为每套 158 元。

原告微宏研究所认为，其对 1994 年开发的 foxpro2. 5 反编译工具 unpro25 软件享有著作权。1995 年中，连邦公司在市场上低价销售已被解密的经过微小改动的 unpro25 软件，造成被解密后 unpro25 软件在社会上扩散，侵犯了微宏研究所的著作权，并造成重大经济损失。遂诉至北京市海淀区人民法院。

[裁判要旨]

北京市海淀区人民法院经审理后认为，原告微宏研究所享有unpro25软件的著作权，被告惠软经营部未经原告许可，对其产品进行非法复制，并以“95便携工具箱”的名称进行销售，侵犯了原告微宏研究所的著作权，应承担侵权责任。被告连邦公司作为计算机软件的专业销售商，负有保证其销售的软件均为合法软件的注意义务，应当承担连带侵权责任。微宏研究所要求其停止侵权、赔礼道歉、并赔偿损失，理由正当，应予支持。但其要求赔偿经济损失17万元缺乏充足证据，应当视侵权人复制、销售侵权软件的数量及过错程度判定。连邦公司虽与惠软经营部有侵权法律责任承担的约定，但该约定不能对抗著作权人。惠软经营部无正当理由拒不到庭，对其缺席判决。遂依据《计算机软件保护条例》第9条第1款第(四)项、第10条、第30条第1款第(六)项、第(七)项，《中华人民共和国民事诉讼法》第130条之规定作出(1996)海知初字第24号民事判决，判决如下：(一)判决生效之日起，北京连邦软件产业发展公司、北京市海淀区惠软计算机经营部立即停止复制、销售“95便携工具箱”软件；(二)北京连邦软件产业发展公司、北京市海淀区惠软计算机经营部在《中国计算机报》上向北京市海淀区微宏电脑软件研究所公开致歉(致歉内容须经合议庭审核)，判决生效后10日内执行；(三)北京连邦软件产业发展公司、北京市海淀区惠软计算机经营部赔偿北京市海淀区微宏电脑软件研究所经济损失人民币147,813元，因诉讼支出合理费用5,000元。判决生效后10日内执行;(四)销毁现由法院封存的侵权软件"95便携工具箱"软件67套。鉴定费5,000元,由北京连邦软件产业发展公司、北京市海淀区惠软计算机经营部负担(已交纳2,500元),判决生效后10日内交纳。

此后,连邦公司不服,向北京市第一中级人民法院提起上诉。

北京市第一中级人民法院审理后认为,惠软经营部以营利为目的,非法复制、销售微宏研究所享有著作权的unpro25软件,侵犯了微宏研究所对该软件的著作权。对此,惠软经营部应当承担侵权责任。连邦公司作为惠软经营部的代理销售商,因其销售了该侵权软件,对造成微宏研究所的经济损失,亦有一定责任。但是,对惠软经营部的非法复制行为,连邦公司并未参与,亦不知其有非法复制行为,连邦公司与惠软经营部对非法复制行为无主观上的意思联系,不能认定连邦公司与惠软经营部有共同过错。对惠软经营部的非法复制行为,连邦公司不承担连带责任。连邦公司与惠软经营部签订的销售代理协议是当事人之间的内部约定,连邦公司不得以此免责。但是,连邦公司应将其销售侵权产品所获利润返还给微宏研究所。对微宏研究所的经济损失本院根据惠软经营部复制侵权软件的数量与微宏研究所的销售价格来确定。惠软经营部经依法公告传唤未到庭应诉,本院对其依法缺席判决。原审法院对本案事实的认定是正确的,但在侵权责任的认定、责任的承担、赔偿数额的计算及对侵权产品的处理上欠妥。遂根据《中华人民共和国民法通则》第92条、第134条第3款,《计算机软件保护条例》第30条第1款第(六)、第(七)项,《中华人民共和国民事诉讼法》第130条、第153条第1款第(二)项之规定作出(1997)一中知终字第23号民事判决,判决如下:(一)撤销北京市海淀区人民法院(1996)海知初字第24号民事判决；(二)自判决生效之日起，北京市海淀区惠软计算机经营部停止复制、销售，北京连邦软件产业发展公司停止销售“95便携工具箱”软件；(三)判决生效后30日内北京市海淀区惠软计算机经营部在《中国计算机报》上向北京市海淀区微宏电脑软件研究所致歉；(四)判决生效后30日内北京市海淀区惠软计算机经营部赔偿北京市海淀区微宏电脑软件研究所经济损失人民币147,813元，因诉讼支出人民币5,000元；(五)判决生效后7日内北京连邦软件产业发展公司返还北京市海淀区微宏电脑软件研究所人民币1,820元。鉴定费5,000元，由北京市海淀区惠软计算机经营部负担（已交纳2,500元，余款于本判决生效后7日内交纳)。

[法理评析]

一、关于被告责任的认定、承担及连带责任问题。

在本案中，对连邦公司应否承担连带责任，一、二审法院有不同的看法。这也是目前计算机软件著作权侵权案中存在的较为典型的问题。

笔者认为，连带责任是一种重要的民事责任承担方式，也是司法实践中适用较多，而又较混乱的一个问题。法律上规定连带责任，使权利人能尽先向最具偿付能力的债务人请求给付，同时，也是以数个连带责任人为给付之担保。所以，在通常情况下，债权人的利益足以得到保障。有人认为，为了切实保障债权人的合法权益，对连带责任的适用不宜过于苛刻，应当从宽掌握。这种认识是极其有害的。因为,法律设立连带责任的目的虽然在于侧重保障债权人的利益,但这丝毫不意味着该原则意在惩罚债务人,其意义还在于维护社会的正义与公平。连带责任是一种加重责任,承担连带责任会使责任人处于极为不利的地位。因此,连带责任的承担必须有法律的明文规定或当事人的明确约定。

在审判实践中,关于连带责任的认定及承担,必须严格按照法律的规定,具体应当掌握如下原则:第一,必须是共同侵权人,共同侵权人必须是两个或两个以上的行为人。这里的行为人既可以是自然人,也可以是法人,或者是可以独立承担民事责任的其它组织。第二,行为人首先在主观上要有过错。根据《民法通则》第106条第2款的规定,加害人只有在行为的主观方面有过错的情况下,才承担民事责任。过错责任原则,是侵权责任的归责原则。当然并不是说过错责任原则是侵权责任的唯一归责原则,除过错责任原则外,尚有其它原则。但这些原则仅仅是过错责任原则适用时的例外和补充,而且必须在法律有明确规定的情况下才能适用。过错是行为人的一种主观心理状态,考虑行为人的主观心理状态,仅仅根据行为人的外部行为,不能解释过错的内容和本质,而且极易不适当地扩大责任,也很难体现出对于行为人的惩罚和教育作用及对社会大众的警示作用。尤其是行为人的过错程度是由行为人的主观心理状态决定的,行为人的心理状态不同,其过错程度以及应承担责任的程度也不同。因此,在侵权案件中,考察行为人的主观心理状态尤为重要。过错包括故意和过失两个方面。在审判实践中,适用较为混乱的是过失问题。民事过失的核心不在于行为人是出于疏忽或懈怠而使其对行为结果未能预见或未加以注意,关键在于行为人违反了对他人的注意义务并造成对他人的损害。行为人对其对受害人应负的注意义务的违反，是行为人负过失责任的依据。注意义务包括一般注意义务和特殊注意义务。一般注意义务即法律规定的不得侵犯他人的财产和人身的注意义务。特殊注意义务，即行为人在实施行为时应尽到的对他人的特定注意义务。两种注意义务都要求行为人在已经或应该预见到自己的行为已违反法律和道德的规定，其行为已处于一种即将造成对他人的损害后果的危险状态时，行为人应该采取合理的作为或不作为排除此种危险状态。在审判实践中，确定行为人的特殊注意义务时，应区别行为人所从事的不同职业活动。对于从事较高专业性、技术性活动的行为，必须按照专业技术人员通常应有的注意标准提出要求。如果行为人从事的活动属于危险性活动，极易造成损害他人的后果，行为人应保持更高的注意义务，保持高度谨慎的态度，以避免造成对他人的损害。行为人注意义务，是指行为人按照法律和道德所要求的注意而付出一定的意志努力，尽到了对他人的合理的注意。行为人虽已注意到自己的行为会涉及他人利益，但注意力不集中，注意的对象不全面，或应尽特别注意而只尽到一般注意，并由此给他人造成损害，都构成对注意义务的违反。另外，关于注意义务，还应从主观和客观方面去考察。因此，对受害人负连带责任，如果不是从主观方面，而仅从客观行为出发，来确定连带责任的基础，则不仅不能对共同侵权行为人对外负连带责任的原因作出解释，而且极易不适当地扩大共同侵权行为的范围。除此而外，行为人在主观上还要有共同的意思联系，存在共同过错。这种联系可以是事前串通预谋，也可以是在实施侵权行为过程中明知他人进行的行为违法，仍参加进来。共同过错的本质在于各行为人具有共同的故意和过失。基于共同的过错，各行为人的意志构成了一个意志的综合，使其行为形成一个集体行为。只有行为人对损害后果的发生具有共同的过错,就使其行为构成为一个整体,各行为人应共同地对受害人负连带责任。共同过错是行为人承担连带责任的基础。第三,加害后果是行为人的共同行为造成的,侵犯的标的或客体是同一的。这里,需要指出的是,共同行为并不要求行为人所为加害行为是同时进行的,也可能是不同时进行的,如甲的行为在先,引起了侵权行为的发生,而乙的行为在后,致使侵害后果的扩大或致使侵害后果的成就。同时,共同行为,也不要求行为人在实施侵权行为过程中,采取的侵权方式或手段是一致的,当事人之间可以是以不同的侵权方式或手段造成了共同的加害后果。第四,因侵权行为而承担的责任,在当事人之间为不可分之责任,即按份难以确定责任人应承担责任的具体比例。上述四个要素缺一不可,必须同时具备。

在本案中,惠软经营部是侵权产品的复制、销售者,连邦公司是惠软经营部的代理销售商,但对惠软经营部的非法复制行为,连邦公司并未参与,亦不知其有非法复制行为,连邦公司对惠软经营部的非法复制行为事前并不知情,连邦公司与惠软经营部并无主观上的意思联系,不能认定连邦公司有共同过错。而且连邦公司与惠软经营部事先签订有委托代销软件产品的协议,该协议规定由惠软经营部保证其产品的合法版权、商标权,并承担因其侵犯他人合法权益所产生的侵权责任。惠软经营部在与连邦公司签订代销协议时,惠软经营部也向连邦公司出具了其正在软件登记中心申请办理著作权登记的有关文件。因此,可以认为连邦公司已尽到了应有的注意义务。并且由于软件产品的特殊性,连邦公司不可能从外观上断定该软件是否为侵权产品,也无法用该软件去与其它软件进行对比。微宏研究所起诉后，连邦公司即向其在各地的分销店发出立即停止销售该软件的通知。所以，连邦公司无论事前，还是事后，在主观上均不存在过错。因此，对惠软经营部的非法复制行为，连邦公司不承担责任，双方应各自承担相应的责任。但是，连邦公司虽无过错，而销售该侵权软件所获利润，显然无合法根据，连邦公司理应将其返还给微宏研究所。因此，北京市第一中级人民法院判决由惠软经营部赔偿微宏研究所的经济损失，连邦公司应将其销售侵权产品所获利润返还给微宏研究所是正确的。

二、被告双方签订的代理销售协议的性质及效力与合同的相对性问题。

在软件著作权侵权案中，非法复制人与销售商之间签订的代理销售协议中往往约定了销售商的免责条款，这是较为普遍的。在发生侵权纠纷时，如何看待这一问题？

笔者认为，合同是当事人之间设立、变更或终止民事权利义务关系的协议，是债的发生的最基本、也最普遍的根据之一。债权是相对权、对人权。合同关系不同于其它民事法律关系的重要特点在于合同的相对性，而合同的相对性是由债的相对性决定的。它是指合同关系只能发生在特定的合同当事人之间，只有合同当事人一方能够向另一方基于合同关系提出请求或提出诉讼；与合同当事人没有发生合同上权利义务关系的第三人不能依合同向合同当事人提出请求或诉讼，也不承担合同当事人的义务或责任；非依合同约定或法律的规定，第三人不能主张合同上的权利。而且，合同的当事人不能依合同关系为第三人设定权利义务，第三人也不受合同关系的制约。如果当事人在合同中约定了免除另一方当事人对合同关系以外的第三人发生的侵权行为而应承担责任的条款，那么，此种免责条款对该第三人无效，不发生对外效力。另外，由于债权是相对权，债权人只能请求特定的债务人为一定行为或不为一定行为，这种请求权不能对债务人以外的第三人主张，即使第三人的行为使债务人无法履行债务，债权人也仅得依侵权行为请求损害赔偿。

在本案中，连邦公司与惠软经营部签订的代理销售协议约定，惠软经营部保证其产品的合法版权、商标权，负因其侵犯他人版权、商标权的法律责任，并赔偿对方因该纠纷所受到的损失。需要指出的是，该协议是合同当事人之间的内部约定，只在相对人间发生效力。微宏研究所并不是该协议的当事人，该约定对其不产生拘束力。合同条款仅仅可以作为合同当事人内部分担责任的依据。所以，连邦公司也不得以其与惠软经营部的约定来免责。

三、对侵权产品的处理方式。

对侵权产品的处理，在审判实践中，主要存在如下两个问题：

第一，对侵权产品的处理，是以判决的方式作出，还是以裁定或者决定的方式作出呢?

在实践中，对这一问题的处理较为混乱。有的是在判决中处理，有的是在民事制裁决定书中处理。我们认为，判决书解决的是当事人间实体权利义务关系，决定的是当事人之间对实体权利义务的承担问题。而裁定书、决定书，一般解决的是案件的程序问题，有时是人民法院对某些问题依职权作出单方面的决定，不涉及当事人间实体权利义务关系。而对侵权产品的处理，并不是解决当事人之间实体权利义务关系，而是人民法院依职权作出的单方面的决定，属于人民法院对侵权行为人的侵权行为进行民事制裁的范围。民事制裁是在适用民事责任不足以制裁侵权行为人时所采取的措施。它是配合民事责任发挥作用的措施。其适用的目的和民事责任一样，都具有制止不法行为，制裁和教育不法行为人的作用，是国家对民事活动实行干预的方式。对民事制裁的适用，不能由受害人放弃或双方和解方式加以改变。民事责任在性质上也是行为人对国家所应负有的责任，即民事侵权行为在侵犯他人合法权益的同时，也侵犯了国家的社会生活秩序和法律秩序。民事责任的成立，除在当事人之间产生债的关系外，违法一方还应承受法律规定的对违法行为的民事制裁。而损害赔偿责任形式只是一方当事人向另一方当事人应负的债务。因此，对侵权产品的处理，属于民事制裁的范围，不是解决当事人之间实体权利义务关系的问题，不应当用判决作出，而应当另行制作民事制裁决定书。对此，最高人民法院《关于贯彻执行〈中华人民共和国民法通则〉若干问题的意见（试行）》第 163 条规定，“在所诉中发现与本案有关的违法行为需要给予制裁的，可适用民法通则第 134 条第 3 款的规定……采用收缴、罚款、拘留措施……另行制作民事制裁决定书”。因此，人民法院遇到此问题时，应当严格按照此规定进行。

第二，“销毁”不是法定的民事制裁的方式，人民法院在法律文书中不应适用。

《民法通则》第 134 条第 3 款规定，人民法院审理民事案件……可以对当事人予以训诫、责令具结悔过、收缴进行非法活动的财物和非法所得，并可以依照法律规定处以罚款、拘留。很明显，这里没有规定“销毁”的方式。因此,人民法院应当正确适用法律,以保证法律的严肃性。

作者单位:北京市第一中级人民法院

邵仲广诉广东美的集团股份有限公司“美的”商标图案著作权纠纷案

陈　池　万选才

[基本案情]

1980年5月左右，广东省顺德县北滘公社电器厂（广东美的集团股份有限公司的前身，以下简称北滘电器厂）发出“街招”，面向社会公开征集注册商标图案。“街招”的内容大致为：为发展生产，北滘电器厂特向社会征集注册商标图案（是征集产品商标图案还是风扇商标图案，原被告主张不一），入选者将获得一台风扇（对这一台风扇是报酬还是奖励，原被告主张不一）。街招发出后，共有一百多人投稿。当时在北滘电器厂从事产品图纸设计的原告邵仲广也参与了这一活动（当时厂里并没有作为工作安排要求原告参加，原告的创作完全是自己依街招的要约而参与）。原告给自己参选的商标取名为“美的”，并以“美”和“的”汉语拼音“MEI”“DI”的第一个字母“M”和“D”组合成一个图形，放入一个菱形图案内（经有关部门认定，该图案具备美术作品的要件，属美术作品）。经评选，原告的这一图案被北滘电器厂确定为入围作品。1981年，北滘电器厂将经评选入围的5个商标图案全部送国家商标局审定，国家商标局经审查,选中了“美的”图案。随后,北滘电器厂依街招的约定发给了原告一台风扇。对入围的其他四人,北滘电器厂发给每人10元钱,对未入围的参与者,发给每人3元钱。北滘电器厂发给原告的风扇时值150元左右，相当于当地镇属企业人员三个多月的收入。1981年3月,国家工商行政管理总局商标局发函给北滘电器厂,核准将“美的”商标注册在18类11组台扇商品上。1982年,北滘电器厂更名顺德县北滘公社美的电扇厂。1986年,更名为顺德县北滘区美的家用电器公司。1986年,“美的”商标图案被注册在空调机上,随后又被注册在其他类产品上。1986年10月,原告邵仲广调离美的家用电器公司。1992年,广东美的集团股份有限公司宣告成立。1995年,原告第一次向广东美的集团股份有限公司主张“美的”商标图案著作权,美的公司复函称原告所称被告侵权无事实和法律依据。1997年,原告向佛山市中级人民法院提起诉讼称,原告作为“美的”商标图案的独立设计完成人,对“美的”商标图案享有著作权，被告在未取得原告任何许可的情况下擅自在其生产、销售的电扇、空调等一系列家用电器产品上无偿使用原告的作品长达16年之久,并将“美的”作为该企业的名称,获得了巨大的收益，严重侵犯了原告作为著作权人依法享有的使用权和获得报酬权,给原告造成了巨大的经济损失。请求法院判令被告立即停止使用“美的”商标图案及名称,并以被告1991年至1997年总产值107.7063亿元的万分之一点五计算出161.56万元，索赔150万元。

[裁判要旨]

佛山市中级人民法院经审理认为,"美的"商标图案的著作权归属广东美的集团股份有限公司所有,原告对此不享有任何权利;被告在其生产的系列产品的商标上使用"美的"图案,企业名称使用"美的"不构成对原告的侵权;原告要求被告赔偿损失150万元,缺乏事实及法律依据。遂作出佛中法知初字(1998)第13号《民事判决书》,判决如下:(一)驳回原告诉讼请求;(二)案件受理费由原告承担。

一审宣判后,原告不服,已向广东省高级人民法院提起上诉。

[法理评析]

本案较为复杂,既有事实认定方面的难点,也有法律适用方面的争议,归结起来,主要有以下几点。

一、对历史上双方均无法举证的事实怎样认定

本案事实较为清楚,原被告只在两个问题上有争议,一是北滘电器厂当时发出街招所征集的是产品商标图案还是风扇商标图案;二是原告所获得的一台风扇是报酬还是奖励。对第一个问题,原告主张是风扇商标图案,被告主张是产品商标图案。对这个争议的不同认定,直接关系到被告有没有扩大范围使用原告作品的问题。鉴于原被告双方均提供不了原始"街招",故该问题只能靠证人证言来认定。本案原被告双方均能提供若干证人来证明自己的主张,法院也判断不了证言的真伪。对此情况,法院在认定时就不能轻易采信一方,只能根据历史情况综合分析判断。根据调查,北滘电器厂在征集商标图案时,确实就只生产风扇,那能不能由此就推定被告所征集的商标图案当时就只准备使用在风扇上呢?笔者认为,依据当时双方的法律意识及所处的法制环境,原被告都不可能考虑到著作权问题,双方的真实意图也很简单。原告想通过付出一把风扇征得一个商标图案,被告想通过绘制图案的劳动获得一台风扇。双方在当时没有也不可能明确约定该图案只能使用在风扇上,使用在其他产品上就是侵权,这从原告对被告在随后的超出风扇范围的使用没有提出任何异议上,也得到了证明。据此,法院最后认定征集的是产品商标图案是比较合理的。对第二个问题,原告认为是奖励,被告认为是报酬。原告主张是"奖励"的目的是为了说明北滘电器厂当时付出的风扇只是对原告参与应征并入选的一种鼓励,对随后的图案使用的报酬还未作出处理。被告主张是报酬,是讲征集商标图案一事已完全了结。由于原被告双方均提供不了原始"街招",故街招上到底写的是"奖励"还是"报酬"无从考证。笔者认为,无论当时街招上对一台风扇的文字表述是"奖励"还是"报酬",其实都是北滘电器厂对入选者绘制商标图案劳动报酬的支付,都是北滘电器厂对街招所确定的被告义务的履行。因为,如果当时街招上真如原告所说,电风扇只是奖励而非报酬,那原告不可能在事隔这么多年才提出解决报酬的问题。

二、该案是否过诉讼时效

法律上规定诉讼时效制度,其目的就是要使已经发生的事实能处于相对稳定,而不是总处于不确定状态。权利人如在诉讼时效内不予追究,就丧失了胜诉权。现行著作权法对著作权的保护期规定为作者终身及其死亡后 50 年,但这并不是说在保护期内就没有任何时效的限制,而是说,只要著作权在作者终身及其死亡后 50 年的任何时候受到侵害,均可依法受到保护。我国《著作权法》对诉讼时效没有特殊规定,故其时效应按《民法通则》第 135 条的规定办理。按《民法通则》,诉讼时效为 2 年,从权利人知道或应当知道权利被侵害之日起计算。本案被告在 1981 年就用原告设计的图案注册了风扇商标,随后又在风扇以外的商品上进行了注册,作为被告厂里一员的原告对此是非常清楚的,但原告在 1995 年前一直没有提出任何异议。原告不提出异议,无非是两个原因:(一)原告根本就不感到自己有什么权利被侵犯;(二)原告虽知道自己权利被侵犯,但当时无意追究,暂时放弃自己的诉讼权利。如属第一个原因,那就正好说明本案征集商标图案一事早已了结,不存在历史遗留问题;如属第二个原因,那就得考察该案有没有过诉讼时效。本案被起诉侵权的行为发生在《民法通则》实施前的 1981 年,依据最高人民法院《关于贯彻执行〈中华人民共和国民法通则〉若干问题的意见(试行)》第 165 条,在《民法通则》实施前,权利人知道或者应当知道其民事权利被侵害,《民法通则》实施后,向人民法院请求保护的诉讼时效期间,应当适用《民法通则》第 135 条和 136 条的规定,从 1987 年 1 月 1 日起算。依此规定,本案原告应在 1989 年 1 月 1 日前向被告主张权利,否则,应视为已过诉讼时效。再退一步,我国《著作权法》1991 年 6 月 1 日施行,原告至迟也应在 1993 年 6 月 1 日前与被告交涉,但原告迟至 1995 年才向被告提出主张。依上述分析,此案似应过了诉讼时效。但依 1996 年最高人民法院经济庭对一案件的批复,侵权行为是持续发生的,诉讼时效应从侵权行为实施终了之日起计算。据此,本案因被告一直在持续使用原告所绘制的图案,又没有过诉讼时效。

以上对诉讼时效的分析是基于原告无争议地享有著作权这一前提而言的, 但实际情况是本案原告是否享有著作权, 还是一个悬而未决的问题。本案原告的创作是依被告的街招而进行的, 是为了被告使用而创作, 对这一图案的著作权归属, 原被告尚有争议, 因此, 要解决本案侵不侵权, 首要的前提是要确权, 即搞清楚著作权到底属于谁。对于确权的诉讼时效, 因法律没有作出特殊规定,最高人民法院也没有特别解释,那就只能是两年。被告迟至 1995 年才提出权利要求,显然已过了确权的诉讼时效。审理本案的佛山中院从尊重历史、尊重事实出发, 从实体上驳回了原告的诉讼请求,虽无不妥,但笔者认为,本案若从确权的诉讼时效来驳回原告的起诉, 更为恰当。因为佛山中院最后认为的被告无扩大使用, 毕竟是在事隔十多年, 原被告双方谁也无法提供原始街招的情况下推定出来的, 并不排除当时的街招上写的就是征求风扇商标图案的可能性。从已过诉讼时效这一角度来驳回原告的起诉, 就避开了被告对原告的图案有否扩大使用这一很有争议的问题。

三、原告应否享有著作权

解决这个问题的关键是看该案能否适用《中华人民共和国著作权法》, 如完全适用, 那原告就肯定享有著作权, 因为该法第 17 条规定,受委托创作的作品,著作权的归属由委托人和受托人通过合同约定。合同未作明确约定或者没有订立合同的,著作权属于受托人。本案原告属委托创作,原被告之间没有签订合同来约定著作权的归属,著作权自然属于受托人原告。本案原告主张著作权归自己,也正是基于著作权法的这一规定。那该案到底适不适用著作权法呢?依据《著作权法》第55条第2款“本法施行前发生的侵权或者违约行为,依照侵权或者违约行为发生时的有关规定和政策处理”的规定,现行《著作权法》没有溯及力,以前的行为只能按当时的有关规定来处理。当时没有著作权法,就应适用处理民事法律关系的一般原则。用现行的法律规范以前的行为,违背了法律的基本原则。

本案原被告当时没有著作权归属的约定,这是事实。但造成这一事实的原因是原被告双方疏忽还是被告当时本身就没有要求著作权?笔者认为,二者都不是。就我国1981年所处的法制环境及当时人们的法律意识,双方根本就不可能作出这种约定。在不可能作出约定的时候,对其真实意图就只能靠推定。北滘电器厂通过街招向社会征集商标图案,并在街招中明确约定了对被选中者的报酬,该街招是一悬赏性广告,被告的街招,属订立合同的要约;原告依被告的街招而创作应征,并在其作品被采用后,依街招的约定领取了一台风扇,这是原告对被告要约的承诺。从法律上讲,原、被告双方已形成完整的委托创作合同关系。当时双方的真实意思表示应是:你设计图案给我,我付出风扇给你,谁也不欠谁。这一真实意图的推定还可以从以下几方面得到佐证:(一)按现行《著作权法》,著作权的归属可以通过合同来约定,这也就说明,作者未必就一定享有著作权。(二)本案被告自1981年即开始使用“美的”图案,原告1986年底才离开被告厂,对被告使用“美的”图案是非常清楚的,原告在1995年前的长达14年间未主张任何权利，这说明被告对图案的使用在当时并没有违背原告的意图。(三)被告付给原告的风扇时值150多元，相当于镇属企业人员三个多月的收入，这一价钱在当时已属不低，现在委托美术学院的专业人员设计一个受托人不享有著作权的商标，也就一、二千元钱。按当时被告的出价，不可能去征集一个自己并不享有著作权的商标图案。因此，处理此案关键是要尊重历史、尊重事实、尊重双方当事人当时的真实意思表示，而不能用现在的法律规范以前的行为。本案原告完全按现行《著作权法》的有关规定来起诉，是没有任何法律依据的。此外，1988年6月9日，最高人民法院关于由别人代为起草而以个人名义发表的会议讲话作品其著作权（版权）应归个人所有的批复也印证了上述对原被告真实意图推定的合理性。

四、原告的索赔有否事实及法律依据

被告向社会公开征集的是商标图案，原告接受被告的委托，并为了被告的使用而创作，这一目的很明确。从双方之间已形成的完整的民事法律关系来看，应视为被告以付酬的方式，已合法取得了对美的商标图案的著作权。被告将此图案注册为商标后，其对注册商标的任何使用均不构成对原告的侵权。被告企业的名称使用“美的”，是根据注册商标的名称而来的，并不违法。而且，被告在使用美的商标图案的过程中，并未对原告造成任何经济损失，自然不存在对原告的赔偿问题。退一步讲，即使原告对“美的”图案享有著作权，被告的使用构成侵权，原告以被告1991年至1997年总产值107.7063亿元的万分之一点五计算出161.56万元，要求索赔150万元，也是毫无事实和法律依据的，因为被告的产值并不是直接发

行原告所绘制的图案而获取，而是被告企业通过产品生产出来的，与原告所绘制的商标图案并没有什么必然联系。

作者单位：广东省佛山市中级人民法院

北京阳光数据公司诉上海霸才数据有限公司技术合同、不正当竞争案

刘　勇

[基本案情]

1994 年 4 月 22 日，国务院所属国家信息中心在北京注册了北京阳光数据公司(以下简称阳光公司)，为了提高国内信息的服务质量，规范信息市场的无序行为，阳光公司于 1995 年至 1996 年间，分别同深圳巨潮证券电脑信息有限公司、上海证券交易所、天津联合期货交易所、沈阳商品交易所、北京商品交易所等十多家商品和证券交易所签订了交易行情的信息采集、转发、经营合同。随后，阳光公司对各交易所的行情信息进行整理汇编，以自己的数据格式形成了综合行情信息，通过卫星广播系统向外发送，并向其客户收取信息服务费。阳光公司为向客户提供交易行情的分析软件，于 1995 年 8 月 16 日与上海霸才数据有限公司(以下简称霸才公司)签订了关于使用《SIC 实时金融》数据分析格式的合同。合同约定，霸才公司使用《SIC 实时金融》数据分析格式开发分析软件；未经阳光公司书面许可，不能以任何方式转发使用 SIC 格式。

霸才公司于1995年12月亦同天津联合期货交易所签订商品交易行情信息的采集、转发合同书。于1996年7月5日与深圳巨潮证券电脑信息有限公司、上海证券信息交易所签订了证券交易信息的转发、经营合同。

1995年底到1996初,天津联合期货商品交易所(以下简称天交所)曾多次要求霸才公司直接转发天交所的行情信息。

1996年2月15日,霸才公司给天交所的说明中载明:霸才(公司)原根据与前天交所协议,通过中广卫单收站(站号:C9511N7113),使用SIC格式(与SIC有软件协作协议)转播天交所行情。同年4月18日,天交所致函给国家信息中心开发部,该函载明,霸才公司自称其转发的天交所的商品交易信息源于《SIC实时金融》系统,请其予以协助查实。同年5月,北京市公证处应阳光公司的申请,分别于同年5月20日、6月21日监督了《SIC实时金融》系统与霸才《金融即时》系统行情信息依存从属关系的比较测试过程,并在各测试现场制作了录音带、录像带及实验记录。

1996年7月,阳光公司向北京市第一中级人民法院提起诉讼,称:霸才公司利用其掌握该公司的数据格式,擅自截取和转发了《SIC实时金融》信息,并发展客户,与原告抢占市场、非法牟利,被告的行为违反了合同约定,构成了不正当竞争,侵犯了该公司的商业秘密、编辑作品的著作权、专有技术成果权、劳动获益权。请求:1. 判令被告立即停止侵权行为和违约行为,解除双方所签分析格式合同;2. 公开登报赔礼道歉、消除影响;3. 赔偿经济损失500万元人民币;4. 承担因诉讼所付的一切费用。

被告霸才公司辩称:1. 阳光公司通过卫星发送的信息,是公开的商品和证券交易信息,是不受法律保护的;2. 阳光公司发送的行情信息均来自各个交易所，不是原始信息的所有权人，即使转发阳光公司《SIC 实时金融》的行情信息，也没有侵犯阳光公司的权利；3. 北京市公证处出具的公证证明，不能证明该公司使用和转发了阳光公司的信息流，其理由是(1)在发出权限控制指令时，在原告的客户管理程序对话框的标题栏中出现“错误”二字，怀疑当时权限控制指令是否发出；(2)阳光公司使用 DOS 命令校对时间，对我公司的《金融即时》系统读取数据有影响；(3)在取证的录像带中发现计算机屏幕出现偏色，认为原告是改变通信线路所致，怀疑公证时测试环境的真实性；4. 阳光公司要求霸才公司赔偿损失 500 万元人民币的诉讼请求缺乏事实和法律依据。

[裁判要旨]

北京市第一中级人民法院经审理认为，阳光公司利用信息资源的再生性，以有偿方式采集了各交易所在交易过程中形成的行情信息，经其汇集、加工、整理后，通过卫星通讯发送至客户。信息的扩展性和延伸性的特性，使阳光公司的信息源已产生了深加工后的增值效应。

霸才公司未经许可，违反合同约定，截取并转发了阳光公司《SIC 实时金融》信息源的行为，侵犯了原告的商业秘密，应承担违约和侵权的法律责任。

阳光公司称《SIC 实时金融》系统的信息流，是按一定编排体例进行编排，具有独创性，属编辑作品。霸才公司未经阳光公司许可，以盈利为目的复制发行其作品，侵犯了阳光公司的著作权。我国著作权法实施条例对编辑作品的定义是指根据特定要求选择若干作品或者作品的片段汇集编排成为一部作品。而该案中所涉及的商品期货的交易价格信息不符合作品的构成要件,不是著作权法意义上的编辑作品,根据我国现有法律,阳光公司的这一主张不能成立。关于阳光公司主张的技术成果权和劳动获益权,由于原告对于《SIC 实时金融》所享有的权利,依据法律规定已予以保护,其对上述权利的主张已经得以实现,损失赔偿数额不应重复计算,对阳光公司的其他主张不再支持。

北京市第一中级人民法院遂依照《中华人民共和国技术合同法》第 16 条、第 17 条第 1 款、第 24 条第(一)项,《中华人民共和国技术合同实施条例》第 22 条第 2 款,《中华人民共和国反不正当竞争法》第 10 条第 1 款第(三)项,于 1997 年 7 月 14 日作出(1996)一中知初字第 54 号《民事判决书》,判决如下:(一)被告霸才公司立即停止转发原告阳光公司《SIC 实时金融》系统的违约和侵权行为;(二)解除原告阳光公司与被告霸才公司关于使用《SIC 实时金融》数据分析格式的合同;(三)被告霸才公司自本判决生效之日起 30 日内在《中国证券报》上公开向原告阳光公司赔礼道歉。道歉内容须经本院审核。逾期未作,本院将在该报公开判决主要内容,费用由被告霸才公司承担;(四)被告霸才公司自本判决生效之日起 10 日内赔偿原告阳光公司经济损失 926,500 元人民币;(五)驳回原告阳光公司的其他诉讼请求。

被告霸才公司不服一审判决,向北京市高级人民法提起上诉,该院经二审审理后认为,SIC 实时金融信息作为一种新型的电子产品应属电子数据库,在本质上是特定金融数据的汇编,这种汇编在数据的编排和选择上并无著作权法所要求的独创性,不构成著作权法意义上的作品,不能受到著作法的保护,但阳光公司作为特定金融数据的汇编者，对数据的收集、编排，即SIC实时金融信息电子数据库的开发制作付出了投资，承担了投资风险。该电子数据库的经济价值在于数据信息的即时性，阳光公司正是通过向公众实时传输该电子数据库而获取收益的，阳光公司对于该电子数据库的投资及由此而产生的正当利益应当受到法律保护。霸才公司未经阳光公司许可，于1995年11月至1996年6月通过阳光公司在上海的客户易利公司获取了SIC实时金融信息电子数据库上交所、深交所、天交所的行情数据，并为商业目的向客户有偿即时传输。其行为违反了经营者在市场交易中应当遵循的诚实信用原则和公认的商业道德，损害了阳光公司的合法权益，已构成同行业的不正当竞争。依据阳光公司与霸才公司1995年8月16日签订的合法有效的SIC实时金融信息数据分析格式使用协议，霸才公司的行为亦构成违约，鉴于阳光公司在本案审理中主张侵权之诉，霸才公司应承担相应的侵权赔偿责任。考虑到上海万洲综合经营部在1995年11月至1996年6月也向霸才公司提供了上交所、深交所的行情数据，综上，霸才公司的上诉理由部分成立，其相应的上诉请求予以支持。原审判决认定事实、适用法律均有不当，应予纠正。据此，依照《中华人民共和国反不正当竞争法》第2条第1款、《中华人民共和国民事诉讼法》第153条第1款第(二)项之规定，于1998年7月17日作出(1997)高知终字第66号《民事判决书》，判决如下：(一)撤销北京市第一中级人民法院(1996)一中知初字第54号民事判决；(二)上海霸才数据信息公司自本判决之日起10日内赔偿北京阳光公司408,400元；(三)上海霸才数据信息公司自判决生效之日起30日内，以书面形式向北京阳光数据公司赔礼道歉，其内容须经法院审核。

[法理评析]

一、信息产品和信息服务的法律特性

物质、能源、信息是构成现代社会生产和生活的三大资源。市场经济的发展要求信息产品和信息服务进入市场。

信息产品和信息服务不仅有一般产品和服务的属性,而且,具有其特殊的属性,其表现为:

(一)从形式上看,它不同于有形的物质产品,在电子空间领域中,常以 BIT 的形式出现,表现为无形性。

(二)从成果上看,信息的获取、加工、处理、传播、存储是一种劳动密集型和知识密集型的产品和服务,具有鲜明的知识产权性。

(三)从资源上看,信息资源与其它资源不同,它不遵循能量守恒定律,经对其深加工后,呈现出强烈的再生性。

(四)从易损性看,由于信息无形性、载体的电子性和瞬间即变性,故其极易受到复制、盗版、截流和病毒的侵害。一旦发生侵权,证据易于消失,难于获证。

(五)从经济效益上看,信息产业是一项高投入、高利润和风险较大的新兴产业。

目前,我国信息产品和信息服务尚处在初级发展阶段,社会信息化的程度还不高,在司法实践中,有关获取、加工、处理、转播、存储信息行为的纠纷时有发生,为了鼓励和促进开发者开发、生产高质量的信息产品和提供高质量的信息服务,应依据现有法律规范信息主体的行为,调整信息主体之间的利益关系,保护和利用信息资源，促进社会发展。加大对信息产业的法律保护，已是大势所趋。

二、阳光公司的信息源与各交易所信息源的区别

对上述两个信息源的认识上，存在着两种不同的观点。一种观点认为，交易行情信息是各交易所在交易的过程中逐步形成的，其内容系公开的，不应给予法律保护；该信息源受法律保护，因为原始信息源的采集由各交易所完成，所以其权利也应属各交易所享有。又由于阳光公司和霸才公司均以有偿方式与各交易所签订了信息的转发合同，霸才公司是从各交易所转发信息，还是从阳光公司转发信息都是一样的，都不存在对阳光公司的侵权问题。另一种观点认为，阳光公司的信息源和各交易所的信息源是不同质和值的两个信息源，经阳光公司对信息深加工后，已经产生了增值的社会和经济效益。这也正是目前兴起的信息产业生存的经济和社会基础。信息增值服务的市场，是信息服务商生存的基础。霸才公司公司直接转发阳光公司的信息源的行为，侵犯了阳光公司的合法权益，构成了对阳光公司的侵权。笔者赞同后一种观点。无论从信息资源本身的价值，还是从开发者新的投入及市场竞争能力看，两个信息源的实用价值和经济价值已经出现了较大的区别。首先，从开发者的角度讲，阳光公司在信息获取、整理加工、传播的过程中，已对各交易所的信息源有了新的投入，其投入不仅体现在支付各交易所的费用上，更主要地体现在对各交易所单个行情信息的深加工上。阳光公司在掌握了各交易所的数据格式后，汇编整理成了统一的数据格式，又自行开发了发送和接收的计算机软件，以其公司的名义向社会提供信息服务。其次，对于使用者来讲，一次同时

接收综合的行情信息比分别多次接收单一的行情信息，更能够在大范围内、多角度中、全方位上了解和掌握信息，在比较中判断，准确把握商机，避免或减少决策上的失误和竞争上的风险。阳光公司的信息源，比各个交易所单个的信息源具有更强的实用性和商业价值，这正是交易客户所期望和追求的，也是阳光公司信息服务的市场所在。再有，客户只需购买一套软、硬件设备，既满足了需要，又减少了对多家交易所软、硬件的投资，还减轻了使用者学习多家不同风格软件的负担。这就是阳光公司的信息源与各交易所信息的区别所在。剖析和认识阳光公司的信息源与各交易所信息源之间的差异，正是审理本案的关键所在。

三、如何认识霸才公司的行为性质

(一)从技术上看

支持阳光公司主张的主要证据是北京市公证处公证证明。如何认识该公证证明的证明力和证明对象，是确定本案事实的关键。被告对此公证证明提出了三点质疑：1. 在权限发送过程中，计算机屏幕对话框出现“错误”二字，怀疑控制权限是否发出；2. 使用DOS 命令校对时间，影响《金融即时》系统的正常工作；3. 计算机屏幕出现偏色，是改变通信线路所致。

笔者认为，首先，判断本案涉及的控制权限是否发出，不是简单地以提示的信息为判断的依据，而是以程序的实际运行情况为标准，勘验结果表明，控制权限确已发出，其实验的结果是真实的，因而霸才公司第一点的质疑不能成立。其次，为了便于观察，保证异地测试时间上的一致，阳光公司应公证处的要求，在异地对计算机进行校时。在通常情况下，交易行情是随交易过程而变化的，与机器的时钟无关，被告称校时对其系统有影响的说法，没有说服力，令人难以信服，亦没有相应的证据证明。再次，屏幕出现偏色是在机器开启时，而不是出现在测试的过程中，而且屏幕出现偏色是在阳光公司自己的计算机屏幕上，不是在霸才公司的计算机屏幕上，霸才公司由此推出阳光公司有可能随意改变通信线路的说法，无论在逻辑上还是在技术上都是不能成立的。事实上，直到法庭对测试环境进行实地考察时，霸才公司仍未开通与天交所的通信线路。法庭综合全案的相关证据，认为公证处的公证证明能够客观、真实地反映实验的全过程，具有证明力。霸才公司通过上海易利实业有限公司截取了《SIC 实时金融》的信息源，利用其掌握的 SIC 的数据分析格式，对天交所、上海证券交易所、深圳证券交易所的行情信息实施了转发的行为。因此，霸才公司在法律上、技术上的抗辩不能成立。霸才公司作为信息行业的企业，应知阳光公司《SIC 实时金融》系统的商业价值及综合行情信息和各交易所的行情信息源在市场竞争中的优势所在。在合同履行期间，霸才公司为商业目的，违反了合同约定，采取了省时、省力、少投资的不正当竞争手段，转发和经营阳光公司《SIC 实时金融》的信息源，实现了抢占市场、排挤竞争对手的商业目的。这正是霸才公司在与各交易所在签有使用转发合同的情况下，不直接转发各交易所的行情信息，而却要从阳光公司处转发《SIC 实时金融》系统的原因所在。至此，即使不熟悉信息领域的人也能对霸才公司的行为作出判断。

(二)从法律上看

霸才公司称其与天交所、深圳巨潮证券电脑信息有限公司、上海证券信息交易所签有数据采集、转播的合同，阳光公司也没有原始信息的所有权，即使从阳光公司处转发也不构成对阳光公司的侵权。且先不论此种说法的客观性和真实性如何，仅就霸才公司以上所述，咋一听，霸才公司对该案的焦点之争的说辞，似乎不是全无道理。信息资源的法律保护问题，理论界尚在争论，在司法实践中亦属新问题。笔者认为，即使霸才公司与上述三家交易所签订了获取信息使用转发的合同，也只能说明霸才公司可以直接使用、转发上述交易所的行情信息，但仍不能说明其就有权直接使用、转发阳光公司的信息源。原因是非常简单的，阳光公司的信息源与各交易所信息源不是等值的信息源。但是，从查证的事实上看，霸才公司在转发《SIC 实时金融》系统时，尚未同深圳巨潮证券电脑信息有限公司、上海证券信息交易所订立合同，虽与天交所订立了合同，但仍未开通使用与天交所的通信装置，故霸才公司所述事实与客观事实不符。

在本案中，被告的行为既有违约行为又有侵权行为，在两个行为竞合的情况下，被告应如何承担民事责任，一、二审法院之间存在着不同的认识。笔者认为，就本案情况而言，阳光公司与霸才公司签订的关于使用《SIC 实时金融》数据分析格式合同，约定霸才公司使用《SIC 实时金融》数据分析格式开发分析软件，未经阳光公司书面许可，不能以任何方式转发《SIC 实时金融》。被告的行为首先违反了合同约定，也侵犯了原告的合法权益。在市场经济中，根据民事行为自治原则，在当事人未违反法律规定的前提下，应当考虑当事人双方的约定和原告方在诉讼中的选择。本案从违约和侵权的角度认识被告行为的性质，是切合本案的实际情况和尊重当事人的选择的。

综上，霸才公司对《SIC 实时金融》系统负有保密的义务，负有不能转发的义务，其转发和经营的行为不仅违反了合同约定，亦侵犯了原告阳光公司《SIC实时金融》系统的商业秘密，应承担违约和侵权的法律责任。

作者单位：北京市第一中级人民法院

沂源县玉德公司诉沂源县林前酒厂不正当竞争案

房　鹏　吕兴勇

[基本案情]

原告山东沂源县玉德酿酒饮料有限公司(以下简称玉德公司)于 1994 年 10 月 13 日注册成立,生产销售“二房佳酿”低度白酒,该产品外包装为流线酒壶型陶瓷瓶,外加草编提篮,封品为红布包顶,草绳扎口,用红纸印刷的黑色图案商标呈棱形贴于草编提篮上,外面用 PVC 收缩膜包装提篮与陶瓷瓶,这种包装、装潢在同类产品中属首创。该产品投放市场后因其质量较为稳定,同时由于玉德公司投入一定数量的资金进行广告宣传,使该产品在青岛、大连、哈尔滨、芜湖等城市和地区畅销。

被告山东沂源县林前酒厂(以下简称林前酒厂)于 1996 年 1 月 18 日在玉德公司的所在地沂源县张家坡乡林前村成立并开始生产“三房玉液”、“三房特曲”和“紫藤园系列”低度白酒。其产品的包装、装潢用料、外观与玉德公司的产品十分相似,只是在瓶型、提篮花色、商标尺寸上略有不同。林前酒厂在其“三房特曲”商标上注明为“紫藤园系列”,在“紫藤园佳酿”商标上注明为“三房姊妹”,并在“紫藤园佳酿”产品介绍书中表明与“二房佳酿”同产于山清水秀的林前村。林前酒厂的产品销售地多集中于玉德公司的主销售地——大连、哈尔滨等地。其产品上市后,由于受到“二房佳酿”的影响而十分畅销,原告玉德公司“二房佳酿”销售收入相应减少。为此,玉德公司于1996年6月向沂源县法院提起不正当竞争的诉讼,要求林前酒厂停止使用与其近似的“三房佳酿”的包装、装潢的不正当竞争行为,赔偿经济损失40万元,支付因调查侵权行为所支付的费用5.4万元。

另外,原告玉德公司在1996年4月因违法使用注册商标标识及构成商标的文字与图案妨害社会主义道德风尚而受到青岛、淄博市工商部门的处罚,此事被众多新闻媒体曝光,原告为此将商品名称“二房佳酿”改为“二坊佳酿”。

[裁判要旨]

一审法院沂源县人民法院经审理认为,原告所生产白酒的包装、装潢是特有的,已成为区别于其他同类产品的明显标志,产品畅销青岛、大连、哈尔滨、芜湖等城市,为当地公众所熟知,足以认定该产品为知名商品;被告作为同类产品的生产经营者,故意使用与原告相似的包装、装潢,足以使一般人误认,导致公众对两种相似商品的混淆,客观上已对原告的合法权益造成了损害。被告的竞争手段是反不正当竞争法所禁止的,其行为是不正当竞争行为,应予禁止,遂作出(1996)源经初字第376号《民事判决书》,判决被告停止使用与原告商品近似的包装、装潢,赔偿原告经济损失30.38

万元。

一审判决后，林前酒厂不服，上诉至淄博市中级人民法院。

淄博市中级人民法院审理认为：原审认定事实基本清楚，证据确实充分。被上诉人的商品应当认定为知名商品，被上诉人的商品虽因违法使用商标注册标识及构成商标的文字和图案有害社会主义道德风尚受到工商行政部门的处罚，但其合法权益应当受到法律保护。被上诉人的商品虽已更名，但新命名的商品“二坊佳酿”与原商品“二房佳酿”是继承关系，再者被上诉人也未明确放弃使用原商品名称，被上诉人合法权益不容侵犯。二审法院经调查认定上诉人在侵权期间销售数量3万瓶有误，更改为8,800瓶，原审认定的上诉人的赔偿数额不当，应予改正。据此，二审法院作出(1996)淄中法经终字第608号《民事判决书》，判决上诉人停止侵害，赔偿被上诉人140,828.20元。

[法理评析]

一、被告的行为是否构成不正当竞争

商品的包装、装潢代表了一种商品的外部特征，这种外部特征构成了消费者对商品的最初目击印象，无疑具有区别商品来源的作用，也从某种程度上反映了一个企业的商业信誉和商品声誉，这是一个企业经过长期努力所获得的。特别是对于知名商品而言，商品的外部特征已成为企业商业信誉的象征，因而，这种外部特征如果被其他生产同类或近似产品的企业擅自使用，那么，这种擅自使用不但会使被侵权企业遭受损失，而且构成对消费者的欺诈，因

此，这种违反商业道德和破坏市场公平竞争秩序的行为是各国反不正当竞争法规所明令禁止的。我国《反不正当竞争法》第5条第2项规定：擅自使用知名商品特有的名称、包装、装潢，或者使用与知名商品近似的名称、包装、装潢，造成和他人的知名商品相混淆，使购买者误认为是该知名商品的行为是不正当竞争行为。这种不正当竞争行为就其本质而言是一种商品混同行为，其结果无疑要侵犯被侵权厂商的商业信誉与经济利益。这种不正当竞争行为的构成要件是：

1. 被侵权主体的产品是否为知名商品。也就是说，使用普通商品的名称、包装、装潢不构成不正当竞争。就本案而言，玉德公司的“二房佳酿”是否知名商品是林前酒厂的行为是否构成不正当竞争的先决条件。所谓知名商品是指在相关公众中有一定知名度的商品。判断一种商品是否为知名商品不应当以全社会全体公众全部知晓该商品为依据，而应该以该商品在相关的市场领域中对于相关社会公众或消费群体是否具有较高的知名度为依据，结合该商品的销售地域、媒体广告宣传、占领市场时间等诸多因素作综合判断。为实现反不正当竞争法保护市场竞争公平与安全的目的，对知名商品的界定尽可能采用扩大解释的方法，因此，一般而言，如果某一商品能够得以较长时期在一个地区或几个地区较为广泛地销售，并在相关领域内被公众熟知并有较好的信誉，就可以认定为知名商品。如《最高人民法院公报》公布的“喜凤牌”酒仿冒“喜凰牌”酒名称、包装、装潢的不正当竞争纠纷的案例，被仿冒的“喜凤牌”酒在东北三省和北京密云县畅销，就被法院认定为知名商品。在本案中，“二房佳酿”白酒由于产品质量稳定，包装质朴加之公司投放了一定量的资金进行广告宣传，因此在青岛、大连、哈尔滨、芜湖等较为广阔的区域内长时间畅销，并在销售者中具有良好的信誉。因此,应当认定其为知名商品。

2. 被侵权主体商品的名称、包装、装潢是否是特有。使用知名商品非特有的名称、包装、装潢同样也不构成不正当竞争。所谓特有的名称、包装、装潢,是指经营者为自己的商品所独创带有显著性特色,能够与其他商品所区别的名称、包装、装潢。判断一种商品的包装、装潢是否为其特有,应当以这种包装、装潢是否具有创造性、新颖性和一定的实用性为标准。在本案中,被告曾辩称原告所使用的酒瓶、草编提篮、红布包顶是分别参照其他几种知名白酒的包装、装潢的式样,但是"流线型酒壶陶瓷瓶、草编提篮、红布包顶"是一种包装、装潢的整体,虽然博采众家,但是自为一体,不能因为其包装、装潢的某一部分类似于其他商品而否认该商品的整体包装、装潢的创造性；在原告商品上市前亦未有同类商品采用相同、近似的包装、装潢,同时,该包装、装潢对于商品的销售已经在事实上起到了积极的促进作用,该包装、装潢也具有一定的实用性。因此,应当认定"二房佳酿"包装、装潢是其特有的。

3. 这一不正当竞争行为在客观方面表现为与知名商品的包装、装潢相同或相近似使用。在经济实务活动过程中,直接与知名商品的包装、装潢作相同使用的一对一直接侵权已经不多见,侵权人往往采取增加或减少包装、装潢一个或几个的从属特征或者等效替换的方法即采用相近似使用的方法达到侵权目的。本案中被告采取的即是假冒手法,也就是说运用相近似使用的手法,使消费者对商品的生产主体混淆。判断一种商品的包装、装潢是否与另一种商品的包装、装潢近似,应当比较两种包装、装潢是否存在实质上的等同的目的和效果,具体标准而言:(1)应以消费者的消费知识水平和消费经验为标准，也就是说以大多数消费者对于商品包装、装潢的感性、理性知识水平和消费阅历为标准。(2)应以普通消费者的一般注意为标准。大陆法系和英美法系都把注意作为过失的前提,并根据注意的程度将过失分为轻过失、一般过失和重大过失。一般过失指行为人欠缺对处理自己事务的同一注意。判断近似商品包装、装潢应以普通消费者在一般过失的情况下能够对两种商标造成混淆、误认为标准,这是因为大多数情况下消费者对商品的包装、装潢只会留下一般印象,而甚少细致入微观察对比。(3)应以整体观察为标准。因为消费者多以商品包装、装潢的整体印象为选择依据,如果两种包装、装潢从整体上观察无显著区别,就难免使普通消费者产生混淆、误认。(4)应以隔离观察为标准。判断商品包装、装潢近似与否,应将两种包装、装潢分别观察,以此为判断标准。林前酒厂采用与玉德公司的"二房佳酿"近似的包装、装潢符合上述近似包装、装潢的区别标准,林前酒厂并且对部分商品采用与玉德公司商品近似的名称(三房玉液、三房特曲),在商品说明书中故意与玉德公司的商品相联系等对消费者进行误导行为，被告这些主观上的侵权故意客观上无疑造成两种商品包装、装潢相近似,足以使消费者误认,难以区分两种商品。

二、"二房佳酿"更名为"二坊佳酿"后是否依然存在侵权关系

1996年4月,原告商品由"二房佳酿"更名"二坊佳酿"后,被告侵权行为是否延续是处理本案的一个关键性问题,也就是说"二坊佳酿"是否能够继承"二房佳酿"作为知名商品应当享有反不正当竞争法规所规定的一定的特殊保护权利。如果不能继承,则意味着被告实施不正当竞争行为仅限施于"二房佳酿",而不施于"二坊

佳酿”,被告侵权的时间就短,承担赔偿责任就小。

民法一般原理认为,所有权人依法对自己的财产具有占有、使用、收益、处分的权利,因而,原告为其产品更名是原告所有权范围内应有的处分权能,这种处分并不代表原告所有权内容的变化。“二房佳酿”更名为“二坊佳酿”,一字之差虽然意味着商品名称的改变,但商品的生产主体与产品配方、质量并没有因此而改变,更重要的是,被告侵权行为所涉及的对象——商品的包装、装潢并没有改变,因此“二坊佳酿”与“二房佳酿”的相关性、连续性和继承性是显而易见的。“二坊佳酿”作为“二房佳酿”的延续,应当继承“二房佳酿”作为知名商品其名称、包装、装潢不被擅自使用或作近似使用的权利。

不正当竞争行为侵害的客体是其他经营者的合法权利和正常的社会经济秩序以及消费者合法权益,而非商品或商品的构成要素,如商品名称。因此,商品名称的变化并不能成为影响被告不正当竞争行为是否停止的情事,只要被告的侵权行为存在,原告的合法权利及一定范围正常的社会经济秩序和消费者权益就会受到侵害。从逻辑角度近而反证,在认定原被告商品的包装、装潢相近似的情况下,如果以更名时间作为划定被告侵权行为的界限,那么更名后被告生产的商品及其包装、装潢在先,原告的在后,原告玉德公司反倒成为不正当竞争行为的侵权主体,被告林前酒厂成为不正当竞争行为的受害者,这显然是有悖于案件事实,于法于理都无法讲通。

因而,综上所述,原告商品的更名并不影响被告不正当竞争行为的延续,被告不正当竞争行为存续期间应当从侵权行为开始至原告开始起诉为止。

三、曾经受到工商部门处罚的“二房佳酿”是否能够得到反不正当竞争法规的保护

1996年,玉德公司所生产的“二房佳酿”因部分产品违法使用商标注册标识“R”以及构成商标的文字、图案违反公序良俗的原则,妨害社会主义道德风尚,产生了不良的社会影响,(二房的寓意一般人认为是“小老婆”无疑,尽管原告一再声称其寓意是纪念“二间茅草房起家的创业史”)受到了青岛、淄博等地工商部门的处罚,但这并不意味原告的合法权益不应当受到反不正当竞争法规的保护,行政行为与商事行为是两种性质不同的行为,其相互之间并不存在着必然的逻辑上的互动关系。对于某一行为主体同时为具体行政行为与具体商事行为的当事人,可能会产生三种情况。一是具体行政行为与具体商事行为之间产生联系,具体行政行为可能会引起具体商事行为发生、变更和解除,如行政机关责令某企业停产停业可能导致该企业的商事合同无法履行。二是具体商事行为引起具体行政行为发生、变更和解除,如行为人的违规商事行为导致行政机关对其进行处罚。三是具体商事行为与具体行政行为虽因行为主体同为具体商事、行政行为的当事人作为一连接点而有交叉,但两者并无联系,正如一个端点的两条射线。本案具体行政行为与具体商事行为并无联系,被告侵犯原告商品的对象是原告商品的包装、装潢,而工商部门的处罚并不必然导致对“二房佳酿”作为知名商品拥有受到反不正当竞争法规保护权利的剥夺。法院在审理案件时,对行政机关涉及当事人的具体行政行为应当根据该行为与民商案件的事实、诉讼请求等有无联系决定对行政行为是否参照取舍。就本案而言,工商部门对原告的处罚与本案事实并无

根本性的联系，具体行政行为并不引起被告对原告具体商事侵权行为的发生、变更和解除，不影响被告不正当竞争行为的成立。因而，法院在裁量此案时，由于具体商事行为与具体行政行为并不产生联系，因而原本独立的司法权更没有顾及行政权的必要。因此，法院无须考虑工商行政机关对原告的行政处罚对本案的影响，也就是说，原告受到工商行政部门的行政处罚并不意味着原告不受到反不正当竞争法规对自身合法权益的保护。

作者单位：山东省淄博市中级人民法院

泰山企业股份有限公司诉
台福食品有限公司不正当竞争案

陈 江 胡茂刚

[基本案情]①

一审原告泰山企业股份有限公司(以下简称泰山公司)于1950年在我国台湾省彰化县登记设立。1986年,泰山公司将生产的“仙草蜜”饮品“草绿色仙草胶冻方块”构成的包装图案及“泰山”文字作为商标在台湾注册,并于同年生产“八宝粥”。1993年以后,上述两产品销往我国大陆地区。

1994年10月17日,一审被告台福食品有限公司(以下简称台福公司)向中国专利局申请了“八宝粥”(罐片材)、“饮料罐体片材(仙草蜜)”两项外观设计专利并均获准。泰山公司认为台福公司生产的两饮品包装图案、色彩、文字均与自己的产品相似,遂向中国专利局提出宣告台福公司上述两项外观设计专利无效的申请,

① 本案的案情简介及法院判决均引自《中华人民共和国最高人民法院公报》,1999年第5期,第175—177页。

并且以台福公司的行为属于不正当竞争为由提起诉讼，请求判令台福公司立即停止侵权，赔偿经济损失，并承担本案的诉讼费用。被告台福公司则以泰山公司侵犯其外观设计专利权为由提起反诉，请求判令泰山公司立即停止侵权，并赔偿相应的经济损失。1997年3月28日，中国专利局专利复审委员会作出宣告台福公司上述两项专利权无效的终局决定。

泰山公司生产的"仙草蜜"饮品所使用的包装装潢，主要由"仙草蜜"三个行书字和"草绿色仙草胶冻方块"图案构成；"八宝粥"饮品使用的包装装潢，则主要由"八宝粥"三个行书字和"盛放在盘中的八宝粥彩色图案"构成。上述两种饮品在台湾等地区享有较高的知名度。1993年底至1994年底，泰山公司将上述包装装潢的"仙草蜜"和"八宝粥"饮品通过香港进口到大陆，在厦门经济特区国营外币免税商场销售，后又在汕头经济特区国营外币免税商场销售。该事实有厦门经济特区国营外币免税商场出具的《声明书》、丰利勤贸易有限公司（香港）出具的《声明书》、中华人民共和国厦门进出口食品卫生监督检验所的《卫生证书》、中华人民共和国汕头进出口食品卫生监督检验所的《卫生证书》以及有关合同、海运提单、发票等证据证明。1994年8月，台福公司亦开始生产"仙草密"、"八宝粥"饮品。两种产品所使用的包装装潢与泰山公司的基本相同。其中，台福公司生产的"仙草蜜"饮品包装罐上用英文所署的制造商名称和地址，是泰山公司的名称和地址。

[裁判要旨]

福建省高级人民法院一审认为：被告台福公司的专利权已被

宣告无效,依照《中华人民共和国专利法》第 50 条第 1 款的规定,其专利权视为自始不存在。原告泰山公司早于台福公司的专利申请日以前就在台湾生产、销售“仙草蜜”和“八宝粥”饮品,90 年代初开始在大陆地区销售。台福公司在与泰山公司相同的产品上使用与泰山公司相似的包装图案、色彩和文字结构,其行为足以误导消费者,造成两者混淆,依照《中华人民共和国反不正当竞争法》第 5 条第 (2) 项的规定,属不正当竞争行为,侵犯了泰山公司合法权益,应承担赔偿责任。台福公司反诉泰山公司侵犯其外观设计专利权,请求判令泰山公司停止侵权并赔偿损失,缺乏证据,不予支持。遂判决:(一)台福公司立即停止生产与泰山公司“泰山”牌仙草蜜、八宝粥饮品包装罐外观图案相近似的产品;(二)台福公司赔偿泰山公司经济损失 2.1 万元、律师代理费 2 万元。案件受理费 2.1 万元,诉讼保全费 5,000 元,反诉费 5,510 元,均由台福公司承担。

一审宣判后,台福公司不服,向最高人民法院提起上诉。

最高人民法院二审认为:泰山公司从 1986 年起一直连续生产、销售“泰山”牌“仙草蜜”、“八宝粥”饮品,并使用前述包装装潢。这两种产品在台湾地区享有较高的知名度。1993 年底,泰山公司即将生产的带有前述包装装潢的“仙草蜜”、“八宝粥”饮品开始在厦门经济特区国营外币免税商场销售,早于上诉人台福公司在大陆市场首先使用上述两产品的包装装潢,在相关公众中享有一定的知名度。因此,泰山公司在大陆地区对“仙草蜜”、“八宝粥”两产品的特有的包装装潢享有专用权,依法应予保护。台福公司未经泰山公司许可,在自己生产的相同商品上,擅自使用与泰山公司前述基本相同的包装装潢,足以造成消费者的误认,其行为已构成不正当竞争,应当承担相应的民事责任。经济特区的国营外币免税商场，也是中国境内市场的组成部分。国家对这种商场销售的货物实行监管和限制，是对境外商品进入中国境内市场的品种和数量进行调节的行政措施。国家采取这种行政措施，并不证明被调节商品的生产商对该商品享有的工业产权不受我国法律保护。因此，台福公司以在经济特区的国营外币免税商场内销售的货物不能认为已进入中国境内市场的上诉理由，不能成立。台福公司关于泰山公司的“仙草蜜”、“八宝粥”饮品最早于1995年4月才合法销往大陆市场的上诉理由，以及其在大陆首先使用“仙草蜜”、“八宝粥”两饮品的前述包装装潢的上诉理由，也与事实不符，不予采纳。原审判决认定事实清楚，适用法律正确，应当维持。据此，最高人民法院依照《中华人民共和国民事诉讼法》第153条第1款第(1)项的规定，于1998年7月27日判决：驳回上诉，维持原判决。二审案件受理费2.1万元，由台福公司负担。

[法理评析]

这是一起标的不大，但却很典型的知识产权纠纷，其经最高人民法院的终审而最终解决。虽然我国并不承认判例作为法律渊源，但随着其被最高人民法院以公报形式发布而广为流传，其将在中国各地法院审理相似案件中具有参考借鉴的作用。纵观整个案件，有两个问题值得注意，即如何保护我国台湾人民在大陆的民事权利、境外未申请专利的外观设计在境内特定区域流通的能否获得境内的保护。这是司法界目前遇到的新的问题，笔者从三方面来讨论这一问题。

一、准据法的选择

本案争论的焦点之一是泰山公司——一家在大陆相关法律管辖之外的公司，其产品的外观设计在大陆能否得到保护。生产企业对于其产品的外观设计一般均享有专用权，这种权利是一种私权，在知识产权保护体系中，①对于外观设计实行专利保护，或者实行工业版权保护，或者实行反不正当竞争法律保护。因此，在涉外经贸交往过程中，这种私权纠纷属于国际私法中所指的民商事纠纷，即相关当事人对于某一特殊智力成果权的纠纷。

我国台湾省现在沿用的是在大陆已被废止的民国时期的法律，与大陆现行法律相差甚远，在“一个中国”的原则下两岸分属不同的法域。两个不同法域间是否有区际法律冲突，这是个有争议的问题。许多学者认为由于大陆与台湾互不承认对方法域法律的域外效力，因此不存在区际法律冲突。②根据这种学说，大陆法院在对待涉台民商案件时可直接适用大陆法律而不予考虑台湾法域的法律。笔者认为，大陆与台湾间是否存在区际法律冲突在本案中将直接影响到法律的选择。

互不承认对方法域法律的域外效力是过去两岸对峙状况下特殊的政治原因产生的后果，随着两岸经贸交往的愈见频繁，两岸对于对方公民的民事法律地位及依对方法律取得的各种权利在现实中均自觉地予以承认。台湾于 1992 年 9 月公布了《台湾地区与大陆地区人民关系条例》及《台湾地区与大陆地区人民关系条例施行

---

① 本文所指的知识产权采纳了现在的一般通说，即包括反不正当竞争权利。

② 沈涓:《中国区际冲突法研究》，中国政法大学出版社 1999 年版，第 53 页。

细则》,其中以特别法的形式详细规定了大陆公民与台湾公民民事交往中的法律适用,与台湾现行的《涉外民事法律适用法》相比,可见台湾当局是把两岸的民事法律问题定位在“区际法律冲突”的坐标上。①反观大陆,虽然立法上一直未对台湾法域民商事法律域外效力予以承认,但从1984年最高人民法院《关于杨志武由台湾回大陆定居起诉与在台湾的配偶离婚,人民法院是否受理问题的批复》承认在台民事行为起,至1998年的《最高人民法院关于人民法院认可台湾地区有关法院民事判决的规定》,司法实践在这方面有突破的迹象,虽然这种突破在现阶段表现出的是间接方式。事实上对于台湾法域民商事法律域外效力的承认并不会损害大陆利益,因为民商事法律很少会涉及敏感的政治问题及违反“一个中国”原则。

从以上分析来看,确认现阶段大陆与台湾存在区际法律冲突是适宜的。

二、涉外反不正当竞争行为的法律适用

反不正当竞争法是一战以后各国为规范自由竞争下从垄断经济过渡过程中的市场剧烈动荡而产生的,其立法目的在于将保护交易自由的经济政策法制化,所以其不可避免地带有公、私混合法的特征。涉外反不正当竞争行为的法律适用问题是一个较新的课题,②目前我国对此尚未有具体规定。纵观各国理论与实践,一般认为对于不正当竞争行为的处理应区别对待:(1)对于一行为是否

① 余先予:《我国解决台湾与内地及港澳的法律冲突问题》,载于《中国国际私法与比较法年刊》第二卷,法律出版社1999年版,第256页。

②《1999中国法律年鉴》,中国法律年鉴出版社1999年版,第934—935页。

构成不正当竞争的行为，鉴于该法因含经济管制色彩而具属地性，适用法院地法。如德国《反不正当竞争法》第98条规定不正当竞争行为的原因或结果发生在德国，均适用德国法。(2)因不正当竞争行为造成他人权利损害的，对于被害人所应承担的损害赔偿责任依侵权行为、适用侵权行为冲突规范法认定。”①

台湾省是中国一部分，但鉴于其与内地分属不同法域，故有关经贸冲突在目前尚无区际冲突法的情况下比照国际经贸纠纷的方式予以解决。我国没有专门的冲突法，有关准据法的适用散见于《民法通则》、《票据法》等法律中的冲突规范；我国也没有有关知识产权的冲突规范，包括尚未有有关不正当竞争行为认定上的冲突规范。不过既然本案是一起侵权案件，那么依据《民法通则》第146条：“侵权行为的损害赔偿，适用侵权行为地法律。当事人双方国籍相同或者在同一国家有住所的，也可以适用当事人本国法律或者住所地法律”，本案的纠纷应适用“侵权行为地法”即大陆的法律。这一选择结果与国外及国际公约中采纳的知识产权纠纷适用被请求保护国法律的一般做法是一致的。

纵观我国知识产权法律体系，有关产品外观设计保护在《专利法》及《专利法实施细则》中有专门规定，但这两部法律法规提供保护的条件是有争议的外观设计必须经向中国专利局申请并获得专利。而本案中，台福公司的专利权已被宣告无效，泰山公司亦未取得相关专利权，因此，这两部法律法规显然不能适用于本案。《反不正当竞争法》作为现代知识产权法的一部分，其相关内容因有高度抽象性而成了规范市场经济秩序的“兜底条款”，因此从该法中还

① 刘甲一：《国际私法》，台湾三民书局印行1984年版，第387—389页。

是能找到有关保护未被授予专利的外观设计的依据，如该法的第5条第2项规定："(经营者不得采用下列不正当手段从事市场交易,损害竞争对手。)擅自使用知名商品特有的名称、包装、装潢,或者使用与知名商品近似的名称、包装、装潢,造成和他人的知名商品相混淆,使购买者误认为是该知名商品"。

至此,本案准据法的选择已告完成,即大陆的《反不正当竞争法》。然而不论是一审还是二审,在判决书中均未论述法律适用的推理,虽然法院最后也主要依《反不正当竞争法》断案,但从案件的特殊性来看,这种未经推理的结论具有不严密性。所以,笔者认为法院在选择适用法律时采用了错误的方法，但碰巧仍得出了正确的结论。我国司法工作一个不良习惯是"重实体、轻程序、轻冲突规则",事实上在一个含涉外因素的案件中,如果法院不能正确地找到应适用的准据法,即使其对实体法的理解多么深刻,从整个判决推理的逻辑上看,其仍有可被攻击的地方。

三、特别关税地区适用知识产权法的地位

鉴于台湾同胞在大陆的同等待遇原则，本案中泰山公司虽然未在大陆注册登记,也没有住所地或营业地,但其权利仍将得到保护。至于具体到泰山公司的外观装潢专用权能否得以保护,这还要看其是否符合《反不正当竞争法》规定的条件。

《反不正当竞争法》第2条规定:"经营者在市场交易中,应当遵循自愿、平等、公平、诚实信用的原则，遵守公认的商业道德。……本法所称的经营者,是指从事商品经营或者营利性服务(以下所称商品包括服务)的法人、其他经济组织和个人",第5条规定:"经营者不得采用下列不正当手段从事市场交易,损害竞争对手。

……(二)擅自使用知名商品特有的名称、包装、装潢,或者使用与知名商品近似的名称、包装、装潢,造成和他人的知名商品相混淆,使购买者误认为是该知名商品”。可见适用《反不正当竞争法》的前提条件是必须在“市场交易”当中,即通常说的“工商活动”当中。由于《反不正当竞争法》适用的地域性,即限于中国境内,因此这里的“市场交易”活动又必须是发生在境内市场。所以,在本案当中又引出了一个争论焦点,即在国营外币免税商场的交易是否算是在中国境内市场的交易?这是泰山公司的外观装潢专用权能否得到保护的关键。本案中台福公司认为这类商场的销售对象是特定的,销售的货物也受到严格的监管和限制,因此不能认为已进入中国境内市场。要解决这一问题,首先必须了解外币免税商场的性质。

为了适应对外开放和旅游业发展的需要,在改革开放初期,我国开办了外币免税商品销售业务,这些业务的开展对扩大对外开放,改善投资环境,满足有关人员的购物需求,增加外汇收入,发挥了积极作用。不过,外币免税商品销售业务有严格的供应对象和供应品种限制。可以购买这些免税商品的对象包括离境旅客和外国驻华机构常驻人员、外商投资企业外方人员、因公出国人员、劳务人员、进出境运输工具服务人员、来华探亲的台湾同胞、华侨、外籍华人和因私出国人员、经济特区中的港澳台胞、华侨、外国人和境外员工等,①同时这类商店经营品种要经海关总署批准。②根据《中

① 参见1993年3月27日国务院办发(1993)21号《国务院办公厅关于设立外币免税商店(场)有关问题的通知》。

② 参见海关总署1991年4月24日发布的《中华人民共和国海关对免税外汇商品业务的管理规定》第4条。《中华人民共和国海口海关对海南经济特区国营外币免税商场的管理试行办法》、《中华人民共和国九龙海关对深圳经济特区内国营外币免税商场的管理试行办法》中均具体规定了这类商场可以经营的商品种类等。

华人民共和国海关对免税外汇商品业务的管理规定》,各海关对于外币免税商场的商品进口、商品销售等均实行详细地监督。此外,在外汇问题上,依照国家外汇管理局1996年的《关于免税商品业务外汇管理有关问题的通知》,亦实行灵活但有管制的政策。综上,从国营外币免税商场的销售活动上看,其已构成境内市场的一部分,而从其销售行为受海关、外汇部门监督以及商场设立的地点上看,其经营的商品已进入境内。所以,本案争议的商品已进入中国境内市场,台福公司的上诉理由不能成立。

台福公司的这一观点也很典型地反映了现今一些人士对于我国特别关税区在适用法律的地位上认识的不清。有人认为由于保税区、出口加工区等商品限制到区外市场上自由流通,在这些地区内加工生产侵犯他人知识产权的商品不应受法律制裁,因为这些商品生产出来后多数是直接销往国外的,对国内知识产权人的利益并不会造成损害。这种观点似乎很有道理,不过稍加分析便会发现其是错误的。

首先,保税区、出口加工区(包括本案中的外币免税商场)等特殊关税区其特就特在"税"上,即在关税上可以实行与区外不同的政策,国家关税法律体系中的某些内容在此被特别法所替代,但除此以外其他法律如刑法、刑事诉讼法、民法、民事诉讼法、经济法、知识产权法等因为法律本身未有特殊处理的规定,所以在此照样应予适用。

其次,对于知识产权"地域性"的理解问题上,"地域"到底是一个什么样的地区,有必要澄清。简单地说地域即是地理意义上的一国的领土范围这是不贴切的,如在我国这样的复合法域国家里,大陆、台湾、香港、澳门均有自己的知识产权法,所以这一"地域"应是一法域所辖的领土范围。大陆知识产权人拥有一项知识产权，其“地域性”限于大陆，而特别关税地区也是大陆的一部分，自然是在这一“地域”之内。

最后，所谓“商品生产出来后多数是直接销往国外的，对国内知识产权人的利益并不会造成损害”，也是不正确的。一方将在国内侵权的产品销往国外，如果国内知识产权人已在销售国通过注册取得知识产权，则这仍旧是侵权；即使未注册，亦可根据反不正当竞争法予以制止；如果国内知识产权人在国外尚未开拓市场的话，那么这一行为将阻碍其取得市场，对其仍将造成损害。

作者单位：华东政法学院

粤海公司诉仓码公司等无单放货、提货纠纷案

曾　洋

[基本案情]①

(香港)粤海电子有限公司(下称粤海公司)的子公司富辉公司于1989年1月3日和2月21日与(香港)华港发展公司(下称华港公司)分别签订两份电冰箱散件购销合同。粤海公司接受富辉公司根据华港公司的委托,于同年1月26日和2月21日将货物及其附件交给(香港)招商局仓码运输有限公司(下称仓码公司)承运。承运人仓码公司向粤海公司出具了四份正本提单,提单载明:托运人是粤海公司代华港公司;收货人是粤海公司。由于华港公司没有按约定支付全部货款,粤海公司未将正本提单交给华港公司,而由粤海公司一直持有该正本提单。两批货物运达地点均为深圳市蛇口赤湾港。

① 本案案情及审理情况详见《中华人民共和国最高人民法院公报》,1997年第1期,第32—35页。因讨论和研究的需要,本文引用时有所取舍。

1989年1月26日，华港公司委托深圳经济特区发展公司（下称特发公司）代理第一批运达货物的报关。特发公司向深圳外轮代理公司（下称外代公司）出具保函，换取外代公司一份盖有进口货物提货章的副本提单，经报关交税，海关放行，华港公司在无正本提单的情况下提取了货物。

1989年2月21日，同样由仓码公司承运的第二批货物到达赤湾港后，外代公司亦提供加盖进口货物提货章的副本提单，由珠海市海岛开发贸易公司（下称海岛公司）报关提货，因未缴关税，海关未予放行。

1990年7月9日，粤海公司以仓码公司向无正本提单的人交货为由提起诉讼，要求仓码公司赔偿其货款及利息损失。

［裁判要旨］

粤海公司诉仓码公司海上运输货物无单放货纠纷案和仓码公司诉外代公司、特发公司、海岛公司、华港公司无正本提单代理放货、提货纠纷案，由广州海事法院合并审理并作出一审判决后，粤海公司不服，提起上诉，广东省高级人民法院于1993年7月29日作出终审民事判决，仓码公司、外代公司、特发公司不服终审判决，分别向最高人民法院提出申诉，请求再审，最高人民法院遂提审本案。

最高人民法院经审理，查明案件事实，分清当事人各方的责任，依据提单背面条款的规定，认为粤海公司在货物到港后未凭正本提单向承运人提出请求，而是在1990年7月9日才向法院提起诉讼，已经超过海牙规则规定的一年的诉讼时效，当事人各方的诉讼请求依法不能得到救济。最高人民法院遂于1996年8月27日判决:撤销广东省高级人民法院(1993)粤海经上字第255、256号民事判决书和广州海事法院(1990)广海法商字第27号、(1991)广海法商字第06号判决书;驳回粤海公司对仓码公司的诉讼请求及仓码公司对特发公司、海岛公司、华港公司和外代公司的诉讼请求。

[法理评析]

本案虽以当事人行使权利超出诉讼时效为由作出以上判决,但是最高人民法院对某项事实的认定还是值得探讨的。

据《最高人民法院公报》记载:"仓码公司作为海上货物运输的承运人,自签发了以粤海公司为收货人的记名提单后,就与粤海公司之间形成了运输合同关系。……对粤海公司持正本提单不能提货所造成的损失,仓码公司负有违约赔偿责任。"

该案的再审是我国《海商法》颁布之后,其判决认定的"无单放货行为"的"违约性",对我国海事司法实践具有相当的指导意义。但是,是否可以据此确认"违约性"成为"无单放货行为"之法律性质的定论?笔者认为,这里至少有两方面问题值得商榷,一是对记名提单的认识,记名提单是否还具有物权凭证的性质。二是承运人签发提单后,尤其是在签发记名提单后,提单是否就成为承运人与放货人之间的海上运输合同。

一、对记名提单的认识。这一点法律是有明确规定的。结合我国《海商法》第71条和第79条的规定,所谓记名提单(Straight B/L)是指在提单正面"收货人"一栏内明确记载具体收货人的提单,记名提单不得转让，签发记名提单的承运人必须向提单中载明的收货人交付货物；指示提单（Order B/L）指提单正面“收货人”一栏填写“指示”（Order）字样的提单，根据航运惯例，如果提单上没有写明由谁指示，则应理解为由托运人指示收货人，如果提单正面记载指示人，则承运人应依据提单记载将提单项下货物交给指示人指示的收货人；不记名提单即空白提单（Blank B/L）则是指提单正面“收货人”一栏处于空白状态，没有具体的收货人，承运人在目的港只要将货物交给提单持有人即可。法律同时规定，记名提单不得转让；指示提单经记名背书（Special endorsement）或者空白背书（Endorsement in blank）可以转让，但经记名背书转让后的指示提单不得再次转让，此时形同记名提单，空白提单无需背书，即可转让。三个有关提单的国际公约《海牙规则》、《海牙—维斯比规则》和《汉堡规则》对记名提单、指示提单和不记名提单无明确记载。

在航运实践中，一般认为，记名提单虽然安全，但由于不能转让，对贸易各方都产生不便。由此，有的学者认为，由于记名提单及经记名背书的指示提单的不可转让性，因而从国际贸易角度看，记名提单不具有物权凭证性质。[①]这种看法是不妥当的。笔者认为，提单在合法持有人手中即证明其对提单项下货物享有所有权，而记名提单及经记名背书的指示提单，只是因为其不可转让，仅产生对被记名人及被记名背书人以外的第三人不再具有物权凭证的结果，而对被记名人及被记名背书人而言，提单是他们对提单项下货物拥有所有权的证明是确凿无疑的。如果在法律上不确认这一点，也许没有人愿意付款赎单，因为赎回了单证，凭提单提取货物的权

① 於世成等编著：《海商法》，法律出版社 1997 年版，第 115 页。

利却不一定能得到法律保护，这时对付款人来讲，因赎回的提单不是所有权的凭证，无疑就增大了付款人的交易风险。

本案最高人民法院判决中也确认了这一点，“粤海公司为海上货物运输提单项下的记名收货人，记名提单不得转让，粤海公司持有全套正本提单，享有提单项下货物所有权，是唯一合法提货人。”但在我国《海商法》中亦应当明确这一点。笔者认为，在该法第71条中给出提单定义之后，应加上“提单是其合法持有人对项下货物拥有所有权的凭证”的字句。

二、承运人签发了记名提单后，是否就与收货人之间形成了运输合同关系？尽管在该案判决中，最高人民法院肯定了这一点，但在法学理论或航运实践中这都是有疑问的。

首先，认为承运人签发记名提单后，就与收货人之间形成了运输合同关系的观点不符合我国法律关于合同成立的一般概念。所谓合同，是当事人之间产生、变更、终止民事权利义务关系的意思表示一致的法律行为。合同的一个基本法律特征是两个以上意思表示一致的协议，是协商一致、当事人合意的产物。①作为提单正面一个条款的收货人栏目，不论是否记名，也只是提单的一部分，而提单仅是承运、托运双方海上货物运输合同的证明，托运人将其国际货物买卖合同中购货方记载在提单收货人栏目，并不可以据此说明承运人与收货人之间就形成海上货物运输合同。并且在这个问题上，承运人与收货人之间并没有意思表示一致而达成的合意。

---

① 王利明、崔建远著：《合同法新论·总则》，中国政法大学出版社1996年版第6—7页。

其次，认为承运人签发了记名提单后，就与收货人之间形成了运输合同关系的观点不符合我国法律关于合同形式的规定。我国涉外经济合同的有关司法解释中明确指出“订立合同，未采用书面形式的，应当确认无效。”①同时，我国虽然是《联合国国际货物销售合同公约》的签字国，但对该《公约》第 11 条关于合同形式的规定，我国是采取保留态度的，这进一步说明，我国对外贸易活动中所订立的涉外经济合同当以书面形式订立。并且我国《经济合同法》(第 3 条)中也明确规定：“经济合同，除即时清洁的外，应当采取书面形式。”因此，尽管我国《涉外经济合同法》明确排除了国际运输合同的适用，但是，参照我国《经济合同法》和《涉外经济合同法》的有关规定，国际货物运输合同显然应当采取书面形式，而采用口头形式或推定形式，是不妥的。提单本身是承托双方海上货物运输合同的证明，收货人栏目明确只是提单正面的一个条款，并且收货人与承运人之间不需要也不可能有一个双方合意的书面海上货物运输合同，怎么能根据提单的一个明确条款而认定运输合同关系成立呢?本案中粤海公司可能与仓码公司之间签有海上货物运输合同，但它是根据富辉公司委托代华港公司托运，而不是以收货人的身份与仓码公司签约的。

综合以上两点认识，那种认为“承运人签发了记名提单后，就与收货人之间形成了运输合同关系”的观点在法理上是讲不通的。在本案判决中，最高人民法院采用这一提法，虽于判决结果无碍，但对于这一问题的认识却不能不说是一个缺憾。关于提单“物权

① 参见最高人民法院《关于适用〈涉外经济合同法〉若干问题的解答》之“关于无效涉外经济合同的确认问题”。

性"的讨论一直持续不断,认识这个问题更应当十分审慎而且应做到于法有据。

作者单位:南京大学法学院

海南汇通国际信托投资公司诉海南五矿乐海有限公司、海南万邦实业有限公司提单项下货物交付纠纷案

莫世健

所有权允许财产所有人向所有人以外的其他人主张权利。海运提单是由承运人或其代理人所签发的承运人已经收到提单所记载货物的凭证。承运人有向持有正本提单的人交付提单所载明的货物的义务。但是,《海商法》对合法的提单持有人是否能向一切其他人主张其对提单所代表的货物的所有权无具体规定。

在一般情况下,提单持有人有权依据提单向承运人或承运人的代理人主张权利。例如,《海商法》第71条规定:"提单,是指用以证明海上货物运输合同和货物已经由承运人接收或者装船,以及承运人保证据以交付货物的单证"。第71条强调承运人保证凭提单交货的义务。另一与提单作为权利凭证相近的条款为《海商法》第78条,该条规定:"承运人同收货人、提单持有人之间的权利、义务关系,依据提单的规定确定"。《海商法》中再没有其他清楚地与提单所代表的所有权直接或间接相关的条款。

提单合法持有人有权向承运人主张其对提单项下货物的所有权。在两个或两个以上当事人同时向承运人要求交付货物或赔偿

损失时，提单实际上是确定当事人之间对提单所代表的货物权利的凭证。真正的提单合法持有人或应当成为真正的合法提单持有人的一方，可依据提单向其他竞争方主张其对提单项下货物的所有权。此即为《海商法》所明确支持的提单合法持有人或提单所有人可依据提单向承运人或其他人主张其对提单所代表货物的所有权的两种场合。第二种场合(即在确定谁有权提取或拥有承运人将要交付的货物时)是第一种场合(即对承运人主张权利)的延伸。当承运人不是诉讼的任何一方时，某一当事人是否有权以提单合法持有人的身份向其他当事人主张其对提单所代表的货物的所有权呢?

[基本案情]①

在海南汇通国际信托投资公司诉海南五矿乐海有限公司和海南万邦实业有限公司案中，提单是否能够成为提单持有人的物权凭证成为该案的主要问题。该案由海口海事法院于1996年5月17日判决。海南汇通国际信托投资公司(简称投资公司)为原告，海南五矿乐海有限公司(简称乐海公司)为第一被告，海南万邦实业有限公司(简称万邦公司)为第二被告。根据案例报告介绍，投资公司应为开信用证行，乐海公司为信用证申请人，万邦公司为乐海公司的合作公司，并与乐海公司一起向开证行提供了保证付款的抵押担保书。抵押担保书的有关条款如下：(1)担保人保证在信用证项下货到一个月内付足全额货款；(2)担保人将提单下11,000

① 该案报导于《海事审判》，1998年第2期(总第36期)，第39—42页。

吨钢材全部抵押给开证行，直至全部款项付清为止；(3)在全部款项付清前，保证人如需要提货，必须首先付清被提部分货物的货款；(4)如果担保人不能按照抵押担保书付足款项，开证行有权处置该信用证下货物。

1996年4月10日，乐海公司将300万元人民币信用证保证金经银行转入"汇通外汇部2022008"特种账号。投资公司遂开出以大宇香港有限公司(简称大宇公司)为受益人的总金额为3,338,500美元的不可撤销跟单信用证。信用证下钢材实际已于1996年3月27日运抵海口港。投资公司以提单传真件和向海口外轮代理公司出具的保函，换取了11,605吨钢材的提货单。投资公司以自己名义保存了3,600吨，交给乐海公司保存3,955吨。余剩4,000吨则被海口市秀山区法院认定为属于万邦公司财产，并以万邦公司涉嫌其他经济纠纷为由扣押。

1996年4月18日，投资公司收到卖方通过银行提交的全套提单。1996年4月29日，投资公司承诺支付3,522,391.56美元。提单为指示提单，托运人为大宇公司，收货人凭指示，通知人为乐海公司。投资公司变成提单持有人，但未经托运人指示转让。乐海公司没有按照协议支付款项。乐海公司负责保管的钢材则被万邦公司私自卖出，加之部分钢材为法院扣押，投资公司失去大部分抵押担保，因此要求法院判定其对原已经由其提取的分别由其自己和乐海公司保存的共约8,000吨钢材的合法所有人，进而要求两被告归还万邦公司卖出的钢材或等价货款，并承担诉讼费和财产保全费。投资公司请求的主要依据是它所持有的正本提单。因为投资公司已经使用提单传真件和担保函从承运人处取得大部分钢材，后来由银行转来的正本提单就没有交给当地的承运人的代理人。如此使用提单，投资公司实际上是在与承运人无关的情况下，要求法院确认其以提单为凭证的对有关钢材的所有权。

第一被告乐海公司辩称，乐海公司为有关钢材的买方，并为指定的提单通知人。乐海公司因投资公司提供信用证之故，而将有关钢材抵押给投资公司。所以，投资公司为钢材的抵押权人，而乐海公司则为钢材的所有人。加之，乐海公司保管的钢材是由万邦公司私自卖出，乐海公司不负赔偿责任。乐海公司称，它在投资公司开出信用证前提供的300万元人民币保证金仍归其所有。

第二被告万邦公司辩称，因乐海公司进口钢材有资金困难，万邦公司为其提供了300万元人民币进行合作，此300万元即为提供给投资公司的保证金。为了尽快收回投资，万邦公司遂将乐海公司负责保存的3,955吨钢材出售。钢材销售款500万元人民币被法院因其他经济案件而扣押。所以，万邦公司对投资公司所受侵害不承担责任。

根据以上事实和原、被告的辩词，三个当事人对纠纷的性质和各自权利义务的看法可归纳如下：(1)投资公司以持有正本提单为由，主张对提单所代表钢材的所有权。但是，投资公司仅仅主张对原由其从承运人的代理人处提取的、并未被法院扣押的部分钢材的所有权。(2)投资公司实际控制已经提出的部分钢材，并期望通过认定其所有权的方式，要求两被告对已为万邦公司私自售出的部分钢材进行赔偿。(3)乐海公司以货物买卖合同中钢材买方名义，主张其对钢材所有权，并以其为提单通知人和投资公司仅为信用证开出人为由，否定投资公司为提单合法持有人。(4)乐海公司承认投资公司作为钢材抵押权人的权利。(5)乐海公司推卸其作为钢材保管人的责任，拒绝对万邦公司私自出售由其保管的钢材承担责任。(6)万邦公司以曾投资于钢材买卖交易为由,而主张其对部分钢材享有抵押或处分权。(7)万邦公司以其无法控制销售款为由,拒绝承担对售出钢材的赔偿。

[裁判要旨]

海口海事法院根据《中华人民共和国民法通则》第71条、第72条第1项、第106条、第111条和《中华人民共和国海商法》第71条并参照《跟单信用证统一惯例》国际商会第500号出版物的有关规定于1996年5月17日判决如下:(一)确认原告海南汇通国际信托投资公司为"艾琳"轮所载1号提单项下所争议货物7,955吨盘元钢材的所有权人;(二)被告海南万邦实业有限公司返还擅自提走的3,955吨钢材给海南汇通国际信托投资公司;如不能返还,则偿付海南汇通国际信托投资公司钢材款U.S.$841,490.825;被告海南五矿乐海有限公司对此负连带责任;(三)被告海南万邦实业有限公司赔偿原告海南汇通国际信托投资公司诉前财产保全申请费损失50,520元。上述款项在判决生效之日起10日内清偿。

[法理评析]

一、国际货物买卖中开证行对货物权利的性质

国际货物买卖中,银行常常为了赚取手续费和佣金而提供信用证服务。除了专门的储蓄担保、财产担保外,银行经常采用对合同标的货物进行控制的方法，以保证其利益不会因申请人无偿还能力而受损失。此类控制多通过银行成为有关的海运提单、空运提单、陆运凭证、发货单或者其他代表货物所有权、控制权的单证、凭证的持有人来实现。

在使用海运提单时，银行应当要求申请人安排托运人提供指明其为受让人的指示提单。使用不记名提单时，银行同样也可成为提单的合法持有人。但是，提单遗失或因其他原因而为他人所占有时，银行利益则不如指示提单保险。在此类情况下，银行是以提单持有人身份控制货物。因为提单是托运人据以交付货物的凭证，银行实际是依赖提单所保证的持有人向承运人要求交货的权利来保护其利益。

海运提单多为可转让提单。可转让提单具有财产凭证和有价证券性质。但转让的程序、方式必须合法。否则，提单持有人失去向承运人要求交付货物的权利，也失去对抗第三人的权利。例如，《海商法》第79条规定提单转让的方式和法律效力，各国海商法对提单转让均有大同小异的规定。所以，从理论上讲，银行没有通过法定程序、方式而受让提单时，其作为提单持有人的利益可能不受法律保护。在实践中，从事信用证付款的银行经常忽略法律程序和转让方式的重要。但是，由于对提单的实际控制，没按照法律程序、方式转让的提单仍能够保护持有人的利益。此类保护也是以各国海商法均承认的、承运人必须将货物交给提单持有人的规则为基础的。在此种情况下，提单持有人能够通过对提单的实际控制，而限制提单所代表的货物的流通，从而达到保护其利益的目的。

概括而言，国际货物买卖中的开证行一般通过两种方式控制提单项下的货物，以保护其利益不致因申请人无还款能力而受损。

按法定程序、方式转让时，开证行在某特定期内有条件地成为提单的合法持有人和货物的所有人。在申请人偿还了货款或提供了满意担保后，开证行必须按提单性质将提单背书转让或直接交付给申请人。如提单没按照法定程序、方式转让的，开证行则可通过对提单的直接控制，而防止其他人行使依据提单向承运人要求交货的权利。此时，开证行实际上对提单本身行使一种类似抵押权的权利。如果申请人不能按约定还款，开证行则可通过法律程序和手段拍卖或转让提单项下的货物，以补偿其损失。在本案中，投资公司实际上对有关提单有合法占有权和控制权。此类权利不是对提单项下货物的所有权。如将合法占有权和控制权转为所有权时，仅依靠《海商法》是不行的。仅按照《海商法》确定投资公司为货物所有人为本案审判推理错误的第一点。

二、指示提单的转让

《海商法》第79条第2项规定“指示提单，经过记名背书或空白背书转让”。此规定为保护提单合法持有人利益而设。背书是证明原合法持有人同意将提单转给他人的证据。严格地讲，承运人必须在查明了提单已按法定程序、方式转让给提单持有人后方能交货。如果承运人或其代理人不核对指示提单是否已按照法定程序、方式转让，承运人必须对其行为的法律后果负责。

在本案中，投资公司并未成为提单的受让人。①所以，本案的提单没有按照《海商法》第79条转让。因有关提单载有“收货人凭

① 此结论是以该案的报导为基础，见《海事审判》1998年第2期(总第36期)，第40页。

指示"字样，此提单应当是指示提单，而不是不记名提单。指示提单签发给了托运人，所以应当由托运人背书转让。海口海事法院适用了《海商法》第79条规定，认为第79条应当解释为提单合法持有人即投资公司还未背书转让的结论，是对《海商法》第79条的误解。①笔者认为，投资公司不是自承运人处收到提单的托运人，也不是提单所指定的收货人。故必须按照《海商法》规定程序、方式而取得提单的持有权。因为指示提单没有背书转让，投资公司的权利不能以《海商法》第79条为基础。认为指示提单背书转让始自投资公司为法院推理错误的第二点。

三、提单的法律效力和货物交付

提单是提单合法持有人要求承运人或承运人的代理人交付有关货物的凭证。《海商法》仅在提单持有人要求承运人交货之前或交货时，承认提单物权凭证的效力。提单物权凭证的效力其实是以承运人的承诺为基础的。因为承运人已经收到提单中载明的货物，并同意将货物安全运到约定地点，所以必须向提单持有人交付与提单所载明货物的状况、数量和性质相同的货物。一般情况下，承运人交付提单所代表的货物后，应当收回提单或至少在提单上注明货物交付。此时，提单不再有物权凭证的效力。

如果因为有权获得或持有提单的人和承运人或其代理人之间的特殊安排，承运人或其代理人允许前者在无正本提单时提货，承运人或其代理人有以后被提单合法持有人追溯责任的危险。故而，承运人或其代理人经常在提货人提供了合理担保后才放货。如果

---

① 见第584页注，第40—41页。

承运人或其代理人受到提单合法持有人的起诉,担保人则必须赔偿承运人或其代理人的损失。但此时提单的物权凭证效力,也仅能对承运人或其代理人行使。如果提单持有人和已凭担保提货的人为同一人,提单则安全失去其物权凭证的效力。此时,提单效力可从两个角度考虑。第一,如果提单持有人凭提单追溯承运人或其代理人的责任,承运人或其代理人则可凭担保追溯提单持有人的责任。因而,致使凭提单追溯承运人责任的行为毫无意义。第二,凭担保提货实际上是变通的凭提单提货。承运人或其代理人一般不应当无单放货。仅在合理地确认了要求放货人对货物的权利后,为了方便商业交往,承运人或其代理人才可以凭担保书放货。否则,承运人或其代理人则将会因其违约和违反海商法规定而被起诉。因为凭担保放货是凭提单放货的变通方式,所以因提供担保放货而未使用的提单和已使用的提单一样,实际上已经失去了提单的物权凭证效力。

认为投资公司在凭担保和提单传真件提货后,仍有权以提单作为物权凭证而主张其货物所有权是本案判决的第三个有争议之处。

四、投资公司权利的性质

在本案中,投资公司的权利性质,可从下列方面认定:

(1)按照两被告所提供的担保书,投资公司在被告未还清信用证下款项之前,是买卖合同项下约 11,000 吨的钢材,也就是有关提单所代表的钢材的抵押权人。其对钢材的抵押权将随着被告还货款的数额,按比例减少。

(2)投资公司约于 1996 年 4 月,取得了对约 8,000 吨钢材的占有权。其对该部分抵押物，即已经收到的部分钢材的控制，已经由通过提单行使的间接控制而转为对钢材的直接控制。

(3)就投资公司提取的8,000吨钢材而言，投资公司仍然仅为钢材的抵押权人。按照民法一般原理，债务人违约是抵押权人行使抵押权的前提。所以，投资公司仅能在被告违约而不能履行其还款义务时，方能通过法定程序行使抵押权，包括(如果法律允许的话)选择成为抵押物的所有人。

(4)海口海事法院否认了抵押关系的存在。法院认为"至于两被告于1996年4月9日向原告出具的《抵押担保书》，由于两被告均未取得1号提单及该提单项下货物所有权，即在并未具有物权的前提下在他人物上设立权利，违反了法律规定，其抵押系属虚设'抵押'，故该抵押担保不能成立。"①接着，法院确认了被告对原告承诺的有效，而将《抵押担保书》视为被告向原告作出的履行债务的保证。此推理过程有一定的逻辑和适用法律上的不准确之处。在此案中，被告对钢材所有权的取得，依合同约定，是一种由合同保障的权利。国际货物买卖一般以付款为标志确定货物所有权转移。开证行按照信用证要求接受各种单证和凭证、并承诺付款后，货物所有权移至买方。买方为了安排付款而提供合同货物作为担保，不能认为是一般的将他人财物设立抵押的行为。因为货物买卖合同执行与否与抵押权人是否能按约定提供货款有关，故抵押权人提供货款的行为与抵押人是否有权设立抵押是一个法律行为的两个步骤。抵押权人支付或承诺支付货款后，货物所有权将按照合

① 因法院未讨论《担保法》，且缺乏有关案件事实，本文不拟对《担保法》作详细讨论。

同转至抵押人。此时,抵押权人所能控制的货物在法律上属于抵押人。如果抵押人违约,抵押权人则可按照抵押合同或担保合同行使其权利,包括成为货物所有人的权利。法院对被告钢材所有权的认定有失偏颇。

(5)投资公司已经凭提单传真件和担保书从承运人的代理人处取得提单项下所有钢材。对承运人及其代理人而言,投资公司手中的提单已经没有任何真正的法律效力。所以,投资公司手中的正本提单,不能适用《海商法》的任何条款。

(6)对两被告而言,投资公司手中的正本提单,也没有任何法律效力。因为投资公司和两被告约定投资公司对钢材有抵押权,此约定本身证明投资公司承认被告对有关钢材具有所有权。

(7)同一提单项下货物被明确和暗示地认定为属不同当事人所有,违背逻辑。当投资公司提取了11,000吨钢材后,法院依法扣押了其中4,000吨。此扣押的基础是法院假定此部分钢材归万邦公司所有。否则,此扣押违法。海事法院对此部分钢材之所有权未作评论。投资公司手中有一份代表11,000吨钢材的提单,投资公司大概认为8,000吨钢材已足以赔偿其损失,但依据有关提单而仅仅要求对未被法院扣押的部分钢材主张所有权是违背逻辑的作法。海事法院又怎么能够从逻辑上承认投资公司凭正本提单对提单所代表的部分钢材有所有权,而允许另一法院将提单所代表的钢材的另一部分认定为归万邦所有?此种现象本身是对提单物权凭证效力的否定。

所以,此案中投资公司权利的性质是以其对有关钢材的抵押权为基础的。因为投资公司对其已经提取的约8,000吨钢材有抵押权,交给乐海公司保管的钢材不能未经抵押权人同意而任意处置。就已为万邦公司私自出售的3,955吨钢材而言,可认为乐海公司与投资公司中间存在一保管合同。投资公司将设有其抵押权的钢材交给乐海公司保管。所以,乐海公司必须对其允许万邦公司将钢材卖掉的行为负责。万邦公司对原由乐海公司保管,而由其私自卖掉的钢材没有任意处分的权利,因为此部分钢材已经抵押给了投资公司。所以,万邦公司必须对其私自出售钢材的行为负责。就投资公司仍然控制的部分钢材而言,投资公司是该部分钢材的抵押权人,在被告违约时,投资公司有权行使抵押权人对抵押物的处分权。因此类法律不属于《海商法》范畴,加之没有担保书中抵押条款和抵押权行使条款的具体资料,本文将不对应如何行使钢材抵押权问题作出进一步评论。

五、结 论

在本案中,海口海事法院试图使用《海商法》确定原告对有争议钢材的所有权。海事法院所依据的法律包括《中华人民共和国民法通则》第71条、第72条第1款、第106条、第111条和《海商法》第71条,法院并参考了《跟单信用证统一惯例》(UCP500)的有关条款。但问题在于,《海商法》中没有规定提单可作为向承运人以外其他人(或在不涉及承运人的案子中)主张所有权的凭证。《跟单信用证统一惯例》根本与提单是否可成为物权凭证的问题无关。所以,海事法院在适用法律时有错误。如果本案与海商法无关,则海事法院无权处理此案。但是,该案又由海运货物而起,且原告又以提单为依据提起诉讼,所以,又可以列为海事纠纷。此类案件表明进一步明确或扩大海事法院管辖权的必要。此种管辖权上的不明确之处,是不是对海口海事法院在此案中的法律适用有影响呢?

此案的法律适用实际已经超出了《海商法》的范畴。《民法通则》对此类问题也无明确规定。例如,此案中适用的《民法通则》第71条承认对财产所有权的保护,第72条第1款仅规定所有权必须依法取得,第106条规定当事人必须承担违约或侵权的法律责任,第111条则规定无辜方有权要求违约方赔偿。而本案中的主要问题是确认投资公司权利的性质。《担保法》应当能为有关抵押担保合同提供某些指导原则,但法院没有讨论《担保法》有关条款。笔者认为,投资公司的权利不是以《海商法》为基础,也不能适用提单作为物权凭证的有关规定。投资公司的权利是以抵押担保合同为基础的,抵押担保合同证明当事人对有关钢材设立抵押的愿望。信用证的支付、有关买卖合同的履行和投资公司手中的提单证明钢材的所有权已经从原来的卖方转让给了另一方。因为乐海公司按照合同向卖方支付了货款,故钢材所有权在投资公司承诺付款时即转至乐海公司。但是,乐海公司已经将偿还投资公司代付的货款作为其行使对钢材所有权的先决条件。乐海公司违约,则无权行使对钢材的所有权。法院应当考虑《担保法》有关条款、原则,将投资公司对钢材的权利作为一种合同权利执行,并且将认定投资公司对钢材控制和占有的权利作为无辜方保障其合同权利的必要措施。万邦公司侵犯投资公司的占有权和处分权,必须承担赔偿责任。投资公司不能对钢材直接行使所有权,但有权通过法院拍卖钢材以补偿其损失。如果法院认为判定钢材归投资公司所有是一种公平的补偿方式,法院则可依《民法通则》和《担保法》的有关规定,认定投资公司有权选择成为钢材所有人,以补偿其损失。但是,这必须是法院承认担保或抵押合同后，对抵押权人权利的承认和适用抵押权人权利的结果。

作者单位：香港城市大学法学院

河南中翔实业有限公司诉中国工商银行佛山市分行第二营业部、中国工商银行佛山市分行承兑汇票纠纷案

葛承书

[基本案情]

中国工商银行佛山市分行第二营业部(以下简称第二营业部)系中国工商银行佛山市分行(以下简称佛山工行)依法设立的有营业执照的分支机构。1997年1月21日,第二营业部与南海市信友家用电器厂(以下简称家用电器厂)签订一份《银行承兑协议》约定:由第二营业部开出一张以佛山市澜石深村仁和五金电器厂(以下简称五金电器厂)为收款人的银行承兑汇票;汇票金额100万元;签发日期为1997年1月21日,到期日为1997年5月21日;汇票到期,承兑银行凭票无条件支付票款;协议还对承兑手续费及违约责任作了约定。同日,第二营业部依约开出一张银行承兑汇票(号码为08352068)。家用电器厂将该汇票交付给五金电器厂。后由于家用电器厂与五金电器厂之间的购销合同未履行,五金电器厂在该银行承兑汇票第一背书栏盖章后退回给家用电器厂,该汇

票的第一被背书人栏为空白。家用电器厂因欠郑州开元实业（集团)有限公司(河南中翔实业有限公司乃其下属有法人资格的子公司)款项,未作背书即将该100万元的汇票转让给原告河南中翔实业有限公司(以下简称中翔公司)。中翔公司在第二背书栏盖章,并于1997年8月29日通过其在郑州的开户行向第二营业部作付款提示。第二营业部电报答复中翔公司：由于该汇票已逾期3个多月,不予解付。1997年11月10日,中翔公司再次通过其在郑州的开户行向第二营业部提示付款,第二营业部未作答复。中翔公司于1997年12月22日向佛山市城区人民法院起诉，请求判令第二营业部及佛山工行支付汇票款项100万元及利息。

[裁判要旨]

佛山市城区人民法院经审理认为：中翔公司依法取得银行承兑汇票,合法享有该票据所具有的票据权利。中翔公司在持有票据后未能及时向第二营业部提示付款，其提示付款的时间已超过法律规定的期限,故其要求支付的请求不应支持。依照《中华人民共和国票据法》第53条第1款第(3)项的规定,作出(1998)佛城法经初字第1号民事判决:驳回河南中翔实业有限公司的诉讼请求。

宣判后,中翔公司不服,向佛山市中级人民法院提起上诉。

佛山市中级人民法院审理后认为：五金电器厂将汇票背书后退回给家用电器厂时,在被背书人栏未填写受让人名称;家用电器厂将该汇票转让给中翔公司时,既未在背书栏盖章,亦未在被背书人栏填写中翔公司名称；中翔公司受让该汇票后在本应由家用电器厂盖章的第二背书栏盖上了中翔公司自己的公章。从该汇票的背书情况看,不能确定中翔公司的直接前手及再前手是谁,因此中翔公司所持汇票系背书不连续的票据。中翔公司虽举证证明其乃因其上级母公司与家用电器厂之间有债权债务关系而从家用电器厂受让该汇票，但由于该汇票的第一被背书人栏并未填写家用电器厂的名称,故家用电器厂并非合法持票人。家用电器厂非法持有该汇票后,又未经背书将该汇票转让给中翔公司。故中翔公司亦非合法持票人,其依法不能享有票据权利。第二营业部有权拒绝中翔公司要求兑付票据款项的请求。中翔公司上诉无理,应予驳回。原审虽然认定事实不清，适用法律错误，但判决结果正确，故可予维持。根据《中华人民共和国票据法》第 30 条及第 31 条的规定,作出(1998)佛中法经终字第 542 号民事判决:驳回上诉,维持原判。

[法理评析]

一、中翔公司取得汇票可否认定为是"以其他合法方式取得"汇票?《中华人民共和国票据法》第 31 条规定:以背书转让的汇票,背书应当连续。持票人以背书的连续,证明其汇票权利;非经背书转让，而以其他合法方式取得汇票的，依法举证，证明其汇票权利。所谓背书连续是指在票据转让中,转让汇票的背书人与受让汇票的被背书人在汇票上的签字依次前后衔接。笔者认为,从这一定义来看,在认定汇票背书是否连续时,法官只须就背书文义作形式上的判断即可,不必审理汇票的转移经过,背书连续的效力在于持票人仅以背书连续的汇票就可证明其票据权利，从而免除其享有合法票据权利的其他举证责任。从本案所涉汇票的形式上看,该汇票的第一被背书人栏空白,背书签字前后并不衔接,因而应依法认定为背书不连续。那么中翔公司能否因为其是因其上级母公司与家用电器厂之间有债权债务关系而从家用电器厂取得该汇票而证明其以“其他合法方式”取得呢?有人认为只要取得汇票时给付了对价,即便没有作背书,亦可认定为合法取得。由于中翔公司的上级母公司对家用电器厂享有债权,故可认为中翔公司取得汇票系支付了对价,因此,可以认定中翔公司系以其他合法方式取得汇票,中翔公司依法享有汇票权利,第二营业部应兑付票据款项。笔者认为以前述理由不能认定中翔公司系以“其他合法方式”取得汇票。因为前述《票据法》第31条所指其他方式应指非转让方式,如保证人付款后取得、被追索人付款后取得或因继承、赠与等方式取得,而本案中中翔公司取得汇票是因其上级母公司与家用电器厂之间有债权债务关系而从家用电器厂转让取得,而该转让没有作背书。根据《中华人民共和国票据法》第30条的规定,背书转让必须记载被背书人的名称。因此,中翔公司从家用电器厂转让取得汇票已经违法,因而不能认定系以其他合法方式取得票据。反言之,如果认定中翔公司系以其他合法方式取得汇票,则意味着只要支付了对价,作不作背书均不影响转让的效力,这将直接与《票据法》第30条的规定相冲突。

二、中翔公司作为最后持票人,其利益应如何实现? 由于中翔公司所持汇票背书不连续,致使其不能向承兑人第二营业部依法行使汇票权利,同时由于不能确定中翔公司的前手及再前手,因此中翔公司也无法行使票据追索权。那么在中翔公司持有的该100万元合法汇票未被作除权判决的前提下,该票据上的利益如何实现呢?《中华人民共和国票据法》第18条的规定,持票人因超过票据权利时效或者因票据记载事项欠缺而丧失票据权利的,仍享有民事权利，可以请求出票人或者承兑人返还其与未支付的票据金额相当的利益。据此，中翔公司可以返还票据利益为由起诉家用电器厂或者第二营业部，请求其返还与票据金额相当的利益。在责任承担的判断上，应当根据家用电器厂和第二营业部谁因中翔公司不能行使票据权利而受益来判断谁承担责任。如果家用电器厂已根据银行承兑协议将汇票金额汇入第二营业部，第二营业部因此受益，则应由第二营业部承担返还票据利益的责任；如果家用电器厂未根据银行承兑协议将汇票金额汇入第二营业部，则应由家用电器厂承担返还票据利益的责任。

三、在当今世界票据立法上，各国(地区)对背书中存在空白背书的情况是否为背书连续认定不一。如，我国台湾地区《台湾票据法》第 37 条就规定，背书中有空白背书时，其次之背书人视为前空白背书之被背书人。笔者认为，这种立法观点，实际上否定了背书连续的形式审查原则，片面扩大了持票人的权利，容易影响汇票要求背书转让的立法效果，就本案来讲，假设汇票系背书连续，则仍有如下问题值得探讨：

1. 能否以家用电器厂与五金电器厂以及家用电器厂与中翔公司之间均没有真实的交易或债权债务关系为由，认定票据转让无效，第二营业部无须付款？有人认为可以认定票据转让无效，银行无须付款。根据《中华人民共和国票据法》第 10 条的规定："票据的签发、取得和转让，应当遵循诚实信用的原则，具有真实的交易关系和债权债务关系。"本案中，作为承兑申请人的家用电器厂与收款人五金电器厂之间的购销合同关系未实际发生，而家用电器厂以及五金电器厂与中翔公司之间亦均无直接债权债务或交易关系。因此，中翔公司取得该汇票系违法。既然违法，作为承兑人的第二营业部当然有权拒付票据款项。笔者认为不能仅凭此认定票据转让无效,第二营业部无权拒付票据款项。根据《中华人民共和国票据法》第 13 条第 2 款的规定,票据债务人可以对不履行约定义务的与自己有直接债权债务关系的持票人进行抗辩。因此,五金电器厂与家用电器厂之间或家用电器厂与中翔公司之间有无真实的交易关系或债权债务关系只涉及在他们作为票据当事人的情况下相互之间产生抗辩与否,并不影响第二营业部作为承兑银行的付款责任。即只有当中翔公司向家用电器厂或五金电器厂向家用电器厂行使票据追索权时,家用电器厂可以其与中翔公司及五金电器厂之间并无真实的交易关系或债权债务关系抗辩,但这并不影响该汇票本身的效力。当合法持票人向承兑人第二营业部申请付款时,承兑人仍应无条件承担付款责任——这便是票据的无因性使然。

2. 能否以持票人迟于汇票到期日 3 个多月提示付款而判定承兑银行有权拒付?有人认为承兑银行有权拒付,其依据是《支付结算办法》第 88 条及《商业汇票办法》第 17 条,前者规定:"商业汇票的提示付款期限,自汇票到期日起 10 日。……持票人超过提示付款期限提示付款的,持票人开户银行不予受理";后者规定:"银行承兑汇票的收款人或被背书人应在银行承兑汇票到期时,将银行承兑汇票、解讫通知,连同进账单送交开户银行办理转账,对逾期的汇票应于汇票到期日的次日起 10 日内,送交开户银行办理结账,超过期限的银行不予受理"。本案原审法院即持该种观点。笔者认为承兑银行无权拒付。首先,前述《支付结算办法》及《商业汇票办法》只是规定超过汇票到期日起 10 日的,收款人或被背书人的开户银行不应受理提示付款的申请,而并非指商业汇票的承兑人可以不予付款。其次，根据《中华人民共和国票据法》第 53 条第 1 款及第 2 款的规定：持票人未在汇票到期日起 10 日内提示付款的，在作出说明后，承兑人仍应继续对持票人承担付款责任。因此，虽然中翔公司迟于汇票到期日 3 个多月才提示付款，但只要作出说明，承兑人仍应承担付款责任。至于需要持票人作出何种说明，目前立法尚无明确规定。本案中，第二营业部亦未主动要求中翔公司作出说明，因此第二营业部不能以迟延 3 个多月提示付款为由拒付票据款项。另外，从汇票操作实践来看，持票人迟延申请兑付，在迟延兑付期间，银行是不支付利息的，这在某种程度上对银行有利。从这一角度理解，第二营业部也不能拒付。

作者单位：佛山市中级人民法院

韦海华诉广州海昌油运发展公司船舶碰撞损害赔偿案

黄青男

[基本案情]

1996年11月20日，原告韦海华所属"南盐机118"船从西江河道金利载沙233吨往广州。20:20时许，航经东平水道4#标底三山大酒店上弯角对开河面时，被一机船(下称A船)从右舷追越过头。A船越过约1个船位时，"南盐机118"船发现本船前方有两艘机船分前、后与本船对遇。前艘小机船(下称B船)显示红、绿舷灯、白色桅灯；后艘机船，即被告广州海昌油运发展公司所属的"海昌一号"船，显示红舷灯及闪红光灯，船位在平洲船厂附近河面。"海昌一号"船见A船显示红、绿舷灯、白色桅灯及闪红光灯，"南盐机118"船显示绿舷灯及闪绿光灯。时值天气晴朗，能见度良好，东北风1—2级，水流涨潮。"南盐机118"船为逆流船，"海昌一号"船为顺流船。

A船闪红光灯，与B船左舷会船后，"南盐机118"船即闪绿光灯，示意与B船右舷会船；"海昌一号"船回答A船闪红光灯，示意左舷会船，并保速(160转/分)、保向居航道中央继续上行。“南盐机118”船与B船右舷会船、“海昌一号”船与A船左舷会船后，“南盐机118”船连续闪绿光灯，与处于对遇状态、闪红光灯的“海昌一号”船相距约60—70米。“南盐机118”船立即由闪绿光灯转为闪红光灯，示意左舷会船，并操右舵，低速船头偏右，形成碰撞紧迫局面。“海昌一号”船立即停车，没有操舵。“南盐机118”船再回舵、用左舵，没有倒车。约20:25时，在三山渡口码头对开河段，“海昌一号”船首与“南盐机118”船左舷中部碰撞。“海昌一号”船全速后退。顷刻，“南盐机118”船沉没。经广东省佛山港务监督局实地勘测，“南盐机118”船沉船位置在三山渡口码头对开河面60米处。

1996年12月26日，原、被告签订《关于认定“南盐机118”船全损处理的协议》，约定“南盐机118”船作全损处理，其价值(全损时的市场价格)300,000元。

“南盐机118”船载重吨为150吨。本航次除船长持有适任证书外，其余均未持有。“海昌一号”船本航次没有配备大副。

1998年5月28日，原告向广州海事法院提起诉讼，要求被告赔偿“南盐机118”船的船舶价值300,000元，船上货物、设施、船员的个人物品、现金损失56,905元，两个月的船期损失72,360元，处理碰撞事故所支付的交通费、住宿费、通讯费9,777.3元。被告答辩认为，船舶碰撞责任在于原告，原告应自行承担因碰撞所造成的损失。另针对原告提交的、拟证明船期损失的证据，被告核算“南盐机118”船的每月利润仅为11,656.29元。

[裁判要旨]

广州海事法院经审理认为,本案是一宗船舶碰撞纠纷案,双方船舶均有过失。“南盐机118”船的过失表现在:(1)与“海昌一号”船对遇相距60—70米时,在会船信号不统一的情况下,“南盐机118”船突然改变会船信号,由闪绿光灯转为闪红光灯,操右舵,船头偏右,偏离航向,导致碰撞紧迫局面。这是造成本案碰撞事故的主要原因。(2)“南盐机118”船是逆流而行,属让路船。但其并未履行主动避让的义务。(3)船员配备不足。(4)船舶严重超载。“海昌一号”船的过失表现在:(1)在复杂的航行条件下,船长对来船的动态未能作出充分的估计。在发出左舷会船信号后,仍采取保速、保向的失当措施,直至碰撞紧迫局面形成时才停车,延误了避让行动措施的采取。(2)与“南盐机118”船互见、会船信号不统一时,未能采取安全航速,居航道中央上行,对有效采取避让行动造成一定困难。(3)船舶本航次没有配备大副。因此,“南盐机118”船应对本次碰撞事故承担主要(即60%)的责任,“海昌一号”船应承担次要(即40%)的责任。被告应按照上述过失程度的比例赔偿原告因碰撞所遭受的损失。经核算,原告遭受的损失包括:“南盐机118”船舶价值300,000元,船员个人携带物品损失3,500元,“南盐机118”船两个月的船期损失23,312.58元,原告为处理碰撞事故所支付的交通费、住宿费、通讯费9,777.3元。依据《中华人民共和国海商法》第169条的规定,广州海事法院于1998年9月9日作出(1998)广海法商字第35号《民事判决书》,判决被告赔偿原告经济损失134,635.95元。判决后,双方当事人均未上诉。

[法理评析]

《中华人民共和国海商法》第 169 条规定，碰撞的船舶互有过失的，各船应当按照过失程度比例对对方船因此遭受的损失承担赔偿责任。所以，处理船舶碰撞案件，主要涉及以下两个问题。

一、碰撞责任比例的划分。在审判实践中，判定一条船的过失程度，主要依据其过失行为（包括驾驶和管理船舶的过失）与构成紧迫局面、进而导致碰撞发生之间的因果关系，及诸原因的“数量”大小来定。在本案中，原告所属的“南盐机 118”船违反《中华人民共和国内河避碰规则(1991)》第 9 条“船舶在航行中要保持高度警惕，当对来船动态不明产生怀疑，或者信号不统一时，应当立即减速、停车，必要时倒车，防止碰撞”的规定，在与“海昌一号”船对遇相距 60—70 米、会船信号不统一的情况下，突然改变会船信号，由闪绿光灯转为闪红光灯，偏离航向，直接导致碰撞紧迫局面。这一过失与本案双方船舶的其它过失（包括未主动避让、船员配备不足、严重超载、未协助避让、未采取安全航速等）相比，与碰撞事故的发生有直接的、主要的因果关系。所以，在综合考虑诸多因素的基础上，原告应承担主要的碰撞责任，被告应承担次要的碰撞责任。

二、损失范围的确定。船舶碰撞案件属侵权之诉，受害人有权要求侵害人赔偿损失。但我国《民法通则》、《海商法》均未明确规定因船舶碰撞造成的损失范围的计算方法。笔者认为，在审理这类案件时，应参照《最高人民法院关于审理船舶碰撞和触碰案件财产损害赔偿的规定》及《广东省水上交通事故处理规定》等有关规定。依据上述规定,在当事船舶之间,损害赔偿一般包括船舶损害赔偿和船上财产的损害赔偿两种。其损失范围的确定原则是:(1)受害人可以请求赔偿船舶碰撞所造成的财产损失、船舶碰撞后相继发生的有关费用和损失、为避免或者减少损害而产生的合理费用和损失、以及预期可得利益的损失。(2)因受害人的过错造成的损失或者使损失扩大的部分,不予赔偿。

根据船舶是否全损(包括实际全损、推定全损),船舶损害赔偿分为全损赔偿和部分损害赔偿。本案作为碰撞沉船应定为全损。笔者认为,全损赔偿应包括:(1)船舶价值损失。其计算原则为:以船舶碰撞发生地当时类似船舶的市价确定;碰撞发生地无类似船舶市价的,以船舶船籍港类似船舶的市价确定,或者以其它地区类似船舶市价的平均价确定;没有市价的,以原船舶的造价或者购置价,扣除折旧(折旧率按年 4%—10%)计算;船舶被打捞后尚有残值的,船舶价值应扣除残值。本案原、被告对"南盐机 118"船全损、其价值为 300,000 元达成一致意见,应予认定。(2)本案中全损未包括在船舶价值内的船上燃料、物料、备件、供应品,渔船上的捕捞设备、网具、渔具等损失。从法律上讲,原告主张"南盐机 118"船上设施 27,960 元应列入本案损失范围,但原告没有提供可证明设施实际价值的凭据,因而不予认定。(3)船员工资、遣返费。(4)合理的救助费、沉船的勘查、打捞和清除费用,设置沉船标志费用,拖航费用。(5)本航次的租金或者运费损失。如碰撞导致期租合同承租人停租或者不付租金,以停租或者不付租金额,扣除可节省的费用计算。如因货物灭失或者损坏导致运费损失的,以尚未收取的运费金额扣除可节省的费用计算。(6)共同海损分摊。(7)合理的船期损失。计算标准是船舶碰撞前后各两个航次的平均净盈利;无前后各两个航次可参照的,以其它相应航次的平均净盈利为准。期限以找到替代船所需的合理期限为限,但最长不得超过两个月。原告没有提供有效证据证明"南盐机 118"船的平均净盈利,故应以被告认可的每月利润 11,656.29 元、期限为两个月核定本案的船期损失。(8)其它合理费用。如原告为处理碰撞事故所支付的交通费、住宿费、通讯费 9,777.3 元。

船上财产的损害赔偿应包括:(1)船上财产的灭失或者部分损坏引起的贬值损失、或者合理的修复、处理费用。其中应注意的是,货物灭失的,按照货物的实际价值(货物装船时的价值加运费加受害人已支付的货物保险费,扣除可节省的费用)核定损失范围。货物损坏的,以修复所需的费用,或者以货物的实际价值扣除残值和可节省的费用计算。本案"南盐机 118"船上货物灭失,但原告没有举证证明船上货物属原告所有,也没有证明船上货物实际价值,该项损失无法认定;船员、旅客、其他人员个人携带的货币、金银、珠宝、有价证券或者其它贵重物品的损失,不应列入损失范围;船员个人生活必需品的损失,按实际损失适当予以赔偿,每人以 800 元为限。依照该标准,"南盐机 118"船员物品损失为 3,500 元。(2)合理的财产救助、打捞和清除费用,共同海损分摊。(3)其它合理费用。

最后,依据上述原则确定船舶碰撞的损失范围,并不影响船舶所有人或者承运人依法享受免责和责任限制的权利。

作者单位:广州海事法院

中亚航运公司、盛友有限公司诉厦门厦友集装箱制造有限公司、厦门特贸有限公司无正本提单提货案

许俊强

[基本案情]

原告中亚航运公司、盛友有限公司于1997年9月25日向厦门海事法院提起诉讼，称中亚航运公司于1997年2月4日、13日承运韩国友人公司托运的货物，其代理人盛友有限公司分别签发NO. SWSC1329和NO. SWSC1344两套提单，提单项下的通知方为被告厦门特贸有限公司(下称特贸公司)。2月11日，NO. SWSC1329提单项下的货物由“海峰山”轮运抵厦门，2月19日，NO. SWSC1344提单项下货物由“开富”轮运抵厦门。原告基于对被告的信任以及被告将及时交回正本提单的承诺，由盛友有限公司通知厦门外运公司在被告未交回正本提单的情况下无单放货。2月19日、20日，厦门外运公司通知特贸公司提走NO. SWSC1329和NO. SWSC1344提单项下货物。上述提单项下货物的最终用户为被告厦门厦友集装箱制造有限公司（下称厦友公司)，但被告提取货物后一直未向

原告交回正本提单，迫于银行的压力，原告向银行赎回上述正本提单。原告认为，被告并未取得上述提单项下的法律权利，原告作为正本提单持有人，已取得提单项下货物的所有权，有权要求被告返还原物或折价赔偿。为此，原告请求法院判令两被告返还NO. SWSC1329和NO. SWSC1344提单项下货物或折价赔偿63,030美元。

被告厦友公司在答辩期内未答辩，庭审时辩称，案涉提单的物权效力因托运人友人公司认可被告的提货行为而终止，原告无法举证证明其合法、善意、有对价地取得提单，而以提单持有人的身份主张提单权利，无事实及法律依据。被告未支付提单项下货物的货款，可由其与友人公司按贸易合同的约定处理，即使有纠纷，也是其与友人公司双方之间的贸易纠纷，与原告无关。

被告特贸公司在答辩期内未答辩，庭审时辩称，被告凭托运人的同意及承运人的电放通知合法取得货物，被告虽未付款，但这不能成为否定被告对货物具有合法所有权的理由，因友人公司与原告盛友公司还有债权债务关系尚未理清。根据国际惯例，电放后的提单已丧失作为物权凭证的效力，且原告不能举证证明提单的真实性及其已付出相应的对价，故原告不得以提单的合法持有人为由主张货物所有权。另外，特贸公司仅是厦友公司的进口代理人，也不应承担任何责任。

[裁判要旨]

一审厦门海事法院经审理查明，1996年9月16日，厦友公司作为委托进口方，特贸公司作为进口代理人，友人公司作为供方在厦门签订 NO. 961F888D05 委托代理进口协议书，约定厦友公司委托特贸公司进口集装箱生产用的原辅料，总金额为 5,000,000 美元(CIF 厦门)，特贸公司以自己的名义与友人公司签订合同，付款条件为承兑交单，提单签发之日起 120 日内付款，厦友公司应在付款到期日前两个工作日内将全额外汇转入特贸公司账户，若厦友公司未按要求向特贸公司付款，特贸公司对友人公司不承担付款责任。友人公司为履行上述合同项下的交货义务，向中亚航运公司托运一个 20 英尺和一个 40 英尺集装箱，内装集装箱生产用的原辅料。1997 年 2 月 4 日、13 日，中亚航运公司分别签发 NO. SWSC1329 和 NO. SWSC1344 两套已装船清洁提单，两份提单上所载的托运人均为友人公司，收货人凭指示，通知方为特贸公司，装港韩国釜山，卸港中国厦门，运费预付，提单背面订有提单项下所有纠纷适用中华人民共和国法律，由中国法院管辖的条款。NO. SWSC1329 提单项下为一个 20 英尺集装箱货物，由“海峰山”轮承运，2 月 11 日运抵厦门，NO. SWSC1344 提单项下为一个 40 英尺集装箱货物，由“开富”轮承运，2 月 19 日运抵厦门，同日 11:28 时、16:05 时，盛友公司传真中国船务代理公司福建厦门公司(下称厦门船代)，指示将 NO. SWSC1329 和 NO. SWSC1344 提单项下的货物“在未出示正本提单的情况下将货物放给收货人，因为全套正本提单已提交我方。”2 月 19 日厦门船代通知特贸公司提取 NO. SWSC1344 提单项下的货物，同日特贸公司提取该批货物，并在提单复印件背面加盖“厦门特贸有限公司提货专用章”，2 月 20 日，厦门船代通知特贸公司提取 NO. SWSC1329 提单项下货物，同日，特贸公司以同样的方式提取了货物。2 月 19 日 17:08 时，友人公司把盛友公司给厦门船代的上述传真转发给厦友公司。4 月 2

日，厦友公司致函特贸公司称，在厦友公司与其承包人友人公司的承包合同理清之前，其与友人公司之间已发生的 D/A 付款暂停支付。4 月 18 日厦友公司再次致函特贸公司称，其委托特贸公司从友人公司以 D/A 付款方式进口的三票货物总金额 68，184 美元，其已凭友人公司电报放货提货，因友人公司与其之间债权债务关系未理清，厦友公司决定对该款不予承兑，特贸公司可向银行办理退单，特贸公司至今未支付案涉货物的货款。8 月 9 日，盛友公司传真厦门船代称，"请注意我们在未提交正本提单的情况下错误地将 NO. SWSC1329、1344、1345 号提单项下的货物放给厦友公司，因此，请立即要求厦友公司将货物返还贵公司堆场。"但厦友公司、特贸公司至今仍未返还货物。另查明，中亚航运公司、盛友公司共同持有 NO. SWSC1329 和 NO. SWSC1344 全套正本提单，提单背面有托运人友人公司、韩国兴业银行第二营业部的空白背书。NO. SWSC1329 提单项下货物价值 8，394 美元，NO. SWSC1344 提单项下货物价值 52，138 美元。

一审厦门海事法院审理认为，提单是承运人保证据以交付货物的凭证，承运人应凭正本提单交付货物，本案原告在提货人未提示并缴回正本提单的情况下同意放货，其行为违反了法定义务，应承担相应的义务，被告凭原告代理人的通知提取货物并无过错。案涉货物进出口合同的付款条件为承兑交单，银行不承担绝对的付款责任，该付款方式不存在银行信用，银行对托收过程中遇到的风险概不负责，韩国兴业银行第二营业部无需在提单上背书；原告也未能举证证明银行在提单上背书的其他合法理由，原告主张其迫于银行的压力向银行赎出全套正本提单，但未充分举证其已赎单，即原告无法举证证明其合法持有 NO. SWSC1329 和NO. SWSC1344

全套正本提单,故对原告的诉讼请求不予支持。遂依据《中华人民共和国民事诉讼法》第 237 条、第 64 条第 1 款的规定,于 1997 年 12 月 25 日作出 (1997) 厦海法商初字第 134 号民事判决:驳回原告中亚航运公司、盛友有限公司的诉讼请求。案件受理费 20,000 元,财产保全费 3,300 元由原告负担。

宣判后,中亚航运公司、盛友有限公司不服,提起上诉。

二审福建省高级人民法院审理查明,原审查明事实属实,案涉提单项下货物价值 60,530 美元。二审法院认为,本案系承运人及其代理人,错误地无单放货,收货人收货后拒绝付款而产生的纠纷,因此,案由应定为不当得利纠纷为宜。盛友公司错误通知无单放货,但在取得经友人公司和韩国兴业银行背书的提单(银行背书是真实的)后,对提单项下的货物拥有所有权。厦友公司取得提单项下的货物后,以该公司与友人公司有债权债务关系未清理为由要求特贸公司停止付款是错误的。厦友公司与友人公司之间的债权债务关系属另一法律关系,不在本案中解决。因此,厦友公司在接收货物后停止付款,未实现相应的对价,所取得的货物属不当得利。特贸公司系厦友公司的代理人,该公司根据厦友公司的要求停止付款,正确履行代理人的职责,其行为结果应由委托人厦友公司承担。原审认定事实清楚,但以上诉人对其持有正本提单无法举证合法取得为由,判决驳回其诉讼请求不当。遂依据《中华人民共和国民法通则》第 92 条、《中华人民共和国民事诉讼法》第 153 条第 1 款第二项的规定,作出 (1998) 闽经终字第 014 号民事判决:(一)撤销厦门海事法院 (1997) 厦海法商初字第 134 号民事判决;(二)厦友公司应于本判决生效后 15 日内向两上诉人返还 NO. SWSC1329 和 NO. SWSC1344 提单项下货物(或该货物的合同价款 60,530 美元)。一、二审案件受理费各 20,000 元,财产保全申请费 3,300 元由厦友公司承担。

[法理评析]

本案主要涉及提单持有人如何证明其合法持有正本提单、无正本提单提货是否构成不当得利、无正本提单提货是否侵犯了承运人的占有权等问题。

一、提单背书真实、连续则持有人合法持有提单不证自明。

笔者认为一审法院判决是错误的：一审判决错误地分配了举证责任。我国《民事诉讼法》第 64 条第 1 款规定,当事人对自己提出来的主张,有责任提供证据。这是程序法对举证责任分担的原则性规定。我国少数实体法条款也对举证责任的分担作出规定，如《海商法》第 51 条。上述规定均是法官在诉讼中分配举证责任的根据。根据谁主张谁举证的原则,提单持有人应对其合法持有提单承担举证责任,这当无疑议,问题在于持有人如何证明其持有提单是合法的,对此法无明定。提单是国际贸易中的重要单据,其价值取向之一就是流通的快捷与安全。为达到这一目的,需要借助某种形式,即提单的背书来证明权利关系。只要提单的背书是真实和连续的,除非有其他权利人的反证,否则持有人合法持有提单因背书的真实性、连续性而不证自明。这是因为提单是一种不要因证券。证券以原因关系无效是否影响证券关系及行使证券权利时是否需证明取得证券的原因分为要因证券和不要因证券，提单作为有价证券，运输合同是其签发的原因，但不是提单法律关系产生的原因，故提单是一种不要因证券。行使提单权利时无需证明提单取得的原因。

在运输实务中也是如此，当提单持有人凭正本提单向承运人提取货物时，其不需也不应当向承运人证明其是如何付款赎单或取得提单的，而只需提示并缴回背书真实、连续的正本提单即可换取小提单提取货物。从本案查明的情况来看，原告所持提单有托运人友人公司及韩国兴业银行第二营业部的空白背书，提单的背书真实、连续，且无其他权利人提出相反的证据，因此原告合法持有提单不证自明，原告对其合法持有提单不应再承担举证责任。而一审判决却认为韩国银行无需在提单上背书，原告尚需举证证明银行在提单上背书的原因及其如何赎单，错误地分配了举证责任，导致原告承担结果意义上的举证责任，即败诉的诉讼结果。所以，两被告在一审中关于原告不能举证证明合法持有提单的抗辩没有根据，原告的关于一审判决举证责任颠倒的上诉理由成立，应予支持。

关于举证责任，另有一点需补充说明。被告在一审答辩时还提出原告应举证证明其取得提单已支付相应对价。我国《海商法》第78条规定，承运人同收货人、提单持有人之间的权利义务关系，依据提单的规定确定。但对何谓提单持有人、持有人是否应支付相应对价未作进一步规定。一般认为，取得提单不一定必须支付相应对价，持有人当然无需证明其取得提单支付了对价。作此理解与英国1992年《海上货物运输法》的规定相一致，该法即未要求提单持有人应支付相应对价。故对被告的此项抗辩不应支持。

二、无正本提单提货不构成不当得利。

二审法院的判决结果正确，但该判决简单地认为合法持有提单即享有货物的所有权，被告无正本提单提取货物即构成不当得利,其对案件的定性和作出判决的理由错误。

1. 持有全套正本提单不等于拥有货物所有权

在国际贸易中，卖方为尽早获得合同约定货款或出于融资目的，取得承运人签发的提单后即向银行贴现或质押提单取得贷款是很普遍的。虽跟单信用证支付方式下的提单出质或贴现较为常见,但在承兑交单支付方式下的提单并非不能质押或贴现,因此韩国银行在提单上背书属正常现象。虽然提单是物权凭证的传统观点受到前所未有的挑战,但笔者坚持认为在一定的条件下,提单可成为所有权凭证。合法持有提单并不意味着就享有提单项下的货物所有权,提单成为所有权凭证应满足下列三个条件:(1)提单的转让人必须有权转让提单;(2)提单通过背书转让或交付转让时，货物必须在运输途中，即货物仍为运输的目的而在承运人的控制之下,未合法交付;(3)提单转让时当事人必须有转让提单项下货物所有权的合意。①从国际贸易的习惯做法及本案查明情况判断，银行虽依托运人的背书取得提单,但银行并非贸易合同当事人,双方无转让提单项下货物所有权的合意，一般来说银行持有提单不以拥有货物所有权为目的，故当银行再次以背书形式将提单转让给原告时,双方无转让货物所有权的合意。所以此时案涉提单至少因缺乏转移货物所有权的合意而不构成货物所有权凭证，持有提

① 胡正良等:《对提单物权凭证功能的再思考》,载1996年《中国海商法年刊》。

单不等于拥有货物的所有权。作此理解符合我国《民法通则》第72条规定，按照合同或者其他合法方式取得财产的，财产所有权从财产交付时起转移，法律另有规定或当事人另有约定的除外。该规定表明，我国民事立法不承认物权行为的独立性和无因性，标的物的交付是否发生物权或权利变动，取决于当事人之间的约定是否具有法律效力。在我国，当事人的合意也是货物所有权转移的法定必备条件，只有当双方当事人有转让货物所有权的意图并就货物所有权的转移达成一致时，才有可能发生所有权的转移。因此，以现行法为依据，从所有权的角度分析，原告非提单项下货物的所有人。而二审法院作出不当得利判决的前提是原告是案涉提单项下的货物所有权人，故该判决理由的错误是显而易见的。

2. 无正本提单提货不构成不当得利

假定原告是案涉提单项下的货物所有权人，被告取得货物也不构成不当得利，二审判决以不当得利为依据也是错误的。我国民法理论一般认为，不当得利返还请求权与所有权返还请求权不能两立，存在所有物返还请求权时，原则上不成立不当得利返还请求权。换言之，受害人能够基于所有权请求返还时，原则上排除不当得利制度的适用。所有物返还请求权排斥不当得利请求权的观点，与我国民法的有关规定相吻合。如《民法通则》第61条及《经济合同法》第16条第1款规定的财产返还就是基于所有权产生的。①二审判决在认定原告拥有货物所有权之后，认为被告取得货物未给付相应的对价，应向原告返还货物，该判决和我国不当得利返还

① 王家福主编：《中国民法学·民法债权》，法律出版社1991年9月版，第575页。

请求权与所有权返还请求权不能两立的民法理论相违背，二审法院若认为原告是所有权人则应依据所有权返还请求权作出被告返还货物的判决。

随着民法理论的发展，在所有权返还请求权之外，发展了所有物之占有不当得利返还请求权，从根本上承认所有权返还请求权和不当得利请求权之竞合。①该观点认为，占有并非一项权利，而是构成一种利益，占有的取得即标志着占有人取得具有财产利益的法律地位，即使受害人对占有物拥有所有权，占有人对占有利益也构成不当得利。查《民法通则》第71条的规定，财产所有权是指所有人依法对自己的财产享有占有、使用、收益、处分的权利。该规定表明，我国现行立法把占有限缩规定为所有权的一种权能，即占有权。而占有是一种利益，不是一项权利的论点是所有物之占有不当得利返还请求权的理论基础。可见，依照我国的法律，所有物之占有不当得利返还请求权没有法律上的根据。因此，即使再次假定原告拥有货物所有权，被告在无对价取得货物的情形下，也不构成所有物之占有不当得利，不应根据不当得利判决被告厦友公司返还货物。

我国《民法通则》第92条规定，没有合法根据，取得不当利益，造成他人损失的，应当将取得的不当利益返还受损失的人。根据该规定，不当得利的构成要件有四：一方获得利益；他方受有损失；利益和损失之间有因果关系；利益的取得没有合法根据。何谓损失法律未作进一步规定。一般来说，损失系指因一定的法律事实而使其

① 皱海林：《我国民法上的不当得利》，载《民商法论丛》第五卷，法律出版社1996年7月版。

财产总额减少，既可以是积极的减少，即现有财产的减少（直接损失），也可以是财产的消极减少，及财产本应增加而未增加（间接损失）。由于不当得利制度的理论基础是衡平观念，故其功能在于让受益人返还没有法律根据的利益，而不在于填补损害，所以，不当得利制度中所称损失应和赔偿损失的所称的损失有所区别，对不当得利中所称的损失应作宽泛的理解。但即便如此，根据现有的证据，不能断定本案原告受到损失。原告作为承运人无正本提单交付货物，若不能及时收回正本提单，则面临正本提单持有人的索赔，当然，这种索赔在时效期间内仅是一种可能性。但本案原告在无单放货后的一段时间内即取得全套正本提单，也就是说，原告不可能再面临正本提单持有人的索赔，至于其是否是在赔付正本提单持有人或承担某种责任（即受有间接损失）后方取得全套正本提单，无相应的证据加以证明，其在上诉时称承运人与银行达成某种协议后取得提单更是证明了这一点。故原告未遭受损失，被告构成不当得利的要件不具备。

综上所述，被告提取并占有货物不构成不当得利，原告在上诉时提出的被告无正本提单提货构成不当得利的主张没有根据，不应予以支持，二审法院以不当得利作为判决根据是错误的。

三、无正本提单提货侵犯了承运人对货物的占有权。

1. 案涉提单项下货物未合法交付，承运人对货物拥有占有权

我国《海商法》第71条规定，提单是承运人保证据以交付货物的单证，承运人应根据正本提单交付货物。基于托运人向承运人托运货物这一委托行为及为实现货物运输合同的目的，在货物合法交付前，承运人有权且必须占有货物。上已论及，我国现行民事立

法把占有规定为所有权的一种权能，即占有权。所有权的四项权能均可与所有权分离，从承运人接收货物时起至其合法交付货物时止，承运人对货物享有占有权。这种占有权受法律保护，不容他人的不法妨害和侵犯。本案承运人交付货物不符合法律规定。盛友有限公司作为承运人的代理人指示承运人在厦门港的代理人厦门船代无单放货，但该行为不构成承运人电放货物。因船舶运输速度的提高，在一些较短航线上，如我国港口与日本、韩国港口之间的航线，往往出现货已到港而提单尚在流转途中的情况，为了让收货人尽早提取货物，出现了电报放货的形式，即在装运港，托运人将全套正本提单交给承运人随船随货，并指示（一般是以书面形式）承运人把货物交给收货人（往往是记名提单上的记名收货人），等货物到达卸货港后，由承运人以传真或电报等通讯方式通知其代理人无单放货。本案承运人并未实际控制提单，而通知其在卸货港的代理人无单放货，显然不属电放的范畴。电放是提单物权凭证效力消灭的原因之一的提法不确切，更不用说，本案不是电放。因此，对特贸公司在上诉时所提出的案涉提单已丧失物权凭证效力的抗辩不予支持。《海商法》虽规定应凭正本提单交付货物，但在我国司法实践中，收货人出具保函提取货物，承运人凭保函放货，只要双方均是善意的，这种提货和放货方式也受法律保护，但本案被告在提取货物时并未出具保函，故承运人在无正本提单的情况下将货物交给特贸公司是一种不法行为，货物未被合法交付。在货物被合法交付之前，承运人对货物享有占有权。

当然，原告所持提单虽不表明其拥有货物所有权，但一般来说，正本提单至少表明货物的占有权，提单一经签发就具有这种特定的效力，不因当事人的约定而随意改变。作为正本提单持有人可以主张提单货物的占有权，从承运人是正本提单持有人的角度出发，我们也可得出本案原告对案涉货物拥有占有权。不过，若从这个角度认定承运人享有占有权不具普遍意义，因本案承运人正好持有提单。

2. 两原告无正本提单提取货物侵犯了承运人对货物的占有权

上已论及，承运人在提单项下的货物合法交付之前对货物享有占有权。这种占有权受法律保护，不容他人的不法侵害和妨碍。本案承运人无单放货违反了法律规定，两被告显然不能依承运人这一不法行为而具有取得提单项下货物的权利。两被告在提货时，既未支付货款，也未承兑赎单并将提单交承运人，该行为清楚表明其是在明知无权提取、占有货物的情形下实施了提取、占有货物的行为，具有主观恶意。具体而言，特贸公司无正本提单，且未出据提货保函，依法无权提取货物，却直接从承运人代理人处提取货物，且对盛友公司的第二次还货传真置之不理，可见，特贸公司在明知无权提货的情况下提取货物，已侵犯了原告对货物的占有权，不应支持特贸公司在二审时关于其仅是代理人，未支付货款系厦友公司责任的抗辩。特贸公司提取货物后将货交厦友公司，虽有友人公司的传真在先，但此时应正确区分运输法律关系与贸易合同关系，友人公司作为托运人无权指示贸易合同中的买方无正本提单提货，厦友公司在明知无权占有的情况下直接、持续地占有货物，与特贸公司共同侵犯了承运人对货物的占有权。故本案应根据《民法通则》第 117 条第 1 款、第 130 条的规定，以占有权回复请求权为根据判决两被告负连带责任返还提单项下的货物。

作者单位：厦门海事法院

后　记

这本集子得以在商务印书馆出版，着实让我等律师激动了一番。广东非凡精诚律师事务所办了一份被誉为“中国第一份民间法学刊物”已经令人惊奇了，现在又要通过集子的形式登上大雅之堂——商务印书馆，怎不使人惊喜。因为律师体制改革以来，从事律师职业被视为“下海”，律师本身也一度被当作“个体户”看待。而在中国，“个体户”一词起初具有贬义。至今，在某些人眼里，“个体户”仍是指那些腰包硬而腰杆不硬的人。

这家律师事务所的“个体户”们六年来怀着一种说不清的信念和绝对明确的执着，把《判例与研究》杂志坚持办下来，而且始终标榜杂志不以盈利为目的，以追求一种学术上的纯洁，不间断地鼓吹判例制度，以使法律在中国变得更加有活力。或许，“无知”的因素占了很大的成份。然而，如果没有全国的一些法学家的鼓励和鞭策，如谢怀轼教授、武树臣教授，没有全国各地的法官们自发地勇跃投稿，就不会有杂志的今天，也不会有今天这本集子。

这本集子中的大多数作者是各地的法官。他们在自己辛劳的岗位上不仅默默地追求裁判文书的公正，而且认真地探索如何和怎样使裁判文书公正，他们无疑是“活的法律”的重要主体。在此，我们向他们致敬。

最后需要指出的是，将我们这些“个体户”引入商务印书馆这个学术殿堂的编辑王兰萍女士，她无疑是冒了些许风险的，但愿我们不会令人失望。

贺海仁

2001年4月12日于珠海柠溪青竹花园